世界海洋强国·海军强国战略译丛

史常勇 陈炎 主编

〔美〕米兰·维戈/著

BY Milan Vego

海军战略
与狭窄海域作战

Naval Strategy and
Operations in Narrow Seas

世界海军战略经典著作

王 培/译

山东城市出版传媒集团·济南出版社

图书在版编目(CIP)数据

海军战略与狭窄海域作战/(美)米兰·维戈著;王培译.
—济南:济南出版社,2021.1(2022.3 重印)
(世界海洋强国·海军强国战略译丛/史常勇,陈炎主编)
书名原文:Naval Strategy and Operations in Narrow Seas
ISBN 978 - 7 - 5488 - 4231 - 6

Ⅰ.①海…　Ⅱ.①米…　②王…　Ⅲ.①海军战略 – 研究
②海域 – 特殊环境下作战 – 研究　Ⅳ.①E815②E836.9

中国版本图书馆 CIP 数据核字(2021)第 002295 号

山东省著作权合同登记号:15 – 2020 – 190 号

Copyright©1999, 2003 Milan N. Vego
Authorized translation from English language edition published by Routledge, part of Taylor & Francis Group
LLC; All Rights Reserved.
本书原版由 Taylor & Francis 出版集团旗下 Routledge 出版公司出版,并经其授权翻译出版。版权所
有,侵权必究。
Ji'nan Publishing House Ltd Press is authorized to publish and distribute exclusively the Chinese (Simplified
Characters) language edition. This edition is authorized for sale throughout Mainland of China. No part of the
publication may be reproduced or distributed by any means, or stored in a database or retrieval system, without
the prior written permission of the publisher.
本书中文简体翻译版授权由济南出版社独家出版并仅限在中国大陆地区销售,未经出版者书面许
可,不得以任何方式复制或发行本书的任何部分。
Copies of this book sold without a Taylor & Francis sticker on the cover are unauthorized and illegal.
本书贴有 Taylor & Francis 公司防伪标签,无标签者不得销售。

出 版 人　崔　刚
责任编辑　许春茂　李　敏
装帧设计　侯文英
出版发行　济南出版社
地　　址　山东省济南市二环南路 1 号(250002)
编辑热线　0531 – 82803191
发行热线　0531 – 86922073　67817923
　　　　　　86131701　86131704
印　　刷　山东新华印务有限公司
版　　次　2021 年 1 月第 1 版
印　　次　2022 年 3 月第 2 次印刷
成品尺寸　170mm×240mm　16 开
印　　张　21.5
字　　数　329 千字
定　　价　89.00 元

(济南版图书,如有印装错误,请与出版社联系调换。联系电话:0531 – 86131736)

译丛总序

　　21 世纪是海洋的世纪。 海洋在国家安全战略中的地位，从未像今天这样凸显；海洋对于国家的可持续发展，从未像今天这样重要；海洋方向的大国竞争，也从未像今天这样激烈；经略海洋、发展海权、建设强大海军的历史重任，从未像今天这样紧迫。 2012 年，党的十八大报告首提"建设海洋强国"，为我国海洋事业发展定准航向。 2017 年，党的十九大报告强调"要坚持陆海统筹，加快建设海洋强国"，深化了海洋强国战略目标的重点和方向。 2018 年，习近平主席发出了"全面建成世界一流海军"的伟大号召，为人民海军现代化建设确定了目标。

　　中华民族是最早开发利用海洋的民族之一。 春秋名相管仲在回答齐桓公关于如何治理国家的问题时，提出"唯官山海为可耳"的主张，即国家应统筹开发陆地和海洋资源，才能实现富强。 连通中西方的"海上丝绸之路"延续了上千年，通过海上贸易和文化交流促进了人类社会的共同发展。 明朝初年郑和七下西洋，更是人类航海史上的壮举。 因此，中国不是一个天然的封闭的大陆国家，我们曾经创造过灿烂的海洋文化，曾经驰骋、笑傲于远海大洋。 但我们在明朝中叶海权独步天下之际，主动告别海洋、走向闭关锁国，直至近代饱受列强欺凌，逐步沦为半殖民地半封建国家。 而与此同时，西方世界刚刚走出中世纪的漫长黑暗，就开始扬帆启航，在"谁控制了海洋，谁就控制了世界贸易，谁就控制了世界财富，谁就最终控制了世界本身"的海权理论指导下，不断走向远海、走向强大。这段历史令无数志士扼腕叹息！

　　为什么拥有强大海上力量的大明帝国，却没有像葡萄牙、荷兰和英国那样走上海洋强国的道路？ 为什么在郑和之后不足百年，嘉靖帝却为东南沿海的一小撮倭寇伤透了脑筋？ 为什么在第一次鸦片战争中，面对万里迢迢而来的数千英军，清政府举全国之力迎战却一败再败？ 为什么位居世界前列、亚洲第一的北洋海军，成军仅仅六年就在"一夜之间"烟消云散？ 为什么国力远不如中、俄的日本，能够先在黄海打败中国、再在对马战胜俄国？

这数百年的历史进程反复向我们昭示：大国的发展与海洋息息相关。 一个国家在从海洋大国迈向海洋强国的过程中，离不开科学的理论支撑。 欲建成海洋强国和一流海军，就必须挺立于时代潮头，善于借鉴全世界的先进理论成果，加速构建起具有中国特色的海权理论和海军理论，用科学的理论武装头脑、指导实践。

在汲取百家之长、学习外国先进思想理论时，读者一般会遇到两大难题：一是不清楚哪些书值得看，以致浪费了许多宝贵时间；二是阅读原著时存在一定的语言障碍。 作为理论研究人员，我们对此感触颇深。 早在十年之前，我们就曾计划翻译一批此类著作，无奈因种种条件限制而未能实现。 万幸的是，几经周折，在济南出版社的大力支持下，我们搁置已久的计划得以启动。

我们精心挑选了五本具有广泛代表性的海权、海军和海战方面的经典著作，进行翻译，编成这套丛书，以飨广大读者。 这些著作具有很高的学术价值，其理论观点经受住了历史的检验，也被众多关心海洋事务的人士所认可。 这些著作的作者，既有阿尔弗雷德·塞耶·马汉、赫伯特·里奇蒙德等古典大家，也有杰弗里·蒂尔、米兰·维戈等现代学者；有的来自美、英等老牌海洋强国，有的来自印度等发展中国家；有的是职业军人出身，有的则是纯粹的学者。 阅读这些不同时代、不同国家和不同流派的著作，对于我们完整把握海权、海军和海战理论的发展脉络，深入理解和思考当代中国面临的海上问题，具有很好的参考、借鉴作用。

为了把经典著作原汁原味地呈现给大家，我们在翻译过程中未做删改，但这并不代表我们认同作者的所有观点，也希望大家在阅读时，能够辩证地看待一些观点，在批判的基础上加以吸收、借鉴。 由于我们的水平有限，书稿难免存在一些不准确、不传神之处，敬请大家批评指正。

史常勇于南京半山园

2020 年 8 月 19 日

翻译说明

　　米兰·维戈是美国海军战争学院联合作战学院教授。 他出生于波黑，1976年到美国申请政治庇护；曾在前南斯拉夫海军服役 12 年，并在德国商船队担任过船员；拥有乔治·华盛顿大学现代欧洲史专业博士学位和贝尔格莱德大学拉丁美洲史专业硕士学位；曾出版 12 本专著，并在专业期刊发表了多篇学术文章。 主要作品包括《当代苏联海军》《苏联海军战术》《海军战略与狭窄海域作战》《海上战役：理论和实践》《海上战略和海上控制：理论和实践》《海上战略和海上拒止：理论和实践》等。

　　《海军战略与狭窄海域作战》一书主要研究海军以及海上力量如何在狭窄海域作战运用的问题。 历史上的海上战争绝大多数都是在靠近大陆和岛屿海岸的海域进行的，未来绝大多数海军行动仍然最有可能在邻近世界大陆的海岸——被称为"濒海"的海域发生。 作者在书中首先对"战略""战役法""战术""窄海"等词语的含义和相互间的关系进行阐释，并分析了空间这一要素以及空间要素的具体组成：位置、基地和战区等。 接着，作者论述了海军运用方面的一些重要问题，如海军目标与舰队分配的关系，海上控制和海上拒止问题，海军战术行动、大型海军行动和战役等运用方式的区别和联系，等等。 最后，作者对海军在平时和战时取得、争夺和行使制海权的方法进行了详细的阐述，包括进攻敌方海上贸易和保护己方海上贸易的方法、水雷战和陆海协同等问题。

　　《海军战略与狭窄海域作战》一书是了解和掌握美国海军战役战术问题的权威书目之一。 书中，作者引用了大量历史上的战例，涉及世界上几乎所有的主要海区，因此需要读者有较强的军事、历史和地理知识。 由于英语不是作者的母语，文章语言句法比较简单，其中不乏口语化的表达。 为了忠于原文，译者尽量保留了原文的风格。 书中有许多旧地名，现在已不再使用，译者也都标注了原文，供读者查阅。

前　言

　　海上战争绝大多数都是在靠近大陆和岛屿海岸的海域进行的。 绝大多数被潜艇击沉的商船，以及被击沉的潜艇，都沉没于海上贸易的聚集区，如海峡或大型商业港口的入口等地。 第二次世界大战中，几乎所有的水面舰艇都是在水深少于600英尺（1英尺约合0.3米。 ——译者注）的水域被击伤或击沉。 这个现象发生的原因是，海军的作用主要是保护运输船和输送登陆部队，或防止敌人从海上入侵。 在风帆动力时代，舰艇的航速、航程和适海能力都比较弱，再加上目视和舰载武器的观察距离较近，这些决定了舰队只能在靠近海岸的海域进行作战部署。 即便在蒸汽时代，比起到茫茫大洋寻找敌人，更好的办法显然是在靠近海岸的地方阻止敌军登陆或进攻敌人的贸易。 未来，尽管舰艇的动力、传感器和武器都会有巨大的改进，但是绝大多数海军行动仍然最有可能在邻近世界大陆的海岸——被称为"濒海"（littoral waters）的海域发生。 濒海战争可能在封闭性海区进行，也可能在半封闭性海区进行，这些海区被称为"狭窄海域"，简称"窄海"。

　　窄海作战的问题并没有引起太多蓝水海军的足够重视。 有一种非常流行但错误的观点认为，一支能够在开阔大洋打败对手的舰队也能够在窄海作战中取得成功。 不可否认，无论是在阿拉伯（波斯）湾和红海，还是在东南亚的其他窄海，直到最近，蓝水海军都还没有在作战上遇到过严重、多样的威胁，因为他们拥有大型的水面舰艇和潜艇部队。 但是这个情况正在迅速发生变化，因为在这些海域作战的许多小国的海军已经获得了足够的能力，能够对像美国海军这样的蓝水海军的行动自由发起挑战。 典型的窄海也给大型水面舰艇的行动带来了一些挑战，因为它们的自然环境比较独特，特别是面积比较小，宽度比较窄，距离大陆近，水深较浅，并分布有大量的岛屿。 这些特点将会限制水面舰艇和潜艇的机动性、速度和武器传感器的使用，特别是影响那些专门用于开阔大洋作战的水面舰艇和潜艇的行动。 在窄海中，大型水面舰艇和潜艇受威胁的程度比在开阔大洋中大，因为弱势一方能够使用陆基飞机、小型快速水面舰艇或常规潜艇、水雷和岸舰导弹，与强国海军竞争控制权。 典型窄海的面积小，距离登陆区更近，要求参战的各个军种展开比在开阔大洋中作战时更高程度的配合。

大多数蓝水海军都没有充分研究过如何在窄海使用海军力量的问题。 这也许有点匪夷所思，因为在两次世界大战和 1945 年以来的许多地区性冲突中，蓝水海军都为不得不在窄海中作战而困顿不已。 虽然没有蓝水海军因为准备不足而输掉窄海中的战争的情况，但这并不是说，缺乏对这些海域特殊性的了解没有造成人员和物资的不必要损失，特别是时间上的浪费。 在每一场窄海战争中，熟悉和了解在窄海和其他限制性海域使用海军部队的特殊性，都花了很长时间，付出了血和汗的代价才得到教训。 如果在和平时期就足够重视对窄海作战问题的研究和了解，这些问题本可以避免。 因此，蓝水海军应该吸取历史上在窄海发生的海战的教训，并分析它们与开阔大洋上的战争的区别。 同时，也要研发相关的战略战役概念，对于战役和战术条令也应充分考虑海军部队和飞机在狭窄海域作战的特殊性。 与蓝水海军相比，毗邻窄海国家的海军显然更加熟悉窄海自然环境对海上力量运用的影响。 这当然也反映在它们舰队的编成上。 它们的舰队主要由小型的、能力较弱但平台数量更多的舰艇组成。 但是，这并不意味着小型的沿岸型海军就一定有正确使用力量的战役概念，以确保能在与更强大的舰队作战时取得最大的利益。 因此，即便是这些海军也要不断提醒自己，要对窄海作战的方方面面进行持续研究。

撰写此书的主要目的并不是为了回顾窄海中发生的海战历史，而是为了研究海军（或海上战略）以及海上力量在典型窄海中作战运用的重要问题。 当然，为了说明理论问题，必要时也会列举历史上或近期在窄海发生的战争的例子。 这些例子都是随机选择的，有的可能并不是说明某个理论问题的最好的例子，有的甚至可能被某些人认为是不恰当的。 由于篇幅有限，不能对以上的例子进行详细的叙述，这就需要读者对海战史有非常深厚的知识基础。 本书的内容是按话题来组织的，首先叙述和分析海军战略和作战的原则，接着讨论和分析蓝水海军或沿岸型海军在窄海作战中可能担负的特定战略、战役任务。 第一章主要解释"战略"

"战役法""战术"等词语的含义及其之间的关系；探讨"狭窄海域"与"浅海"和"限制性海"的区别；简单回顾了窄海中发生的一些战争的例子；总结了典型窄海作战的一些特点。 第二章主要分析"空间"这一要素，包括濒临窄海的国家的面积、形状和轮廓，特定窄海的面积和距离，以及地理因素（地形、水文、气象）对舰机和武器使用的影响等。 后面的三章主要描述和分析"空间"要素的具体组成部分。 第三章主要分析一个国家或海军可能占据的地缘战略位置，或相对于特定窄海所处的位置。 第四章描述和分析保障窄海作战的舰队所需的海空基地。 第五章主要讨论"空间"的军事划分和海上战区的各个要素，包括作战基地、物理目标、决胜点、作战线和海上交通线等。 第六章主要讨论和分析平时和战时需要达成的战略目标。 这一章还解释了海军目标与舰队分配和编成的关系。第七章主要讨论海上控制和海上拒止问题，并比较了这两个战略概念在窄海中实施与在开阔大洋中实施的不同。 第八章讨论海军力量在窄海中作战使用的主要方式，特别解释了"海军战术行动"（包括战斗、交战、打击和袭击）、"大型海军行动"和"战役"这些词语的含义。 第九章仔细分析和评估了旨在削弱、瘫痪、摧毁和消灭敌人海军部队并获得海上控制的行动。 第十章分析战时和平时实施海上控制权的方法，特别是在两栖登陆、进攻敌岸上设施和维和、强制和平等行动中蓝水海军和小国海军投送力量上岸的方法。 第十一章描述和分析弱势舰队用来与优势舰队竞争制海权的方法，特别是积极或消极的"存在舰队"概念、反封锁和防御敌人进攻等行动。 第十二、十三章主要分析和讨论"贸易战"，包括进攻敌方海上贸易和保护己方海上贸易。 不管有没有获得特定战区或海区的控制权，不管是不是与优势舰队争夺制海权，海军都要执行这些任务。 这两章除了分析优势舰队和弱势舰队在典型窄海的作战问题，也详细讨论了进攻性水雷战和防御性水雷战等方面的问题。 典型窄海中的战争有一个独特的特点，那就是海军必须与在岸上进行攻势作战或防御作战的地面部队展开密切配合。 这些主要在第十四章进行讨论和分析。 最后一章强调了在狭窄海域作战的几个重要方面，得出一些结论，并分析了最适合在这些水域作战的舰艇种类。

此书源于位于美国罗得岛州纽波特（Newport）市的美国海军战争学院"海战研究中心"（CNWS）的一个项目。 我要特别感谢"海战研究中心"高级研究项目前主任托马斯·伊佐德（Thomas Etzold）博士，感谢他采纳了我的意见。 我也要感谢《海军战争学院评论》杂志的前主编弗兰克·乌里格（Frank Uhlig）教授，他以极大的耐心给了我持续的帮助，提出了许多中肯的建议，特别是在项目研究的早期。 我希望这部作品不仅能够在学术界引起对这个重要问题的公开、热烈的讨论，而且能帮助理论家和从业者制订正确的作战概念，指导美国和其他盟友国家的海军在狭窄海域作战——这些海域充满了机遇和挑战。 我还想感谢美国海军战争学院绘图室的帕特里克·罗索尼（Patrick Rossoni）和约瑟夫·努恩斯（Joseph Nunes），他们为此书提供了非常专业的地图。 最后，我想对弗兰克·卡斯（Frank Cass）出版社的高级编辑安德鲁·汉弗里斯（Andrew Humphrys）表达诚挚的谢意，感谢他在此书出版过程中付出的辛勤劳动和极大耐心。

目录

第一章

引言

"战略""政策"和"作战"这几个词经常被混淆使用，好像它们指的是同一件事。其实，每个词的实际含义有很大区别。一般而言，"战略"是指平时和战时运用所有的力量渠道达成战略目标的艺术和科学，区分为国家战略、同盟/联盟战略和军事战略。"国家战略"（或国家安全）是指运用和协调国家力量的所有要素（军事、经济、金融、外交、心理、科技及其他）达成平时和战时的国家目标以确保国家安全的艺术和科学。[1] "同盟/联盟战略"是指运用和协调所有的力量渠道达成同盟/联盟目的的理论和实践，是由各国的首脑及其主要的民事和军事顾问共同制定的。

"军事战略"是指利用国家的武装力量达成国家战略目标的艺术和科学，通过使用武力或威胁使用武力来支持国家战略。[2] 军事战略必须与国家力量的其他要素协调使用。国家政策制定者、他们的军事顾问以及国家的高级军事领导人，主要负责确定平时和战时的军事战略。他们决定战争的目标，并将特定的军事战略目标分配给不同的战区。[3] 战区战略是军事战略的一个子集，主要适用于那些面临一场可能需要多个战区使用武力或威胁使用武力的战争的国家。对于中等国家和小国而言，在国家军事战略和战役法的实际运用之间并没有中间步骤（战区战略。——译者注）。

从严格意义上说，军事战略并不涉及军事力量的实际使用，而是主要关注如何通过国家战略或同盟/联盟战略达成国家军事目标和/或战区战略目标，确定主要的和次要的战区以及总体的军事态势（进攻或防御），决定武装力量在各个战区的分配，以及结束冲突或战争。根据所使用的军事力量媒介的不同，军事战略又包括海上、空中和陆上方面。许多理论家会区分使用海上战略和空中战略，但是在指代陆上战争时会统称"军事战略"。

从狭义上而言，"海军（或海上）战略"是指使用海/洋上战区的军事力

---

[1] Department of Strategy and Tactics, "Strategic Studies, Resumes of Committee Discussion, 14 – 25 March 1952", classes of June 1952 (Newport, RI: The United States Naval War College), p. 1.

[2] Department of Strategy and Tactics, "Strategic Studies, Resumes of Committee Discussion, 14 – 25 March 1952", classes of June 1952 (Newport, RI: The United States Naval War College), p. 1.

[3] Stephen E. Runals, "A Different Approach", *Military Review*, 10 (October 1987), p. 47.

量达成军事战略的海军（海上）方面的艺术和科学。① 海军战略主要确定军事战略（或战区战略）规定的在海上方向需要达成的战略目标：选择海上或空中力量驻泊地域，通过外交或军事手段获得新的基地，确定海战理论，确定主要战区和次要战区，统筹各个战区的海上力量，等等。

海军战略是国家安全战略和国家军事战略的必要组成部分。因此，在平时和危机时，国家主要使用外交、政治、经济、社会和心理等力量手段，在军事力量的支持下达成国家战略目标。在战时，这些力量手段就退居幕后，主要通过使用军事力量来达成国家战略的目标。

海军战略经常与海军政策相混淆，但其实两者之间有很大的不同。从严格意义上说，"海军政策"是指国家的最高政治领导人和海军领导人制定的政治、外交、金融、社会和军事决策的总和，这些决策将影响国家的海上总体态势、海军的规模和组成、人员的数量，以及海上力量的组织等。与海军战略不同，海军政策深受国内政治的影响。外交政策和国内政策是相互依存的。外交政策应该明确哪些国家或国家集团分别被视为盟国、中立国和敌对国。决定海军的规模和组成的因素主要有：国家的工业能力、财政实力和国家政治领导人将资源用于舰队的扩大和现代化上的意愿等。因此，在海军政策目标的实现上，外交政策是框架，而国内政策是主要因素。

海军战略还经常与战役法相混淆。著名的海军战略学家阿尔弗雷德·塞耶·马汉少将显然并没有区分战略和战役法。他的代表作之一《海军战略》（出版于 1911 年），谈的并不是海军战略的本身，而是战役法的各个要素。同样，美国海军在 20 世纪 20 年代和 30 年代认为，战略主要与战役有关，而战术主要适用于战斗。② 遗憾的是，这个混淆在今天还经常出现，因为许多海军军官在谈论海军力量的使用时并不严格区分海军战略和战役法。更糟糕的是，美国/西方军队经常乱用"operations"（可翻译成作战、行动、战

---

① Department of Strategy and Tactics, "Strategic Studies, Resumes of Committee Discussion, 14 - 25 , March 1952", p. 1. 海军战略也被定义为运用一国的海军通过使用武力或威胁使用武力来达成国家政策的目标以支持军事战略的艺术和科学。

② M. G. Cook, "Naval Strategy" 2 March 1931, Air Corps Tactical School, Langley Field, VA, 1930 - 1931, Strategic Plans Division Records, Series, Box 003 (Washington, DC: Naval Operational Archives), p. 2.

役。——译者注）这个词，以至于它本来的含义变得模糊或彻底丧失了。[①]

与战略不同，"战役法"关注的是作战力量的实际运用。战役法是军事艺术的组成部分，主要关注筹划、准备、实施和保障主要大型行动和战役的理论和实践，目的是达成战区的战役或战略目标。它适用于各种频谱战争，但是，只有在高强度的常规战争中才可能发挥所有的潜力，而不是在核战争或低强度的冲突[②]中。

各军种在使用作战力量达成战区的战略或战役目标方面，有许多共同点。但是，作战中各军种使用力量的方式和技巧也有很大的不同。这些不同主要是由各军种作战的物理空间（陆地、空中和海上）和武器平台的不同决定的。因此，有的理论学家认为每个军种都应该有自己的战役法[③]。这个观点是不无道理的，因为战役目标和部分战略目标通常可以通过单独或主要使用某个军种的力量来达成。例如，旨在切断敌人海上贸易通道或保护己方海上贸易的大型军事行动，通常由海军部队和航空兵来实施。在筹划和实施摧毁或瘫痪敌人舰队主力的行动过程中，海军部队也将发挥主要作用。同样，进攻性或防御性的反空战行动主要由空军筹划和实施。

战役法不仅受战区战略的影响，而且受战区的政治、经济、社会及其他形势的影响。但是，反过来也是成立的。大型军事行动或战役的结果将会极大地影响特定战区的政治、经济、社会乃至环境形势。与战术不同，己方力量的部署是大型军事行动计划或战役计划的核心。如果作战力量的战役或战略部署出现错误，将很难纠正。而且，后勤保障和补给对大型军事行动和战役的影响，比战斗和交战要重要得多。[④]

海军战略通过确定作战目标、分配作战力量和限制作战条件等方式指导

---

① Department of Defense, *Dictionary of Military and Associated Terms and Abbreviations* (Washington, DC: Government Printing Office, 1994), p. 274. "operation" 一词在美军军语中可以指代包括从出动到实际使用武力在内的多种军事行动。美军联合出版物将其定义为"某种军事行为或执行战略、战术、服务、训练、管理等军事任务；开展作战的过程，包括移动、补给、进攻、防御和机动等，以达成战斗或战役目的"。

② 这个词更准确地反映了非战争军事行动的本质，因此将在本书中广泛使用。美国称之为"operations other than war"（OOTW）。

③ 苏联、俄罗斯区分陆军战役法、海军战役法和空军战役法。

④ Ludwig Beck, *Studien*, ed. Hans Speidel (Stuttgart: K. F. Koehlers Verlag, 1955), p. 79; Arbeitspapier, "Operative Fuehrung", Hamburg: Fuehrungsakademie der Bundeswehr, August 1992, p. 15.

战役法。同时，海军战略应该考虑目前和预期的作战形势。这意味着，战略或战役目标必须建立在对空间、时间和力量等要素的实际评估和平衡上。如果手段和目标之间出现严重的不匹配或脱节，失败将不可避免。

战役法将战略的企图和条件转化为计划，以挫败敌军的主力。它将确定在什么时间、什么地点部署什么力量，以达成战术胜利，支持战略或战役目标。① 如果战略上出现严重的错误，即使在战役层次取得辉煌战果也只能暂时地延迟，而不是阻止最终的失败。同样，正确、连贯的战略本身并不能确保战争的胜利，因为还需要具备高度的战役能力，需要通过作战力量的实际运用来达成战略目标。②

战役法的实际应用要求合理安排和同步所有的行动，共同致力于特定战略或战役目标的达成。因此，应该清楚地了解什么是战役上期待的目标，什么是战略上可能实现的目标。在实践战役法时，要有一个总体的战役计划或战役思想，直接对应战役或战略目标的达成。一个合理的军事目标通常应该针对如何消灭敌军，或者使敌军进入不能完成其特定目标的境地。但是，在制定军事目标时，也不能忘记政治—战略目的。如果对战术施加不现实的和过分的要求，将会导致严重的错误。③

"战术"是指计划、准备和实施战斗、交战、打击和进攻等行动的艺术和科学，目的是达成特定作战带或作战区的战术目标（有时也可能是战役目标）。战术的结果必须与战役目标和战略目标保持一致。战役法运用不娴熟可能导致战术失败，而这通常会带来战略后果。战略必须确保战术性的行动在有利于达成战役或战略目标的条件下实施。战略还必须考虑战术上的限制条件。战术行动的结果，只有在与更大的军事或战区战略计划相衔接时，才是有用的。糟糕的战术可能会破坏好的战略。因此，具备足够的战术能力，对于达成战略或战役目标是必要条件。

---

① Leon H. Rios, *The Linkage of the Strategic and Operational Levels of War* (Fort Leavenworth, KS: School of Advanced Military Studies, US Army Command and General Staff College, 12 May 1986), pp. 19 – 20.

② Meinhard Glanz, *Rommels Entschluss zum Angriff auf Alexandria* (Hamburg: Fuehrungsakademie der Bundeswehr, February 1963), p. 5.

③ Meinhard Glanz, *Rommels Entschluss zum Angriff auf Alexandria* (Hamburg: Fuehrungsakademie der Bundeswehr, February 1963), pp. 15 – 16.

战役法的一个主要目的是，使战斗尽可能在对己有利、对敌不利的条件下进行。但是，战术上的辉煌并不能克服战役表现上的不足。而且，战术的重要性并不会因为战役法的应用而降低。在很多情况下，失去一场战斗将会破坏成功的（大型的）战役行动所取得的战果。①

军事艺术指导平时和战时武装力量的筹划准备和运用。武装力量的每个军种的作战环境都是特殊的，作战空间的大小、特点以及有无人类居住条件或人造设施等都不相同。

海军作战的环境是开阔大洋，或者是可以称为"窄海"的地方。但是，关于后者的定义和理解经常不准确。"窄海"这个词经常与"沿海""浅海"或"限制性海"混淆使用。然而，尽管这几个词意义相近，但每个词都有特殊的含义。一个水体可能既有浅水区也有深水区，如地中海和加勒比海；也可能绝大部分都是浅水的狭窄海区，如北海和波罗的海。海可以区分为封闭海和半封闭海。封闭海深入大陆内部，通过狭窄海峡与大洋连接。由于与大洋的交通受到限制，封闭海的潮流和潮差通常都较小。封闭海也被称为"大陆海"，因为它们与大洋的联系很少。如果坐落在较浅的洼地上，封闭海的水深通常较小，如亚速海、哈德逊湾和波罗的海。封闭海也可能是深入大陆的内陆深海或者洲际海，深度可能超过 2 500 英寻（1 英寻约合 1.83 米。——译者注）。洲际海有时可能被称为"地中"海，但这主要是指被大陆包围的封闭海，如北冰洋、地中海、中美洲海和印度尼西亚海等。②

根据地理学上的定义，窄海是指封闭海和半封闭海。另外，大型的内陆水体，如里海、伊利湖和安大略湖等，也可以被认为是窄海。除了与海洋连接的一条或数条海峡、其他封闭海或半封闭海之外，封闭海整个都坐落在大陆架上，并被大陆块所包围。半封闭海可能通过一条或数条海峡、狭窄水道（如北海），或者通过岛屿之间的数条水道与大洋连接。它们通常具有较大的潮差，在特点上比封闭海更接近大洋。由于更接近大洋，半封闭海有时也被

① L. D. Holder, "A New Day for Operational Art", *Army*, 3 (March 1985), pp. 4–7.
② Charles H. Cotter, *The Physical Geography of the Oceans* (New York: Elsevier, 1966), pp. 71–72, 82.

称为"大洋海"。较浅的大洋海整个坐落于大陆架上（有时被称为"大陆架海"），深度很少超过 100 英寻。较深的大洋海通过岛弧或较浅的水下山脊与大洋分开，它们的深度经常超过 1 000 英寻，如西太平洋海和中美洲海。[①] 边缘海是濒临大陆块或群岛的大洋的一部分，其外缘即使不是相邻大洋的一部分，也与其广阔连通。边缘海并没有超出大陆架的范围，而是坐落在大陆架的陡峭部分。当边缘海的周边都被大型岛屿或岛弧包围时，它们也被称为"窄海"——即便它们坐落在大洋的中间，如珊瑚海和所罗门海。一些地理学家认为地中海是大西洋的边缘海。但是，从字面意义理解，地中海应该被认为是大型的封闭海。

"浅海""沿海""受限海""内滨海"和"限制性海"等词语都有各自的含义。"浅海"是指风成海浪经过区域不超过其长度一半的海区，是大洋朝大陆方向延伸、深度不超过 600 英尺的部分。[②] 用测高学的定义，"浅海"是指水深小于 100 英寻的沿海和近海海区。用声学的定义，"浅海"是指声音的传播在海面和海底形成多次反射的区域。在某些情况下，某片海区在测高学上被认为是"浅海"，但根据声音在水下的传播特点被认为是"深海"。[③]

"沿海"是指位于大陆架上的水域和相邻半封闭海。"大陆架"是指与海岸相连、深度小于 660 英尺的海床和底土，或者深度超过 660 英尺但不影响自然资源开采的海底。世界范围内大陆架上海水的深度从 65 英寻到 200 英寻不等。在某些地方大陆架延伸数百英里（1 英里约合 1 609.3 米。——译者注），而在另一些地方大陆架的范围很小甚至完全没有大陆架。宽度最大的大陆架是在巴伦支海，宽约 750 英里；欧洲西部大陆架宽约 200 英里。最窄的大陆架位于太平洋的东部边缘，特别是在美国的西海岸以外，平均宽度只有 20 英里。"内滨海"是指海湾、三角洲和河口附近的海域（the waters of gulfs,

---

① Charles H. Cotter, *The Physical Geography of the Oceans* (New York: Elsevier, 1966), p. 72.

② David F. Tver, *Ocean and Marine Dictionary* (Centreville, MD: Cornell Maritime Press, 1979), p. 280.

③ Robert J. Urick, *Sound Propagation in the Sea* (Washington, DC: Defense Advanced Projects Agency, 1979), p. 8.

bays，deltas and estuaries）。[1]

"限制性海"是指水面舰艇与潜艇的活动以及舰载传感器和武器的使用受到狭窄的表面区域和水深限制的海域。它包括位于大陆海岸和沿岸岛屿之间的沿海区域，所有的近岸海域，群岛附近的浅水区，海峡、狭窄水道，运河和可通航的大江附近的海域（the waters of straits or narrows，channels，canals and navigable river systems）。[2]但是，限制性海不适用于面对开阔海岸的窄海和沿海，它通过群岛、海峡和狭窄水道与海岸相连。

从军事意义上说，窄海是指能够从两边或某些区域进行控制的水体，如英吉利海峡、丹麦海峡〔斯卡格拉克海峡和卡特加特海峡（Skgerrak and Kattegat）〕、土耳其海峡（达达尼尔海峡和博斯普鲁斯海峡）、直布罗陀海峡和西西里水道等，这些海域长期以来一直被人们视为窄海。"窄海"一词据说首次是被用于描述英国海上力量在16世纪的崛起。在16世纪、17世纪与西班牙、荷兰和法国的许多次战争中，英国只有效控制了多佛海峡（英国与法国之间的海峡，法语称"加来海峡"。——译者注）。但是到了19世纪末，英国皇家海军却控制了许多国际水道和战略要地，特别是直布罗陀海峡、马耳他、苏伊士运河和亚丁湾。英国因此也就拥有了通向国际的非常重要的4个窄

---

① 虽然"gulf"和"bay"两个词经常被当成同义词使用，但它们所指有所不同。"gulf"是指长度超过宽度的一片水体，详见 Charles H. Cotter，*The Physical Geography of the Oceans*，p. 70；而"bay"是指海岸的凹处或小海湾，它介于两片分开很广的海角或滩头之间。它没有"gulf"大，但比"cove"（小海湾）大。详见 David F. Tver，*Ocean and Marine Dictionary*，p. 29；Charles H. Cotter，*The Physical Geography of the Oceans*，p. 71.

② 受限水域是指水域的宽度和深度限制了水面舰艇和潜艇的机动，在某些情况下也限制了舰载传感器和武器的使用。它们通常指群岛、海峡、狭窄水道和人工运河等水域。"strait"是指连接两片被岛屿或大陆分开的水域相对较窄的海峡。还有一种定义认为，它是指岛链中的缺口或原来地峡中的缺口，如多佛海峡、博斯普鲁斯海峡和达达尼尔海峡。详见 Charles H. Cotter，*The Physical Geography of the Oceans*，p. 71；David F. Tver，*Ocean and Marine Dictionary*，p. 307."strait"可以分割两个或多个岛屿、两片大陆、一片大陆和一个海洋岛、一个大陆和大陆岛、两个半岛以及一片大陆海岸和沿岸岛屿。某些海峡是两片重要水体间的唯一通道。因此，它们对沿岸国来说特别重要。世界上约有35条海峡对国际海运具有特殊的、重要的意义。非洲南部海角附近的海名义上也被称为"海峡"，因为10英寻等深线外可通行宽度只有6—30海里，要避免强烈的厄加勒斯（Agulhas）海流的影响。海峡通常可分为几条"狭窄水道"。连接两片水体但宽度较大的海峡被称为"sound"，它通常与大陆海岸平行，或连接海洋和海（湖）。"channel"是一片隔开两块陆地区域、连接两块大陆的相对较窄的水体，比"strait"要宽。它也可指海湾或河口较深的可航行区域，或者指两片浅滩之间可航行的路线。"canal"是指为了航行或灌溉而开凿的人工水道。它们连接海洋和海或连接两片海——通常是国际水道，对于运送货物和海军舰艇航渡都很重要。这个词有时也用来指代位于大陆海岸和沿岸岛屿之间或群岛之间的狭长水体。

海——英吉利海峡、北海、地中海和红海——的钥匙。而且，通过控制这些到达世界贸易中心必须经过的咽喉要道，英国也就控制了世界海洋的大部分区域。

"窄海"这个词在二战期间得到了广泛的使用，用来描述在欧洲大陆附近海区特别是在英吉利海峡和北海附近爆发的多次小型水面舰艇之间的冲突。随着水面舰艇的活动范围和续航力，以及武器有效射程的逐步增加，特别是在飞机和巡航导弹引入之后，世界上更多濒临大陆的海洋区域和大型封闭海区，如加勒比海和地中海，成为事实上的窄海。今天，即便是在大型封闭海区，大型水面舰艇编队也不能保持隐蔽；即便是在最大的窄海，无处不在的空中威胁也极大地限制了它们行动的自由。

"窄海"和"濒海"这两个词通常因为意义相近而被混淆使用。事实上，这两个词的含义有很大的区别。准确来讲，"濒海"只是指海岸线，包括陆地和近岸水域，特别是位于高潮和低潮之间的部分。从广义上而言，它是指"海岸区域"或者"海岸附属区域"。[1] 从军事角度看，"濒海"的范围取决于一个国家从海岸向敌人内部有效地投送力量的能力。"濒海"不仅包括窄海的沿岸，也包括大洋的沿岸。而且，"濒海"的范围要比窄海更小。美国海军官方将"濒海"分为两个部分：向海部分——从开阔大洋到海岸之间的区域，这部分区域必须得到控制才能支援岸上的行动；向陆部分——从内陆到海岸的区域，这部分区域可以从海上得到支援和保护。因此，濒海战不仅发生在半封闭和封闭海区，而且发生在濒临大陆的开阔大洋。[2] 濒海水区不一定是浅水区，也可能是深水区。濒海水区和深海大洋的区别是在潮汐、潮流和海底的地形上不同。

在整个历史上，是否控制窄海对陆上战争产生了重要的影响，有时甚至是决定性的影响，对当时大国的外交也有很大的影响。正如英国的例子所证明的那样，控制相连的几个窄海是许多海上力量崛起的重要因素。由于法国的面积不小，17 世纪的法国对英国海军的封锁几乎毫不在乎。但是如果法国

---

① David F. Tver, *Ocean and Marine Dictionary*, p. 182.

② US Department of the Navy and US Marine Corps... *From the Sea*: *Preparing the Naval Service for the 21st Century* (Washington, DC: September 1992), p. 5.

控制了相邻的窄海，加上其具有强大的军事力量，对英国便构成了现实的入侵威胁。法国企图控制欧洲的低地国家，并不断尝试获得在伊比利亚半岛的主导地位，这打破了西欧的力量平衡。① 1689 年的战争就是由于法国取得了海军优势而爆发的。1689 年 3 月，詹姆斯二世带领约 5 000 人的部队在爱尔兰登陆，支持爱尔兰反抗"新教继承"规定（公职人员必须是新教教徒。——译者注）。英国皇家海军企图关闭詹姆斯二世的追随者通向法国的补给路线，导致了 1689 年 5 月的班特里湾（Bantry Bay）海战。② 法国对英伦三岛的威胁，迫使威廉国王将他的陆军分散部署在爱尔兰和荷兰，在接下来的两年里，他不得不将大部分的时间和精力放在本土防御而不是欧洲大陆上。③

18 世纪初，通过将外交和海军实力相结合，英国保证了其在波罗的海利益的安全。这个利益主要是保护木材贸易和保持波罗的海北部国家之间的力量平衡。1715—1718 年，英国派出了强大的舰队到波罗的海，防止瑞典骚扰海上贸易、威胁挪威和支持詹姆斯二世的追随者。然而，在 1719—1721 年和 1725—1727 年，英国皇家海军却到波罗的海支持瑞典反对彼得大帝统治下的俄国的崛起。但是，尽管付出了巨大的努力，英国还是没能通过部署在波罗的海的海军阻止瑞典扩大其影响力和俄国崛起。这个目标只有在奥地利、普鲁士和法国愿意作为英国在欧洲大陆的代理人时才可能实现，可是这些国家中没有一个愿意扮演这个角色。④

1807 年《提尔西特和约》签订之后，波罗的海在欧洲列强的斗争中成了一个关键战区。俄国对英国宣战，并得到普鲁士的默许。1808 年 2 月，俄国陆军入侵并占领芬兰。丹麦企图借瑞典扩张，跨过松德（Sound，即厄勒海峡，为尊重原文，后文统一用"松德海峡"，不再标注。——译者注）海峡入侵瑞典。

---

① Paul Kennedy, *The Rise and Fall of British Naval Mastery* (London: Macmillan, 1983, reprinted 1985), p. 74.

② G. J. Marcus, *A Naval History of England*, Vol. I: *The Formative Years* (Boston, MA/Toronto: Little, Brown, 1961), p. 199.

③ Paul Kennedy, *The Rise and Fall of British Naval Mastery* (London: Macmillan, 1983, reprinted 1985), pp. 76 – 77.

④ Paul Kennedy, *The Rise and Fall of British Naval Mastery* (London: Macmillan, 1983, reprinted 1985), p. 89.

在克里米亚战争（1853—1856）中，波罗的海和黑海是许多海上战斗的战场。对这些海域的绝对控制权，使得英法联合舰队可以进攻塞瓦斯托波尔（Sevastopol'）海军基地，并对俄国的波罗的海沿岸进行轰炸。亚得里亚海是奥地利帝国（the Austrian Empire）和撒丁王国（the Kingdom of Sardinia）1848—1849年战争的战场，撒丁王国当时是为了援助威尼托共和国（the Republic of Veneto）。

在1864年奥地利和普鲁士对丹麦的战争当中，北海是主要的海上战区。奥地利—普鲁士联合舰队在奥地利海军准将威廉·冯·特格特霍夫（Wilhelm von Tegetthoff）的率领下于1864年5月在黑尔戈兰岛（Heligoland）附近海域给丹麦舰队予以沉重的打击。这个行动打破了丹麦对德国北部沿岸的封锁，开放了汉堡港用于商业航运。到了6月底，形势发生了变化。丹麦全部陆军都被围困在阿尔森（Alsen）和菲英（Funen）岛。虽然丹麦舰队仍然拥有波罗的海的制海权，但是在北海和卡特加特海峡，形势却对奥地利和普鲁士更有利。6月29日，奥地利—普鲁士军队跨越卡特加特海峡并在阿尔森登陆。在这之后，普鲁士总参谋长赫尔穆特·冯·毛奇（Helmuth von Moltke）上将，制订了攻占西兰岛（Zealand）的计划。但是，1864年10月30日签订的《维也纳条约》导致该计划在实施之前就被取消了。①

黑海是1877—1878年俄土战争海上行动的战场。俄国的舰队不是十分强大，因此土耳其拥有了该海的绝对制海权。这就意味着俄国对君士坦丁堡和高加索的进攻必须通过陆路进行。俄国与君士坦丁堡之间的陆路行军距离有300英里长，因此俄国军队一路上在普莱瓦（Plevna）及其他地方都遭到了沉重阻击。尽管在海上处于弱势，俄国在一系列的陆海联合行动中，还是迅速夺取了多瑙河河口的控制权。在多瑙河，俄国还首次对土耳其的装甲舰和监视船进行了鱼雷攻击。

在远东（欧洲人指亚洲东部地区。——译者注），黄海是1894年中日甲午战争的海上战场。在1904—1905年的日俄战争中，黄海和日本海也发生了连续的战事。几场重要的海战，特别是黄海海战和对马海战，都对陆上战争

---

① Frederick E. Whetton, *Moltke*（London：Constable，1921），p. 83.

的结果产生了重大影响。

在第一次世界大战中，绝大多数海上行动都是在窄海发生的，特别是在北海、英吉利海峡、地中海、黑海和波罗的海。控制这些窄海对于协约国和同盟国来说都很重要。对于德国来说，控制波罗的海的中部和西部是绝对有必要的，因为它们是从瑞典进口战争急需的铁矿石的必经之地。从鲁尔（Ruhr）产出的煤通过海路运送，为在俄国战斗的陆军运送给养也是通过海路进行。① 在一战中，即便是偏远的波斯湾，也成了重要的作战区。英国在命运多舛的美索不达米亚战役中的目标就是控制阿拉伯河河口，因为英国波斯公司的石油管道就是在河口上方 30 英里处入河。1914 年战争爆发之前，英国就采取了一些保护该公司利益的行动。

二战中，世界上绝大多数窄海，包括所有临近欧洲大陆、加勒比海和南太平洋的边缘海，都成了无数海上战斗的战场。但是，并不是所有的陆军在战争爆发之前就能认识到控制这些窄海对他们陆上战役的价值。德国最高统帅司令部在 1941 年 6 月进攻苏联的计划〔"巴巴罗萨"计划（Plan Barbarossa）〕中，就完全忽视了控制窄海的重要性。德国海军的任务，除了保护海岸，还有防止苏联海军突破、进入波罗的海作战。他们并没有制订重大海军行动的计划，因为陆军在夺占列宁格勒（俄罗斯城市圣彼得堡的旧称。为尊重原文，仍使用"列宁格勒"，后不再注。——译者注）之后就可以消灭苏联的波罗的海舰队。一旦达成这个目标，德国海军就可以继续执行为北方集团军运送补给的任务。这个任务也包括在运输线附近的扫雷行动。令人奇怪的是，德国在他们的计划中并没有采用从什切青（Stettin，德语称"斯德丁"）、吕贝克（Luebeck）和加里宁格勒（原文为"Koenigsberg"，系旧称"柯尼斯堡"，现名为"加里宁格勒"。后不再标注。———译者注）沿波罗的海东岸向北的直线海上交通线。②

太平洋的几个边缘海和封闭海是二战中众多海上行动的发生地。日本入侵英属马来亚和荷属东印度时，涉足了这个区域所有的封闭和半封闭海区。

① John Creswell, *Naval Warfare*：*An Introductory Study*（London：Sampson，Low，Marston，1936），p. 104.

② Friedrich Ruge, *Seekrieg*：*The German Navy's Story 1939 – 1945*, trans. M. G. Saunders（Annapolis，MD：Naval Institute Press，1957），pp. 197 – 198.

无论是日本还是美国制订的计划，都把珊瑚海和所罗门群岛附近的海域作为海上持久战的战场。

自 1953 年以来，海军部队和飞机曾于多个场合在窄海使用，最著名的几次是：古巴导弹危机（1962）、越南战争（1965—1975）、阿以冲突（1956、1967 和 1973）、两伊战争（1980—1988）、海湾战争（1990—1991）、南斯拉夫战争（1991—1995）和海湾危机（1998 年 2—3 月和 11—12 月）。毫无疑问，在未来的战争中，不管其规模如何，欧亚大陆周边的窄海仍将是海军行动的作战区。

窄海能够成为一般战争或全球战争海上行动的战场。它们也可能是有限战争或局部战争的一部分，这些战争局限于特定的地理区域，是在一个大国和一个或多个小国之间进行的，或者是两个大国为达成有限战略目的而进行的。海上有限战争的可能场景包括：有限的干涉战；两个大国之间完全演变为海战的有限战争；在国际海峡或水道，袭击敌国或中立国的航运；争夺专属经济区的战争；在典型窄海爆发的两个或更多小国之间的局部战争（大国表面上保持中立，但实际上可能为一个或多个国家提供政治、外交和后勤援助）。

窄海战争可以在两个或多个沿海国家之间进行。参战力量可能包括域外大国的海军，也可能包括一个或多个小国的海军。大国的战争目的通常比较有限，比如为了打开窄海的出海口，以利于海上贸易的自由流动或保护己方在窄海入口处的航运。对于一个面临更强大海上对手的小国海军而言，战争目的可能在范围和时长上更为有限。

濒临同一个窄海的两个国家之间的战争，很少只局限于海上或空中战场，而是会延伸到陆上区域。陆上前线可能成为主要战区，而海上和空中的战斗成为次要行动。总体上战争的结局受陆上形势的影响极大，但是海上行动和空中行动的成功对陆上行动的成功也有极大的帮助。

典型窄海的战争与开阔大洋的战争区别很大，主要在于窄海战场空间狭窄且邻近大陆。窄海环境中的气象和水文要素对海上战区的影响极大。在典型的窄海中，崎岖的海岸通常拥有数量众多的岛屿，这些岛屿会限制水面舰艇的机动，特别是大型水面舰艇和潜艇。在浅水区，大型水面舰艇必须降低航速。窄海中通常还有较多的浅滩、礁石和较强的潮汐、海流，这些都会使航行变得困难。窄海中的战斗行动通常会波及整个海区，现在由于大量使用导弹和其他高精度武器，比过去更能产生决定性的结局。舰艇编队的大部分，甚至全部，都可能被大规模导弹攻击和摧毁。由于海军部队的高机动性和现代武器的远射程及高摧毁性，窄海中的战斗一开始就可能相当激烈——双方都想占据主动并先发制人地打击对方。如果双方的力量大致相当，那么更加快速、坚决行动的一方会比对手拥有更多内在的优势。

在窄海中进行的现代海战有一个主要特点，那就是战术和战役形势经常发生急剧性的变化。电子战手段的广泛运用使得传感器和制导武器的精确使用变得更加困难。现代舰艇和飞机的高航速，以及将机动和火力相结合的能力，使得某一方能够在取得时间和地点上的优势的同时也达成"突然性"。海上行动的高烈度将导致形势快速变化，而形势的快速变化通常会导致双方攻防态势的迅速转化。由于现代武器射程的提高，海军平台机动性、作战半径和持久性的增加，典型窄海中的战斗行动也可以覆盖巨大的战场区域。战场的范围又因为在水面、水下和空中作战的不同以及兵种的加入而变得更广。

窄海中的海军行动绝大多数是在夜间或低能见度的情况下进行的。能见度受限，夜间战斗通常在近距离进行，从而使得某一方战术规模的部队部署/重新部署和机动变得更加困难。

窄海中的空中力量，在对正确的目标进行打击并连续大规模运用的前提下，会对海上战争的结局产生决定性的影响——在每轮打击和攻击之后，都不能给敌人足够的恢复时间。岸基空中力量是对敌人在封闭海区的航运和与航运相关的岸上设施进行空袭的最有效的手段之一。高度的战备程度和机动性，使得飞机能够集中力量打击运输船、军舰或攻击掩护敌人海上舰船的飞机。

第二章

空间

在狭窄海域作战的海军战略与在开阔大洋作战所需的海军战略有许多相同之处，但是也有较大的不同，主要是因为：典型窄海面积较小且离大陆更近，窄海对国家力量源泉以及平时、战时敌我双方海军力量和航空兵的运用影响更大。"空间"对于双方兵力在冲突中的成功运用都是一个必要因素。战争的层级越高，空间要素就显得越重要。通常而言，空间要素要考虑许多因素，如一个国家的海上位置和形状、海区，海区的地理、形状和构造，海岸线的特点，沿海地区及其水文，等等。这些因素在窄海比在开阔海区对于舰队的运用更加关键。

一、 国家的地理位置

从地理定义而言，一个国家或地区相对于相邻海区和陆区可能占据中央、半中央，半岛或岛屿的位置。当一个国家的陆域都没有与海洋接壤，它就处于"中央位置"。当一个国家处于大陆的边缘并与海或洋接壤，它就占据"半中央"位置。这个位置对于海上力量的发展来说并不总是有利的，特别是当这个国家拥有丰富的自然资源时，整个国家和社会的雄心和精力就不一定朝向海上资源的使用，比如法国和俄国。这两个国家都保留了大型的常备陆军，来为其陆上扩张提供力量。

一个占据半中央位置却缺乏自然资源的国家，通常向海而生，比如中世纪的荷兰。然而，荷兰的资源和能量很早就消耗殆尽了，因为它需要保有一支大型的陆军，并发动昂贵的战争，以避免被其对手西班牙和法国所吞并。

当一个国家的海上边界大于陆上边界时，这个国家就处于"半岛"位置。虽然半岛位置对发展海上力量通常是有利的，但这些国家也可能需要花费大量的资源来防止来自陆上方向的入侵。

当一个国家位于一个或几个大岛上时，它就处于"岛屿"位置。古克里特岛和塞浦路斯以及中世纪英国的例子表明，缺乏自然资源的岛屿国家通常会被迫从海上谋生。然而，除非这个国家控制了周边海域，否则岛国的位置通常不是一个有利条件。

岛国位置通常对发展海上力量是无害的，即便这个国家散布在几个大岛上也是如此——因为这样的国家人力物力集中度较高。如果一个国家散布在面积广阔的群岛上，如印度尼西亚和菲律宾，它就缺乏必要的人力物力集中度，这对海上力量的发展会产生不利影响。

英格兰是由于岛国位置而获利的最好例子。大不列颠诸岛构成了一条分布在西欧沿海 700 海里（1 海里约合 1 852 米。——译者注）长的障碍。它们的海岸分别接壤北大西洋和三个窄海（北海、英吉利海峡和爱尔兰海）。由于其边界全部靠海，只要海军控制着相邻的窄海，英格兰就无须担心对手的奇袭。并且，大不列颠由于没有陆上边界，无须保留大型常备陆军，因此历史上大部分时候他们可以把雄心和精力集中在发展海上贸易和海军力量上。这使得大不列颠在与其在欧洲大陆的主要对手法国和荷兰进行海上力量抗衡时处于有利的地位。

日本相对于亚洲大陆的位置也类似于英格兰相对于欧洲的位置。日本本土包括四个大岛，这几个岛屿被太平洋和两个窄海（日本海和内陆海）所包围。只要其海军控制着周围海域，日本也就不用担心敌对邻国的奇袭。日本因为曾有征服亚洲大陆上的领土的野心，所以在大型海军之外还保留了一支大型的常备陆军。

一个国家可以毗邻一个或数个窄海，或者毗邻一个窄海和一个大洋。一个处于半中央却面对一个封闭海区的国家通常不享有对发展海上力量有利的自然条件，就如中世纪的波兰和 18、19 世纪的奥地利帝国所证明的那样。

德国毗邻两个窄海：北海和波罗的海。因为其海上方向被日德兰半岛所分割，除非丹麦允许德国舰船在波罗的海自由通行，否则德国无法确保两支舰队在战时能够通力配合。这个问题在 1895 年得到了些许改善，因为基尔运河在这一年开通。与德国相反，丹麦则处于一个更有利的位置，因为其海岸面向的两个窄海彼此相邻。

俄罗斯横跨两大洲，纵长 8 000 英里。战时，其海上方向包含 4 个海上战区，每个战区都不相邻，需要建立和保有 4 个舰队。沙皇俄国和后续的苏联也经常尝试通过取得进入地中海和印度洋暖水区的权力的方法，克服海上位置的不利自然条件。

一个岛国可能毗邻一个窄海和一个大洋，或者毗邻两个或两个以上窄海和一个大洋。这样的位置有利于海上力量的发展，因为这个国家的海上方向是连续的，进入大洋的通道畅通无阻。相反，一个占据半中央位置、面对一个或多个窄海和一个大洋，但海与海之间、海与洋之间被陆地分隔的国家，其海上力量也是分裂的。

海上力量的发展还经常受到一个国家在某个特定窄海中位置的影响。一个国家可以坐落在控制全部或部分出海口的位置，或者占据一个离出海口有一段距离的位置。控制一个窄海唯一出口两岸的沿岸国家占有这个海区最有利的位置。拜占庭和后续的奥斯曼帝国以及现代土耳其，都对进出黑海的唯一通道的海峡拥有无可争议的控制权。因此，它们不但主导了进出黑海的所有海上贸易，而且阻止了其他国家的海军力量进入这个海区。同样，丹麦的海上地位也很稳固，因为它控制了斯卡格拉克海峡和卡特加特海峡。法国和英国共同控制了英吉利海峡和多佛海峡。但是，英国在北海的位置比法国更加有利，因为英国控制了介于设得兰群岛和挪威之间的北出口。而且，无论谁控制了直布罗陀海峡（1701 年以来分别被迦太基人、罗马人、阿拉伯人、西班牙人和英国人所控制），也就控制了进出地中海的海上贸易。

离出海口较远的国家通常处于较为不利的战略位置，因为它们与海外的联系与其海军进出特定封闭海区的机动受到潜在敌对国家的控制。而且，控制海区唯一出海口的国家在开展入侵其他沿岸国的水域的行动时也处于有利的位置。相反，亚得里亚海的奥匈帝国和南斯拉夫，以及阿拉伯湾的伊拉克，这些国家的海上地位就受到很大削弱，因为这两个海的唯一出海口被潜在敌国所控制。海上力量所处的最不利位置是沙皇俄国和其继任政权所处的位置。黑海、波罗的海和日本海（1945 年前的鄂霍次克海）通向世界海洋暖水区的出口从过去到现在都由其传统对手（the country's traditional adversaries）所控制。俄罗斯联邦目前只在巴伦支海和堪察加海拥有便利的通向大洋的条件。俄罗斯本土舰队在战时通过巴伦支海进入北大西洋也比较困难，因为潜在敌国控制了从格陵兰到挪威的水域。相反，俄罗斯在远东通向太平洋的通道则较为便利，因为堪察加海是北太平洋的一个边缘海。但是，俄罗斯建有大型海军基地的堪察加半岛却缺少通往本土的发达的公路和铁路交通，因此实际上它只是一个岛屿，具有岛屿所固有的优势和劣势。

一个海洋国家也可能占据潜在对手海上通道的两侧或一侧。英国作为世界上早期海上力量的崛起，很大一部分原因是，相对于主要对手，它处于海上通道的有利位置。英国横跨荷兰主要海上通道的两侧，又位于通向法国海峡港口的通道的侧翼。波罗的海沿岸国的航行船只在通过英吉利海峡和北海时也要停靠在英国的海岸。同样，法国的海岸也位于英国在英吉利海峡的通道的翼侧。爱尔兰 300 海里长的岛屿享有非常有利的地理位置条件，因为它处在英国通往东大西洋通道的两侧，因而可以作为入侵英国的跳板。

在地中海，意大利在中地中海占据了主导性的地理位置。亚平宁半岛的"一条腿"面对着墨西拿（Messina）海峡，而"另一条腿"毗邻奥特朗托（Otranto）海峡。谁控制了半岛的南部，谁就拥有了打开西西里的钥匙，并控制着进出亚得里亚海的通道。控制了西西里岛的国家也就处于一个主导通往中地中海通道的绝好位置。然而，意大利西海岸港口和地中海沿岸港口间交通的安全，却常年受到控制了科西嘉和马耳他岛的国家的威胁。这些岛屿位于意大利在西地中海和中地中海海上通道的两侧和一侧。

控制国际海峡两侧海岸的国家，如土耳其，处于通往相关封闭或半封闭海区的海上交通线的两侧。只控制国际海峡一侧海岸的国家，如霍尔木兹海峡旁的阿曼或伊朗、马六甲海峡旁的马来西亚，也位于潜在海上对手通道的翼侧。但是，这样的国家并不拥有绝对的控制权，因为其他国家控制着海峡另一侧的海岸。同样道理，任何一个控制了丹麦的国家，如二战时的德国，也控制了波罗的海东西两侧的通道。而且，这样的国家还可以挑战其他国家对北海北部和北大西洋东部的控制权。

一个国家或地区离最有可能的海上战区的远近是影响海上力量发展的一个重要因素。英国处于一个很好的地理位置，便于攻击许多海上贸易线，开展海军行动打击其主要海上对手：法国、荷兰、德国及其在波罗的海的商业竞争对手。120 英里长的英吉利海峡就像一个巨大的漏斗，最窄处只有 21 英里宽。由于海峡各处间的距离狭小，法国的海盗使用了位于布雷斯特和加莱之间的基地来威胁英国和荷兰航运的安全。同样，爱尔兰和不列颠岛屿被爱尔兰海所分割，而爱尔兰海包括 100 英里长的北海海峡（North Channel），这个海峡一端只有 11 英里宽，另一端的圣乔治海峡宽度在 60—140 英里。英国竭力阻止任何敌对国在爱尔兰取得立足点，因为在那里可以威胁到英国西部港口的安全。

二、　形状

一个国家的地理形状也可能极大地影响这个国家的海上地位。一个国家的形状可以区分为紧凑、拉伸和突出三种类型。当一个国家的所有边界点与这个国家的地理中心之间的距离都差不多时，这个国家就呈"紧凑"形。德国、中国、比利时和波兰，看上去都具有圆形或矩形的边界。一个国家的紧凑形状通常会为其工业基地、交通运输网络、行政管理方面的整合提供便利条件，也提供了相对于某个封闭区域最短的可能边界。因为这些国家没有半岛、大型岛屿或其他突出部分，建立交通网络相对也比较便利。

如果一个国家的长度是宽度的 6 倍以上，那这个国家就呈"拉伸"形。拉伸且狭长形国家的陆地边界线防御起来难度较大，通常需要保有大型的常备陆军。当一个国家，如泰国，总体呈紧凑形，但部分领土从其"身体"伸出形成"走廊"时，这个国家就呈"突出"形。这样的国家通常拥有很长的海岸线和狭小的沿海区，因此容易在海上方向和陆地边界受到进攻。

当一个海洋国家横跨某块陆地区域（大陆的边缘或岛屿）时，它就被认为是"自然集中"的。这样一个位置对于防御外部进攻通常是有利的。当某个国家横跨两个或多个岛屿时，只要岛屿间彼此被狭窄的水道或海峡相隔，那它也是自然集中的，如大不列颠群岛。丹麦也享有高度的"自然集中"，因为它的全部 600 多个岛屿几乎都坐落在 210 英里长的日德兰半岛上且彼此相邻。如果一个国家或地区跨越多个彼此相隔较远的岛屿，如希腊、印度尼西亚和菲律宾，那这样的国家就被认为是"自然分散"的。菲律宾从北到南延伸 1 150 英里，从东到西 700 英里。菲律宾群岛包含大约 7 100 个岛屿，其中只有 460 个岛屿的面积大于 1 平方英里（1 平方英里约合 2.59 平方千米。——译者注）。印度尼西亚比菲律宾还要自然分散。这个国家由 13 700 多个岛屿组成，这些岛屿散布在约 3 200 英里长的海面上。

当一个窄海不仅毗邻或包围一个国家而且把这个国家分割成两个或多个部分时，战时控制周边海域，对这个国家来说，不仅是理想的而且是必要的。例如，敌对国家控制爱尔兰就会威胁到英国的安全，因为敌对国家的陆军可以跨过爱尔兰海到达英国海岸的土地上。但同时，爱尔兰的狭窄程度也使得英国皇家海军很容易控制它。法国在 17、18 世纪不断尝试征服英国的过程中认识到了这一点，因而并不敢让战列舰进入爱尔兰海。法国原本想在英国西海岸登陆，后来改为在爱尔兰西部和南部的海岸登陆。

三、 海域

和平时期海军战略的一个主要任务是为己方战时的海军部队和飞机获得足够的作战空间。海域面积越大，水面舰艇、潜艇和飞机的机动空间就越大。与广阔的大洋不同，在典型的窄海所要控制、保护和守卫的区域很小。波罗的海南北长约 920 海里，平均宽度为 105 海里多一点，海域面积为163 000平方英里。北海从南部的多佛海峡到北部设得兰群岛长约 700 英里，最大宽度约 420 英里。阿拉伯海面积约 90 000 平方英里，从阿拉伯河河口到霍尔木兹海峡长约 600 英里，宽度从 35 到 210 英里不等。

地中海是个典型的大窄海，面积约 970 000 平方英里。它东西长约 2 400 英里，最大宽度约 1 000 英里。地中海分为几个小的区域：第勒尼安海（the Tyrrhenian）、伊奥尼亚海（the Ionian）、亚得里亚海和爱琴海。亚得里亚海面积约 60 000 平方英里，是一个大型海湾。爱琴海长约 400 英里，宽 180 英里，是地中海的一个半封闭的海区。与地中海相邻的另一个窄海是黑海。黑海南北长 750 英里，最大宽度为 380 英里，面积为 168 500 平方英里。

　　一个窄海可能四面都被陆地所环绕，只有一个出口通向大洋或另一个窄海。如果这个出海口是沿岸国与外部大洋或其他较大封闭或半封闭海区联系的唯一通道，那它的战略价值就更大。某个出海口也可能是某个特定窄海与更大窄海的唯一通道，如土耳其海峡。波罗的海四面被陆地环绕，它与另一窄海（北海）联系的唯一通道是丹麦海峡。同样，奥特朗托海峡是亚得里亚海和更大的窄海——地中海的唯一通道。

四、 使用区

　　通常而言，在特定使用区内各点距离的长短既有优点也有缺点。距离短意味着使用区小，那么大型进攻部队的机动就比较困难，防御方则可能面临供给线被切断或部队被包围的危险。在典型窄海内各点的距离都相对较小，这会极大地影响海军部队和飞机运用的各个方面。在波罗的海，基尔和赫尔辛基之间的距离大约是 625 海里，塔林港和斯德哥尔摩之间的距离约 230 海里。哥本哈根和罗斯托克之间的距离约 230 海里。丹麦的斯卡恩到赫尔辛基和基尔运河的距离分别是 840 英里和 250 英里。哥本哈根离斯卡恩只有 150 英里。波的尼亚湾的吕勒奥离斯卡恩约 1 100 英里，而利耶帕亚则在 620 英里开外。

　　在北海，英国的赫尔港口离德国的埃姆登（Emden）只有 280 海里，到比利时奥斯坦德港和泽布勒赫港的距离分别是 207 海里和 205 海里。从黑尔戈兰岛到赫尔的海上距离是 300 海里。德国的库克斯基地距离福斯湾约 420 海里。斯卡恩和库克斯距离奥克尼群岛（Orkneys）的斯卡帕湾分别为 350 海里和 475 海里，而奥克尼群岛离设得兰群岛的南端只有 40 海里，从设得兰群岛到挪威的海于格松港只有 200 海里。

在阿拉伯海，伊拉克主要的海军基地巴士拉（Basra）离伊朗的霍梅尼港约 154 海里，离霍尔木兹海峡的阿巴斯港约 570 海里。在日本海，俄罗斯主要的海军基地和最大的商港符拉迪沃斯托克离朝鲜的元山（Wönsan）港约 325 海里，离韩国的釜山港约 515 海里。

在地中海，直布罗陀和贝鲁特之间的距离约 2 015 海里，而马耳他的拉瓦莱特与上述两地之间的距离都为 1 005 海里。从直布罗陀海峡到马赛（Marseilles）和那不勒斯的距离分别为 710 海里和 980 海里。从马赛到突尼斯或阿尔及尔（Algiers）的海上距离约为 410 海里，到科西嘉首府阿雅克肖的距离约为 190 海里。地中海与海岸之间最远的距离是 230 海里。

由于窄海的空中距离很短，所有类型的固定翼飞机和直升机都可以在窄海使用。简短的飞行时间使得飞机有了更高的出动率和在目标上空更长的滞空时间，侦察机在特定时间内可以侦察更大的区域。达成"突然性"的概率也大大增加，特别是飞机以超低空方式接近目标时。而且，万一飞机在战斗中受损，在窄海比在大洋上有更多的机会到达友方基地。

典型窄海的短小距离使具有空中优势的一方能够比在开阔海区作战时更大程度地主导战区。空中威胁将严重限制，甚至排除巡洋舰和驱逐舰等大型水面舰艇在典型窄海中的使用，除非它们能够得到强有力的空中掩护，但是即便如此，它们也不能太靠近敌人的海岸和布雷区作战。

在典型窄海，处于空中劣势的一方被迫将大部分时间用于利用暗夜或不良天气作战。但是，典型窄海的狭小距离意味着即便是弱势一方也能在海上和沿海对敌人的目标开展突然打击，并且具有很高的成功率。短小的距离还使舰艇和飞机在数小时内就可以改变各自的部署区。打击可以接连展开，这使得防御方很难从前期的打击中恢复过来。

从驻扎基地到潜在作战区的距离越远，蓝水海军投送力量上岸就越复杂，耗时也更长。在二战中，轴心国控制了中地中海的两岸，迫使英国采用更长的海上交通线，绕道好望角对其在北非的部队进行补给——约 12 000 英里，而走直布罗陀海峡只要 2 400 英里。到了 1943 年，轴心国丧失了对地中海的控制权，这使得英国可以通过缩短到地中海的距离而节省出 500 万吨航运空间。[1] 在朝鲜战争、越南战争和 1990—1991 年的海湾战争中，美军都遇到了力量使用和补给的问题，因为从力量源头到作战使用区的距离太远。从弗吉尼亚的诺福克通过好望角到科威特的距离约为 11 900 海里，通过直布罗陀海峡和苏伊士运河到科威特的距离是 8 600 海里。

五、 获得/丧失空间

"空间"在海上敌对行动开始之后就是一个高度动态的因素。通过对敌控海区发动攻势行动，或者通过在更大纵深部署和集中作战力量，都可以获得额外的空间。在平时，未来兵力部署的额外空间可以通过外交手段或建立联盟的方式来获得。自从 1949 年北约成立后，美国在欧洲大陆和相邻窄海的位置得到了极大的改善。同样，美国与日本和韩国的互助防御条约也为美军在这个地区的前沿存在提供了便利条件。1945—1991 年，苏联在欧洲的地缘战略地位也稳步增强，因为它控制了一系列东欧国家。一个国家的战略地缘位置还可以通过外交协商获得额外领土的方法来增强。但是，这个可能性比较小。德国在一战早期没能与丹麦就波罗的海出海口问题达成政治协议，因而也没能改善其地缘战略位置。[2]

德国在 1940 年 4—6 月征服挪威是通过武力征服的方法获得更好的战略地位的例子。挪威本土沿岸的海岸线长 2 125 英里，是德国在北海和波罗的海海岸线的 2 倍。而且，挪威还拥有许多自然条件得天独厚的港口，与其相邻的水道也更深，不易布雷。最近的英国基地设得兰群岛，离卑尔根港 170 英

① Anthony E. Sokol, "Seapower in the Mediterranean 1940 to 1943", *Military Review*, 8（August 1960）, pp. 16 – 17.

② Wolfgang Wegener, *The Naval Strategy of the World War*, trans. and introduction Holger Herwig（Annapolis, MD：Naval Institute Press, 1989）, pp. 28 – 29.

里；英国的斯卡帕湾离斯塔万格港 240 英里。通向挪威的海上通道可以得到德国空中力量、岸炮和海上力量的掩护。同时，德国在北大西洋和巴伦支海袭击盟军船只的机会也大大增加。①

一个国家也会由于敌对联盟的瓦解而获得更大的空间。1991 年苏联解体后，俄罗斯丧失了通向波罗的海的出海口，除了在加里宁格勒的飞地和芬兰湾东部。

交战双方海军力量的部署空间都会因为中立国家或领土的存在而减少，因为中立国的法律地位不允许交战国使用它们的领土、领海或领空。而且，交战双方还不被允许通过中立领土机动部队或运送战争物资和补给。进入中立领土的部队必须解除武装，并扣留到战争结束。在不加区分的基础上，中立国可以（但不是必须）对交战国关闭港口和锚地。② 交战国的海军舰艇停靠在中立国港口或锚地的时间也受到限制。

战时保持中立地带安全的一个最基本的因素是交战双方从中立国取得的优势要保持平衡。通常，只要从中立国取得的优势不少于劣势，交战一方就会尊重中立地带。在一战中，英国和德国在保持挪威中立上都有相等的利益。英国使用靠近挪威北部沿岸的水道来对其盟友俄国进行补给，德国使用靠近挪威中部和南部的水道来运送瑞典铁矿石。③ 这个情况在二战初期发生了改变，当时俄国不是交战国，德国利用了挪威的中立国地位，使用其沿海水道运送铁矿而取得了优势。瑞典在二战中的中立地位使得德国可以使用从吕勒奥到德国波罗的海港口的更加安全的路线来进口铁矿。丹麦在一战中的中立阻止了英国海上力量入侵波罗的海并与俄国建立联系的可能。同时，丹麦的中立也阻止了德国使用驻扎在波罗的海沿岸的海军力量在北海作战。

两个国家或两个国家集团之间的战争可能间接地涉及第三方国家，这些国家对战争的结果不感兴趣，但想要跟双方都保持友好关系。④ 这些第三方国

---

① 详见 T. K. Derry, "*The Campaign in Norway*" (London: Her Majesty's Stationery Office, 1952).

② Mark W. Janis, "The Law of Neutrality", in *The Law of Naval Operations*, ed. Horace B. Robertson, Jr (Newport, RI: Naval War College, 1991), p. 458.

③ Daniel Frei, "Neutralisierte Zonen: Versuch einer strategisch - machtpolitischen Theorie", *Wehrwissenschaftliche Rundschau*, 12 (December 1969), pp. 669 - 670.

④ Janis, "Law of Neutrality", p. 148.

家或中立国可能减少进攻方的活动空间，因而对防御方有利。军事行动的空间也可能由于非交战国或领土的存在而减少。中立国避免卷入战争的另一选项是宣布中立地带。这样一个地带只有在通过外交斡旋令交战双方都表示尊重中立国的地位时才有效。

封锁和反封锁也可以用来减少对手的海上活动空间，至少在法律意义上是这样。封锁是旨在防止任何国家的舰船或飞机（包括敌对国家和中立国家）进出特定港口、机场或敌方所属、占有或控制的沿岸区域的敌对行动。目的是限制敌人使用自己或中立国的舰机运送人员或物资的空间。在一战中，协约国在中心国展开了海军封锁，中心国也进行了反封锁。大不列颠在 1939 年 9 月 3 日宣布对德国封锁，11 月 27 日又重申了远距离封锁的原则。中立的斯堪的纳维亚国家对英国的行动进行了抗议，但是他们的抗议在德国 1940 年 4 月入侵挪威后停止了。① 1940 年 6 月，英国的封锁区延伸到了意大利及其占领区。

从 1945 年以来，保留己方部队的活动空间和剥夺对手的活动空间的最主要方法一般是宣布各种"禁区"。有效地维护禁区需要在空间和时间上保持平衡。不然的话，宣布禁区的一方就会被迫实行随机搜索或攻击，以期阻止对手的舰机进入禁区。在两伊战争（1980—1988）中，双方都在 1980 年 9 月战争爆发后不久宣布了在阿拉伯海的禁区。②

空间要素在某个特定海区还会根据季节性的气候变化而暂时缩小或扩大。在巴伦支海，冰冻区的变化极大地改变了水面舰艇可以自由机动的海域。9 月份之前，浮冰线延伸到斯瓦尔巴群岛的北部；而到了 3 月份，浮冰线的最南端直至扬马延岛和熊岛。同样，波罗的海的波西尼亚湾和芬兰湾以及鄂霍次克海的大部分在冬季也会出现冰冻。

---

① I. F. E. Goldie, "Maritime War Zones and Exclusion Zones", in *The Law of Naval Operations*, ed. Horace B. Robertson Jr, p. 169.

② I. F. E. Goldie, "Maritime War Zones and Exclusion Zones", in *The Law of Naval Operations*, ed. Horace B. Robertson Jr, p. 175.

六、 海岸的构造

　　海上力量的发展在窄海还总是受到一个国家海岸线、自然港口的数量和质量，濒海地区地形的特点，自然资源的富足或匮乏，以及内陆交通等因素的影响。海岸区的物理特征以及海岸的内陆区有时极大地影响着海上力量的发展。平直和低洼的海岸在中纬度地区一般都比高纬度地区具有同样特征的海岸更肥沃，更适合发展农业。但是，这样的海岸并不一定能吸引大部分的民众向海而生，正如法国在英吉利海峡的海岸所证明的那样。在过去，如果海岸位于海平面以下，如荷兰沿岸或威尼斯的环礁湖海岸，自然资源的匮乏通常会使民众到海上谋求生存之道，因为耕地面积不足以为全部民众提供生活条件。德国和意大利北部的低洼海岸为这些海岸与内地的交通提供了便利条件，但与此同时，它也比亚得里亚海的东海岸或波斯湾的伊朗海岸等山地海岸更容易遭受海上方向的进攻。

　　最容易进入敌控区的空间在战时无疑是一个优势。在防御过程中，指挥员通常无法确定敌人进攻的地点，但他可以通过灵活利用地形优势来增加己方部队的作战能力。[1]

　　战区的自然条件严重地影响着敌我双方兵力的运用。因此，应当仔细评估窄海中各自然条件的优缺点，同时考虑整个海上战区的自然条件的情况，而不是只考虑战斗发生的那个区域或地带。这意味着，在考虑和分析自然环境时，应该着眼于战役层面而不是战术层面，只有这样才能成功运用己方的部队达成战略或战役目标。

---

　　[1] Hartmut Behrendt, *Die Handlungsfreiheit der militaerischen FuehrungMoeglichkeiten und Grenzen aufgrund des heutigen Kriegsbildes* (Hamburg: Fuehrungsakademie der Bundeswehr, January 1968), pp. 6 – 7.

七、 海岸的特点

海岸线的长度以及相对于对手海岸的位置也对狭窄海域作战具有重要影响。瑞典的海岸线长约 2 000 海里，它从波西尼亚最北角到南端的卡尔斯克鲁纳几乎呈一直线。瑞典海岸的南部（斯卡恩）呈尖三角形，而波罗的海的东部海岸则呈半圆形。瑞典的海岸可以使它在经度轴上迅速转移兵力，而它的南部海岸则向相对海岸凸出。

海岸的特点和构造将对作战基地、海岸侦察和防御系统的大小、复杂和脆弱程度产生直接影响，也将影响受到海上方向进攻的威胁程度。瑞典和芬兰的海岸多为峡湾和碎礁，这种高度内嵌和拔起的地形有利于建造传统的海军基地和地下掩体，这与波罗的海的南部和东部海岸的情况截然不同。通常而言，较高、陡峭和多岩石的海岸，如克罗地亚北部和南部海岸，不便于及时观察驶近海岸线的小型水面舰艇的机动情况。

窄海近岸如果有岛屿，也会极大地影响作战。通常，岛屿数量众多，将会增强海岸的防御价值。它们可以为舰船在恶劣气象条件下提供庇护。大量的近岸岛屿，如波罗的海的瑞典和芬兰沿岸、亚得里亚海的达尔马提亚海岸，使得沿岸国对海上或空中攻击具有更大的防御纵深。岛屿的数量越多，从空中探测小型水面舰艇就越困难。大量岛屿的存在也减轻了海军部队的驻屯问题。瑞典中部海岸附近数量众多的海湾和水道为舰艇提供了很好的掩护。近岸岛屿也有利于对海上和空中攻击展开纵深防御。

离海岸相对较远的岛屿可以为即将到来的攻击提供早期预警，特别是空中攻击。如果岛屿分布与海岸线平行，将有助于己方部队监视临近的沿海区域，也有利于控制和保护己方的航运。如果岛屿分布与海岸线垂直，如达尔马提亚中部海岸，岛屿之间的水道通常更宽更深，从而便于舰艇的快速、隐蔽、便捷部署和调整。同时，进攻方也有更多的机会突入外层防御圈打击沿岸的目标。

群岛型的海岸，如爱琴海或波罗的海的某些海岸，在选择作战线和实行海军部队的"跳岛"作战方面就具有更高的灵活度。这种类型的海岸也有助于使用布雷手段来保护己方的海军基地、商港和海上交通线。

没有近岸岛屿的长海岸，如阿拉伯湾的伊朗海岸，容易遭到敌人从海上发起的攻击。相反，前方有大量岛屿掩护的海岸就容易防御。大量的近岸岛屿有利于兵力驻屯。水面舰艇，特别是小型作战舰艇，能够迅速改变基地或锚地，一般数小时就能完成。近岸岛屿越多，从空中探测作战舰船就越困难。通常，在窄海，飞机在对海岸侦察时的出动率比在开阔海区要高。

八、 地形

地形和地势影响战役和战术兵力的部署。海岸区域地形的特点对运输网络的容量和质量都有很多影响。平缓的海岸有利于发展纵横交错的铁路和公路网。这些交通网便于运输部队和物资，并减少对当地环海岸交通的依赖。铁路和公路交通发达的海岸使对手难以长时间地破坏交通。但反过来，这样的海岸也便于敌军快速地向内陆挺进。相反，交通不发达的海岸在运送部队和物资时对环海岸交通的依赖较大，陆上交通很容易被破坏，尤其是当主干公路或铁路离海岸很近或平行而且后面有大山阻隔时。

沿岸岛屿很少的低平海岸在防御敌人的两栖攻击方面会给防御方增加难度，而高耸崎岖的海岸可供登陆的地点就很少。珊瑚岛礁和浅水区地形对于防御常规两栖登陆有利。位于沿岸地区的沼泽和湿地可以严重影响车辆的行进，特别是重型装甲车的移动。在陡峭崎岖的海岸，或带有岬角或河流的海湾，横向交通不方便，同时缺少滩头也使大规模的常规两栖登陆变得困难。日德兰半岛的西北海岸是又长又宽的沙质海岸，适合登陆；而东南海岸只适合好天气条件下的小型登陆行动。日德兰半岛的东海岸，如西兰岛及其他一些更小岛屿的海岸，则因为连绵的滩头而适合登陆。但是，沿海水深较浅，登陆和海军水面舰艇火力支援比较困难。1 000 英里长的白海海岸都是高耸陡峭的悬崖，寸草不生，再加上恶劣的气候条件，使得任何大型常规登陆都相当困难。

在特定地形上的斜坡使得某些类型的车辆移动困难，甚至寸步难行，某些特定的斜坡还可能形成自然障碍物，阻止任何车辆的通行。[1] 在准备诺曼底登陆（"海王星"行动）时，盟军筹划人员详细分析了目标区域的地形特点，但是没有准确评估灌木地形和卡郎唐平原（Carentan Plain）上的大型沼泽地对作战的影响。[2] 灌木丛和半岛西部的沼泽地形极大地限制了美军的机动，而有利于德军的防御。在东部，灌木丛和零星的村庄极大地阻止了蒙哥马利将军突破滩头的行动。相反，德国人却可以利用灌木丛来掩蔽防御位置，从而极大地减弱了盟军空袭的效果。[3] 灌木丛易守难攻的特点本可以通过将现有装备组成更加紧密的合同作战态势来克服，但是由于没有做到这一点，西线的战事无奈被拖长了。[4]

九、 河流

沿岸区域河流的多少也会影响海军部队在窄海的部署。拥有大量可航河流的海岸的潜在价值比没有河流的海岸更大。河流提供了额外的交通方式，因为它们有利于国内贸易的集散，还可以作为海外贸易的出口。例如，意大

---

① Alexander LaRoque，"The Role of Geography in Military Planning"，*Canadian Army Journal*，July 1955. Reprinted in *Military Review*，2（February 1956），p. 96.

② Martin Blumenson，"Beyond the Beaches"，*Military Review*，9（September 1962），p. 72. 这个灌木丛是个栅篱，一半是泥，一半是灌木。基地围墙是泥土矮墙，厚度为 1—4 英尺，高度为 3—12 英尺。围墙外长满了荆棘、藤蔓和树丛，厚度为 1—3 英尺，高度为 3—15 英尺。

③ LaRoque，"The Role of Geography in Military Planning"，p. 96.

④ John O'Brien，"Coup d'Oeil：Military Geography and the Operational Level of War"（Fort Leavenworth，KS：School of Advanced Military Studies，US Army Command and General Staff College，1991），pp. 38 – 39.

利的波河（Po River）及其支流以及法国的隆河（Rhône，又译为"罗讷河"）在过去都曾扮演过这样的角色。每条河流都是军事障碍，对进攻和防御会产生不同程度的影响。宽阔的、较深的河流，其河谷提供了掩蔽，有利于防御，限制了进攻性机动。沼泽和湿地通常有利于防御，但不利于全国范围的机动。

十、 水文

对水面舰艇、潜艇和武器在窄海的使用影响最大的因素是水深、海底特征、潮汐和海水透明度。绝大多数较小的封闭和半封闭海区都具有水深较小的特点。波罗的海60%的水深都小于150英尺，最大水深约为1 400英尺，位于哥得兰（Gotland）岛和尼雪平（Nyköping）港之间。波罗的海西部较远沿海的水深介于55英尺和140英尺之间，中部盆地水深在165英尺和550英尺之间。芬兰湾的水深从110到300英尺不等。离东海岸15—20海里以内海域的平均水深仅有55—110英尺。

北海的平均水深约为300英尺，但在北部和南部水深变化很大，北部水深更大（760—790英尺）。在南部和东部，水深都不超过120英尺。英吉利海峡水深介于90英尺到180英尺之间。

阿拉伯湾平均深度是80英尺，水深超过300英尺的地方很少，最深处靠近伊朗沿岸，而沙特阿拉伯沿海的平均水深只有110英尺。相比之下，其他几个较大和较小的窄海水深则要大得多。

地中海的平均水深约为4 900英尺，最大深度（位于希腊南部沿海）约16 900英尺。加勒比海水深更大，最大深度为21 600英尺，平均深度约为13 400英尺。

黑海也比大部分窄海水深更大，中部盆地平均水深为6 000英尺，最大深度约为7 000英尺。但是，其东部和南部沿岸水深较小，最浅部分是亚速海，深度从3到50英尺不等。这部分海区通过水深仅为15英尺的刻赤海峡与黑海相连。

典型窄海的水深直接决定了待部署舰艇的大小、速度、水下武器的使用，以及反潜声呐的效能。极浅水域限制甚至排除了大型水面舰艇和潜艇的活动，只适合轻型作战舰艇、登陆艇和微型潜艇活动。浅水也会影响大型舰船的机动速度，因为较浅的海床会折射波浪，阻碍舰船的移动。

水深对潜艇在典型窄海的活动影响极大。大型柴电潜艇的最小水深要求为 72—82 英尺，中型潜艇的最小水深要求为 55—65 英尺，小型潜艇的最小水深要求为 40—50 英尺，微型潜艇的最小水深要求为 16—33 英尺。艇体高度约为 43 英尺的中型潜艇需要龙骨以下 33 英尺的水深才能安全航行。[1] 根据各个海区海水透明度的不同，潜艇的下潜深度还要增加数十英尺，以免被空中探测发现。中型柴电潜艇在其艇体最高点上方至少具有 82—98 英尺或 165 英尺的水深才能在水下安全航行。[2] 这个深度还不包括潜艇避免水面舰艇和飞机攻击所做机动需要的更大水深。

大多数窄海都特别有利于进攻性和防御性水雷战。锚雷通常可以布设到 1 250 英尺的深度，沉底雷水深超过 660 英尺就不起作用。锚雷在水深 30 英尺内在空中可以观察到，沉底雷被观察到的水深则较小。浅水区也会限制甚至排除 533 毫米〔21 英寸（1 英寸约合 25.4 毫米。——译者注）〕或更大口径鱼雷的使用。533 毫米反舰鱼雷通常需要发射点的水深大于 60—75 英尺，航行途中水深大于 33 英尺。装备有声学寻的导引头的反舰鱼雷在搜寻阶段通常需要不少于 60—75 英尺的水深。

在开阔大洋，影响水下声波传输的主要因素是水深、盐度和温度；而在典型窄海，主要影响因素是水深、海床的起伏特征和海岸的距离及构造。在浅水区声音传播难以预测，因为声波会在海平面和海底之间形成多次反射而造成损失，且这个损失很难估算。浅水区就像一个管道，因此主动声呐探测有可能获得更远的发现距离，即便是在负梯度条件下也是如此。同样，目标

----

[1] Miljenko Tesic, "Fizička svojstva mora i podvodna detekcija", *Mornarički Glasnik* (Belgrade), 5 (September – October 1968), p. 665.

[2] Milosav Kostić, "Neki problemi protivpodmorničke odbrane", *Mornarički Glasnik* (Belgrade), 2 (March – April 1969), pp. 187 – 188.

深度在浅水区对声呐探测距离的影响也较小。① 限制水面舰艇舰载声呐性能的主要是海水温度、盐度、表面状况、潮汐、海流等要素的巨大变化和不可预测，以及由于海底的不同特征和构造、背景噪声造成的声波反射和吸收。

大量淡水注入封闭海区通常会大大降低海水的盐度。有时，封闭海区唯一出口的结构会阻止盐度大的海水流入相连大洋或另一海区。海水表面温度和盐度的变化，加上较小的水深，将大大降低声呐的效能。在高纬度窄海，声呐作用的距离冬天要大于夏天。但是，冬天海况较差，从而抵消了这个优势，特别是声呐设置在高频模式工作时。在开阔大洋，海水垂直方向的温度变化在决定声呐的性能方面比海水表面温度的变化要更加重要；而在窄海，情况刚好相反。通常而言，在浅水区，声呐工作距离白天要优于夜晚，早晨优于傍晚，特别是在春天和夏天。同样，当海况较差时，声呐性能在两个极端间变化很小。

声音在浅水区的传播主要受海底特征和扁平程度、水深以及海水表层温度梯度的影响。② 声呐的性能在浅水区受海底的声波发射和吸收影响极大。声音传输在平滑的沙质海底损失最小，在柔软的泥地损失最大（软泥会大量吸收声能）。岩石海底会打碎声波，造成强烈的海底反射。泥沙质海底在影响水下声波传输方面与岩石海底类似。极端粗糙的海底还将大大降低峰值信号水平，除非声呐的投射是非定向的，并使用长脉冲声辐射方式。如果海床对声能的反射很少，如泥底，那么声场在相同的折射条件下与开阔海区区别不大。原因是，海底反射的声波对整个声场的贡献很小。当存在正温度梯度时，声音的传播在深海和浅海没有区别。

总之，声音在各类型海床上的传播都与海水的温度梯度有关。如果浅水区存在正温度梯度，那到达海底的声能就很少，声音在深水区和浅水区的传播区别也就很小。如果存在很大的负温度梯度，当海底反射很少时，浅水区

① Albert Cox, *Sonar and Underwater Sound* (Lexington, MA: Lexington Books, 1974), p. 32.

② Technical Report, Division 6, *Principles and Applications of Underwater Sound* (Washington, DC: NRDC, 1946, reprinted by Department of the Navy, Headquarters Naval Material Command, 1968), pp. 40 – 41.

声音的传播就与深水区上层的传播方式相同。① 因此，在泥质海底如果存在负温度梯度，声波折射就偏向海底，声呐的探测距离就会缩短。在这种情况下，声音传播在 610 英尺到 1 220 英尺的水层要弱于 60 英尺至 610 英尺的水层。在水深少于 55 英尺的水层，如果存在向下的折射，声音传播异常会随着距离的增加而增加。在沙质海底，当海水与等温层分布均匀时，声呐的工作条件较好。如果负温度梯度存在于坚硬光滑的海底上方，可能形成声道（或"管道"），就像在正温度梯度的极浅水区一样。在这种情况下，声音陷于海水表面和海底之间。这样的声道可能一直延伸到海水表面。这种情况即使是在声音折射很少的情况下也会出现。此时，声音传播损失就会很大，原因是很多声波被打碎了。所谓的"海底效应"在水深少于 90 英尺的光滑海底上方会出现。在这种情况下，声波波束从海水表面向下弯曲并从海底反射，此时海底就如一面镜子。因此，就出现了没有声波的"空间"或所谓的"跳跃距离"，在这些"空间"里潜艇可以躲过舰载声呐的探测。在这种情况下，即便是很短的距离声呐接触也会丢失。当与潜艇的接触丢失时，几码的深度距离就相当于几英尺。

浅水区对舰载声呐的有效使用带来了巨大的困难，因为声呐性能还要受到环境噪声的影响，这个噪声是表层海水受到风、雨、雪、海洋动物或舰艇干扰造成的。环境噪声在一些条件下是非定向的。但是，在另一些条件下，环境噪声的强度在表层方向可能更为强烈。②

窄海的环境噪声比开阔大洋的环境噪声要高得多。海洋生物的大量活动也会影响声呐的性能。人造噪声是由港口和入口处的舰船交通、繁忙航运和港口活动引起的，在靠近海岸的浅水区比深水区平均要大 5—10 分贝，特别是频率大于 500 赫兹时。

声呐探测的距离因海岸的接近程度和河水的出现与否而存在很大变化。前方分布有大量岛屿的锯齿状海岸会使区分声呐接触目标的性质变得异常困

---

① Vernon M. Albers, *Underwater Acoustics Handbook – II* (University Park, PA: Pennsylvania State University Press, 1965), p. 83.

② Vernon M. Albers, *Underwater Acoustics Handbook – II* (University Park, PA: Pennsylvania State University Press, 1965), p. 24.

难。在浅水区操控常规声呐的主要缺点是不能准确确定声音传播的方向和速度，从而不能自动获取正确的测量数据，供声呐或反潜武器的火控系统使用。如果使用的是舰载可变深度声呐，当它被布设在温声速度层以下时，可以大大增加探测距离。但是，使用可变深度声呐在浅水区不是一个可靠的探测潜艇的方法，因为在浅水区声呐接触探底会造成大量的声音传输损失。目前的声呐都不具备在不同和快速变化的海洋环境中调整性能的能力。

坚硬光滑的海底通常有利于布设沉底水雷。相反，柔软的泥质海底会长时间掩埋沉底雷，从而降低其效能。平滑的沙质海底可以使潜艇潜坐，避免水面舰艇和飞机的攻击，特别是附近还有沉船时。

十一、 气候

窄海的地理位置和纬度通常决定了其气候特点及昼夜的长度。在高纬度，冬季夜晚时间很长，加上相邻海岸之间的距离狭小，对水面舰艇的部署非常有利，特别是对于空中劣势的一方来说。在夏季，情况刚好相反。6月，北纬54度地区的夜晚时长约为5个小时，北纬60度地区时长只有1个小时。在北纬66度地区，晨昏占据了整个晚上，太阳始终在地平线上。因此，在夏季，水面舰艇的活动需要可靠的空中掩护，因为大多数任务都要在白天或者晨昏时间进行。

气候因素，特别是风、风浪、降水、冰、云、潮流和空气温度等，都将极大地影响舰艇、飞机及其所携带的传感器和武器的使用。10月到12月，1月到3月，波罗的海盛行西向和西南向海浪。风暴的频繁出现更增加了海面的不平静。然而，在冬季海面则相对平静，因为有大量浮冰覆盖。各个季节都有轻微海浪，大风浪主要集中在秋季，其次是春季。高海况通常影响水面舰艇的航速，造成人员的不适和疲劳。它对战斗小艇和两栖船艇的影响更大。由于强风大浪（而不是冰），波罗的海年均有60天不适合小型水面舰艇活动。

北海在冬季月份盛行西北暴风，这使沿西南海岸的航行变得非常危险，特别是在日德兰半岛沿岸。在波罗的海和北海，雨和雾在所有季节都经常出现。

相反，低纬度地区的窄海，例如阿拉伯湾和红海，更有利于小型水面舰艇的使用，因为在这些地区极端天气出现较少。在阿拉伯湾，很少出现雷暴和雾，但夏季经常会出现沙暴和烟雾。最常见和最强烈的风（夏马风）来自西北和西部，风力很少达到 6 级，8 级则更为罕见。在海况为 5 级或更高时，小型战斗舰艇的活动就会变得非常困难，甚至不能活动。即便能出海活动，它们的速度也会降低很多，不然的话风浪会对舰（艇）体造成结构性损坏。

在窄海，声呐性能受高海况的影响极大，而在开阔大洋海水的垂直温度结构是主要影响因素。在浅水区，海水表面的回响随着海况的增加而增加。大风造成了大量的气泡，而气泡会吸收和散射从声呐发射出的声波。在这样的情况下，声音的传播量会减弱，这会成比例地增加回声的振幅。回响随着距离的增加而呈指数级减少，但比目标回声下降得慢，因为随着波束变宽，更多的散射体进入其中。

云、雨和雾能够极大地降低海面的能见度，因此极大地影响飞机和水面舰艇的效能。在高纬度窄海，例如波罗的海和鄂霍次克海，冬季的浮冰会影响航行。冰雪条件也会影响声呐及其他声学传感器的使用。冰雪覆盖的海水产生的噪声与没有冰雪覆盖的海水产生的噪声差别很大。在冰雪覆盖的海水中，环境噪声的强度和特征会随着风速、冰雪覆盖的厚度和空气温度的变化而出现巨变。在升温条件下，附着在海岸的固定冰的冰层覆盖产生的噪声级别很低。当冰雪覆盖不连续时，比如在脆弱的冰块中，在同样的海况条件下，噪声级别要比没有冰雪覆盖的海水高出 5—10 分贝。[1] 在冰雪覆盖的海水中，噪声的级别和特征变化很大，这取决于冰雪条件、风速、覆盖物厚度和空气温度。[2] 如果冰下没有冰凌，海面反射的声音就不会散射和稀释，传播就畅通无阻。[3] 海风会引起气旋和海面上的细小雪块的移动，从而产生高级别的噪

---

[1] Robert J. Urick, *Principles of Underwater Sound*（New York：McGraw－Hill, third edn, 1983），p. 224.

[2] Robert J. Urick, *Principles of Underwater Sound*（New York：McGraw－Hill, third edn, 1983），p. 224.

[3] Tom Stefanick, *Strategic Antisubmarine Warfare and Naval Strategy*（Lexington, MA：Lexington Books, 1987），p. 341.

声。在没有冰层覆盖的海水中，风的噪声比较突出。噪声的另一来源是冰块的相互撞击和刮擦。声呐性能在冰雪覆盖的海水中也受到巨大影响，因为冰雪使得本来就复杂的目标区分问题变得更加困难。

空气温度和邻近陆块的综合影响会导致窄海中无线电波传输的异常。而这又会对雷达探测距离和无线电通信产生很大影响。当空气温度和海水温度存在较大差异时，无线电传输就会出现异常。另外一种现象是超级折射，这种现象会在空气湿度不断减少而其他因素保持不变时出现，或者在空气温度以异常的速率降低时出现。在这些情况下，无线电波会向下弯曲得更厉害，击打海水表面，在向上反射前，再度弯向海面，如此循环往复。这种极端情况的折射，被称为"波导"。它通常在逆温层条件下出现，即上层空气比下层空气的温度还要高。波导内的空气颗粒折射量与外界的不同，导致管内的无线电波可以传输至超出正常范围的距离。

空间要素对于筹划和实施在典型窄海中的海军战役战术行动的重要性，再强调也不过分。许多海军部队最终没有达成预定的目标，就是因为忽视了空间要素，或是没有详细分析其中一些重要的因素而制订了错误的作战方案。了解和掌握某个特定窄海的水文气象是水面舰艇、潜艇和飞机在这个海区的行动取得成功的不可或缺的条件。

第三章

位置

从纯理论意义上说，"位置"是由无数个几何学上相连、空间上相近的点组成的，这些点可以为一方所控制，并用来打击敌军。马汉少将曾说过，在这么多位置中，只有那些可能决定性地影响特定战区战争结果的位置是必须被占领的。[①] 既有力量优势又占据好的位置比只有力量优势但处于不利位置的情况更为理想，或者说，兵力等式是由不同程度的力量和位置决定的，某个要素的盈余可以弥补另一要素的不足。[②]

某个特定地方的军事价值取决于许多因素，但是其中几个主要因素是其位置、军事力量和资源。一个地方可能拥有很强的军事力量，但其位置很差，那这个地方也不值得去占据。同样，一个地方位置绝佳且布有强大的部队，但本身及周边缺乏资源，其军事价值也就打了折扣。只有那些同时拥有极好位置、内部力量和充足资源的地方，才具有巨大的战略地位。[③]

"战略位置"是指一系列相互毗邻的位置点，占据这些点将会对特定战区的战争结果产生直接影响。有利的战略位置应该便于兵力的迅速部署和撤收，适合舰艇和飞机的使用。通常而言，海上或洋上的战略位置比陆上要少，因此也更加重要。开阔大洋中的战略位置极少，而且这些位置可以通过迂回路线而轻松避开，这一点与典型狭窄海域不同。马汉少将曾说过，如果狭窄海域不仅是商业的终点，而且是连续的商业路线的一部分时，换句话说，商业不仅"来"也"往"时，经过的舰船数量就会增加，其作为控制点的战略价值也会被提高。[④]

战略位置应该拥有相对平衡的防御和进攻力量。它应该能够抵御来自海上、空中和陆上的进攻。战略位置还应该能够允许部队实施对相邻海域的控制权，也就是控制商业路线。丹麦、瑞典和挪威的北方贸易路线经过卡特加特和斯卡格拉克海峡，并从那里途径设得兰水道入大西洋。但是，在第一次

---

① Alfred T. Mahan, *Naval Strategy Compared and Contrasted with the Principles and Practice of Military Operations on Land* (Boston, MA: Little, Brown, 1919), p. 131.

② Alfred T. Mahan, *Naval Strategy* (Westport, CT: Greenwood Press, 1972), pp. 53, 241.

③ Alfred T. Mahan, *Naval Strategy Compared and Contrasted with the Principles and Practice of Military Operations on Land*, p. 134.

④ Alfred T. Mahan, *Naval Strategy Compared and Contrasted with the Principles and Practice of Military Operations on Land*, p. 135.

世界大战中，德国人没有采取行动控制这条路线。①

在双方拥有的战略位置大致相等时，每一方通常都能够接近对手在海上的重要目标。但是，如果某方一开始就占据较差的战略位置，那么就存在位置上的不平衡，战争的结果通常将不利于占据不利位置的一方。在过去的两次世界大战中，德国在北海的战略位置都要次于英国，因为北海通向大西洋的两个出海口都由英国皇家海军所控制。德国将军沃尔夫冈·韦格纳（Wolfgang Wegener）曾经痛心地指出，英国在苏格兰北部的位置可以主导所有海上贸易路线，而德国在黑尔戈兰湾的位置却一条也控制不了。②

战略位置可以是大陆海岸的一部分、一个大型的岛屿或群岛、国际海峡或国际水道（人工运河或大型河口）。控制大陆海岸的一部分通常能够影响某个作战区，甚至整个战区的战略形势。在一战中，德国海军在波罗的海拥有有利的战略位置。他们的任务是通过保护瑞典和德国之间的贸易路线实施对波罗的海的有效控制权，这条贸易路线在西线战事出现僵局后具有非常重要的地位。德国在波罗的海的位置本来可以得到进一步的加强，如果他们能够占领奥兰（Åland）群岛和里堡（Libau）的话。但是德国人没有这么做，因为他们在波罗的海采取了纯防御态势。③

一个国家的战略位置也可以通过利用外交手段获得更多的领土来加强。如果平时做不到这一点，战争爆发后就会付出高昂的代价，就像德国在第一次世界大战中所得到的教训一样。在一战中，德国没能对英国皇家海军在北海北部造成大的威胁，因为他们没能说服丹麦允许德国海军舰艇自由使用丹麦海峡。如果德国舰队在卡特加特拥有基地的话，他们就能给英国在北海的地位带来更加严峻的挑战。④

① Wolfgang Wegener, *The Naval Strategy of the World War*, trans., introduction and notes Holger H. Herwig（Annapolis, MD：Naval Institute Press, 1989），p. 36（originally published by E. S. Mittler & Son, Berlin, 1929）.

② Wolfgang Wegener, *The Naval Strategy of the World War*, trans., introduction and notes Holger H. Herwig（Annapolis, MD：Naval Institute Press, 1989），p. 26.

③ Wolfgang Wegener, *The Naval Strategy of the World War*, trans., introduction and notes Holger H. Herwig（Annapolis, MD：Naval Institute Press, 1989），p. 24.

④ Wolfgang Wegener, *The Naval Strategy of the World War*, trans., introduction and notes Holger H. Herwig（Annapolis, MD：Naval Institute Press, 1989），pp. 28 – 29.

德国人意识到，在一战中他们的 U 艇被打败的主要原因是缺乏能够确保 U 艇自由进入大西洋开阔水域的基地。韦格纳将军在 20 世纪 20 年代写道，如果德国控制了挪威，英国将不能维持从设得兰到挪威的封锁线，而不得不退却到防御更为艰难的设得兰群岛—法罗群岛（Faeroes）—冰岛一线。1940 年 6 月，在挪威战役的末期，德国人在北海和北大西洋已经极大地改善了他们相对于英国的位置。挪威海岸拥有大量易守难攻的深水良港和锚地。冲刷挪威海岸的海水特别深，大部分海域不适合布雷。英国在设得兰群岛的基地中，最近的一个距离卑尔根（Bergen）170 英里；而斯卡帕湾距离斯塔万格（Stavanger）约有 240 英里。通过挪威海域的贸易路线可以得到德国空军和大量岸炮和雷区的掩护。同时，德国对盟军在北大西洋和巴伦支海的航运开展袭击的机会也越来越多。1942—1943 年，挪威北部的峡湾为德国空军、潜艇和水面舰艇提供了基地，从那里他们可以向苏联船团发起致命的攻击。德国的 U 艇不需要相关的掩护，它们可以在特隆赫姆（Trondheim）和卑尔根之间的海域自由行动。①

如果一个海上位置有利于己方的海军部队和飞机近距离打击敌人的海上交通线，那么它的价值将极大地提高。如果这个位置还坐落于数条海上交通线的交汇处，那么它的价值就更高了。1940 年，法国陷落后，德国获得了英伦三岛另一侧的海军和空军基地。这使英国的本土防御变得更加困难，最重要的是，它削弱了英国对通向北大西洋的所有入口的控制。德国占领法国也意味着，它的海军部队和飞机打击盟军主要海上贸易路线的距离缩短到了几百英里之内，而之前这个距离长达 1 500 英里。此举不仅使英国在英吉利和布里斯托尔海峡的航运经常遭到德国空军的攻击，而且英国位于朴次茅斯（Portsmouth）和普利茅斯（Plymouth）的主要的船厂也变得不安全。通过控制法国沿岸，德国提高了重型舰艇在开阔大洋打击盟军航运的成功率。只要德国在比斯开湾建有基地，盟军成功阻止德国的重型水面舰艇到达西南入口作战的希望就不大。如果英国部队被允许使用爱尔兰西南部的港口，并将其建设成为一个舰队基地，那么英国的海上位置就会得到极大的加强，他们就

---

① T. K. Derry, *The Campaign in Norway*（London：Her Majesty's Stationery Office, 1952），p. 229.

能够拦截德国的水面舰艇，并有效打击德国的 U 艇。对于英国来说有利的一点是，在西南入口德国人唯一可以使用的大型船厂位于布雷斯特，而布雷斯特处于英国轰炸机的打击范围之内。[①]

　　有时，和平时期获得的位置可能变成负担而不是资产。在 1904—1905 年的日俄战争中，俄国的海上战略位置就被证明具有严重的缺陷。俄国与日本争夺的两块领土——辽东半岛（属中国。——译者注）和朝鲜，都位于不发达交通线的末端。两个大型基地——旅顺港（属中国。——译者注）和符拉迪沃斯托克，被大陆所分割，并且通过朝鲜海峡的海上交通线为日本人所控制。而且，俄国要想打败日本就必须入侵日本本土。对于日本人来说，他们只要夺占了朝鲜和辽东半岛就能达到战争的主要目的。而达到这个目的的前提条件是，在战争前期，日军准备登陆朝鲜和辽东半岛时，夺得日本海和黄海的制海权。夺得日本海的制海权对俄国来说也是必要的，因为他们需要将陆军跨海运送到日本本土。俄国人错误地把舰队一分为二，分别部署在旅顺港和符拉迪沃斯托克，给了日本人各个击破的机会。俄国人除了投降之外显然别无选择，因为旅顺港缺乏保障部分远东分舰队兵力的设施。[②]

　　在 1940 年 6 月与意大利开战之前，法国就获得了地中海西部的一个海上位置，他们在普罗旺斯沿岸和隆河河口建立了大型的海军基地——土伦基地和数个机场。从马赛到阿尔及尔最重要的海上航线，东侧有科西嘉岛和阿雅克肖海军基地的掩护。在地中海南部，法国控制了北非沿岸从比塞大（Bizerte）到波尼（Bône，现名为安纳巴。——译者注）以及从菲利普维尔（Phillippeville）和阿尔及尔到奥兰（Oran）最重要、装备最齐全的海军基地和机场。在东地中海，法国只控制了其保护国叙利亚，贝鲁特被用作舰队基地。英国在东地中海最大、最好的基地位于亚历山大。位于尼罗河谷和埃及其他地方的多个机场确保了靠近利比亚边界的空域的安全，并使英国人能够相对容易地遏制意大利在托布鲁克（Tobruk）的基地。英国还控制了苏伊士运河，

　　① John Creswell, *Sea Warfare 1941—1945*（Berkeley, CA：University of California Press, revised edn, 1967），p. 50.

　　② Donald Macintyre, *Sea Power in the Pacific：A History from the 16th Century to the Present Day*（London：Military Book Society, 1972），pp. 130 – 131.

并在巴勒斯坦和塞浦路斯拥有海军基地和机场，从而能够保护他们的海上贸易路线。[①]

1940 年，意大利在西地中海的位置相对来说比较有利，因为意大利本土狭长的海岸加上撒丁岛和西西里岛几乎把第勒尼安海围成了一个封闭性的海区。虽然法国可以从科西嘉岛发动空中和海上攻击，但是这个威胁只有在他们进攻北部的利古里亚（Ligurian）沿岸和热那亚（Genoa）湾的里窝那（Livorno）海军基地时才变得紧迫。意大利的不利之处在于，它潜在的敌人——法国和英国，控制了从直布罗陀海峡到意大利大陆沿岸的重要海上航线。

1941 年 5 月，轴心国在地中海的海上位置在希腊和克里特岛陷落之后得到极大改善。除了潜艇之外，英国海军不再能够干扰意大利通往多德卡尼斯（Dodecanese，一般指十二群岛）群岛的海上交通。英国人也不再能够阻止轴心国使用黑海的航线进行商业运输。

布尔什维克夺取政权之后，苏联在黑海的位置与 1914 年相比削弱了许多。在两次大战之间的年份里，苏联只控制了列宁格勒和其周边的芬兰湾。1940 年 6 月，形势发生了很大变化，苏联军队占领了波罗的海国家，并为波罗的海舰队获得了多个基地的使用权。但是，到了 1941 年 9 月，德国在波罗的海的战略位置得到了极大改善，因为苏联的波罗的海舰队丧失了所有的基地，并被围困在芬兰湾的东部。

1945 年以后，通过控制波兰和东德，苏联极大地改善了其在波罗的海的海上地位。1989 年东欧剧变之后，苏联丧失了对东德的控制权。1991 年底，苏联离开了他们在波兰吕根（Ruegen）岛和希维诺乌伊希切（Świnioujście）岛上设立的海军基地。那个时候，苏联所有的三个波罗的海共和国都已经取得了独立，俄罗斯在波罗的海的位置急剧下降，只有加里宁格勒还与芬兰湾的东部接壤，仍在俄罗斯的控制之下。

一个岛屿或数个相互毗邻的岛屿所占据的战略位置，通常具有控制某片狭窄海域的有利条件。英伦三岛形成了连绵 700 英里的自然障碍，从多佛海

① Karl Gundelach，*Die deutsche Luftwaffe im Mittelmeer 1940–1945*，Vol. I（Frankfurt a. M：Peter D. Lang，1981），pp. 18–19.

峡一直延伸到北海航道（North Passage）。马汉将军曾说过，英伦三岛可以控制北海，就好像古巴岛可以控制墨西哥湾一样，它们的防御价值都是一样的。[①] 英国在英吉利海峡所处的位置有利于英国的商业安全地通过西南入口，并使他们在欧洲大陆的对手很难对英伦三岛或爱尔兰发动攻击。英国的地理位置有利于英国海军在西欧附近的狭窄海域进行攻势作战，而大西洋宽广开阔的空间保护了其后方。英国海军控制了北海的南部和北部入口。在一战中，英国在大西洋的主要海上航线都位于德国北海舰队的打击范围之外。与此相反，德国的海上贸易路线很容易在英吉利海峡或苏格兰外海被拦截。而要保住这个位置，英国皇家海军只需采取战略防御态势，而德国的公海舰队却被迫进行战略攻势作战，只有这样才能极大地改变其在北海和其他地方的不利态势。[②]

马耳他岛的战略重要性在于，它所处的位置恰好控制了东西地中海海盆的中心点。马耳他岛长约 15 英里，坐落于地中海的中部，并且靠近多条相互交织的海上航线。从马耳他到直布罗陀和亚历山大的距离分别是 990 海里和 820 海里。该岛距离西西里岛只有 50 海里，距离利比亚沿岸 190 海里，距离波恩角（突尼斯）175 海里。自从 1800 年英国占领马耳他之后，该岛就在英国的地中海战略当中扮演着非常重要的角色。其重要性在二战当中体现得最明显：当时它被用作攻击意大利通往利比亚船队的海空基地。1941 年 2 月，德国陆军元帅埃尔温·隆美尔（Erwin Rommel）就任"非洲军团"指挥官时曾预言，没有马耳他轴心国将会失去对北非的控制，后来这个话被证明是正确的。1942 年，德国海军参谋部认为，在轴心国发动攻势行动夺占苏伊士运河之前，必须首先夺占马耳他。[③] 然而，由于英国参谋长在战前认为马耳他不可守，所以该岛被英国放弃了。[④] 只要该岛仍然被盟军所控制，轴心国的运补

① Mahan, *Naval Strategy Compared and Contrasted with the Principles and Practice of Military Operations on Land*, p. 129.

② Gundelach, *Die deutsche Luftwaffe im Mittelmeer*, Vol. I, pp. 16 – 18.

③ Michael Salewski, *Die deutsche Seekriegsleitung 1935 – 1945*, Vol. II: *1942 – 1945*（Frankfurt, a. M: Bernard & Graefe, 1975）, p. 67.

④ N. H. Gibbs, Vol. I: *Rearmament Policy*, in John p. W. Ehrman, ed., *Grand Strategy*（London: Her Majesty's Stationery Office, 6 Vols, 1956 – 1976）, p. 484.

优势就会极大地丧失。部署在马耳他岛上的飞机和潜艇将会对意大利通往利比亚的海上航线以及意大利位于南部海岸的海空基地产生重大的威胁。

二战中，长约 160 英里、宽 8—36 英里的克里特岛，在控制通向苏伊士运河和土耳其海峡的航运方面发挥了重要的作用。该岛在爱琴海形成了一条自然防御阵线，它距离土耳其海峡 350 英里，距离雅典 200 英里，距离罗德（Rhodes）和科斯（Cos）岛（属于多德卡尼斯群岛）150 英里，距离北非沿岸 160 英里。一些主要海上航线距离该岛都不超过 90 海里。1941 年，克里特岛提供了一个距离亚历山大 400 英里的皇家海军舰艇的加油基地。该岛离德国在希腊的机场只有 60 英里，而意大利位于斯卡潘托（Scarpanto）的机场跑道在其东部 45 英里处。1941 年 5 月德国占领了该岛，从此之后英国就面临严重的问题，因为德国控制了从克里特岛到北非的 200 英里宽的通道。克里特岛和托布鲁克的距离只有 110 海里，距离尼罗河三角洲也只有 300 海里。谁控制了克里特岛，谁就能够控制地中海东部和中部的航运路线。驻扎在克里特岛的轰炸机能够轰炸在北非的目标和在罗马尼亚的油田。[1] 因此，如果德国人选择在克里特岛和昔兰尼加（Cyrenaica）建立空中力量，那么盟军从埃及到马耳他的补给船队将会暴露在猛烈的（甚至是致命的）炮火之下。而如果马耳他岛得不到补给，英国就再也不能利用水面舰艇和飞机攻击意大利和非洲之间的海上航线。因此，向昔兰尼加进军成为盟军十万火急的大事。盟军必须降低向马耳他运补的风险，目的是防止敌人建立可能威胁埃及的力量。[2]

二战中，在爱琴海取得主导权的关键是意大利控制的大型岛屿——罗德岛。该岛拥有良好的港口和两个机场，在意大利刚加入战争的 1940 年 6 月，它就好像插入英国肉中的一根刺一样。然而，英国并没有足够的力量从海上夺占该岛。面积较小的莱罗斯（Léros）岛只有一个海上飞机基地和只适合小型舰艇靠泊的港口，没有岸基飞机着陆的场地。科斯岛只有一个供单引擎战斗机起降的机场。夺占卡索斯（Casos）岛将使英国人能够轰击斯卡潘托机场，对进攻罗德岛也有极大的帮助。[3]

---

① Thomas Kempf, "Der britische Rueckzug aus Kreta im Mai 1941", *Truppenpraxis*, 7（July 1981）, p. 584.

② Creswell, *Sea Warfare 1941 – 1945*, p. 101.

③ Salewski, *Die deutsche Seekriegsleitung 1935 – 1945*, Vol. II, p. 67.

科孚（Corfu）岛控制了奥特朗托海峡的南部入口。在中世纪，威尼斯控制了科孚岛，从而也控制了亚得里亚海的入口。该岛在协约国封锁亚得里亚海出口时发挥了重要作用。1940 年，如果意大利占领科孚岛，他们也许就能够阻止英国对他们在塔兰托的舰队发动空袭，因为科孚岛可以用作对周围海域进行空中监视的基地。

位于封闭海域的岛屿也能在海战中发挥重要作用。例如，亚得里亚海上的利萨（Lissa）岛的军事价值早就被认可。该岛距离达尔马提亚海岸的普洛切（Ploče）角约 30 英里，距离蒙泰加尔加诺（Monte Gargano）半岛顶端 100 英里。由于其优越的地理位置，利萨岛控制了达尔马提亚南部沿岸群岛和意大利大陆海岸的入口，还控制了通过亚得里亚海出口航线的翼侧。在 1866 年普鲁士—意大利对奥地利的战争中，意大利计划在利萨岛登陆部队并夺占该岛，这导致了 1866 年意大利与特格特霍夫将军率领的奥地利舰队展开决战。1943—1944 年，利萨岛在亚得里亚海发生的战争中也发挥了重要作用，当时英国轻型部队将它用作对德国控制的达尔马提亚海岸和沿海岛屿发动攻击的基地。

在另外一个例子中，苏联人在 1940—1941 年控制了芬兰东南部海岸附近的汉科（Hangö）岛。汉科岛位于德国通向芬兰航线的翼侧，它的存在使波罗的海的部队运补和从吕勒奥运输铁矿石变得非常困难，因此德国非常重视摧毁该基地的行动。另外，汉科岛在苏联人手中，还限制了德国 U 艇和 S 艇的大规模使用。[①]

900 英里长的古巴岛在加勒比海也占据着重要的战略位置。它位于经过墨西哥湾和巴拿马运河的海上交通线的翼侧，离往返于中、南大西洋和美国东海岸之间的海上交通线也很近。古巴控制了佛罗里达海峡、尤卡坦（Yucatan）海峡、向风（Windward）海峡和莫纳（Mona）海峡的出入口。牙买加岛长度只有古巴岛的 1/5，它几乎位于科隆港（巴拿马运河）和基韦斯特的中间点。它的军事重要性在于，它位于从墨西哥湾到科隆港和从向风海峡到

---

① Salewski, *Die deutsche Seekriegsleitung 1935 – 1945*, Vol. I（Frankfurt a. M：Bernard & Graefe，1970），p. 422.

科隆港的海上航线的翼侧。

海上狭窄通道与陆上狭窄通道有很大的区别。在陆上，除非是高山地形，通常从一个点到另外一个点有多条通道或路线。而在海上，某些海峡是通往特定封闭海区的必经通道，因此也是航线当中最脆弱的部分。海峡可以用来对对手的海军和商业航运进行有效的封锁。由于宽度很窄，海峡通常也是进攻对面海岸最方便的地方。

国际海峡的军事重要性在历史上已经多次被证明。那些通向某个窄海的唯一入口的海峡或狭窄水道，其军事价值则更高。这些海峡很难通过使用备选路线来避免。用于国际贸易的某个海峡，如果其中的一侧，尤其是两侧都被某个国家控制时，那么这个国家就拥有非常有利的战略位置。直布罗陀海峡是大西洋和地中海之间唯一的通道。该海峡长度约 40 英里，宽度为 8—24 英里。在大西洋一侧，通往直布罗陀海峡的入口是呈三角形的，从圣文森特（Saint Vincent）到罗塔（Rota），再到塔里法（Tarifa）和休达（Ceuta）。在地中海一侧，海峡的入口包含位于卡塔赫纳（Cartagena）、梅利利亚（Melilla）、塔里法和休达之间的海域，阿尔沃兰（Alborán）岛和巴利阿里（Balearic）群岛则在其后方。[1]

斯卡格拉克海峡和卡特加特海峡是从波罗的海通向北海及其他海外目的地的唯一出口，走这条线路的所有商船和军舰都要经过这些海峡。斯卡格拉克海峡位于瑞典和设得兰半岛的西岸，挪威的东南部。它长约 150 英里，宽 75—90 英里。卡特加特海峡位于设得兰半岛东岸和瑞典西南部之间，长约 140 英里，宽 37—100 英里。丹麦海峡曾经在欧洲大国的政策和行动中具有重要的地位。1653 年，当时与荷兰各省联盟的丹麦关闭了松德海峡，禁止英国舰船通行，从而切断了英国运送木材、大麻及其他重要海军物资的主要渠道。德国在 1914—1918 年控制了丹麦海峡的入口，有效地阻止了英国向其俄罗斯盟友运送援军。

丹麦海峡的战略价值在二战中再一次得到证明。1939 年底，温斯顿·丘

---

[1] Vicente Blay Biosca, "Defending the Strait of Gibraltar: Spain's Role is Vital", *International Defense Review*（September 1985），p. 1401.

吉尔计划派遣一个海军中队到波罗的海，切断从瑞典向德国运送铁矿石的通道（"凯瑟琳"行动）。但是，由于很难控制丹麦海峡，又缺少基地，没法从空中掩护舰艇，计划最终破产。[1] 1940 年 4 月，德国占领了丹麦，完全控制了波罗的海的进口。从那以后英国皇家海军就没法进入波罗的海了，德国就可以自由使用斯堪的纳维亚国家的经济资源，特别是瑞典的铁矿石。德国还在芬兰建立了基地，改善了海军部队在大西洋作战的条件。

霍尔木兹海峡连接阿拉伯海和阿曼湾。它长约 170 英里，宽 30—50 海里。海峡东北口只有 21 海里宽，位于拉腊克（Lārak）岛和阿曼的奎恩斯（Quions）之间。红海的南部出海口是曼德海峡。它宽约 20 英里，但是丕林（Perim）岛将其分成了两个水道，西段宽 16 英里，东段宽 2 英里。

控制某个封闭或半封闭海区的唯一出海口有时并不能阻止弱势舰队使用某部分海区。因此，除了控制出海口之外，优势舰队还要控制或部分控制这个海区中的重要战略位置。在地中海，西西里狭窄水道、墨西拿海峡和奥特朗托海峡的战略位置都异常重要。西西里水道是连接东西地中海海盆的天然通道。格兰尼塔（Granital，西西里）角和邦（Bon）角之间的距离只有 70 海里。另外，西西里水道水深较小，因而也容易布设水雷。

在黑海，8 英里宽的刻赤海峡是亚速海的唯一出海口，因此也具有很高的战略价值。该海峡及其海岸是二战中在黑海最经常爆发战事的地点。1941 年秋季，受挫的苏联军队撤退至塔曼（Taman）半岛。到 1941 年 12 月，苏联人又卷土重来，展开了两栖登陆。1942 年 5 月，苏联军队又从塔曼半岛逃离，德国军队也在同年 9 月进军到该地区。一年后，德军被迫撤离塔曼半岛，1943 年 11 月苏联军队再度跨过刻赤海峡，牢牢控制了克里米亚。[2]

连接印度洋和太平洋的几处海峡中，比较重要的是马六甲海峡和巽他海峡。马六甲海峡长约 500 英里，宽度从 30 到 200 英里不等。在古代和中世纪，所有从西方到中国的航运都要经过马六甲海峡。因此，控制该海峡一个或两

---

① J. R. M. Butler, Vol. II: *Sept. 1939 – June 1941*, in John p. W. Ehrman, ed., *Grand Strategy* (London: Her Majesty's Stationery Office, 6 Vols, 1956 – 1976), p. 77.

② Juerg Meister, *Der Seekrieg in den osteuropaeischen Gewaessern 1941 – 1945* (Munich: J. F. Lehmans Verlag, 1958), p. 265.

个海岸的大国也就控制了进出印度洋的主要海上航线。公元 7 世纪末，室利佛逝帝国（此处原文为"the Srivayayan Empire"，从地理位置及发展历史来看，应是指室利佛逝帝国，常用英文名为"the Srivijaya Empire"。——译者注）的崛起主要就是因为其控制了马六甲海峡。该帝国以苏门答腊岛上的巨港（Palembang）和马来亚为中心，其控制的区域沿马来亚半岛向北至吉打（Kedah）和孟加拉湾沿岸的几个港口。通过控制马六甲海峡，他们还可以快速进入爪哇海和摩鹿加（Moluccas）群岛。室利佛逝帝国灭亡后，其继任者和统治马来亚半岛的外国势力也控制了中国和西方之间的贸易。相比较之下，巽他海峡一直很少被使用，直到葡萄牙统治时代。

窄海出海口的战略价值通常还会因为在邻近大洋处有几个具有重要战略意义的岛屿而得到加强。如果英国人还控制了直布罗陀海峡西侧 620 英里处的马德拉（Madeira）群岛和 520 英里处的亚速尔（Azores）群岛，直布罗陀海峡的战略价值就会更高。在地中海一侧，英国人控制东部 130 英里的阿尔沃兰岛和东北 520 英里的巴利阿里岛也会增强直布罗陀海峡的战略价值。

和高山一样，大型河流也具有作为军事障碍的价值。在过去，它们通常被认为是难以克服的天堑，并被当成战略边疆。但是，河流的防御难以持久。在某些战争中，河流成了行军的巨大障碍，如一战中的尼曼（Niemen）河和西德维纳（Western Dvina）河。某些河口，如多瑙河（Danube）河口，在窄海上发生的战争中也扮演了重要的角色。如果某个河口和其相邻的陆域还是地区贸易的中心，那么其战略地位就更为重要。英国在现代历史上数次参战就是因为担心其在欧洲大陆的敌人可能完全控制斯海尔德（Scheldt）河和安特卫普（Antwerp）港。

一、 位置点

某个具有战略或战役价值的位置通常包含几个点，如果用足够的军事力量控制这些点，就能够迫使对手改变行动方向，甚至放弃原定的行动方向。

奥地利查理大公（Archduke Charles，也叫"卡尔大公"。——译者注）曾说过，是否拥有战略点决定了战役的胜负。但是这样的点也不是控制得越多越好。马汉将军也说过，控制每个点将会增加海军力量的观点是错误的。增强海军力量无疑要占据战略位置点，但海军力量最主要的组成要素是海军的机动性。[1] 战略点的价值要放在战区的大背景下来评估，并要考虑位置点相互间的关系，以及位置点与海军舰队的关系。[2] 在其他条件相同的情况下，距离越大，防御和攻击的难度也越大，如果存在战略点，防御的难度与战略点的距离、数量和分布成正比。[3]

通常而言，在封闭或半封闭海的战略点的价值要高于在开阔海区的战略点的价值，因为它们能够对陆上战争施加更直接的影响。战略点可能分布在大陆沿岸、半岛、岛屿或者海峡之内。当战略点分布在大陆沿岸时，更有可能拥有更充足的防御和进攻资源，与国家内陆的联系也更紧密。1943 年春天，德国人凭借比塞大海空基地抢占了突尼斯，因为该基地处于控制西西里水道的一个绝佳位置。盟军则犯了一个大错误，即他们在攻陷布日伊（Bougie）和波尼后认为太冒险而没有继续沿海岸东进占领比塞大。

坐落在半岛上的战略点，如新加坡，通常也会对特定海区的战争产生巨大影响。它们的价值不仅取决于其相对于海上交通线的位置，而且取决于它们是否与国家内陆有很好的联系。相比于坐落在大陆沿岸的战略点，分布在半岛上的战略点更容易遭受海上和陆上方向的攻击。

分布在岛屿上的战略点要比分布在大陆或者半岛上的位置点具有更大的价值，因为它们通常占据着比敌方海上交通线更有利的位置。位置点离敌方海上交通线越近，它的价值越大。分布在岛屿上的位置点，比分布在大陆上或半岛上的位置点更容易防御。但是这个位置点如果离己方海岸太远，那么它就更容易遭受敌方的海上和空中进攻。

---

[1] Mahan, *Naval Strategy Compared and Contrasted with the Principles and Practice of Military Operations on Land*, p. 127.

[2] Mahan, *Naval Strategy Compared and Contrasted with the Principles and Practice of Military Operations on Land*, p. 175.

[3] Mahan, *Naval Strategy Compared and Contrasted with the Principles and Practice of Military Operations on Land*, p. 178.

坐落在海峡内部或者国际运河一端的位置点具有天然的、重要的军事价值。1971 年，伊朗占据了霍尔木兹海峡的三个岛屿——阿布穆萨岛（Abū Mūsá）和大、小通布（the Greater and Lesser Tunbs）岛，也因此获得了对进出阿拉伯湾的所有海军舰船和商船的完全控制权。同样，曼德海峡的丕林岛控制了红海的进出口。奥特朗托海峡的战略点是发罗拉（Valona）海军基地，而丹麦海峡的战略点是哥本哈根所在的位置。

坐落在大陆沿岸，但是位于海峡入口附近的战略点通常要比坐落在岛屿上的战略点更加脆弱，因为它还会遭遇陆上方向的进攻。在第二次世界大战中，德国人和芬兰人封锁了芬兰湾的西端，从而使苏联的波罗的海舰队寸步难行，但是他们没能夺占通向列宁格勒的拉旺萨尔（Lavansaari）岛。这给了苏联人机会，他们把这座小岛作为支援扫雷舰扫雷作业的空军基地，这些扫雷舰为苏联潜艇扫清了芬兰—德国的通道。岛上的岸炮保护了苏联的小型水面舰艇，并与飞机一道阻止了德国巡逻艇的行动。德国空军当时太专注于支援德国陆军的行动，以致没法腾出手来对芬兰湾的芬兰—德国海军部队进行支援。[1]

二、 中央和外线

通常而言，一个国家、一片领土或一支部队可能占据一个中央位置或者外部位置。一支处在阻断敌军的位置上活动的部队，通常被认为是占据了中央（内线）位置。这样的一个位置在进攻和防御上都具有一些天然的优势。通常，在中央位置活动的部队能够比在其外围作战的敌军更加快速地在其有效打击范围内的某个特定的点集中。

---

① Friedrich Ruge, *The Soviets as Naval Opponents 1941 – 1945* （Annapolis, MD: Naval Institute Press, 1979）, pp. 25 – 26.

占据中央位置的部队在快速集中时机动距离更短，且比在外围作战的部队更具有局部优势。如果一支部队在中央位置作战，那么其敌军就不能轻易地实现集中，除非他们越过这支部队或者在其周围绕行。① 英伦群岛所处的位置相对于英国的海上或空中潜在对手来说，就是一个中央位置。西欧和斯堪的纳维亚国家的海外贸易要么经过 21 英里宽的多佛海峡和超过 110 英里宽的英吉利海峡，要么采取苏格兰北部更加遥远、更加崎岖的路线。无论采取哪条线路，他们都可能遭受在中央位置活动的英国皇家海军的攻击。

一战中，英国皇家海军通过在本土海域集中优势部队，控制了通向欧洲西部和北部沿岸的大洋补给线。在战役层次，部署于福斯湾的英国大舰队（Grand Fleet），相对于德国的公海舰队和基地占据了中央位置，后者只能退守至英吉利海峡的北口或者泰瑟尔岛—雅茅斯（the Texel-Yarmouth）一线以南。同样，公海舰队凭借占据了相对于两个窄海的中央位置，阻止了大舰队在波罗的海的行动。

相对于亚洲大陆上的国家和任何从太平洋方向接近的敌军而言，日本也占据了一个中央位置。在二战中，日本控制的菲律宾和荷属东印度在西太平洋地区占据了一个中央位置。吕宋岛的位置有利于控制从南海北端通向中国台湾和日本的海上和空中路线。同样，日本控制了爪哇群岛、帝汶岛和苏门答腊岛后，就取得了一个强有力的中央位置，凭借这个位置，他们可以使用空中和海军力量，打击任何从南部或西部接近的盟军部队。

占据中央位置的国家，通常面临一个艰巨的任务，那就是战争爆发后确保海外补给线的安全。英国不需花费一枪一弹，就可以切断纳粹德国的海上交通线。② 这个问题只能通过下列方法解决：占领更多的相连陆地和海上区域，来获得足够的资源支持战时经济。如果占据中央位置的国家同时受到数

① Rudolf Heinstein, *Zur Strategie des Mehrfrontenkrieges: Das Problem der "inneren und ausseren Linie"*, dargestellt am Beispiel des Ersten Weltkrieges（Hamburg: Fuehrungsakademie der Bundeswehr, November 1975）, p. 6; Antoine Henri de Jomini, *The Art of War*（London: Greenhill Books, repr. 1992）, p. 331.

② Rudolf Boehmer, *Die Massnahmen des Deutschen Reiches vor und waehrend des zweiten Weltkrieges fuer Schuetz und Kontrolle der Deutschen Handelsschiffahrt*（Hamburg: Führungsakademie der Bundeswehr, September 1973）, pp. 14 – 15, 21.

个方向的攻击，那它的部队将会被分散。[①] 占据中央位置但只控制很小一片区域的一方，通常不能有效地使用大型部队，因此也将面临作战线和补给线被敌人切断的危险。

中央位置可以提供巨大的防御力量，因为用于后勤保障和部队补给的交通线几乎没有空缺和漏洞。但是如果敌方比己方的部队要强大得多，那么中央位置的用途也不是很大。

一个国家或国家集团若处于某个战略中心的外围，那么它或它们就占据外线位置。这样的一个位置事实上对应于某个战略侧翼位置。外线位置可以帮助一方的部队打击分布在敌人外围的广泛的实体目标。但要取得成功，在外线作战的部队，数量上要更大，机动性要更强。外线作战的部队还可以从多个方向或多个轴威胁或进攻敌军。即便一个国家在总体态势上是战略防御，外线位置也可以使他们展开战术进攻。外线位置的另一个好处是，可以引诱敌军脱离预定打击实体目标。

在封闭或半封闭海当中，外线位置要比在大洋当中更加珍贵，因为机动的距离相对较短。1940年德国占领法国对英国在本土水域的航运路线的影响是巨大的，而且几乎是直接的。因为德国的海空基地处于英国在英吉利海峡和东部海岸的贸易路线的翼侧，英吉利海峡不能再被使用，除了在沿岸的一些零星贸易之外。

战略位置和驻泊区域，不管是通过和平方式还是武力方式取得的，其重要性再强调也不过分。虽然决定战争胜负的是力量而不是地理位置，但是低估地理位置对海军部队和飞机的使用的影响，在过去、现在和未来都是错误的。因此，熟知并理解具有战略或战役意义的特定位置和位置点的优缺点是相当重要的。

---

① Heinstein, *Zur Strategie des Mehrfrontenkrieges*, p. 5.

第四章

基地

和平时期海军战略的一项主要任务就是建立或获取足够数量的海空基地供己方部队使用，以完成战时国家和军事战略目标。一支舰队如果没有拥有足够的驻泊区，那么它就不能维持力量，因为这些驻泊区是舰队展开或调整部署的基地，也是其退守的大本营。在特定海区，基地也是所有海上和空中活动的中心。拥有大量地理位置优越且能容纳舰队主力的基地，对舰队的作战部署有着极大的帮助。即便是一支弱小的舰队，只要拥有足够数量的防护严密的基地，那么其实力也不容小觑，因为这些基地可以为它提供行动自由。① 夺取、控制和保护海军基地，是所有时期海军战略的一个重要内容。成功实施封锁战役的一个先决条件就是要拥有足够数量的海军基地，而且这些基地所处的位置要能够盯守敌人的舰队。

大陆沿岸的任何部分，或者占据有利地理位置的岛屿，只要拥有锚地和足以建造机场的平地，都能发展成为一个有用的作战基地。通常而言，拥有大量的基地会为舰队的部署、机动和重新部署提供重大的优势。在战时，只有一个可以依靠的大型基地并不是一件好事，因为那样的话，这支部队在进攻和撤退时都只能使用同一条作战线。敌人可以很轻松地对付一支只拥有一个大型海军基地的舰队，就像德国 1914—1918 年在北海的经历所证明的那样。②

缺乏优良的基地在舰队力量的部署方面会成为严重的弱点。在 1904—1905 年的日俄战争中，如果俄国在日本海拥有基地的话，他们也许就能阻止日本舰队获得全部的制海权。1914 年，英国皇家海军在北海也没有足够数量的大型海军基地。在那里条件稍好一点的基地是罗赛斯（Rosyth），克罗默蒂（Cromarty）只能算作二流基地。③ 唯一能称作海军锚地的地方是哈威奇（Harwich），而其他地方，如格里姆斯比（Grimsby）、哈特尔浦（Hartlepool）和阿伯丁（Aberdeen），仅能作为商业港口使用。

---

① Oscar di Giamberardino, *Seekriegskunst*, trans. E. Mohr（Berlin：Verlag "Offene Worte", 1938）, p. 99.

② Oscar di Giamberardino, *Seekriegskunst*, trans. E. Mohr（Berlin：Verlag "Offene Worte", 1938）, p. 100.

③ M. G. Cook, "Naval Strategy", 2 March 1931, Air Corps Tactical School, Langley Field, VA, 1930 – 1931, Strategic Plans Division Records, Series, Box 003（Washington, DC：Naval Operational Archives）, p. 18.

1941 年，苏联的波罗的海舰队表现差强人意的主要原因是，他们失去了在波罗的海的基地和港口。所有的基地和港口，除了列宁格勒及其附近地区，都在战争爆发后的 10 个星期之内落到了德国人的手中。同样，苏联的黑海舰队到 1942 年 7 月也丧失了其所有的大型基地。在塞瓦斯托波尔陷落后不久，德国人占领了新罗西斯克（Novorossiysk），苏联的黑海舰队只剩下了高加索沿岸的图阿普谢（Tuapse）、波季（Poti）和巴统（Batumi）等几个小型海军基地，这些基地不能为大型水面舰艇和潜艇提供保障。①

到了 1944 年夏天，大西洋沿岸基地的丧失迫使德国海军参谋部不得不使用北海沿岸的基地来保障 U 艇作战，但这些基地都在盟军轰炸机的有效射程之内。这又迫使德国人必须保持对波罗的海沿岸基地的控制权，因为这些基地是他们用来测试和训练新型 U 艇和艇员的地方。德国海军参谋部坚持死守北方集团军的左翼，因为这个集团军所在的海尔（Hel）半岛和里堡地区集中了 50%—60% 的德国 U 艇训练设施以及大约 25 000 名水兵。但泽（Danzig）湾的丢失导致德国人培训 U 艇艇员的能力大大降低，艇员每个月减少 12 到 15 名。而且其他所有的训练程序也不得不减少，减少量高达 50%。②

一、 目的

海军基地的主要目的通常是为舰艇提供掩护、维修和保障，为船员提供休息和娱乐场所，充当尽量接近潜在敌人的力量中心，作为预防敌人进攻的警戒屏障的一部分，并确保控制己方的船运。

海军基地可以为进攻、防御和攻防一体行动提供保障。它们可以是永久

---

① Friedrich Ruge, *The Soviets As Naval Opponents 1941 – 1945* (Annapolis, MD: Naval Institute Press, 1979), p. 77.

② Michael Salewski, *Die deutsche Seekriegsleitung 1935 – 1945*, Vol. II: *1942 – 1945* (Frankfurt, a. M: Bernard & Graefe Verlag fuer Wehrwesen, 1975), pp. 448, 462.

的或暂时的。永久基地一般建于自己的领土之上。它们的主要目的是拓展己方舰队的有效作战半径，或者抵消敌人在此区域内主要基地的影响。大型海军基地通常既用于进攻也用于防御。德国位于威廉港（Wilhelmshaven）的主要海军基地在 1914—1918 年主要用于进攻。俄罗斯位于旅顺港的基地在 1904—1905 年既用于防御也用于进攻，就像一战时期奥匈帝国在亚得里亚海的普拉（原文为"Pola"，应为"Pula"，克罗地亚的著名港口。——译者注）海军基地，以及英国在 1940—1943 年位于马耳他的基地一样。

在潜在的作战区附近建立或者获取的小型海军基地，通常只用于进攻目的。位于卡特罗（Cattaro）湾的小型海军基地在第一次世界大战中被奥匈帝国的轻型水面力量用作在亚得里亚海南部的进攻基地。它也被德国和奥匈帝国位于地中海的潜艇作为进攻行动的基地。

有时，海军基地的建设目的是为窄海中特定部分的敌军造成的潜在威胁提供及时预警。德国在基尔的海军基地被用来保护基尔运河的入口以及警戒在波罗的海西部的敌对行动。英国在北海北口的斯卡帕湾基地，其作用也类似，就像意大利在博尼法乔（Bonifacio）海峡的马达莱纳（La Maddalena）基地和在奥特朗托海峡的奥特朗托基地一样。

许多海军基地的建造目的是用于控制海上交通。英国夺取或获得直布罗陀、马耳他、亚历山大、苏伊士和亚丁等海军基地的目的就是控制航运的咽喉点。就像一战时期的斯卡帕湾和多佛海峡以及二战时期的马耳他所清楚地证明的一样，位于己方或敌方航运路线一侧的基地将会在战时为进攻和防御提供巨大的优势。

二、 特点

海军基地应该提供空间宽阔、水深合适的锚地，能够容纳大量的舰艇，包括大型舰艇。从锚地到大海的开口应该比较狭窄，最好是处于江河的入海口。优良的海军基地应该拥有较小的潮差，受大浪和恶劣天气的影响较小。它应该是一个不冻港，终年可以使用，而且离锚地一定距离的地方应该有山地地形环绕。

海军基地坐落的位置不能离物资供应的源头太远，要与内陆保持良好的交通联系。海军基地应该具备对陆、对海和对空的防御能力，否则它的价值将大大降低。自第一次世界大战末期以来，水面舰艇在位于典型窄海内的基地里所遭受的空中威胁越来越严重。到今天为止，这个问题依然很突出，解决起来也不是那么容易，特别是对那些缺乏足够空中力量的小国而言。最好的情况是，最重要的基地应该位于敌人飞机的有效打击范围之外。主要的海军基地应该离敌人的机场越远越好，因为这些机场可以制造出经常性的空中威胁。① 另外，海军基地还应该位于己方飞机的有效作战距离之内。

一般来说，带有山地或悬崖海岸的窄海可以建造地下基地，这些基地可以用来驻扎导弹艇、鱼雷艇和扫雷艇等小型水面舰艇以及潜艇。掩体通常由水泥建造，并配有很重的铁门，可以防御空中攻击，甚至是核武器的打击。基地还可能包括一些维修设施，以及可供船员停留数周的居住设施。瑞典在其海岸建造了可能是世界上最狭长和最先进的地下掩体，这些掩体能够容纳驱逐舰大小的舰艇。其中最大的地下设施位于斯德哥尔摩群岛〔尼奈斯港（Nynäshamn）市东北约 6 英里处〕南端的穆斯克（Muskö）岛上。它能为各种大小的舰艇和潜艇提供全方位的服务。南斯拉夫海军也在达尔马提亚沿岸建立了一些掩体。其中的两个掩体后来被挖出，它们分别被用来隐藏导弹艇和鱼雷艇。一个位于普洛切—斯通（Ploče – Ston）区域，另一个位于拉斯托沃（Lastovo）岛上。② 另外，在卡特罗湾的南部沿岸也建有一些可以容纳导弹艇和扫雷艇的地下掩体。

一个好的海军基地应该提供不止一条作战线。坐落在岛屿或者面对开阔大海的半岛上的基地通常可以提供多条作战线，而坐落在封闭海或大型海湾里的基地则不能提供多条作战线。

---

① Giamberardino，*Seekriegskunst*，p. 100.

② Milan Vego，Die jugoslawische Marine 1945 – 1977，*Marine Rundschau*，9（September 1977），p. 232.

海军基地选择错误通常会导致极大的弱势。俄国在 1899 年选择旅顺港作为其舰队的大型基地现在看来就是一个很大的错误。虽然这个基地是个不冻港，但是它与中国其他港口和俄罗斯远东港口的交通路线接近日本的岛屿，这非常危险。而且旅顺港离俄国在远东的力量中心太远，俄国人也没法维持与该基地联系的陆上或海上交通。[①] 当 1899 年俄国人想在朝鲜海峡获得更加有利的基地时，日本人发动了战争。俄国人并没有准备好打仗，被迫接受了一个不利的位置，这个位置就是错误地选择旅顺港而造成的。[②]

三、　类　型

一般来说，海军基地可以区分为大型基地、小型基地和前进基地等类型。大型海军基地，顾名思义，就是用来容纳舰队主体力量的基地。它应该具备各种设施，包括舰艇维修设施、油料库、弹药库、物资仓库和医院。它还应得到加固，以防御各种类型的攻击。

小型海军基地是用来为一小部分舰艇提供掩护的基地，在舰艇维修及其他保障功能方面能力有限。一座靠近潜在作战区的基地被称为前进基地。它通常被建在距离潜在作战区尽可能近的位置，可以是永久的，也可以是暂时的，但一定要在大型海军基地的保障距离之内。在 1904—1905 年的日俄海战当中，日本人把长山群岛作为前进基地。这给英国的海军人士留下了很深的印象，他们说服了英国皇家海军启用那些不经常使用但是更加宽阔的基地作为前进基地，如斯卡帕湾和克罗默蒂湾——之所以选择斯卡帕湾，是因为驻扎在那里的舰队能够控制北海的北口。到了 1912 年，英国人认识到斯卡帕湾

---

① Alfred T. Mahan, *Naval Strategy Compared and Contrasted with the Principles and Practice of Military Operations on Land* (Boston, MA: Little, Brown, 1919), p. 188.

② David Woodward, *The Russians at Sea: A History of the Russian Navy* (New York: Frederick A. Praeger, 1966), pp. 120 – 121; Macintyre, *Sea Power in the Pacific*, pp. 126 – 127.

和克罗默蒂湾是如此重要，以至于决定对它们进行重点防御。①

前进基地代表了一支舰队最外围的有效打击力量和供应线。任何可以由海到达的海岸线上的岛屿或位置点，只要拥有锚地，都可以迅速变成前进基地。② 前进基地通常在战时临时建设而成。一支处于战略进攻位置的舰队通常需要获得新的前进基地。这会导致他们以前获得或建设的前进基地丧失其重要性。如果主要海军基地过于拥挤，或者防御敌方海上进攻的能力脆弱，那么平时就要在主要海军基地的附近建设前进基地。奥地利曾经在小洛希尼岛（位于克罗地亚西部）上建立了一个前进基地，这个基地位于其在普拉的大型海军基地的东南方，离普拉基地只有 30 海里。在 1914 年战争爆发前的几年里，意大利人也在亚得里亚海建立了大量的前进基地，这些基地大多位于其主要海军基地——威尼斯和布林迪西（Brindisi）之间。同样，到了 1943 年 10 月，英国也建立了两个前进基地，供其在亚得里亚海的海岸部队使用。一个建在维斯（Vis）岛上，另一个建在意大利沿岸的泰尔莫利（Termoli）。

基地的军事价值极大地取决于资源的丰富程度以及周边地区的大小。显然，资源越丰富，海军基地的价值越高。资源的可获取度将会影响基地的大小、舰艇的维修能力、码头设施的数量以及物资储备设施的大小。一座建立在面积较小且资源匮乏的岛屿上的海军和空军基地，通常比不上建立在大陆上的基地，因为物资必须远距离供应，而且需要更多的部队来保障其安全。那些建立在大型商业港口的基地通常具有更高的价值，因为舰艇维修和供给所需的资源已准备就绪。

如果海空基地拥有良好、安全的陆上和海上交通，那么它的价值就会更高。有数条铁路和公路连接的基地通常要强于那些与国家内陆联系不便的基地。意大利 1914 年建在威尼斯的基地就比建在普拉的基地要好，因为前者与后方有很好的交通联系。同样，奥匈帝国建在塞贝尼科（Sebenico）和卡特罗湾的海军基地，就比不上建在普拉的基地，不仅因为它们面积较小，还因为它们与国家内陆的交通不便。卡特罗湾几乎全部依赖海路补给，因此比较脆

---

① Julian S. Corbett, Vol. I: *To the Battle of the Falklands*, *December* 1914, *Naval Operations*, 5 Vols (London: Longmans, Green, 1920), p. 4.

② M. R. Browning, "Advanced Naval Bases", *Military Review*, 6 (June 1947), p. 45.

弱。发罗拉在 1914 年是位于阿尔巴尼亚的最好的海军基地，但是在都拉佐（Durazzo）和发罗拉之间的沿岸公路却只是一条羊肠小道。

在典型窄海作战的舰队，不仅可以在本土水域建立基地，还可以在另外一个沿岸国建立基地，以提高进攻能力。苏联就利用了波兰的希维诺乌伊希切基地和东德在吕根岛上的几个基地，来永久部署其在波罗的海的部分舰队力量。凭借此举，苏联人实际上将其波罗的海舰队向战时潜在打击目标前推了 80 英里。

蓝水海军可能会决定在窄海的出口或内部建立海外基地。在一战中，美国海军和英国海军都把奥特朗托和科孚作为前进基地，用来封锁奥特朗托海峡。自二战以来，英国海军和美国海军都在巴林设有基地，部署他们在阿拉伯湾的力量。在 1990—1991 年的海湾战争期间和之后，美国海军及其他一些西方海军也曾使用过几个友好的阿拉伯沿岸国的海空基地。

四、 位置

海军基地的选择应该尽可能位于战时可能的作战区内。[1] 它应位于潜在作战区的打击距离之内。英国在 1914 年选择了东岸的港口作为基地，从而使得皇家海军能够控制北海的南北两个出口。部署在斯卡帕湾的大舰队控制了北出口，部署在哈威奇的部队则控制了南出口。[2]

通常而言，在选择基地时要在接近可能的作战区和远离敌人的攻击之间做出平衡。最理想的情况是，舰队可以沿较短的作战线实施作战。行动的半径也直接与舰队的作战基地和作战区之间的距离相关。这个距离越长，某支舰队到达作战区的作战线也就越长，舰队的有效行动半径就越短。

---

① Cook，"Naval Strategy"，p. 17.

② James Stewart，"The Evolution of Naval Bases in the British Isles"，*Proceedings*，7（July 1957），p. 758.

　　有时，会在特定战区选择某个大型海军基地来应对形势变化。在 20 世纪的头十年，德国海军力量不断增强，使得位于英国东南部的海军基地在保障英国皇家海军在北海的行动方面的地位不断下降。这也是英国皇家海军开始在北海的中部和北部沿岸建造海军基地的原因。在福斯湾的罗赛斯基地被选为对德国进行近距离封锁的主要海军基地。英国在那里建造了多个武器和弹药库、船厂和医院。但是，后来英国人决定采取远距离封锁，因此必须获得更靠近北口的、位于苏格兰和爱尔兰的新基地。最后，英国选了两个锚地，位于马里湾（Moray Firth）的因弗戈登（Invergordon）和斯卡帕湾。① 1938 年，英国三军都认为应该把在福斯湾的罗赛斯基地作为在北海的主要海军基地。罗赛斯基地所处的位置刚好非常适合拦截德国从北海北部返回基地的舰船。而且，基地防空也可与爱丁堡和格拉斯哥的城市防空相结合。但是，最后大家又一致认为，罗赛斯基地难以满足对德战争形势的变化，因为其所处的位置不便拦截德国企图突入大西洋的舰船。而且，它狭长的入口容易遭到敌方的布雷袭击。最后，斯卡帕湾被选为主要基地，因为它离位于设得兰和挪威之间的一个位置要近 150 海里。从这个位置，英国的本土舰队可以轻松地执行保护北方巡逻舰队轻型武装分队和控制北部水域的任务。但是，战争爆发数周之后，本土舰队就离开了斯卡帕湾，转移到了埃维湾（Loch Ewe）②。这个基地是英国最好的自然良港之一，它最大的优点就是离大洋深水区距离最近。

　　海军基地的价值取决于其与潜在军事目标的距离以及基地具备的设施情况。但是，基地的地理位置总是对海军战略起决定性的影响。位于某个封闭或半封闭海区内的基地，其军事重要性取决于它在各自作战区的位置，与国家的陆地边界线的距离，相对于敌人海上交通线的位置，本身及周边地区资源的丰富程度、设施情况，以及陆地和海上交通的安全情况等。

　　某个基地距离潜在作战区的距离越近，其提供的作战线就越短。显然，部署在窄海的舰队相比蓝水海军具有更大优势，因为它的基地与潜在作战区的距离更近。塞瓦斯托波尔海军基地距离土耳其海峡的入口只有 305 海里。

---

① James Stewart, "The Evolution of Naval Bases in the British Isles", *Proceedings*, 7 (July 1957), p. 757.

② Stephen W. Roskill, *The War At Sea 1939－1945*, Vol. I: *The Defensive* (London: Her Majesty's Stationery Office, 1954), p. 77.

苏联位于利耶帕亚（Liepāya）的海军基地经过松德海峡距离斯卡恩奥德（Skaens Odde，丹麦）460海里，经过大贝尔特海峡则有600海里，而东德在萨斯尼茨（Sassnitz，吕根岛）和罗斯托克的海军基地与出海口之间的距离分别为95海里和230海里。

在亚得里亚海，卡塔洛湾对于一战期间在地中海作战的奥匈帝国和德国U艇来说价值不可估量，因为它距离奥特朗托海峡很近。在两次世界大战中，位于地中海中部的塔兰托海军基地对意大利海军的作用很大，因为它离作战区较近。塔兰托离马耳他只有320海里，离发罗拉145海里，离突尼斯520海里。在1914—1918年，英国在马耳他的基地和法国在土伦和比塞大的基地作战价值不大，因为它们离地中海东部的作战区太远。为此，英国和法国海军夺取了达达尼尔海峡入口的几个小岛，并把它们变成前进基地。希腊国王逃亡后，希腊改变了外交政策，希腊位于蒙德罗斯（Mudros）的港口被协约国用于补给，苏达湾（Soúdha Bay，克里特岛）和法马古斯塔（Famagusta，塞浦路斯）也对协约国开放。从那以后，在伊奥尼亚海的科孚岛和凯法利尼亚岛（Cephalonia）就被作为前进基地。[1]

如果海军基地靠近商业航运的聚会点，那么控制和保护己方海上贸易的任务就很容易完成。在一战中，德国在北海的基地设立在英国和挪威护航路线的翼侧。同理，1940—1943年，轴心国之所以能够干扰盟国在地中海中部和东部的贸易，绝大部分原因是它们在克里特岛到撒丁岛的沿岸和利比亚沿岸建立了一连串的海空基地，这些基地都位于盟军从直布罗陀和亚历山大到马耳他的主要贸易路线的两侧。

如果海军驻泊地域或空军基地靠近海上潜在对手的陆地边界，其作战价值将大大降低。奥匈帝国位于普拉的基地离这个国家与意大利的边界只有75海里。作为舰队基地的的里雅斯特（Trieste），其军事价值还不如普拉，因为它离奥匈帝国的边界线只有数英里。另外一个例子是伊拉克在乌姆卡斯尔（Umm Qasr）的海军基地，它位于阿拉伯河（Shatt al-Arab）西部库尔阿卜杜拉（Khor Abdullah）湖上游65英里，很容易遭到敌人的攻击，因为它离科威

---

① Walter Gadow，"Fottenstuetzpunkte"，*Militaerwissenschaftliche Rundschau*，4（April 1936），p. 519.

特和伊朗的边界太近。科威特在湖的入口处有两座小岛——巴比延岛（Būbiyān）和瓦尔巴岛（Warba），科威特因此控制了湖的入口。乌姆卡斯尔海军基地离波斯湾的唯一出口也很远，距离霍尔木兹海峡大约有 500 英里。

军事基地的价值还与其在特定战区的位置有关。坐落在封闭或半封闭海区的某个海军基地，可能位于控制海区出口的海峡内，或者位于窄海的另一边，或者两者之间。位于狭窄海区中部的海军基地的军事价值通常要高于位于两端的海军基地。在一战中，奥匈帝国位于达尔马提亚海岸中部的塞贝尼科基地，对于其在亚得里亚海作战的水面舰艇部队来说就是理想的舰队基地。

远离海区出海口的基地可能会被选作主要的海军基地。通常，这样的一个基地规模较大，可作为舰队主力的集结点。后方基地的价值在 1942 年夏天得到了最后的证明，当时"非洲军团"朝边境的行进引起了英国人的警觉。到了 1942 年 6 月的最后一天，第 8 集团军已经退守到了阿拉曼（El Alamein）的防御线上，离亚历山大只有 60 英里。英国人将 6 艘驱逐舰和 2 艘辅助船部署到了苏伊士以南。驻扎在亚历山大的剩余部队则分别被部署在海法（Haifa）和塞得港（Port Said），除了第 1 潜艇支队被部署在贝鲁特。英国人也已经做好准备，要破坏亚历山大的仓库和设施，并封锁该港。如果英国人在埃及、巴勒斯坦和叙利亚没有后方基地，他们就只能通过苏伊士运河撤离整支舰队，除此之外别无选择。而这些基地的存在帮助英国人更好地控制了地中海的东部。[1]

后方基地的一个缺点是离作战区域太远，使海军部队的运用变得复杂。奥匈帝国的主要海军基地普拉离奥特朗托海峡 210 海里，因此只适合作为在亚得里亚海北部和中部作战行动的保障基地。如果奥匈帝国的部队占领了阿尔巴尼亚的发罗拉基地，这种情况就会发生极大的改变。那样的话，部署在那里的奥匈舰队就会对 60 海里以外，部署在布林迪西的意大利海军中队构成巨大威胁。

如果海军基地位于敌人作战线或海上通道的翼侧，那么部署在那里的部

---

① Roskill, *The War At Sea 1939 - 1945*, Vol. II: *The Period of Balance* (London: Her Majesty's Stationery Office, 1956), p.74.

队对敌军造成巨大破坏的概率通常会很高。在一战中，德国人占领了佛兰德斯（Flanders）沿岸的泽布吕赫海军基地，并在那里部署了潜艇和驱逐舰支队，该基地就位于英国从泰晤士河到荷兰的贸易路线的翼侧。在二战中，马耳他不仅是从直布罗陀航行到亚历山大的舰船的中途补给站，而且笔直地横跨意大利到利比亚的海上通道。部署在马耳他的战斗机和轰炸机迫使轴心国的商船绕一大圈，从而极大地降低了轴心国向北非输送物资的效率。作为盟军的舰队基地，马耳他威胁到了意大利船队的安全，迫使意大利舰队为其护航，并不得不在不利条件下作战。[①]

如果海空基地位于数条海上通道的交汇处附近，或者在航运的终点站附近，那么其军事价值就会大大增加。同样，位于繁忙的航运路线翼侧的大型岛屿，如地中海东部的克里特岛或塞浦路斯，将非常有利于部署岛上的海军部队和飞机执行破坏敌交通线的任务。

基地的价值还与其相对于相邻的陆地区域和海区的位置有关。位于大陆沿岸的基地通常更容易遭受敌人陆上方向的攻击。坐落在与大陆有一定距离的海岛上的基地不太容易遭受陆上方向的攻击，但容易受到海上方向的攻击。位于狭长群岛顶端的基地容易遭受敌人海陆两个方向的攻击。在现代条件下，任何基地，不管其相对于相邻的陆地和海洋的位置如何，都可能遭受敌人的空中打击。然而，如果海军基地前方有多个近岸岛屿，那么其对空中打击或海上进攻的防御纵深就会大于坐落在孤悬岛屿上的基地。

相当数量的沿海地区的机场，特别是那些位于海军基地附近的机场，能大大提高拥有方攻击敌方舰艇或防御己方部队的能力。夺占这些机场，或者夺占能够建设机场的地方，能大大加快和巩固占领者对某个特定海区或海洋区域的控制。在 1940 年 6 月与意大利的战事开始之后，马耳他作为空间基地的重要性很快就体现出来了。但是，当时对于英国人来说，更重要的是控制在昔兰尼加的空军基地，从那里他们可以将空中打击能力拓展至中地中海。

---

① Elmer B. Potter, *The Great Sea War: The Story of Naval Action in World War II* (Englewood Cliffs, NJ: Prentice-Hall, 1960), p. 59.

如果没有控制大量的机场，日本人就不可能迅速占领荷属东印度。日本人进攻东南亚，首要目标是占领群岛中的几处机场，把它们作为跳板，再占领位于其岸基战斗机 400 英里有效作战距离之内的地方。日本能够控制俾斯麦海（Bismarck Sea）和新几内亚附近的陆地也是因为它在拉包尔（Rabaul，新大不列颠）海军基地建立了大量的机场。在 1942 年秋天，拉包尔有时会出现 50—100 艘满装的货船。该基地也是"东京快车"的出发点，从那里经过"中间路线"（美国人称之为"水沟"）将人员和物资输送给日本在所罗门群岛的部队。[①] 到了 1943 年 8 月，日本人在拉包尔附近已经拥有 5 个机场。[②] 1942—1944 年盟军在新几内亚的战役实际上是围绕着夺取几个热带港口（外界所知甚少）和附近的机场展开的。

在 1943 年 1 月失去了瓜达尔卡纳尔后，日本人并不想离开所罗门群岛，因为他们仍然在群岛拥有优越的位置：在拉包尔有 4 个机场，在其他岛上还有 5 个，最南端的机场沿所罗门群岛直至新乔治亚以南。日本人在这个地区拥有中间战略位置，他们从马绍尔群岛到日本本土的补给路线虽然很长，却足够用。到了 1943 年 12 月，盟军在新乔治亚和附近岛屿的 4 个地点登陆。此时，美国人在瓜达尔卡纳尔和罗素群岛已经有 6 个机场，足够掩护登陆部队。盟军部队在进攻开始前破坏了日本人在蒙达（Munda）和科隆班加拉（Kolombangara）的基地，日本轰炸机只好从 400 英里之外的拉包尔起飞。

海军基地和机场通常是在特定海上战区有效使用己方海军力量和飞机的重要因素。沿岸性海军可能只有大小几个海军基地，但它们加起来就能充分保障水面舰艇和潜艇的正常活动。与大国海军不同，小国海军在狭窄海域作战时可以使用小海湾来驻扎他们的小型水面舰艇。在典型窄海作战时，由于岸基飞机的飞行距离较短，它们即使被部署在内陆，也能把潜在打击目标置于有效打击范围内。飞机也无须集中部署，可以广泛分布。在窄海，旋转翼飞机的使用也比在开阔大洋上更为有效，沿岸或岛屿的任何平坦表面都可供旋转翼飞机起降。

---

① James C. Shaw, "The Rise and Ruin of Rabaul", *Proceedings*, 6（June 1951）, p. 626.

② Samuel E. Morison, *Breaking the Bismarck Barrier*, *22 July 1942 – 1 May 1944*, Vol. VI of *History of the United States Naval Operations in World War II*（Boston, MA: Little, Brown, 1950, reprinted 1975）, p. 393.

第五章

战区几何学

任何获得的空间都要进行军事布局，以利于计划、准备和实施大型军事行动或战役。随着19世纪末大规模陆军和海军的到来，对特定空间进行布局变得更为必要，这个空间就是某支部队可以使用的"战区"或"作战区"。如今，"战区"的定义通常被理解为某片可能直接成为军事行动场所的陆地区域或海域及其上方的空间。陆战区和海战区可能有所区别。陆战区通常用来控制对于一个或几个国家的生存至关重要的一块大陆及其上方空间，或者用来摧毁敌人实施这种控制的手段。海战区通常包括特定海洋或海区的整个表面，包括水下、相邻的沿岸区域、岛屿、群岛及其上方的空间。海战区的军事活动林林总总，既包括有限使用武力的维和行动和国家援助行动，也包括旨在摧毁或消灭敌人海军部队或控制重要陆地区域的大型军事行动。这里的"陆"战区和"海"战区并不是特指某个军种，而是用来描述军事行动物理环境的主要特征。在每种战区内，各个军种都可以使用。因此，战区司令部都应该是联合的，并经常是多国联合的。

在一般的战争中，或在两场或两场以上的局部战争中，某个战区将被选为主要战区，其他的都是次要战区。通常，主要战区也是主要方向。这样的战区在军事指导和力量分配上都具有高优先性。但是，如果交战双方都偏离了主要战区的军事行动，那么次要战区的重要性也会增加。

战区的一部分或整个战区可以细分为几个"作战区"——能够容纳作战力量和保障力量以达到单一战略目的的某片陆地区域或海区及其上方的空间。对于像美国这样的大国而言，如果卷入大型地区性冲突，战区的一部分可能正式宣布或不言自明地成为陆地或海上作战区。对于毗邻某个封闭或半封闭海区的沿岸国来说，这个海区通常就构成了海上作战区。如果某个国家毗邻多个窄海，中间有海峡或陆地相隔，如土耳其和德国那样，那么某个窄海就可能成为主要作战区，其他的是次要作战区。

通常而言，战区和作战区的边界是任意确定的，并通常用地理经纬度或区域的某个突出地理特征来表示。特定战区的长度和宽度主要与提供足够多的作战基地和保障设施以达到预定战略目的的需求有关。在典型窄海爆发的战事中，整个海区和相邻的沿岸区域及其上空通常都会被宣布为作战区。

根据要达到的物理目的，战区可以进一步分为陆地、海上和空中作战区。

多军种使用的联合作战区可能会被正式宣布为特定战区的一部分。这些作战区的大小是任意确定的。但是，任何作战区的大小都要满足组成司令部指挥官完成预定任务和保护部队的需求。特别是，海上作战区要包括海区或海洋、相邻的沿岸区域、岛屿及其上空，空间要大到足以实施大型军事行动。海上作战区也可以建在己方的沿海区，在这个区域，舰队的主力将开展日常性的战术行动，以获得和保持有利的作战态势。例如，在1990—1991年的海湾战争期间，阿拉伯湾和红海各代表了一个独立的海上作战区。海上作战区通常进一步划分为几个实施战术行动的"海军（海上）作战带（块）"。在1980—1988年的两伊战争期间，或在1990—1991年的海湾战争期间，波斯湾的北部、中部和南部各代表了一个海上作战带。

任何海上战区都包含几个随机分布的自然（可触摸）或抽象（不可触摸）的特征，有的是自然的，有的是人工的。这些特征统称为"要素"，对海军力量和航空兵的使用和补给会产生重大影响。海上战区的主要要素包括作战基地、实体目标、决胜点、作战线和交通线等。在典型窄海中，这些要素的分布相当密集，因为距离较短。各要素的重要性根据其相对位置，特别是相对于己军和敌军的位置，而有所不同。指挥员和参谋军官在部署下属部队时应该仔细分析这些区别。但是战区当中自然特征的重要性不应被认为是绝对的。地理位置虽然对大型军事行动或战役的实施和结果会产生巨大的影响，但很少成为取得胜利的关键要素。① 过去的战争是，未来的战争也将仍然是人类决策和行动的复杂博弈。在此过程当中，任何一个自然或人工的物理要素，仅是部队作战使用时需要考虑的多个要素之一。

---

① 克劳塞维茨告诫说，不要太强调战场几何学的重要性。他认为，在战略（今天看来，实际是战役法）中，更重要的是在交战中取胜的次数和战果，而不是连接各交战地的几何线条。Carl von Clausewitz, *On War*, ed. and trans. Michael Howard and Peter Paret（Princeton, NJ: Princeton University Press, 1984）, p. 215.

一、　作战基地

海军力量和航空兵力量打击海上和岸上目标的能力取决于其作战基地的长度和方位，这个作战基地是一条连接己方和友方部队使用的海军基地、锚地和空军基地的虚拟线。作战基地不能与海军岸上设施和前沿部署的后勤保障基地相混淆，它是指海军力量朝特定目标区进发的始发海区或洋区。

作战基地的重要性不能仅用其军事价值来衡量，而要综合考虑其与相邻基地的距离、方位和路线。评估作战基地重要性的主要要素包括：长度，形状或构造，机动空间，力量大小和编成，作战线和保障线的数量，与敌人作战基地的距离，等等。通常而言，作战基地配系越长越好。基地配系越长可以为部队提供的机动空间就越多，这样，一支舰队就可以同时或连续地使用多条作战线。基地越长，部署的力量就越多。作战基地配系越长，在选择打击敌人目标方面也就越发自由，可以选择更多的目标。另外，作战基地配系越长，己方部队在朝特定的目标行进的时候也越不容易被包围。一直在较长基地配系作战的部队，可以变换作战线，并且可以在不影响其保障线安全的情况下转换阵位。在情况紧急时，部队可以沿相邻的作战线撤退，在具备空中优势或者不受到敌人飞机攻击的情况下，可以避免损失或损毁。

长的作战基地配系（以下简称"长作战基地"）比短作战基地更具优势的另外一个原因是：可以有更多的港口用于部队人员和物资的卸载。法国沿英吉利海峡的海岸线很长，并具有多个港口，再加上比斯开湾，这些条件都促成了 1918 年美军在有德国 U 艇存在的情况下于几个月内就卸载了超过 100 万的士兵。[①] 1914 年，德国海军在波罗的海的作战基地起初很短，他们只控制了从日德兰半岛东部沿岸到但泽和皮劳（Pillau）的几个基地。但是，随着战

---

① Rudolf Stange, "Kuestenlaenge und Flottenstaerke", *Marine Rundschau*, 4（April 1934）, p. 148.

争的进展，德国人拓展了其作战基地，将里加（Riga）和奥兰等岛屿都纳入其中。①

一个长作战基地需要相对较大的力量来防御。而且，己方部队机动的协同也更加复杂。长作战基地的一个例子是，两次世界大战中在英格兰和苏格兰东岸从多佛海峡到斯卡帕湾的一系列海空基地。在第二次世界大战中，德国海军也拥有长作战基地，范围从北角一直延伸到法国大西洋沿岸的南部。德国的 U 艇、大型水面舰艇和岸基飞机因此取得了不受限制地进入大西洋的开阔海域的优势。相反，英国海军所处的位置相当不利，南北两端都被包围了。1939 年，在波罗的海，德国人也有很长的作战基地，他们控制了约 745 英里的海岸线；而他们的潜在对手——苏联，只控制了芬兰湾东部约 93 海里的海岸线。②

短作战基地通常更容易防御。但是，它提供的部队机动空间较少，作战线也较少。作战线之间的距离也更近。部队面临被敌军包抄或切断补给线的危险。有时，短作战基地会严重限制甚至阻碍友军的作战部署。

在长作战基地作战的舰队比只拥有短作战基地的对手具有更大的战略优势。在第一次世界大战中，德国公海舰队在北海就吃了短作战基地的亏。德国水面舰艇部队的任何行动都要从位于黑尔戈兰湾的非常短小的基地出发，而且行动结束后也必须回到那里，这一点英国人很清楚。这个弱势在使用 U 艇时尤其突出，因为盟军封锁了北海的两个出口。如果德国的 U 艇能够使用法国的长海岸，态势就会改善很多，因为这些海岸刚好也位于敌人主要通道的翼侧。③ 换句话说，那样的话公海舰队就能针对协约国在大西洋的海上贸易进行战术进攻，而不是战役进攻。

作战基地配系的形状或构造也会影响双方力量的作战运用。通常而言，海军部队或飞机使用的作战基地可能呈直线、断续线、角线、曲线形，或构成一个三角形。呈直线形的作战基地通常在构造方面不具有优点。这样的基

① Walter Gadow, "Flottenstuetzpunkte", *Militaerwissenschaftliche Rundschau*, 4 (April 1936), p. 517.

② Dieter Seebens, *Grundlagen: Auffassungen und Plaene fuer eine Kriegfuehrung in der Ostsee 1935 – 1939* (Hamburg: Fuehrungsakademie der Bundeswehr, August 1971), pp. 6, 13.

③ Stange, "Kuestenlaenge und Flottenstaerke", p. 147.

地可能与敌人的作战基地平行、相交或成一定角度。如果一支部队的作战基地横跨敌人的作战基地，那么其作战的前方就与作战线平行。因此，他们就能相对容易地打击敌人的前进路线和撤退路线。如果一个平直的作战基地与敌人的作战基地构成一个斜角，那么这个作战基地配系就会方便己军攻击敌人的翼侧和交通线。

如果连接相邻几个海军基地的几段虚拟线相对敌人的作战基地各成一个角度，那么这个作战基地就是呈断续线延伸。苏联/华约组织在波罗的海东岸的海空基地就是这类作战基地中的一个很好的例子。断续线形作战基地的线路具有与斜角形作战基地相同的优点和缺点。但是，如果从一个基地到另外一个基地的路线介于近岸岛屿或群岛之间，那么这个路线就比沿暴露海岸伸展的作战基地具有更大的安全性（虽然不一定具有更高的行进速度）。

当作战基地朝对方海岸突出时，就构成了斜角或凸角形作战基地，如在克里米亚半岛或日德兰半岛的一系列海军基地。这样的作战基地由两边或两翼和一顶构成。顶端的角度越小，作战线就越长。凸角形作战基地有利于集中力量从内线和短线进行作战，而且敌人也通常很难确定主要的进攻是来自凸角的顶端还是两侧。凸角形作战基地通常有利于进攻作战，但是它通常提供的作战线较少，因此不利于防御。

如果作战基地配系呈曲线形状，但远离敌人的海岸，比如在波罗的海南岸的基地，那么这个作战基地就被称为凹角形。这样的一个作战基地可以提供多条作战线。如果两条边相互垂直，那么就构成了一个双基地。在这种情况下，控制两边都比较容易，并具有两条隔开很远的退却线。通常而言，一个凹角形作战基地有利于部队从一个作战区向另一个作战区变换作战线，并有利于进攻敌方海上贸易和保护己方海上贸易。但是，凹角形作战基地具有的内在优势只有在采取积极作为和具备坚定决心的情况下才能获得。

如果一方的海军基地坐落于相对较小的半岛，或者位于前面有一个或多个大型岛屿的河口时，那么作战基地就呈三角形。这样的一个作战基地通常只能提供一条作战线和退却线。它通常有利于防御来自海上和空中的进攻。1914 年，在北海，德国海军的"库克斯（Cuxhaven）"行动，其作战基地就呈短边三角形，使用的主要基地是威廉港、黑尔戈兰岛、库克斯港，布伦斯比特尔（Brunsbuettel）和埃姆登。后来在战争中，德国的作战基地得到拓展，纳入了比利时在奥斯坦德和泽布吕赫的基地（但不在荷兰沿岸）。然而，德国人没能控制法国在英吉利海峡沿岸的港口，从而没能进一步拓展其作战基地。①

二、 关键目标

任何一个海战区都包含多个要占领、保有、控制、隔离或摧毁的目标。关键目标是一方集中精力瞄准或对准的点。② 它也可以被定义为"我方要集中精力针对的某个被敌方拥有的实体"。③ 根据在特定战区军事重要性的不同，关键目标可以分为战术、战役和战略目标。战术和战役目标通常是实体的，而战略目标包括实体和非实体要素。

通常而言，主要战术目标的达成会导致特定战区内形势的极大变化。主要战术目标包括：摧毁航母战斗群、两栖特遣部队或运输船队，夺取或占有大型的海军基地、港口或机场。次要战术目标的达成可能导致特定作战带/作战块内态势的巨变。次要战术目标包括：摧毁 1 架飞机或 1 个飞机编队、几艘小型水面舰艇、几条运输船队或 C^3I 节点等。

战役目标的达成会导致特定战区内形势的巨大变化。海战的战役目标包括：夺取或占有大型岛屿或群岛、海峡水道、大型海军基地/商业港口、大型空军基地/机场群，摧毁敌人的特遣部队或大型船队等。在 1942—1943 年的所罗门战役当中，控制瓜达尔卡纳尔是盟军达成的第一个战役目标，这极大地改变了盟军和日军在南太平洋的态势。盟军在夺取了所罗门群岛上的另外

---

① Gadow，"Flottenstuetzpunkte"，p. 516.

② Richard L. Connolly，"The Principles of War"，*Proceedings*，1（January 1953），p. 3.

③ "Principles of War and Their Application to Naval Warfare"，July 1925，p. 5；Record Group 4，Box 23，Folder 1018A，Naval War College Archives（Newport，RI：US Naval War College）.

两个岛屿——布干维尔岛（Bougainville）和新乔治亚岛之后，态势也同样发生了极大的改变。

战略目标的达成会导致特定战区内，形势的巨大变化。在任何一个海上作战区内通常只有一个战略目标要达成。根据战区"成熟度"的不同，战略目标既可以包括关键目标，也可以包括非关键目标（政治、经济、社会、心理、道德等）。战略目标包括：摧毁敌人的舰队，夺取/占领或成功防御大部分海岸或大型群岛。通常而言，海战区越不发达（就基础设施而言），战略目标只包括军事方面的可能性就越大。1942 年夏天，盟军在太平洋战区的一个战略目标是夺取所罗门群岛和新几内亚东北沿岸的控制权。要达成这个战略目标需要先达成几个战役目标，具体来说就是，先占领瓜达尔卡纳尔和相邻岛屿，再占领新乔治亚和布干维尔岛，最后再占领新不列颠和日本在拉包尔的堡垒。1942—1944 年，盟军在西南太平洋区域的战略目标是，消灭保卫新几内亚和相邻岛屿的日军。1944—1945 年，在菲律宾战役当中，盟军的战略目标是解放菲律宾。

三、 决胜点

任何一个战区都包含许多被叫作"决胜点"的地理的或人工的特征，它们会对军事行动的进程和结果产生决定性的影响。决胜点也可以包括一些实体要素，比如敌人的编成、指挥所和通信节点等。在决胜点和要达成的关键目标之间存在着紧密的联系。上级计划的决胜点通常是下级指挥所要夺占、控制、保有或防御的关键目标。

决胜点通常可以分为两类，即以地形或地理为参照的决胜点和以机动或兵力为参照的决胜点。根据军事重要性的不同，决胜点可以分为战术、战役和战略决胜点。以地理为参照的决胜点的位置是固定的，因此其重要性更加持久。但是它们的价值随着形势的变化而变化，也就是说，当一支部队机动到另外一个区域时，某个特定地理上的决胜点的重要性会发生变化。在海上战区当中，典型的以地理为参照的决胜点有：海峡、狭窄水道、岛屿、河口，或者有数条航线经过的海/洋区等。海峡和狭窄水道通常在进攻和防御当中都是最重要的地理决胜点。在 1944 年 10 月的莱特湾战役中，丰后水道（日本内陆海向南的唯一出口）、圣贝纳迪诺（San Bernardino）海峡和苏里高（Surigao）海峡对日军和盟军来说都是地理决胜点。

以兵力为参照的决胜点通常是移动的，因此随着时间和空间的变化，位置也会发生改变。它们在特定形势中的重要性通常是短暂的，而且它们的价值主要取决于它们相对于敌军的位置和战力。通常来说，战役筹划人员很难精准地预测以兵力为参照的决胜点的机动和行为。[1] 在海上战区当中，以兵力为参照的决胜点有：海军基地/锚地、海军航空兵基地、岸上的后勤保障要素、基地防空、C^3I 节点、船队掩护兵力、航母战斗群掩护兵力、两栖特遣部队、途中补给大队等。在信息时代，部分计算机系统或网络系统可能会被攻击，导致 C^4I 系统被干扰或严重降级，这些系统可被称为"网络决胜点"。

四、 作战线

部队从作战基地向特定的关键目标机动的路线就叫作"作战线"。在陆战当中，这些作战线通常经过某些特定的决胜点，但是在开阔大洋中通常不是如此。在典型窄海当中，作战线可以经过公海水域，也可以经过地理决胜点，特别是海峡、水道等决胜点。它还可以经过海岸，特别是当一支部队经常面临强敌威胁时。拿破仑一世的舰队，为了到达布伦的集结点不得不沿着海岸

---

① Walter A. Vanderbeek, *The Decisive Point: The Key to Victory* (Fort Leavenworth, KS: School of Advanced Military Studies, US Army Command and General Staff College, April 1988), pp. 5 – 6, 37; Thomas M. McGinnis, *Jomini and the Ardennes: An Analysis of Lines of Communications and Decisive Points* (Fort Leavenworth, KS: School of Advanced Military Studies, US Army Command and General Staff College, May 1988), p. 4.

线航行，以避免与英国的舰艇相遇。① 德国人在 1940 年计划进攻英格兰时，也面临同样的问题。

作战线的选择，对于任何一个层级的指挥员来说，都是计划过程中最重要的任务之一。在海战当中，作战线可能与交通线部分重合，但是它绝不是通常被误以为的补给线。作战线也可以是撤退线。在作战当中，改变作战线是一个非常危险的行为，应当极力避免。作战线的设置应当灵活多样。这样，在必要的时候，多条作战线可以合并，以便相互支援；也可以分开，到另外一点汇合，以便达成新的关键目标。②

作战线可以分为长、短、单、双或多条。通常而言，沿着较短和多条作战线作战的部队比沿着较长和较少作战线作战的敌军具有更明显的优势。位于中央的作战基地，与位于边缘的作战基地相比，能提供更短、更安全的作战线。较长的作战线更容易遭受敌人的攻击，并且使兵力的秘密机动变得更为困难。

开阔大洋上的作战线通常较长并有多条，在战斗当中选择或变换作战线有更多余地。相反，在典型窄海，作战线通常较短，数量较少，选择的余地较小。如果海岸前面有许多近岸岛屿，作战线还会相当迂回。

单一作战线对指挥控制和后勤保障来说都比较简单。沿着单一作战线机动的部队容易遭受敌人的攻击，因为机动的空间有限。其作战企图也更容易被对手掌握。敌军可以相对轻松地切断其撤退线。如果单一作战线还经过受限区域，如海峡或狭窄水道，那么其弱点就更加明显。

双作战线通常分别由一支部队的两部分主力或两支独立部队使用，但在时间和空间上是分开的。双作战线比单一作战线要好，因为前者提供了更多的部队机动空间。双作战线还有利于应对数量上占优势的敌人，因为对手很难识别己方真正的目的。但是，一直在双作战线上作战的部队需要进行更加精确的协同，而且指挥控制和后勤保障也更加复杂。

---

① Alfred T. Mahan, *Naval Strategy Compared and Contrasted with the Principles and Practice of Military Operations on Land* (Boston：Little, Brown, 1919), p. 165.

② Colmar von der Goltz, *The Conduct of War：A Short Treatise on its Most Important Branches and Guiding Rules*, trans. G. F. Leverson (London：Kegan Paul, Trench, Trubner；New York：E. p. Dutton, 1917), p. 110.

多条作战线具有与双作战线相同的优点和缺点。利用多条作战线作战时，部队的机动通常更难协同。但是，如果部队在可以相互支援的距离内机动，那么部队保护会得到加强。如果部队机动至超出了相互可支援的距离，那么只有在各个部分的战斗力和机动性能都比对手强或者时空要素特别有利于己军时，作战才可行。成功利用多条战线的一个例子是，1941—1942 年日本海军在进攻荷属东印度时采取的支援和掩护行动。然而，日本海军在莱特湾行动中违反了这个原则，当时多支分舰队在朝菲律宾机动时间隔超过了相互可支援的距离。通常来说，当多条作战线之间有陆地、咽喉要道或碍航物时，不适合同时采取多条作战线。如果敌人的前进速度比预想更快的话，会使一支部队面临被各个击破的危险。①

作战线的方向定位主要受己方作战基地的长度和构造、决胜点的数量和位置、到预定关键目标的距离、介于作战基地和目标之间的障碍、己方部队的规模和编成等要素的影响。指挥员在选择作战线时，要综合考虑作战基地和部队机动的情况，确保选择的作战线不仅有利于干扰敌人的交通，而且不影响自己的机动。这也是战略中最重要和最困难的问题之一。②

平行作战线相互之间垂直方向的距离大致相等。当多条作战线和平行作战线在空间上分布比较密集时，在作战过程中将机动方向从一条作战线转移到另外一条作战线，相对比较容易和快速。对手也很难切断己方部队的撤退线。但是，当采用多条相互之间平行且分开很广的作战线时，兵力机动的协同就会相当复杂。

汇聚型作战线起点相隔很远，间隔距离逐渐缩小，最后汇集到特定的关键目标处。汇聚型作战线可以使部队从不同的起点出发，在敌军到达前会合，因此特别适合用来控制两部分兵力的机动，避免被更强的敌人各个击破。③ 这

---

① Colmar von der Goltz, *The Conduct of War: A Short Treatise on its Most Important Branches and Guiding Rules*, trans. G. F. Leverson (London: Kegan Paul, Trench, Trubner; New York: E. p. Dutton, 1917), pp. 110 – 111.

② Joseph Rodriguez, Jr, *How to Maximize the Advantages of Interior Lines at the Operational Level* (Fort Leavenworth, KS: School of Advanced Military Studies, US Army Command and General Staff College, 1987), p. 8.

③ Rudolf Heinstein, *Zur Strategie des Mehrfrontenkrieges: Das Problem der "inneren und ausseren Linien" dargestellt am Beispiel des Ersten Weltkrieges* (Hamburg: Fuehrungsakademie der Bundeswehr, 10 November 1975), p. 5.

种作战线还有利于掩护己方交通线。进攻者可以通过将力量集中在敌军身上或者切断他们的撤退线取得决定性的战果。防御方可以通过使用分开的作战线，利用机动的原则来集中力量，然后依次打击聚集的敌军的各个部分，并将他们逐个击破。使用汇聚型作战线作战的主要缺点在于兵力机动的协同比较差。在部队逐渐接近目标时，敌人可以比较容易地识别出部队最后的目标。而且，要会合的部队必须在敌军打击各个部分之前会合。在 1944 年 10 月的莱特湾海战之前，日本海军接近菲律宾时就使用了汇聚型作战线。

扩散型作战线是指从一个中间点和相对较短的作战基地出发，在部队接近预定关键目标的过程中，相互间隔的距离会逐渐扩大。使用扩散型作战线机动的部队使敌人难以识别其最后的目的地。如果敌军由于丧失时机或经过战斗而相互分散，使用扩散型作战线就具有优势。部队可以从一个特定的作战基地出发，并散开机动，各自消灭在外线机动的敌军。但是，同时在扩散型作战线上机动的部队，相互之间的支援计划是很难制订和实施的，在指挥控制、兵力协同和后勤保障方面也面临很大的挑战。

五、 内线和外线

根据与作战基地和关键目标相对位置的不同，一支部队可以沿内线或外线机动。"内线"是指介于敌作战线之间的路线。内线总是从一个中央位置出发向一个方向或多个方向延伸，也可以被理解为相互连接的多个中央位置。内线通常有利于集中力量打击敌军的一部分，同时用小股力量牵制敌军的另一部分。[①]

在任何特定情况下，内线总是要比周边的路线短得多。它可以有效地应

---

① Mahan, *Naval Strategy Compared and Contrasted with the Principles and Practice of Military Operations on Land*, p. 31.

用于进攻和防御。占据内线的部队可以在敌军得到增援之前就打击其中的一部分。内线能够帮助己方集中力量攻击两部分敌军中的一部分，同时用小股力量牵制另一部分。内线还可以使己军同时从多个方向对敌人中心发起向心攻击。敌人被迫在多个方向同时作战，从而分散了力量。① 如果指挥员能够分隔敌军，内线作战的效果会更加明显。在这种情况下，在外线作战的敌军将很难从多个方向威胁己方的中心。② 而且，在内线作战的部队一般不会让己方同时遭受数支敌军的进攻。内线有利于转换力量来应对外部威胁、保持通信联络，以及快速接近敌军。

内线作战的内在优势已经在各个时代的海战中不断地得到证明。例如，在 1812 年的战争中，一支驻扎在五大湖区的海军力量控制了东西部之间的交通线。控制五大湖区给这支部队带来内线作战的优势，也就是说，从湖的一边到另一边所需的距离和时间都更短，而湖的另一边就是战事发生的场所。内线的优势在英国与拿破仑时期法国的战争中也体现得很明显。英国皇家海军在法国基地周围部署了足够的力量，一旦法国的分舰队要突破出港，英国的舰艇中队就会被命令撤回到他们在布雷斯特沿岸的战略中心（用今天的术语来说是战役中心），以便跟踪要么去爱尔兰、要么沿海峡南下的法国舰队。在这种情况下，法国人不得不依靠在唐斯（Downs）和北海的分舰队。总之，不管法国人怎么想方设法地甩掉英国的封锁兵力，当他们到达重要位置时，英国人的舰队总是在等着他们。③

中央位置作战的巨大价值，在 1904—1905 年的日俄海战当中也表现得很明显。在 1905 年 5 月的日本对马海战之前，俄国元帅罗杰斯特文斯基（Rozhestvenskiy）选择了一条最直接、最明显的路线。从理论上讲，他可以朝日本东面航行，并通过津轻海峡进入日本海。津轻海峡也是驻符拉迪沃斯托克的巡洋舰在 1904 年 7 月突入太平洋所使用的通道。或者，他也可以使用更北面的宗谷海峡（又称"拉彼鲁兹海峡"。——译者注）。无论走哪条路线，

---

① Heinstein, *Zur Strategie des Mehrfrontenkrieges*, p. 5.

② Heinstein, *Zur Strategie des Mehrfrontenkrieges*, p. 6.

③ G. J. Marcus, *A Naval History of England*, Vol. II: *The Age of Nelson: The Royal Navy 1793 – 1815* (New York: Viking Press, 1971), p. 243.

在距离上都要增加 1 000 英里，而且还要在靠近敌人海岸的地方进行数次加煤。相反，日本的舰队指挥官东乡平八郎（Heichichiro Togo）上将则占据了内线。不管俄国人从哪里进入日本海，他几乎都能在罗杰斯特文斯基率领的舰队到达符拉迪沃斯托克之前进行拦截。①

一支在内线作战的部队，只有在敌人的撤退线被切断（通过己方机动或使用障碍物）或对敌人进行最高速追击时，才能获取决定性的结果。陆军元帅老赫尔穆特·冯·毛奇写道，只要一方保有朝敌军进军的足够空间，内线作战的优势就能发挥作用，它有助于赢得时间以击退和追击敌军，然后再对付另一支敌军。但是，如果这支部队的作战空间被挤压，导致在进攻一支敌军时必然冒着被另一支从侧翼或后方攻击的风险，在这种情况下内线的战略优势就变成了战术弱势（被包围）。②

防御当中内线作战的主要缺点在于，空间的缩小导致己方部队的机动面临风险。而且，进攻方可以迫使防御方在整个周围都不得不部署防御工事。另外，由于整个战区都是一个作战带，通向外部的补给线也受到威胁。内线作战的另外一个缺点是部队可能被侧翼包抄。敌军也能威胁到己方的撤退线。最后，在内线作战的部队，可能会被挤压到一个相当窄的空间，然后被更强的敌军所征服。③

通常而言，有效地使用内线需要己方部队比敌军更快的机动。内线不应该拉得过长，因为在这种情况下内线的内在优势将会由于不利的空间—兵力要素而降低、抵消，甚至丧失。为了将内线的优势最大化，指挥员必须对地理以及地理如何影响部队机动的情况了然于胸。要想完全理解内线作战概念的理论和实践，还需要知道关于敌军的详细情报。并且，己方的高机动性在内线作战时无疑是一个优势。

---

① David Woodward, *The Russians at Sea*: *A History of the Russian Navy*（New York/Washington, DC: Frederick A. Praeger, 1966）, pp. 144 – 145.

② David Woodward, *The Russians at Sea*: *A History of the Russian Navy*（New York/Washington, DC: Frederick A. Praeger, 1966）, p. 23.

③ David Woodward, *The Russians at Sea*: *A History of the Russian Navy*（New York/Washington, DC: Frederick A. Praeger, 1966）, p. 6; Friedrich von Bernhardi, *On War of To – Day*, Vol. II: *Combat and Conduct of War*, trans. Karl Donat（London: Hugh Rees, 1913）, p. 91.

但是，不能认为选择内线作战就解决了所有数量上的弱势带来的问题。如果敌人具有统一的指挥，并协同运用更强的力量，即便己方部队处于中央位置，也很可能会被强大的敌人所征服。因此，只凭内线本身这个条件并不能带来显著的优势。历史上有很多在内线作战的部队被外线作战的部队打败的例子。

当一支部队的作战线比敌人所能使用的最短的作战线更长的时候，它就处于外线作战。这些作战线通常从外部位置出发。外线作战的主要要求有：在数量和战斗力上较敌方具有优势，部队各部分之间的交通线必须便捷、安全和可靠，实施机动时具有高速度。在外线机动的部队可以选择敌人的外围作为进攻点。在外线机动的部队具有的内在优势是可以包围敌人。在外线作战的部队通常会沿着比在中央作战的部队更长的作战线机动。作战基地和攻击目标之间的距离越长，补给线也越长。因此，外线作战的部队，后勤保障比较复杂。外线作战的部队还面临被各个击破的风险，除非各个部分都比敌人要强。

1941—1942年，在入侵菲律宾、英属马来亚和荷属东印度时，在战役层面，日本舰队沿多条作战线和外线机动。在爪哇海，日本人同时使用两条线路朝爪哇岛进发，而卡尔·杜尔曼（Karel Doorman）上将指挥的美英荷澳四国联军则在中间。由于日本的每支部队力量都强于多尔曼上将指挥的整支部队，因此联合舰队的败局早已注定。日本的海军进攻力量分两股向南进发，绕开婆罗洲（一般指加里曼丹岛——译者注）。除了在几处主要的港口稍作停顿，以肃清周围地域的敌军和建立空军基地外，日本人的进军几乎没受到什么阻挠。荷兰和美国的潜艇给日本人造成了一定的损失，但是也没能阻止日本人潮水般的进攻。[1] 而且日本的海军部队在外线机动也有助于其防御菲律宾计划的实施，而这直接导致了莱特湾海战的爆发。

---

① Donald Macintyre, *Sea Power in the Pacific: A History from the 16th Century to the Present Day* (London: Military Book Society, 1972), p. 204.

六、 海上交通线

交通线通常被理解为用来保障和补给一支军事部队的机动路线，可能在陆上、海上和空中。交通线对于任何一支作战力量的部署都具有重要的意义。海上战区都包含多条海上交通线。海上交通线是指海上两点之间指定的移动路线，海上贸易或军队人员物资都是通过这个线路运送。但是，这个定义不仅本身不够精确，而且过于抽象——只是海图上的几条线。它显然忽视了最明显的一点，即：需要保护的是舰艇、港口、存储仓库及其他海上贸易成分，而不是舰艇机动的虚拟路线。也许更确切的词语应当是与海上航运相关的"海上航线"。

虽然很浅显，但是海上交通线和陆上交通线的区别还是有必要强调一下。陆上交通线是从广阔分散的各个基地出发，并多多少少以相反的方向会合。陆军在前进过程中必须保护它与后方的联系通道。而海上交通线通常是交战双方和中立方共用的。在陆战当中，要打击敌人的交通线，就必须围着敌人的侧翼打转，并远离自己真正的前进路线。这样做的目的是故意暴露自己的交通线，让敌人摸不准自己是否会进攻它的交通线。在海战当中，这种情况很少出现，因为重要的路线对双方来说都是一致的或者挨得很近。因此，不进攻敌人的交通线，就不能确保自己交通线的安全。[1]

通常来说，海上贸易路线由两个终点（出发港和到达港）、一个中间和两个侧翼组成。出发港有时也是舰艇回程的终点。舰艇在选择路线时，通常比陆地上的车辆有更大的自由度。随着舰艇接近目标港口，它们的路线将会会合到一个终点区域——这个区域位于大型目的港附近，舰艇需要在这里相互

---

[1] Julian S. Corbett, *England in the Seven Year War: A Study in Combined Strategy* (London: Longmans, Green, 1918), Vol. I, p. 309.

靠近。

"汇聚区"是指舰艇在进港之前必须经过的区域。它通常位于海角、海峡、狭窄水道或者大型岛屿附近。大的海上航线都在这里汇集。海上贸易汇聚区的例子有：英吉利海峡的西口，菲尼斯特雷角（Cape Finisterre）海域附近，直布罗陀海峡，霍尔木兹海峡，基尔运河、巴拿马运河和苏伊士运河等国际运河的入口，等等。一些国际海峡，如霍尔木兹海峡、曼德海峡和马六甲海峡，对于世界大工业国的石油运输安全来说，地位非常重要。无论是在平时还是在战时，这些海峡当中的任何一条长时间关闭，都会对许多西方工业大国和海湾地区的石油输出国产生重大的影响。① 这些海峡的关闭将迫使那些国家使用沙特领土上距离更长的陆地交通线。② 而且，曼德海峡的关闭，不仅会对石油运输产生重要的影响，还会对经过苏伊士运河的非石油运输产生重大影响。③

马六甲海峡和印尼的一些海峡（巽他海峡和龙目海峡）也在世界航运方面扮演着特别重要的角色。经过这些海峡的航运交通如果受到干扰，将会对整个世界产生重大影响。如果马六甲海峡被关闭，那么西方到南海就要走巽他海峡、龙目海峡和望加锡海峡，将会增加很多距离。事实上，马六甲海峡的关闭将迫使世界上将近一半的商船队向北航行更远的距离。根据海峡关闭的数量多少和时间长短的不同，剩余的航运量必须通过其他路线消化——这将对原油和钢铁、煤等干散货的航运产生最强烈的影响。而且，正如1973年第四次中东战争后苏伊士运河被关闭的教训所表明的那样，马六甲海峡的关闭会立刻引起运费的上涨，涨幅可能在5倍以上。④

随着敌人行动的展开或者仅仅是散布威胁，就可能产生新的贸易汇聚区。

---

① 1995年，每天约有1 400万桶石油通过霍尔木兹海峡运往日本、美国和西欧。

② 包括运输量480万桶/天的石油管道线、220万桶/天的伊拉克—沙特管道1号和2号线，以及亚喀巴—延布（Abqaiq-Yanbu）的液体天然气管道线。

③ 1995年通过曼德海峡的石油运输量达340万桶/月。如果曼德海峡关闭，石油就不得不通过沙特阿拉伯领土上的东西管道线运输（运输量500万桶/天）。但是，南向的运输（在1995年约60万桶/天）仍然要通过曼德海峡。更重要的是，曼德海峡的关闭将严重影响通过苏伊士运河的非石油运输，只有红海内的贸易不受影响。

④ John H. Noer, "Southeast Asian Chokepoints. Keeping Lines of Communications Open"（Washington, DC: Institute for National Strategic Studies, National Defense University, Strategic Studies, No. 98, December 1996）, pp. 1, 2-3.

在第二次世界大战之初，由于德国空军带来的威胁，英国把所有的贸易都集中到了北部和西部的港口。虽然在这些港口航运相对比较安全，但是此举给铁路和公路的运输造成了沉重的负担。此举在英伦三岛的西北入口创造出了一个新的贸易汇聚区，也为德国的 U 艇制造了更多的目标。

保护己方的海上贸易路线是艰巨而又复杂的任务。交通线中最脆弱的部分是商业航运的终点和汇聚区。长交通线需要更多的护航舰只，而这可能会导致某支舰队不堪重负。它也需要使用更多的商船，因为航渡和返回的时间都更长了。海上的敌人也有了更多的攻击机会，因此需要更多的护航。对于那些经过限制区域的交通线来说，尤其如此。海上交通线越长，就越需要更多的基地（包括主要基地和前进基地）用于防护、维修和保障。如果护航力量不足，有时也可以通过使用绕道的方法来弥补。但是最好的方法就是占据有利的中间点，保持其周围的控制权，从而保护航运的安全。

通常而言，交通线短比长好，多比少好，中间的比后方的和侧翼的好。使用短交通线回转时间比较少，因此可以增加现有航运资源的利用率，同时，用于保护交通线的力量也可以比较少。

多条交通线要比单一交通线好，这是因为前者更加灵活和安全。但是多条交通线所需要的保护力量更多。中间交通线比外围的要好，这是因为中间交通线通常比较短并且更加安全。

根据方位的不同，海上交通线可以分为经度方向和纬度方向。经度方向的交通线沿特定海区或洋区的长度伸展。它通常较长，容易受到敌人的攻击。经度交通线需要比较长的航渡时间，因此，在一条交通线上就需要更多商船。同时，它也需要更多的力量来保护。典型的经度方向的交通线的例子有：二战中英国从直布罗陀经过马耳他到亚历山大的交通线，德国从波罗的海南部通往波斯尼亚湾的瑞典港口和芬兰港口的交通线。

纬度方向的交通线沿半封闭或封闭海区的宽度伸展。它具有与经度方向的交通线相反的优点和缺点。一个经过窄海的纬度方向的海上交通线的例子是，一战当中英国在英吉利海峡使用的交通线。在 1914 年 8 月战争爆发不久后，英国就利用长长的商船队在皇家海军的护送下运送士兵到法国。另外一个纬度方向的海上交通线的例子是，轴心国从意大利到北非的海上交通线。

1941 年早春，轴心国的船队从意大利到北非的路线是经过西西里岛西面接近突尼斯东部沿岸，并到达的黎波里，有时也到班加西（Benghazi）。为了减轻陆上交通的压力，一些物资在的黎波里被卸下，然而用小型货船运输到其他更东面的次要的港口。在此过程中，不少货船被英国的潜艇击伤或击沉。由于战斗机护航很难覆盖这个航程的中部，因此轴心国的船队常在夜间航渡这片海域。船队通常由 4 艘船组成，船队与船队之间间隔 2—3 天。货船主要来自德国和意大利，德国的货物主要由德国商船运送。护航水面舰艇都来自意大利，整个行动受意大利海军的指挥。①

在战时，航运路线不能更换，因为变换路线即使是对于拥有海区全部制海权的一方来说也是危险的。这也是一项耗时很长的工作，因为需要建立新的卸载设施，运输的组织也受到影响，并且在大多数情况下，还要建立新的防御体制。变换路线对于从陆上撤退的部队危害更大，正如 1914 年夏末英国陆军从法国撤离所证明的那样。改变英吉利海峡的海上交通线意味着将作战基地从窄海移至大西洋开阔海域。海峡沿岸没有一个港口，包括瑟堡（Cherbourg），能够确保新线路的安全。1914 年 8 月 29 日，英国上将约翰·弗伦奇（John French）爵士决定，在卢瓦尔（Loire）河口的圣纳泽尔（St Nazaire）建立一个新的基地。因此，英国海军在运送远征部队之外又被赋予了一项全新的任务。这个任务并不简单。这些新的路线将不再通过窄海，而是通过外围和阿申特岛（Ushant）进入比斯开湾。要为这些路线进行巡逻是很困难的，而且英国除了海峡舰队外别无所依。②

许多封闭和半封闭海区在战时运送士兵和原材料方面都扮演了特别重要的角色。德国位于波罗的海的海上交通，在二战时期的大部分时间都很繁忙，因为需要把部队和物资运到东部前线，把钢铁从瑞典运送到德国。为了保持战争工业，德国不得不在战争的前一年从瑞典进口至少 75 万吨的铁矿石。瑞典主要的矿石场地位于北部的基律纳—耶利瓦勒（Kiruna - Gallivare）区，从

---

① I. S. O. Playfair et al., *The Mediterranean and the Middle East*, Vol. Ⅱ: *The Germans Come to the Help of their Ally*（*1941*）（London: Her Majesty's Stationery Office, 1956）, p. 525.

② Julian S. Corbett, Vol. 1: *To the Battle of the Falklands*, *December* 1914, *Naval Operations History of the Great War Based on Official Documents*（London: Longmans, Green, 5 vols, 1920）, pp. 125 – 126.

那里出来的矿石分两个地方装船：一个在纳尔维克（Narvik），另一个在吕勒奥。吕勒奥港在 12 月中旬到次年 4 月中旬都会因为冰冻而关闭，而纳尔维克是一个不冻港。在斯德哥尔摩西北部还有一个小型的铁矿石产地，在南部港口附近也有一些。这些港口主要是乌克瑟勒松德和耶夫勒（Gävle），但是这些港口的最大月运送量在冬季只有 50 万吨，主要是铁路的运输能力限制了货运量。[①]

在波罗的海南部，主要的海上交通线是从德国的港口到瑞典的吕勒奥港。这条交通线长约 900 海里，大部分位于瑞典海域，因此在苏联潜艇打击范围之外。第二条路线长度也是约 900 海里，沿波罗的海南岸和东岸分布，被德国人专门用于向前线运送部队和物资。在战争期间，估计共有 2 000 万到 3 000 万吨的商船经过这个区域，这个区域有苏联潜艇活动。[②]

开阔大洋和窄海中的海上交通线的区别主要在于数量和长度。开阔大洋中的航线很多、很长、很宽，并且相互交叉。它们也更加脆弱，需要更多的力量来保护，但同时攻击这些航线也需要更多的力量。在封闭海区的航线相对较短，数量较少，也更窄，特别是航线经过前面有很多岛屿的海岸附近时。它们与陆上交通线更加相似，因为它们的位置更加固定。备用的航线，即使有也很少。在窄海中的贸易路线容易受到敌人的攻击——如果这条路线位于沿途只有几个岛屿的海岸。但是如果航线沿着有群岛掩护的海岸分布，保护起来就比较容易。窄海中的海上交通线的另外一个优点是，可以用最小的、最落后的舰船来运送部队和物资。水雷和岸炮或岸岛能够保护岛屿之间的航线。保护工作做得较好的沿海航线的一个例子是挪威沿岸的内航线。在二战中，德国的舰艇在遥远的北极圈附近就进入了挪威的领海，并在岸炮的保护下一路南下，直到进入斯卡格拉克海峡。从那之后，就由德国的空军和潜艇来保护航线，使其免受英国人的干扰或攻击。

---

① J. R. M. Butler, Vol. II: *Sept. 1939 – June 1941*, in John p. W. Ehrman, ed., *Grand Strategy* (London: Her Majesty's Stationery Office, 6 vols, 1956 – 1976), p. 91.

② Office of Naval Intelligence (ONI), Report: "Soviet Submarine Operations – Soviet Submarine Operations in the Baltic during World War II" (Washington, DC, Report No. 404 – S – 49, 21 September 1949), p. 5.

七、 陆地交通线

在窄海中的战争和在开阔大洋中的战争有一个重要的区别，那就是陆地交通线对战役筹划和实施的影响程度不一。在沿海地区，一个高度发达的公路和铁路交通网，虽然不能完全代替海上运输，但能减少战争对海上运输的需求。在一个分布着许多纵横交错的公路和铁路的海岸，运送部队和战争物资比较容易，敌人想要长时间地干扰交通也比较困难。但是这样的一个海岸容易遭到海上方向的攻击，因为敌人一旦占领了这个海岸，就可以迅速向内陆推进。与此相反，陆地交通线比较贫瘠的海岸，则要更多地依靠沿海交通来运送部队和物资。而且交通也容易长时间地被干扰，尤其是在主要公路靠近海岸并与海岸平行，且背后有陡峭的高山时，亚得里亚海的沿岸就是这样的例子。

横向交通线比较少或者没有的海岸有利于防御，因为敌人即便在此登陆也很难进到内陆。在朝鲜战争中，朝鲜的铁路系统被山脊划分为两大主要的区块——东部和西部铁路网。这些铁路网由 6 条从中国东北地区经过鸭绿江和图们江向南的线路组成，每个部分各 3 条。西部的铁路网每天能够运送 500 到 1 500 吨的物资到作战区，东部的铁路网包含约 1 140 英里长的铁道、960 座桥梁和堤道以及 230 个隧道。桥梁和隧道比较多是由于东部多为山地地形。和平时期，东部铁路网的输送量每天在 5 000 吨左右。战时，由于美国海军的干预，输送量下降到每天少于 500 吨，甚至在某个时期没有输送能力。[1] 朝鲜的第二种供应网是高速公路系统。根据西方的标准，这些公路都非常简陋，但对于美军飞机来说是比铁路还难以攻击的目标。这些非常原始的公路对朝

---

[1] Malcolm Cagle and Frank A. Manson, *The Sea War in Korea* (Annapolis, MD: United States Naval Institute, 1957), pp. 231 - 232.

鲜来说是一个优点，因为它们不大可能成为空中打击的目标。公路网大致与铁路网平行，整个地区除了山区之外公路纵横交错。东西两部分，每部分的公路长度估计都为 2 000 英里，运输量估计每夜超过 1 500 吨。第三种供应系统主要由马、骡和人力组成。第四种是海上交通，因"联合国军"封锁而关闭。

在战役层次，成功运用力量的关键是完全明了和理解时间、空间、兵力三要素的相互作用关系。这意味着首先要理解作战区的概念、结构和几何形状。战役指挥员和参谋一定要清楚理解海上战区的各主要要素。态势很重要，但是要把它与作战力量的其他要素结合起来评估。战区各要素，既要分析其优点，也要分析其缺点。要地和驻扎区，不管是在和平时期获得的还是通过武力夺取的，其重要性都不容低估。力量，而不是地理因素，是决定因素。但是，无论过去、现在还是未来，都不能够低估地理因素在典型窄海的力量运用中发挥的作用。

第六章

战略目标和舰队部署

目标（包括任务、宗旨或目的）的选择是战争计划或开展军事行动的第一步，也是最重要的一步。它也是在大型战争和低强度冲突当中最重要的一条原则。任何一场战争的主要目的都不是在海上，也不是在空中，而是在陆上。但是，海战能够帮助达成战争的总体目标，也可以让岸上的敌军束手就擒。[1] 在典型窄海的战争中，海战的作用更为明显。通常而言，任何海战的最终目的都是保证己方能够无限制地使用海洋来机动和运送部队，同时剥夺敌人的这种能力。因此，虽然在窄海作战的海军的目的可能是打败敌人的舰队，但是这种胜利是没有意义的，除非它有助于战争总体目标的达成。在赢得胜利、建立和平之后，仍然有必要强制执行和平的条件，政治家和军事领导人一定要时刻记住这一点。所有的工作都要指向特定目标的达成。如果没有一个明确的和切实可及的目标，那么整个军事工作将变得毫无意义。[2] 然而，目标的确定通常也是任何军事行动当中最困难的部分。

战略目标包括多个要素，从政治到军事，再到经济、社会，甚至是环境。政治目标和军事目标有明显的不同。国家之间不会仅因为军事理由而发动战争，因此军事目标应该服从于政治目的。同时，反过来说，政策的制定也不应该脱离军事的实际。[3]

战争中唯一最重要的决策是决定国家或同盟的"政治目的"。战争的政治目的一定要明确定义，并且能够用现有的手段达成。也许最大的错误就是追求不能实现的承诺和没有聚焦的政治目的。确定了战争的政治目的之后，紧接着就要确定战略性的军事目标。战略性的军事目标是从国家政策和国家战略当中延伸出来的。"战略任务"是指使用武力来确保国家政策的强制执行。军事目标一定要与战争的政治目的相一致。在任何一个特定的战略目标当中，过分强调其中的政治或军事方面，都会造成严重的失衡，而这个失衡又通常会对整个战略目标的达成产生不利的影响。战争的全部目的不应该只是击败

① "Principles of War as Applied to Naval Warfare", 30 July 1926, Naval War College Archives, Record Group 4, Box 28, Folder 1144 (Newport, RI: Naval War College), p. 5.

② C. R. Brown, "The Principles of War", *Proceedings*, 6 (June 1949), p. 624.

③ B. H. Liddell Hart, "The Objective in War: National Object and Military Aim", lecture delivered at the Naval War College, 24 September 1952, p. 1.

敌人的军事力量，还要达到战争的全部政治目的。而且，在战争结束后，仍然有必要关注战略形势的政治、外交、经济及其他方面。历史上，赢得了军事胜利却没有达到战争目的的例子不胜枚举。① 有时候，过分强调战略目标的政治方面，会导致政治目标制定得过高，超出了现有的军事手段或未来可能的手段。这可能成为一个重大的战略失误，造成宝贵资源的巨大浪费。盟军1940年4月向挪威的进军和1941年春季向希腊的进军，都是这种战略失误的例子。英国在某种程度上来说是走运的，因为首相温斯顿·丘吉尔的波罗的海远征行动（"凯瑟琳"行动）计划没有执行。

军事目标通常是特定或具体的。一种情况或者事物的状态，如控制海洋、行动自由或控制海上交通线，本身不是可以达成的现实目标，因此它们要通过完成特定的实体任务来实现，也就是通过达成必要的实体目标来实现。②

要达成的目标与现有手段不相符或严重失衡必将导致整个军事行动的失败。而且，军事目标的模糊通常也会导致违反集中和节约兵力原则情况的出现。在1987—1988年的阿拉伯湾行动当中，美国海军的目标就不是很明确。美国选择了不断地清扫伊朗在国际水域部署的水雷，而不是完全消除伊朗的布雷能力。为了回应伊朗其他的敌对行动，美国对伊朗的石油平台进行了攻击。这些都是因为美国没有明确而聚焦的目标，也不断地造成了兵力使用的浪费。

最理想的情况是，一次只制定一个战略或战役目标，这样成功的概率就会增加，失败的概率就会减少。最终的战略或战役目标的实现，需要制定几个中间的战役或战术目标，这些战役或战术目标应该按照时间和空间顺序合理安排。

为了确保主要目标的实现，有必要制定一个或多个次要目标或备选目标，从而为应用战争的另外一条重要原则——灵活性原则创造条件。计划一定要灵活，万一实施过程中出现了特殊情况，也还有备用计划，但是达成主要目

---

① B. H. Liddell Hart, "The Objective in War: National Object and Military Aim", lecture delivered at the Naval War College, 24 September 1952, p. 2.

② "Principles of War as Applied to Naval Warfare", p. 1.

标的宗旨始终不能变。制定的次要目标应该有助于达成主要目标，如果无助于主要目标的达成，不管它会节省多少时间，或者会给对手造成多大的损失，都不能选择。[①] 1866 年，卡罗·迪·佩尔萨诺（Carlo di Persano）上将在利萨岛战役中，是如此沉迷于对岸上坚固阵地的进攻，以至于忘记了他的主要目标——打败奥地利舰队。结果，他遭到特格特霍夫将军的战术突袭，最后严重溃败。

如果战役或战略的形势发生了巨大变化，以至于先期制定的主要目标不可能达成，那么就不能再坚持原定目标。如果在实施军事行动的过程中发生了变故，也可以选择一个次要目标作为主要目标。次要目标也可以用来欺骗对手或分散其注意力，从而掩饰自己的主要目标。

也许最大的错误就是制定并追求同时达成多个战略或战役目标。这样的行动方案通常只有在己方的力量在任何可能的敌军力量编成面前都占绝对优势的时候才可以采用。

目标不能太明显，因为狡猾的敌人会干扰己方制订的计划，并破坏己方的军事行动，阻止己方达成预定目标。

一、　战略进攻和战略防御

通常情况下，军事目标可分为进攻性、防御性目标，或者进攻、防御兼而有之。区分窄海上的战争是进攻性的还是防御性的，主要考虑双方在陆上和海上的地缘战略位置、初始的海上和空中力量对比以及总体的战争目标。在陆上处于战略进攻的国家通常在海上也会表现出进攻性，如1904—1905 年日俄战争中的日本和 1939 年 9 月入侵波兰的纳粹德国所表现出来的那样。

[①] "Principles of War as Applied to Naval Warfare", p. 4.

在大多数情况下，陆上战争的进程将决定舰队在海上主要是进攻还是防御。在 1943 年 1 月的列宁格勒保卫战之后，苏联的地面部队对德国国防军发动了反攻，相应地，苏联的黑海舰队也开始进攻性作战。同样，在苏联的地面部队突破了围城之后，苏联的波罗的海舰队也转入了反攻，并于 1944 年 9 月沿波罗的海沿岸南下。

德国海军参谋部制订的 1938—1939 年波罗的海战争计划，是基于这样一个假设，即苏联的波罗的海舰队将采取防御姿态，因为尽管他们在数量上要多于驻扎在这个地区的德国海军部队，但是他们的训练水平较差，因此纳粹德国海军处于战术进攻位置。这个计划类似于 1914 年之前的德意志帝国海军和 20 世纪 20 年代魏玛海军（德意志国海军。——译者注）制订的计划。在这两次战争中，德国经过长时间的内部讨论，都决定利用劣势军队向俄国发动进攻性作战。1941—1944 年的波罗的海战争经过证明，这个决定是有充分依据的。德国人和芬兰人联手建立了一道严密的封锁线，将更加强大的苏联舰队封锁在波罗的海，并保持波罗的海的控制权直到 1944 年夏天。尽管在战争的大部分时间内，德国在波罗的海可用的力量都比较少，但他们仍然取得了上述成功。①

通常，一支劣势舰队在与强敌的作战中会处于防御地位。在 1859 年奥地利和法国争夺撒丁岛的战争当中，较弱的奥地利海军在与较强的法国亚得里亚海舰队作战时就处于防御地位。在 5 月 3 日奥地利陆军占领了皮埃蒙特（Piedmont）和法国参战之后，奥地利海军司令费迪南·马克斯大公（Arch-duke Ferdinand Max），将他最好的舰船集中部署在普拉，将剩下的舰队船只部署在达尔马提亚群岛。几艘奥地利舰船还被故意击沉在威尼斯及其他几个港口，以封锁法国舰船的入口。6 月 2 日，法国宣布封锁威尼斯，并在此后不久就占领了洛希尼岛并把它作为进攻本岛沿岸的基地。但是，由于奥地利陆军在马琴他（Magenta）和苏法利诺（Solferino）吃了败仗，因此战争的胜负早

① Michael Salewski, *Die deutsche Seekriegsleitung 1935 – 1945*, Vol. I, *1935 – 1941*（Frankfurt a. M: Bernard & Graefe, 1970）, p. 365; idem., Vol. II: *1942 – 1945*（Frankfurt a. M: Bernard & Graefe, 1975）, p. 574.

就已经确定了。①

　　在 1914 年战争爆发以后，德国的公海舰队在北海也处于战略守势。其中的一个原因是，德国总参谋部决定，海军的主要任务是保护陆军的侧翼，防止英国和俄罗斯在北海或波罗的海沿岸登陆。德国陆军束缚了海军的双手，使后者错失了在航渡阶段将英国远征军击败的良机。德国陆军的将军们觉得很有把握能在陆上消灭敌军，因此认为没必要冒险让舰队来完成这个任务。德国海军在 1914 年的战争中最后接到的作战命令是，通过布雷对在黑尔戈兰湾执行巡逻和封锁任务的英国舰队实施打击，同时派遣 U 艇到英国沿岸进行进攻性作战。在力量对比向德国有利的方向转变时，德国海军在有利的态势下对英国的大舰队发起决战。② 但是，正如沃尔夫冈·韦格纳将军所指出的那样，战术进攻并不能将粗制滥造的防御计划转变成进攻计划。简单地说，德国人想通过在北海的一次决战就取得控制权是不可能的。黑尔戈兰湾是"死海中的一个死角"，不管公海舰队在这个地方发动多少次出击，都不能改变战略防御的态势。③ 英国的大舰队，虽然在力量上要强得多，但在战略上也处于守势。原因是，其在北海的敌军舰队在战争的大部分时间都处于战略守势，因此在这个战区缺乏决定性的战果。④

　　与北海的情况不同，德意志帝国海军在波罗的海运用很少的力量就完成了防御任务，因为沙皇俄国的波罗的海舰队大部分时间都是采取守势。俄国的主要目的是阻止德国海军进入芬兰湾。⑤ 但是，波罗的海的形势从根本上取决于德国公海舰队在北海的命运。对于德国人来说，最大的海上威胁不是沙

① Lawrence Sondhaus, *The Habsburg Empire and the Sea*: *Austrian Naval Policy 1797 - 1866* (West Lafayette, IN: Purdue University Press, 1989), pp. 191 - 192.

② Ivo Nikolai Lambi, *The Navy and German Power Politics*, *1862 - 1914* (Boston, MA: Allen & Unwin, 1984), p. 422.

③ Arthur Marder, *From the Dreadnought to Scapa Flow*: *The Royal Navy in the Fisher Era*, *1914 - 1919*, Vol. II: *The War Years*: *To the Eve of Jutland* (London: Oxford University Press, 1965), p. 43; Wolfgang Wegener, *The Naval Strategy of the World War*, trans. Holger Herwig (Annapolis, MD: Naval Institute Press, 1989), pp. 21 - 22.

④ M. G. Cook, "Naval Strategy", 2 March 1931, Air Corps Tactical School, Langley Field, VA, 1930 - 1931, Strategic Plans Division Records, Series, Box 003 (Washington, DC: Naval Operational Archives), p. 9.

⑤ N. B. Pavlovich, ed., *The Fleet in the First World War*, Vol. I: *Operations of the Russian Fleet* (Moscow: Voyenizdat, 1964; trans. and published for the Smithsonian Institution and the National Science Foundation, Washington, DC, by Amerind Publishing, New Delhi, 1979), pp. 22 - 23.

皇俄国的波罗的海舰队，而是英国的大舰队。[①]

在 1941 年 6 月与纳粹德国开战之前，苏联虽然在海军力量上与在波罗的海的德—芬联军相比有重大优势，但他们还是选择了战略守势。他们的计划是集中力量保护里加湾，彻底封锁了芬兰湾中从汉科到奥登肖尔姆—雷瓦尔（Odensholm – Reval）之间的海域，并在波罗的海中部开展了潜艇战和空战。巡洋舰和驱逐舰被用来布雷，而老式大型舰艇则被用来保卫新占领的波罗的海国家海岸沿线的海峡[②]。苏联的波罗的海舰队，除了偶尔派出潜艇到波罗的海的开阔海域活动外，绝大多数时间都处于守势，直到 1944 年夏天苏联红军行进到波罗的海沿海，海军才发挥了更大的作用。

有时，实力较强的舰队也可能从一开始就采取守势，因为舰队领导层缺乏进攻精神——即使己方在数量上比对手占优势。在关键力量组成上弱于对手的国家或军队通常被迫采取守势，直到力量的平衡朝对己方有利的方向发生改变。缺乏进攻精神的优势部队也常常采取被动防御姿态，并追求防御性战略军事目标。

在两次世界大战中，意大利海军都采取了防御性姿态，尽管他们在兵力数量上都要优于其主要的海上对手。1915 年 5 月，意大利加入协约国参战后，其海军的主要任务是准备好与奥匈帝国舰队交战，保护意大利海岸免遭敌人的水雷、鱼雷艇、小型潜艇、装甲列车和轻型巡洋舰—驱逐舰中队的袭击，并在奥特朗托海峡建立有效的警卫，以防止奥匈帝国和德国潜艇通过。[③] 同样，在 1940 年，意大利海军也把自己的任务限制在保护海岸和保护通向利比亚的海上交通线上。意大利的最高海军参谋部设想只在东地中海采取攻势行

---

① Wegener, *The Naval Strategy of the World War*, p. 24.

② Juerg Meister, *Der Seekrieg in den osteuropaeischen Gewaessern 1941 – 1945*（Munich: J. F. Lehmans Verlag, 1958）, p. 11.

③ Marder, *From the Dreadnought to Scapa Flow: The Royal Navy in the Fisher Era*, *1914 – 1919*, Vol. II, p. 330.

动，而在西地中海和中地中海都采取守势。① 最高海军参谋部并不打算对英国舰队展开密集的攻势行动。他们错误地估计，战争将很快结束，他们可以不费一兵一卒就将马耳他和克里特岛等重要位置纳入囊中。

在1980—1988年的两伊战争中，伊拉克海军也没有对伊朗海军发动攻势作战，而是选择在战争开始后的前几天就退守到乌姆卡斯尔和巴士拉基地以及阿卜杜拉河（Khor Abdullah）河道。而且，直到1988年停火之前他们都未在波斯湾部署过大型力量。②

与蓝水海军不同，沿岸型海军在窄海中的任务统筹既包括进攻性任务，也包括防御性任务。在第一次世界大战中，德意志帝国海军的任务是：确保波罗的海西部和中部的安全，特别是从瑞典运送铁矿石的通道；保护北海的海岸线，并在有利条件下，通过攻势布雷和U艇削弱英国舰队的实力。③ 同样，在1941年，德国海军在波罗的海的任务是保护德国控制的海岸，防止苏联海军突入波罗的海，并毁灭苏联基地和消灭苏联波罗的海舰队。此外，德国还想运送两个或三个师的部队到北部战区。在陆上战役阶段，德国海军的任务是保护在波罗的海的商业和铁矿石运输。④

只要来自对手舰队的威胁没有消除或大幅降低，在两个相邻的海上战区都面临严重海上威胁的舰队通常会保持攻守兼备的态势。通常，他们会选择一个海上战区作为主要方向，而另一个作为次要方向。根据力量平衡情况的不同，这样一支舰队可能在主要方向采取攻势，而在次要方向采取守势，或者在两个方向都采取守势。德国海军在1914年就是这样做的。他们将舰队的

① S. W. C. Pack, *Sea Power in the Mediterranean*: *A History from the Seventeenth Century to the Present Day* (London: Arthur Barker, 1971), p. 181; Michael Salewski, *Die deutsche Seekriegsleitung 1935 – 1945*, Vol. I: *1935 – 1941*, pp. 228, 341. 德国海军参谋部认为，集中三方力量剥夺英国在东地中海的主导地位对意大利来说是无往不利的。这意味着双方要在封锁英国的地中海舰队、夺占埃及和消除英国在巴勒斯坦和土耳其的影响力方面展开通力合作。德国人认为削弱英国在地中海的地位是海战取胜的前提条件。无论是德国海军参谋部还是最高司令部，都把苏伊士/埃及和直布罗陀视为地中海的战略支柱。德国人还非常努力地尝试说服意大利人采取攻势，从而使地中海的形势向对轴心国有利的方向发展。但这些努力都没有成功。同上，详见第294—295，297，324页.

② Anthony H. Cordesman, *The Iran – Iraq War and Westen Security 1984 – 1987*: *Strategic Implications and Policy Options* (London: Jane's, 1987), p. 102.

③ Marder, *From the Dreadnought to Scapa Flow*, Vol. II, p. 45.

④ Salewski, *Die deutsche Seekriegsleitung 1935 – 1945*, Vol. I, pp. 366 – 367.

主力部署在北海，将剩下的舰队部署在波罗的海。后者的任务主要是防御性的——防御俄国的波罗的海舰队的攻势行动。德国并没有尝试进入芬兰湾，因为认识到这可能导致舰艇严重受损。相比之下，德国海军在二战中的主要战区是大西洋，而波罗的海只是附带战场。

在 1907 年制订的战争计划中，沙皇俄国的海军计划在波罗的海采取攻守兼备的态势。他们初期的战略任务是阻止德国和奥匈帝国的舰队进入黑海作战。之后，其主要任务是夺占土耳其海峡，从而取得进入地中海的通道。① 由于黑海形势发生了变化，俄国计划在 1909—1913 年取得黑海的控制权，并阻止对手的舰队进入。这个目标的达成主要通过以下措施：派遣一支由战列舰、巡洋舰和驱逐舰组成的强大舰队到博斯普鲁斯海峡，在海峡东口进行布雷；派遣一支水面舰艇部队到多瑙河河口，利用鱼雷艇和巡逻船保护黑海的东岸。由于土耳其海军力量的增强，俄国在 1914 年 8 月前制订的最后的计划中决定在黑海采取战略防御态势，将其主力舰队集中部署在塞瓦斯托波尔（克里米亚），准备与力量更强的对手进行决战。在决战之前，他们将通过鱼雷艇夜间偷袭和攻势布雷削弱土耳其舰队的力量。②

通常而言，优势舰队应该避免在本土和海外都处于防御地位。但英国皇家海军在美国独立战争（1776—1783）中就违反了这个原则，他们都采取了守势。在本土水域采取守势也许是对的，但他们错误地想要掩盖在美国的所有薄弱点。结果可想而知——英国不仅丢掉了在美国的殖民地，也丢掉了西印度群岛和西地中海梅诺卡岛（Minorca）的大部分领地，甚至直布罗陀和英国本土都处于危险境地。在本土水域，是法国的犹豫不决和被动防御而不是英国的战略拯救了英国，使其免受入侵的命运。③

在 1904—1905 年的日俄战争中，日本舰队采取了战略攻势，目的是从俄国的远东分舰队（前波罗的海舰队）手中夺得海域的控制权。打败远东分舰队后，日本采取了战略守势，坐等俄国第二太平洋分舰队的到来，并在 1905

① Pavlovich, ed., *The Fleet in the First World War*, Vol. Ⅰ: *Operations of the Russian Fleet*, p. 23.

② Pavlovich, ed., *The Fleet in the First World War*, Vol. Ⅰ: *Operations of the Russian Fleet*, pp. 33 – 34.

③ Geoffrey Till, ed., *Maritime Strategy and the Nuclear Age* (New York: St Martin's Press, 2nd edn, 1984), p. 116.

年 5 月的对马海战中给其致命的打击。①

　　另外一个采取攻守兼备目标的例子是 1940 年 6 月之前意大利海军制订的海战计划。意大利计划封闭亚得里亚海和第勒尼安海，不让英国部队进入，确保通向利比亚和多德卡尼斯交通线的安全。他们的攻势目标则是破坏法国通向北非的海上交通线，并保持部分海上航线的畅通，以便最后向敌占领土派遣部队。但是，法国认为意大利不可能进攻突尼斯，因为意大利空军处于弱势，哪怕攻占突尼斯是控制地中海的关键一步。

二、 舰队部署

　　海军战略的首要任务是确定海军舰队在各海上战区的部署和组成。首先，根据要达成的战略目标的不同，选择主要和次要的海上战区或作战区。然后，根据战略目标来确定舰队的部署。在实际操作中，还要遵守节约原则。

　　和平时期海军兵力的部署是根据当前态势的战略评估结果来决定的，并根据国家政策和战时最可能的作战区情况来做出抉择。② 对于在狭窄海域作战的海军或者母港坐落在一个或几个狭窄海域的蓝水海军来说，根据平时和战时可能的目标分配可用的海军力量是一个非常重要的问题。通常，将舰队均匀分布在几个战区是不智之举，1652—1654 年英国和荷兰就犯了这样的错误，当时他们将舰队均匀部署在了北海和地中海。两个世纪之后，沙皇俄国的海军也犯了同样的错误，这一次他们将舰队对半分布在波罗的海和旅顺港。③

　　英国始终面临着这样一个难题，那就是：如何分布其海军力量才能做到既可以保护国内的力量源泉又可以保护海外资产，同时还能确保商品从殖民

---

① Cook，"Naval Strategy"，p. 8.

② Cook，"Naval Strategy"，p. 16.

③ Alfred T. Mahan，*Naval Strategy Compared and Contrasted with the Principles and Practice of Military Operations on Land*（Boston，MA：Little，Brown，1919），pp. 115 – 116.

地向国内的自由输送。① 英国从 1770 年到 19 世纪初在海军力量上都保持了
"两强标准"。在 19 世纪、20 世纪之交，这个"标准"难以为继，因为德国
海军的力量在北海稳步增长。1904 年 3 月 1 日，英国宣布了一项新的政
策——"有限两强标准"。英国海军部当时把德国和俄国或法国和俄国认为是
最可能的海上对手。到了 1907 年，英国决定在战列舰数量上保持超过两个对
手相加之和至少 10% 的标准。随着新政策的推行，英国皇家海军在 1890 年至
1914 年间进行了大改组，其主要力量也从地中海转移到了本土水域。当时，
地中海是连接英国本土和其远东殖民地的重要枢纽。过去驻扎在那里的舰队
通常由重型快速舰艇组成，它们能够快速增援在英吉利海峡和北海的舰队或
者在印度洋和远东的舰队。② 1904 年，英国皇家海军把驻扎在地中海的战列
舰数量从 12 艘减到了 8 艘。两年后，又有 2 艘战列舰从地中海换防到了北海。
1907—1912 年，英国部署在地中海的战列舰数量只有 4 艘。③

到了 1912 年春天，英国海军部决定继续缩减地中海舰队，因为本土水域
的皇家海军力量亟待加强，以应对来自德国的威胁。1912 年 5 月 1 日，英国
成立了本土舰队，负责防御本土水域。本土舰队由 3 支分舰队组成，共包括
33 艘满编的战列舰和 8 艘只配备骨干人员的战列舰。这 41 艘战列舰被认为足
够在战时对付德国的 25 艘战列舰。④

在新的体制下，驻扎在地中海的英国舰艇只有 2—3 艘战列巡洋舰、一个
中队的装甲巡洋舰、1 艘驱逐舰和 2 支潜艇中队（一支被部署在马耳他，一支
被部署在亚历山大）。皇家海军其他的舰船则被部署在殖民地，如东印度、好
望角、西亚、澳大利亚和美洲东海岸。部署在地中海的舰队，加上法国的地
中海舰队（包括 6 艘无畏舰和 14 艘前无畏舰，7 艘将于 1913—1915 年建造完

---

① Kupfer, "Die strategische Verteilung der Hauptflotten im Hinblick auf ihre Friedens – und Kriegsaufgaben",
Marine Rundschau, 6（June 1936），p. 291.

② Kupfer, "Die strategische Verteilung der Hauptflotten im Hinblick auf ihre Friedens – und Kriegsaufgaben",
Marine Rundschau, 6（June 1936），pp. 291 – 292.

③ Paul G. Halpern, *The Naval War in the Mediterranean 1914 – 1918*（Annapolis, MD：Naval Institute Press,
1987），pp. 1 – 2；Arthur J. Marder, *From the Dreadnought to Scapa Flow：The Royal Navy in the Fisher Era*,
1904 – 1919, Vol. I：*The Road to War 1904 – 1914*（London：Oxford University Press, 1961），pp. 123 – 124.

④ Paul G. Halpern, *The Naval War in the Mediterranean 1914 – 1918*（Annapolis, MD：Naval Institute Press,
1987），pp. 1 – 2；Arthur J. Marder, *From the Dreadnought to Scapa Flow：The Royal Navy in the Fisher Era*,
1904 – 1919, Vol. I：*The Road to War 1904 – 1914*（London：Oxford University Press, 1961），pp. 287 – 288.

成的无畏舰），被认为足以对抗奥地利—意大利的联合舰队（包括 17 艘前无畏舰和 10 艘将于 1915 年完工的无畏舰）。[①] 结果是，除了在巴尔干战争期间临时部署的一个中队的前无畏舰，英国在地中海没有部署任何战列舰。[②] 实际上，是法国舰队保护了英国在地中海的利益。万一同时与德国和任何一个地中海帝国开战，英国皇家海军能否在北海战事平息前确保英国在地中海的海上交通线的安全，英国海军部也不自信。据英国自己估计，北海的战事从爆发到结束至少需要数月时间。[③]

1914 年之前，法国也面临着如何在地中海保有强大的舰队以保护本土海岸线和在北非的殖民地的问题。它不得不应对来自意大利和奥匈帝国联合舰队的威胁。1912 年协约国签订协议后，法国在英吉利海峡和大西洋沿岸的安全有了保障，于是它就把舰队主力集中到了地中海，以保护其通向非洲殖民地的重要交通线，因为法国在非洲部署了一支陆军分遣队（约有 100 000 人）。[④]

在 20 世纪 30 年代早期，法国海军的任务之一是保护地中海的航运。于是，部署在土伦的第一中队被赋予了保护地中海海上交通线的任务。控制马赛—阿尔及尔—比塞大三角对于控制西地中海是非常关键的。到了 20 世纪 30 年代中期，法国开始把重心从地中海转移到大西洋。于是，运兵的主要路线从比塞大—土伦转移到了卡萨布兰卡—法国的大西洋沿岸。这也是 1933 年之后法国不断加强部署在布雷斯特的第二中队的原因。[⑤]

德意志帝国海军也面临着如何在波罗的海和北海这两个窄海分配力量的问题。1890 年以后，德国把法国当作主要的潜在对手，而认为英国会在战争中保持中立。到了 1900 年，德国通过了一项新的海军法案，勾勒了一个庞大

[①] Paul G. Halpern, *The Naval War in the Mediterranean 1914－1918*（Annapolis, MD：Naval Institute Press, 1987）, pp. 1－2；Arthur J. Marder, *From the Dreadnought to Scapa Flow：The Royal Navy in the Fisher Era, 1904－1919*, Vol. I：*The Road to War 1904－1914*（London：Oxford University Press, 1961）, p. 288.

[②] Halpern, *The Naval War in the Mediterranean 1914－1918*, p. 2.

[③] Marder, *From the Dreadnought to Scapa Flow：The Royal Navy in the Fisher Era, 1904－1919*, Vol. I, p. 288.

[④] Cook, "Naval Strategy", p. 16.

[⑤] Kupfer, "Die strategische Verteilung der Hauptflotten im Hinblick auf ihre Friedens－ und Kriegsaufgaben", p. 295.

的造舰计划，目的就是要挑战英国在海上的霸权。所以，在1914年前德国海军所有的计划都是针对英国海军这个主要对手制订的，北海也因此被当作主要的海上战区。这个政策变化也反映在德国舰队的分配上。到了1914年8月，德国人将其大部分海军兵力部署到北海，包括26艘战列舰（其中14艘是无畏舰，分成6个战斗中队）、4艘战列巡洋舰、21艘巡洋舰、约90艘驱逐舰和鱼雷艇以及17艘U艇。[①] 在波罗的海，德国人计划处于战略守势，因此只部署了9艘巡洋舰、10艘驱逐舰和鱼雷艇、4艘U艇以及约30艘小型舰艇。在地中海，德国人只在君士坦丁堡部署了1艘战列巡洋舰、1艘巡洋舰和1艘巡逻艇。[②]

沙皇俄国和苏联海军也始终面临着如何在几个海战区分配力量的问题。根据特定战区要达成的不同战略目标，各舰队的力量和编成也在不断发生变化。1881年，俄国计划在波罗的海取得对德的海军优势，在黑海取得对土耳其的海军优势。然而，在这两个战区，俄国的战略目标都是防御性的。在波罗的海，俄国人想要实施积极防御，组织对海岸的封锁行动。部署在远东的俄国海军部队也被赋予了保卫海军基地和海岸的任务。[③]

在第一次世界大战爆发前，波罗的海舰队是俄国最大的舰队。但在1904—1905年的日俄战争之后，波罗的海舰队的力量大为削弱。在对马海战中，这支舰队（当时改称"第二太平洋中队"）的主力被摧毁。在1906—1907年间，波罗的海舰队只包括1艘战列舰、2艘装甲巡洋舰、4艘巡洋舰、20艘驱逐舰（由布雷巡洋舰改装）以及约60艘鱼雷艇。此外，在第一次世

① See Table 12, "Kriegsgliederung der britischen Flotte im Juli 1914", in D. Groos, *Der Krieg in der Nordsee*, Vol. I: *Von Kriegsbeginn bis Anfang September 1914*, ed. E. von Mantey, *Der Krieg zur See 1914–1918* (Berlin: E. S. Mittler & Son, 1922).

② See Table 12, "Kriegsgliederung der britischen Flotte im Juli 1914", in D. Groos, *Der Krieg in der Nordsee*, Vol. I: *Von Kriegsbeginn bis Anfang September 1914*, ed. E. von Mantey, *Der Krieg zur See 1914–1918* (Berlin: E. S. Mittler & Son, 1922); Pavlovich, ed., *The Fleet in the First World War*, Vol. I: *Operations of the Russian Fleet*, p. 74.

③ See Table 12, "Kriegsgliederung der britischen Flotte im Juli 1914", in D. Groos, *Der Krieg in der Nordsee*, Vol. I: *Von Kriegsbeginn bis Anfang September 1914*, ed. E. von Mantey, *Der Krieg zur See 1914–1918* (Berlin: E. S. Mittler & Son, 1922); Pavlovich, ed., *The Fleet in the First World War*, Vol. I: *Operations of the Russian Fleet*, p. 11.

界大战前夕，还有大量的战列舰、巡洋舰和驱逐舰尚在建造之中。①

在两次世界大战期间，苏联部署了四支舰队：波罗的海舰队、黑海舰队、太平洋舰队和北方舰队（于 1937 年正式组建）。其中，波罗的海舰队和黑海舰队规模最大，辖有最现代化的水面舰艇和潜艇。这个情况在二战之后，特别是 20 世纪 50 年代末之后发生了变化，当时苏联人决心挑战美国/西方在世界大洋中的霸权。到了 20 世纪 80 年代末，苏联人将其绝大部分核动力潜艇、大型水面舰艇和海军飞机部署到了北方舰队和太平洋舰队——因为这两支舰队更容易进入大洋的开阔海域。因此，苏联平时执行前沿存在任务的舰艇绝大多数来自北方舰队和太平洋舰队也就不足为奇了。绝大多数的苏联大型水面舰艇和攻击潜艇都被赋予了在巴伦支海/白海和鄂霍次克海保护弹道导弹核动力潜艇的任务。其他两支舰队——波罗的海舰队和黑海舰队，主要由小型水面舰艇、柴电攻击潜艇、两栖舰艇、水雷战舰船以及反潜巡逻机和直升机组成。②

总结来看，在作战筹划开始前的第一步是确定利用现有手段能够达成的目标。政策决定了战略层级的军事力量运用。战争的政治目标和军事战略的目标一定要保持一致。两者间任何一点的不平衡都会给达成预定战略目标造成严重问题。但是，政策不应影响战役或战术目标的达成，除非在一些极其特殊的情况下。要达成的目标一定要清晰明了，避免模糊不清。制定的目标不能僵化地执行。灵活原则的应用要求在主要目标之外，还应制定几个次要或备选目标。试图同时或极快地达成数个目标是极其错误的。

国家或同盟的最高政治—军事领导层负责确定海军部队在海上战事中是处于进攻地位、防御地位还是两者兼而有之。这个决定将会影响主要和次要海战区的选择。舰队的总体规模和在各战区的力量分布一定要与战时要达成的战略目标保持一致。因此，一支舰队平时的规模和力量组成可以很好地反映出战时其在某个窄海可能的战略目标。

---

① See Table 12, "Kriegsgliederung der britischen Flotte im Juli 1914", in D. Groos, *Der Krieg in der Nordsee*, Vol. I: *Von Kriegsbeginn bis Anfang September* 1914, ed. E. von Mantey, *Der Krieg zur See 1914 – 1918* (Berlin: E. S. Mittler & Son, 1922); Pavlovich, ed., *The Fleet in the First World War*, Vol. I: *Operations of the Russian Fleet*, pp. 45 – 46.

② Bruce W. Watson and Susan M. Watson, eds, *The Soviet Naval Threat to Europe: Military and Political Dimension* (Boulder, CO: Westview Press, 1989), pp. 335 – 338.

第七章

海上控制和海上拒止

在过去，任何舰队的主要目的都是获取并保持所谓的制海权——有时也叫控海权。在现代，这个名词在西方被"海上控制"一词所替代，而苏联/俄罗斯则使用"海上掌控"一词。然而，这些词的含义是不尽相同的，因此在这里有必要解释一下。"制海"一定是指为了某个特殊目的而控制海上交通，即保持己方不受较大阻扰的渡海能力，同时剥夺对手的这种能力。朱利安·科贝特爵士曾说过："海战的目标应该总是直接或间接瞄准确保制海或阻止敌人制海。"①

一、 海 上 控 制

海上控制包括控制海上交通，即一方比另一方在一个特定的战区或作战区域拥有优势。通过取得控海权，我们能机动舰艇、开展海外贸易、干扰或切断敌人的海上贸易，以及在必要的情况下向敌岸投送力量。在公海，制海几乎不可能是全部的或完整的，它通常指在一定海域或洋区海上交通被冲突中的一方大体控制。也就是说，制海总是相对的。

与在远海不同，在一个典型的小面积的狭窄海域，具有更有利的空间——力量对比的蓝水海军能够获取几乎绝对的和永久的对海面和空中甚至是水下的控制权。例如，在1991年海湾战争中，多国部队的海军力量在战争开始后的两个星期几乎完全获取了阿拉伯湾北部的水面和空中控制权。尽管伊拉克人没有潜艇，但是他们还是通过在科威特近海海域布设水雷成功取得了对水下的控制权。② 在一个封闭的海上战区中，制海权的获取和保持通常需要一个国家武装部队的各个军种展开紧密配合，也就是说，它直接受陆上和空中形势的影响。然而，这并不是说这个国家的海军力量所起的作用可有可无。虽

---

① Julian S. Corbett, *Principles of Maritime Strategy* (Annapolis, MD: Naval Institute Press, 1988), p. 91.

② "MCM in the Gulf – More Information Comes to Light", *NAVINT: The International Naval Newsletter* (London), 3, 8, 26 April 1991, p. 1.

然空中力量也可以是取得海战胜利的决定因素，但是海战不可能在不展开一国的海军力量的条件下就取得胜利。

"海上控制"一词也许比"制海"更为准确，因为它更真实地反映了这样一个事实：在一个飞机、导弹、鱼雷和水雷的时代，保持控海权越来越困难了。今天，甚至世界上最小的海军也能使一个海军强国的海上控制变得复杂。"海上控制"一词表达了一个意思：除非在狭义上，否则完全控制海洋供自己使用或完全剥夺对手使用海洋的能力是不可能的。"海上控制"是指一国的舰队在一个海区或洋区具有高自由度作战的能力，但仅限于特定的一段时期。在公海，海上控制的区域可能只包括在移动的航母战斗群、两栖特遣部队或护航船队周围的一片相对较窄的洋面和水下区域；或者实施海上控制的洋区可能多多少少在地理范围上是固定的，如在一国的弹道导弹作战区。这与在狭窄海域的情况是截然不同的，在狭窄海域的海上控制是指完全控制自己和友军的沿岸水域。

海上控制是一个非常动态的概念。在公海夺取、保持和实施海上控制可能包括长时期的、一系列的大规模作战行动。这些行动不仅包含对公海的控制，而且包括对相邻边缘海和内陆海的控制。控制一个典型的狭窄海域则具有比控制公海更广的含义，因为它包括控制整个战区和相邻的对海上控制至关重要的陆地区域。它应该让己方的海军力量和飞机不仅能在海上而且能在相邻的岸上打击敌军。于是，"制海"一词更适合用在狭窄海域。同样，海上掌控权可能在典型的狭窄海域能够获取并保持，但在公海却几乎不可能做到。当一方拥有了海上掌控权，就意味着它的主要对手不可能使用他们的潜艇、飞机甚至水雷。

在范围和面积上，一方的制海可以是全面的、局部的，或没有制海权。在程度上，制海可以是绝对的（不受限的）、有争议的（受限的），在期限上可以是永久的或暂时的。在现实中，公海上的制海从来没有意味着程度上的完全控制或空间上的无限。它总是相对的，也就是说，是不完全的和不完美的。即便一方取得了对一片海洋的控制权，也并不意味着它控制了所有的边缘海，更谈不上控制与这个海洋相邻的内陆海了。

在公海上的总体制海或全部制海通常是指取得战争胜利的决定因素，这些因素有助于打击对手严重依赖的海上贸易，或对对手进行海上封锁。一支蓝水海军可能拥有对所有海洋的总体控制权，但却不能控制邻近的狭窄海域。英国皇家海军参战的七年战争（1756—1763）、与法国大革命战争和拿破仑战争都清楚地表明这个目标（指控制所有海域。——译者注）是很难或者说几乎不可能达成的。在第一次世界大战中，协约国控制了每个大洋的海面和所有具有重要战略地位的狭窄海域，除了黑海、波罗的海和北海的东南边缘。[①]在第二次世界大战中，英国皇家海军控制了几个海洋但没有控制波罗的海、亚得里亚海和黑海，对地中海在 1940—1943 年的控制也是有争议的。同时，德国在与苏联的战争中没能获得对黑海和亚速海的完全控制，这对它的地面作战产生了巨大的负面影响。

对于一个地区性的海军强国，完全控制相邻的狭窄海域只需通过使用地面部队就可以达成，如德国 1941 年对波罗的海的控制。到了 1941 年 11 月，德国陆军北方军团夺取了除芬兰湾东部以外包括列宁格勒和喀琅施塔得大型苏联海军基地在内的整个苏控沿岸。但是，德国人和芬兰人没有计划，也没有能力在喀琅施塔得湾作战以阻止苏联潜艇突破到波罗的海的公海水域并破坏剩余的苏联水面舰艇。[②] 可以认为，假如德国海军 1941 年在波罗的海取得完全的海上控制权，很可能会让德国军队在陆上推进得更快。同时，如果苏联军队能以更快的速度后退到国土深处，这很可能会让苏联方面遭受更少的损失，并给他们留下更多的后备部队来展开冬季攻势。[③]

1941 年，德国人依靠在苏联黑海沿岸的陆军获得了对黑海的控制权。到了 1942 年秋天，德国已经从陆地一侧夺取了大部分的苏联海军基地和主要的商业港口，迫使苏联把他们的水面舰艇和潜艇龟缩到黑海东部设施简陋的小港口。然而，德国没能占领这些港口，这也使得苏联依然能在黑海挑战德国的控制权。到了 1943 年 10 月底，德国控制了亚速海西部沿岸的狭长地带，

① Harold M. Sprout and Margaret T. Sprout, *The Rise of American Naval Power 1776 – 1918* (Princeton, NJ: Princeton University Press, 1939), pp. 351 – 352.

② Juerg Meister, *Der Seekrieg in den osteuropaeischen Gewaessern 1941 – 1945* (Munich: J. F. Lehmans Verlag, 1958), p. 340.

③ Juerg Meister, *Der Seekrieg in den osteuropaeischen Gewaessern 1941 – 1945* (Munich: J. F. Lehmans Verlag, 1958), p. 336.

但是他们缺少舰艇和港口，从而让苏联人轻松取得了对这一海域的绝对控制。①

假如苏联取得了对波罗的海和黑海的完全控制，很可能也会对德国在这两个战区的作战行动造成严重影响。芬兰和罗马尼亚很可能会选择保持中立。从瑞典运输铁矿石到德国也将变得不可能，瑞典也可能会在冲突中保持严格中立。最致命的是，德国将被迫部署大量的部队来保卫其海岸以阻止苏联人的两栖登陆行动。②

德国人也曾期冀通过成功的陆上战役取得对地中海和相邻更小的狭窄海域的控制。他们的最终目标是消除英国在地中海和中东的军事存在，通过借道保加利亚和土耳其，从利比亚集中进攻埃及。如果形势允许，他们还可以通过伊朗横跨高加索地区实施进攻，然后通过占领直布罗陀海峡关闭地中海的西部入口，并最终扫荡北非。③

不仅仅是陆军，海岸防御部队也可以用于获取对海峡或河流港湾的绝对局部控制，虽然这种控制通常是暂时的。这就是 1943 年 8 月在墨西拿海峡发生的情况，轴心国部署在海峡两岸的大炮获得了对海面和空中的暂时控制权。同样，德国人在 1943 年秋天也通过在刻赤海峡两岸部署海岸防御力量而控制了该海峡。

在与沿岸型的小海军作战时，蓝水海军能相对容易地取得对狭窄海域的总体控制权，或者控制它通往另一狭窄海域或一个大洋的陆缘海的出口。然而，一个较弱的海上对手也能取得对部分海区的完全控制。在第一次世界大战中，德国人间接地对波罗的海西部海域实施了控制，而他们对该海东部和中部海域的控制是有争议的，因为那里有相对较强的俄国舰队存在。相比之下，德国人在 1941—1944 年几乎完全控制了波罗的海，只有苏联的潜艇能够挑战这个控制权，突破芬兰湾到达波罗的海的作战海域——虽然次数不多。

---

① Juerg Meister, *Der Seekrieg in den osteuropaeischen Gewaessern 1941 - 1945* (Munich: J. F. Lehmans Verlag, 1958), p. 265.

② Juerg Meister, *Der Seekrieg in den osteuropaeischen Gewaessern 1941 - 1945* (Munich: J. F. Lehmans Verlag, 1958), p. 336.

③ Michael Salewski, *Die deutsche Seekriegsleitung 1935 - 1945*, Vol. I: 1935 - 1941 (Frankfurt a. M: Bernard & Graefe, 1970), p. 399.

在 1943 年，德国海军司令卡尔·邓尼茨元帅认为，控制波罗的海对试验 U 艇和训练舰（艇）员相当重要。因此，苏联波罗的海舰队遭到了封锁，而瑞典则被完全阻止站到德国的敌人一边。[①]

局部制海在一方在部分海域拥有开展特殊任务的优势时存在。有时，为了确保大型护航船队的安全、开展两栖登陆、轰击敌人的沿岸设施或进行突然袭击，一定要达成局部控制。因此，形势的急剧变化是常见现象，局部控制通常也只是暂时的。在飞机和导弹出现前，局部制海并不意味着一个较强的舰队就能够拖延时局，从而影响战争的进程。[②] 但在现代，局部制海使近距离集结大规模的远征力量成为可能。例如，暂时控制了斯卡格拉克及其相邻的海域使德国人能够机动他们的军舰和运输船，以确保德军能在 1940 年 4 月进攻挪威南部和在 1941 年 5 月进攻克里特岛。

局部制海的重要性在过去的数场海战中都得到了很好的证明。1652 年 9 月，在经过肯梯斯诺克（Kentish Knock）海战之后，英国取得了英吉利海峡和北海南部的局部控制权。但是，不久之后，他们犯了一个严重的错误，那就是将其舰队的相当一部分主力派到地中海执行贸易保护任务，这使得荷兰重新取得了英格兰本土附近海域的控制权。在另外一个例子中，1806 年 9 月，在与法兰西重开战事之后不久，德米特里·谢尼亚文（Dmitry Senyavin）将军率领的俄国分舰队就取得了亚得里亚海南部的局部控制权。这使得俄国分舰队可以从海上方向封锁拉古萨（Ragusa）。但是，法国人从陆上发起攻势，并攻占了卡塔罗城。虽然陆上出现了僵局，但是谢尼亚文发动了对达尔马提亚南部岛屿的轮番攻击。俄国人在战争中三次攻占了科尔丘拉（Curzola）岛，并攻击了莱西纳（Lesina）岛。[③]

在 1894 年的中日甲午战争中，交战双方都依靠海路运输补给。虽然朝鲜在陆地方向与中国接壤，但公路交通条件很差，几乎不可用于运输援兵或给

① Michael Salewski, *Die deutsche Seekriegsleitung 1935 – 1945*, Vol. Ⅱ: *1942 – 1945*（Frankfurt a. M：Bernard & Graefe, 1975），p. 449.

② R. C. Anderson, *Naval Wars in the Baltic during the Sailing Ship Epoch*, *1522 – 1854*（London：Gilbert – Wood, 1910），p. 47.

③ David Woodward, *The Russians at Sea：A History of the Russian Navy*（New York：Frederick A. Praeger, 1966），p. 85.

养。因此，黄海的局部控制权对双方来说都是取得陆上战役胜利的关键。① 同样，1898 年，西班牙人也极大地依赖于古巴和西班牙之间交通线的安全。为了取得作战区的局部控制权，西班牙舰队必须摧毁、驱离或者至少能够威胁美国在该区域的海军部队。这对美国海军来说也是如此。②

1941 年，在轴心国朝克里米亚半岛进军的过程中，在人数和物资上的弱势限制了罗马尼亚和德国海军部队在海上展开任何活动。驻扎在塞瓦斯托波尔的苏联海军部队要强大很多，他们控制了黑海的中部，并阻止了 1941 年秋被德国部队俘获的小型舰艇向克里米亚东部港口的机动。③

当一支舰队只比对手强大一点点时，它的目标应该是获取并保持关键海域的制海权，即便这意味着要将其他区域的行动自由拱手让给对手。在1904—1905 年的日俄战争中，日本舰队拥有从符拉迪沃斯托克到旅顺港的局部制海权，却也将其他海域的控制权让给了俄国舰队。

有时，数量上处于弱势的部队拥有的局部制海权可以阻止更为强大的部队采取攻势行动，不仅在同一个战区，甚至在相邻的窄海也是如此。这种情况在一战期间的北海甚为常见。德国公海舰队对黑尔戈兰湾的制海权迫使卡特加特海峡关闭，从而阻止英国大舰队在波罗的海采取攻势行动支援被围困的英国盟友——沙皇俄国。

在半封闭海战区的局部制海权，在越靠近强军力量中心的区域，争夺越激烈。1940 年 4 月，德国在侵略挪威的过程中，在斯卡格拉克狭窄海域实施了一定程度的控制。但是，这个控制随着德国向北进军变得越来越脆弱。在实际进攻挪威时，埃里希·雷德尔（Erich Raeder）将军将全部希望寄托在取得完全的"突然性"，以及德国空军控制挪威和相邻海域从而阻止盟军对德国海军部队的进攻上。

在群岛型海岸上，局部制海权可以通过夺取一系列具有战术或战役重要性的岛屿来获得。控制大陆沿岸对于获得对相邻海域和沿海岛屿的控制权几

① Donald Macintyre, *Sea Power in the Pacific*: *A History from the 16th Century to the Present Day* (London: Military Book Society, 1972), p. 119.

② Sprout and Sprout, *The Rise of American Naval Power*, *1776 – 1918*, p. 232.

③ Meister, *Der Seekrieg in den osteuropaeischen Gewaessern 1941 – 1945*, p. 244.

乎总是必要的。1941 年 5 月，雷德尔将军认为希腊大陆、克里特岛、利姆诺斯岛（Lemnos）和米洛斯岛（Melos）对于轴心国来说至关重要，因为这些位置可以作为展开东地中海战事的出发点。德国的最终目标是消除英国在东地中海的优势地位，包括在亚历山大和苏伊士。这个目标将通过所有军种的密切配合，加上最大化地合理使用新获得的阵地来实现。最终结果将是取得东地中海的控制权，消除英国海军对爱琴海和北非的威胁。①

　　缺乏局部制海权，即便是很短时间，也会破坏大规模的进攻计划。1940 年夏天，德国没能取得英吉利海峡的局部控制权，这是德国放弃进攻英国的计划（"海狮"计划）的主要原因。1940 年，英国皇家空军以及驻扎在哈威奇、多佛海峡和朴次茅斯的英国分舰队日夜在海峡巡逻，这最终迫使德国人很不情愿地接受一个事实：他们并不能取得足够程度的局部控制权，以确保移动缓慢的船队渡过狭窄的海峡。为了迫使德国在 1940 年放弃进攻计划，英国采取的战略与自 1588 年打败西班牙无敌舰队以来英国针对任何可能的入侵者使用过的战略，一般无二。

二、　控制的期限

　　制海权可以是永久的，也可以是暂时的。永久的控制存在于在冲突中的一方完全主导一个特定战区的行动时。这当然不是说对手就什么也做不了，而是说他不能通过干扰己方的海上运输或两栖登陆行动来严重影响战争的进程。或者换种说法，除非冒着难以接受的巨大风险，永久制海意味着你的对手不能开展他的海上贸易或海上远征行动。

　　暂时制海通常是指双方舰队都不能达成决断的结果。当一方舰队不管出于何种原因失去先机，进而被对手抢了先机，那么这个结果可能是永久的，

---

① Salewski, *Die deutsche Seekriegsleitung 1935 – 1945*, Vol. Ⅰ, p. 336.

也可能是暂时的。弱小的部队通常依靠防御，并且把他的主要舰队放在基地内，避免在海上行动。然而，如果弱势一方取得了空中优势，那么这本身就足以使这一方能以特殊的目的、在特定的时间段内使用大海。假使当时德国空军能成功取得制空权，那这种情况很可能就会发生在 1940 年夏天在英吉利海峡活动的德国海军身上。

三、 控制的程度

实际上，制海的范围可以包括从绝对控制到有争议的控制；也可能指自由地使用某几种类型的舰艇，其他类型则不行。实际上的绝对制海，是指己方舰队的活动不受大的阻扰，而敌方的舰队却寸步难行。他的总目标是获取对整个海上战区或作战区的控制，从而使得一方可以随时随地地使用舰队而不用考虑来自对手的威胁。

在现代，绝对制海哪怕是在大洋中的一部分也难以完成。但是在狭窄海域，优势部队可能在冲突开始后不久就获得绝对制海权，如 1991 年的海湾战争。在远海，面对一个相对较强的敌人时，永久的和绝对的制海权不可能达成。因此，更为现实的不是谋求建立全面的制海，而是在因为某些特殊目的而要使用的部分咸水区的某个地方建立流动的、暂时的控制带。

在现代，远海中的绝对控制通常意味着对水面的控制和对空中在某种程度上的控制，但是对水下的控制是很难的或者不可能达成的。例如，美国海军在 1962 年的古巴导弹危机中完全控制了水面，但是没有完全控制水下（因为有苏联潜艇的存在）。同样，多国部队海军在 1991 年对伊战争中的前几个星期达成了对海湾的绝对控制，然而他们对海湾北部水下的控制是有争议的（因为有伊拉克水雷的存在）。

当一方在整个区域或作战区拥有对敌优势时，绝对但暂时的制海可能存在，但是时间上是短暂的。比如，在 1690 年英国南部沿海的比奇角（Beachy

Head）海战之后，法国战胜英荷联合舰队而取得了海峡控制权。但是，这种控制没有多大用处，因为法国没有及时集结陆军登陆英国。

有限制海也叫有效控制，在一方舰队具有高度的行动自由而另一方冒着高风险活动时存在。它也可以描述成这样一种情形：在这种情况下，只有一型舰艇的活动才能不冒巨大风险，而另外的舰艇的活动则不得不冒着巨大或难以接受的危险活动。如此说来，如果不考虑海军力量的不平衡，弱势部队总是有机会对敌岸的某些薄弱点和未受保护地带展开快速攻击。

有限制海通常是指强兵针对某一型舰艇实施的控制，弱兵的其他兵力的使用则可以随心所欲。这是在第一次世界大战中的北海发生的情形。英国上将雷金纳德·培根注意到，皇家海军那时拥有对北海的控制权。虽然在北海的战列舰都在英国皇家海军的掌控之下，但是德国人仍然具有有效使用战列巡洋舰、轻巡洋舰、驱逐舰和U艇的能力。不管封锁得多紧，英国人仍然需要对船运和沿岸进行直接防御。

有争议的或有竞争的制海，通常发生在两个劲敌在远海或在如地中海等大型窄海进行的战争中。它常常在战争的初始阶段出现，特点是双方为控制某片海域不断地进行交锋。一方取得了控制权，但通常不能保持很长时间——经常丢失，然后失而复得。在沿岸或近海海域，较强舰队的制海权在较弱舰队的大部分主力被摧毁后甚至还会受到挑战。除了在沿岸的陆军和岸基航空兵外，防御性的水雷阵地和岸导、高炮都可以被用来挑战强兵的控制权。

当远海的制海权有争议时，双方活动都将冒着巨大风险，因为他们的力量大致相当。常见的情况是，一方控制着海上战区的一部分或大部分，而其对手则控制着余下的部分，各方对特定海域的控制在时间上都是有限的。但是在一些情况下，一方多多少少可以取得对特定部分的海军战区的永久性控制。对制海权的争夺通常由潜艇、飞机和水雷开展。

在当今时代，对即使是很小一块洋区的控制，也很少能保持很长时间。因此，在远海发生战事时，更为常见的是制海权始终在争夺之中。但是在狭窄海域，一支很弱小的、无法通过进攻性行动取得制海权的舰队，也可以通过采取一种总体防御态势来取得受争议的制海权。例如，德国公海舰队就曾在第一次世界大战中取得对波罗的海的有竞争的控制权，尽管当时俄国海军因为控制了芬兰湾和利沃尼亚（Livonia）而处于更为有利的地位。

在二战中，英吉利海峡是英国和德国双方经常进行战斗以获得对海峡完全控制权的一个战区。英国海岸部队的最后一次行动在 1944 年 10 月 1—2 日在布伦和加来港区外进行。此后，英国海岸巡逻的重点转移到了比利时和荷兰沿岸。虽然从大不列颠到比利时和法国海峡港口的海上交通仍然相当繁忙，但英国对这片狭窄海域的控制只是偶尔受德国 U 艇和未清扫的水雷的威胁。①

有争议的制海权在 1940—1943 年的地中海存在。英国皇家海军凭借驻扎在亚历山大和直布罗陀的部队控制了地中海的东部和西部，而意大利控制了地中海的中部。然而，这种控制无论对哪一方来说都是不完整的。轴心国的潜艇经常过来争夺地中海两端的控制权，同时，驻扎在马耳他的英国的潜艇和飞机也在地中海的中部争夺控制权。这并没有阻止同盟国或轴心国在需要的时间和地点利用地中海来航渡船队，甚至双方船队的航线在某些角度还相互穿插。轴心国比同盟国更频繁地使用地中海，因为他们的海上交通线要短得多。相比之下，同盟国的海上线路更长，也更暴露。然而，要使用这些海上航线，同盟国只需要获得舰艇航行"移动地带"的暂时控制权。除了偶尔能使军事船队从亚历山大向马耳他航行之外，英国被剥夺了通过地中海的直接海上航线。后者是他们想用来进攻意大利驶往利比亚的船队的基地。然而，英国的水面舰艇不能经常驻扎在那里。为了成功攻击轴心国在中地中海的交通线，需要联合使用轻型水面舰艇、潜艇和飞机，但是这没能实现。而且，英国的潜艇太大了，不能在地中海安全而有效地工作。②

对水面的分区控制在 1941—1944 年的黑海也很常见，主要是因为苏联的"羸弱"——轴心国控制了黑海的西部，而苏联控制了东部。轴心国的海军力量很小也很弱，他们只有 6 艘 280 吨的近岸潜艇。同时，德国和苏联的潜艇和岸基飞机都参与了争夺控制权。这种情况之所以发生，部分原因是苏联的

---

① Stephen W. Roskill, *The War At Sea 1939 – 1945*, Vol. Ⅲ：*The Offensive*, pt. 2："1st June 1944 – 14th August 1945"（London：Her Majesty's Stationery Office, 1961）, p. 137.

② Stephen W. Roskill, *The War At Sea 1939 – 1945*, Vol. Ⅰ：*The Defensive*（London：Her Majesty's Stationery Office, 1954）, p. 305.

水面舰艇缺乏空中支援。①

　　暂时而有争议的制海的例子见诸 1942—1943 年的瓜达尔卡纳尔岛的入海口。对这个岛屿争夺的结果在于，是美国人还是日本人能建立对相邻海域的控制来保障和增援在岸上争夺控制权的地面部队。在 1942 年 9 月的东所罗门岛之战后，每隔 12 小时制海权就要交替一次：美国在日出后和日落前主导了岛屿周围的水域，但是在晚上日本由驱逐舰和轻巡洋舰组成的"东京快车"运送了大量的部队。日本很少尝试在白天发动攻击，而美国则是经常都在晚上骚扰日本的"快车"，但是这样的尝试都付出了巨大的代价。

　　在 1973 年的第四次中东战争中，以色列力争使阿拉伯对手的部队没法进入地中海沿岸海域，而埃及部队想要使以色列部队无法进入更南部的红海的曼德海峡。埃及取消了在有美国航母大队的区域的活动。埃及威胁关闭亚喀巴（Aqaba）湾也成了 1967 年 6 月第三次中东战争的导火索。其他区域拒止的例子还有朝鲜战争和越南战争，当时美国禁止别国舰船在其航母战斗群周围通行。例如，在两伊战争中双方都有权利使用大海，并都有一定的能力进行海上拒止。然而，对于伊朗的生存而言，它对海的依赖比伊拉克更加关键。

四、　海上拒止

　　阻止对手使用海洋通常被认为是海上控制的反面，但这种思想太大而化之了。海上拒止一定是在海上进行的零星战斗。通过海上拒止，一支明显较弱的舰队也能成功地打败一支强大的舰队，并在它所选择的时间和地点打击敌人以达成最大的"突然性"。海上进击和海上拒止是互补的。海上拒止可能是战争任何一个阶段的战略目标。它不是使用海洋或海上控制的补充需要，而是可以作为一种手段来帮助确保对海洋的使用。不管是在同一片地理海区

---

① Woodward, *The Russians at Sea*, p. 217.

还是在其他地方，认为海上拒止只是让敌人无法进入某片海区的想法，在过去对付一个意志坚定、资源充足的对手时并没有起到很好的效果。在两次世界大战中，进攻性反潜战都失败了，就是一个很好的例证。一方失去了制海权或者没有取得制海权，并不意味着另一方就一定取得了制海权。换言之，即使我们限制了对手的制海权，我们也不一定就拥有了制海权。①

一个毗邻一个或多个封闭海和毗邻一个或多个海洋的边缘海的国家，可能会选择或被迫完成多个战略目标——对封闭海完全控制的同时，在半封闭海和相邻海洋的部分区域采取海上拒止战略。这种行动方案在两次世界大战中都被德国海军采用了。同样，日本帝国海军在1943年后也选择了完全控制日本海和黄海，同时保持对太平洋地区其他海域的有争议的控制。

毗邻数个狭窄海域的主要大国，在与潜在对手的联盟在海上相抗衡且实力较弱时，会采取获得对这些狭窄海域的完全控制并竞争开阔海域的控制权的战略。例如，在冷战时期，苏联海军最想谋求对波罗的海、白令海、黑海、日本海和鄂霍次克海的控制权，并在世界大洋的其他海域上实施拒止行动，特别是在挪威海、北海和堪察加海这样的边缘海地区。

五、 咽喉要道控制

狭窄海域的一个独特特点是海峡——通常被叫作"咽喉要道"——在海军战略中所发挥的特殊影响。世界大洋中有成千上万个海峡，它们的重要性依地缘战略位置而定。然而，全世界具有重要意义的海峡总数不超过200个。一些海峡是一个封闭海通向邻海的唯一通道。绝大多数国际海峡都是海上交通要道。例如，从欧洲到北海和地中海的最重要的海洋航线在直布罗陀海峡

---

① Mitchell B. Simpson, III, ed., *The Development of Naval Thought: Essays by Herbert Rosinski* (Newport, RI: Naval War College Press, 1977), p. xix.

和英吉利海峡会合；土耳其海峡和丹麦海峡对于这两国与黑海和波罗的海沿岸国家之间的贸易往来具有十分重要的作用；大量的世界石油贸易是通过霍尔木兹海峡、马六甲海峡、巽他海峡和龙目海峡进行的。

通过在和平时期建立对海峡和狭窄海道的控制，一个国家可以在敌对行动开始后不久就获得对相邻大海或大洋的控制。对于一支蓝水海军来说，如果不在远海建立优势地位，不控制具有重要战略地位的关键海上通道来保护国际航运，那么它就不可能取得总的制海权。

物理占领或非直接控制一个海的唯一出海口，有助于短时间内实施战区间机动，阻止军舰和商船向其他海区或洋区航渡，并对沿海国进行海军封锁或经济封锁。同样，人工运河也可以用来将海军部队从一个狭窄海域机动到另一个狭窄海域。比如，德国海军就充分地利用了53英里长的基尔运河，在两次世界大战中都用来在北海和波罗的海之间航渡军舰和商船。这条运河把汉堡到波罗的海的距离缩短了425英里，把伦敦到波罗的海的距离缩短了240英里。苏联人在20世纪30年代建造了500英里长的波罗的海—白海运河。这个水道使列宁格勒通过阿尼加湖与白海相连，通过这条运河航渡驱逐舰需要10—14天，而航渡小型舰艇只需4天就可完成。

某些海峡具有特别重要的战略地位，因为通过它们航运的路线最短或最安全、最方便。在战时，它们成了海上交通线上最脆弱的部分，可以被用来封锁敌人的海军力量和商业船运。

通过控制一个海的唯一出海口，可以将自己的部队从一片海区或洋区通过最短的路线迅速地机动到另一片海区或洋区。这也使自己的舰队在战区间来回机动成为可能，而这种方法可以用来加强海上战区中某个特殊部分的力量。

海峡地带是海峡中最适合地面部队渡海的部分。比如，正是由于控制了对马海峡，美国的第25师和第24师才能先后在1950年7月到达釜山。海峡也是挫败敌人进攻的有利位置。朝鲜人在1588年通过控制朝鲜海峡，有效地切断了日本陆军的供应渠道。面对饥饿的威胁，日本人很快全面退军了。他们在朝鲜海峡南岸构筑了一道防御工事，通过三年的谈判，他们终于可以回家了。[1]

在旨在夺占群岛的行动中，控制海峡对于最终的胜利至关重要。比如，日本在 1942 年对新加坡和爪哇岛的占领，使日本控制了马六甲海峡和巽他海峡。

对于一个毗邻数个封闭海战区的国家来说，它的舰队能到达宽阔海域的唯一方法就是取得对唯一出海口的完全控制。俄罗斯的本土舰队要想到达远海，就一定要通过一系列（九个）咽喉要道——格陵兰/冰岛/英国水道、斯卡格拉克海峡、直布罗陀海峡、土耳其海峡、苏伊士运河、宗谷海峡、津轻海峡、朝鲜海峡、鞑靼海峡。除鞑靼海峡外，这些要道都只有一个出海口，而且这些出海口都由潜在敌对力量所控制。

控制一个主要海峡或几个海峡，可以切断或孤立相邻海战区的敌军。例如，德国在 1940 年 4 月占领了丹麦和挪威，这使它完全控制了波罗的海的出海口，因此完全切断了英国进入波罗的海的通道。德国人还利用斯堪的纳维亚国家的经济资源来维持战争。

有时，控制一个重要海峡的两个沿岸是没有必要的，但这一点有时候没有得到很好的理解，结果是浪费了紧缺的资源，更重要的是还浪费了时间。例如，在夺占位于休恩湾、新几内亚岛的几个基地后，道格拉斯·麦克阿瑟将军认为，为了进一步向西北朝新几内亚沿岸的马当和韦瓦克进发，不仅需要完全控制维蒂亚兹海峡，而且需要完全控制丹皮尔海峡。1943 年 12 月 26 日，美国海军陆战一师的 12 500 人在格洛斯特角登陆，六天后整个海角都落在了盟军手里。在承受了巨大损失后，盟军又在 1944 年 1 月 16 日之前确保了对一个滩头和海角的控制。现在看来，整个行动很可能是多余的，因为没有必要控制维蒂亚兹海峡的两岸，控制一岸就足够了。[2]

保持对某个海峡地带的控制，必须建立空中和海上优势，在附近需有可用的海军和空军基地，并能与它们保持稳定的通信。有时控制一个咽喉要道

---

① Macintyre, *Sea Power in the Pacific*, p. 52.

② Samuel E. Morison, *The Two - Ocean War: A Short History of the United States Navy in the Second World War* (Boston, MA/Toronto: Little, Brown, 1963), p. 292; Roskill, *The War At Sea 1939 - 1945*, Vol. III, *The Offensive*, pt. 1, "1st June 1943 - 31st May 1944" (London: Her Majesty's Stationery Office, 1960), p. 228.

就足以确保对周围海域的控制，即使兵力微弱也无伤大雅。然而，空中优势是获得制海权的先决条件。比如，德国人在1941年5月征服希腊后，通过控制连接爱琴海和地中海的海峡，控制了爱琴海。从此以后，盟军的海军力量就再也不能进入爱琴海了。而且，通过使用在克里特岛和爱琴海其他岛屿上的空军基地，德国人在很大程度上瘫痪了盟军在东地中海的交通。日本人在1941—1942年入侵荷属东印度时也遵循了同样的目标，入侵路线穿过了婆罗海峡、西里伯斯、苏门答腊和爪哇海峡。日本人使用岸基飞机获得了在海峡区域的空中优势，并摧毁了海上和基地内的敌舰船。此次进攻狂潮席卷了菲律宾和马来西亚的一个又一个岛屿，直到最重要的一个岛——爪哇岛被攻占。

在狭窄海域与在开阔海域实施海军战略的一个主要区别是：前者可以通过使用岸防部队来获得局部制海权。在夺取像海峡这样的海域的制海权时尤其如此。德国人从西西里撤退时使用了他们的岸炮，获得了墨西拿海峡的临时控制权。1943年8月3日至17日，他们运送了40 000多人的德国军队和大约62 000人的意大利军队，还包括大量的火炮、战车、补给品和弹药。这个壮举是在盟军拥有完全的制海权和制空权的情况下，通过大白天横渡墨西拿海峡完成的。[1]

如果陆地战役正在某个重要海峡的两岸进行，那么失去对该海峡的控制权，将危害到自身舰队的安全。例如，1914年8月底，德国的进逼威胁到了海峡港口奥斯坦德、布伦和勒阿弗尔的安全，蒙斯战役失败可能带来的严重后果迫使上将约翰·杰利科爵士提议英国大舰队更换基地，以防德国人夺占加来，并因此控制多佛海峡的一边。由于陆上战斗的失利，英国人面临是否要重新部署其舰队的抉择，英国海军将领开始制订从这些港口转移陆军急需的给养的计划。瑟堡被战争部选为新的基地，因为只要英国人控制了海峡，科唐坦半岛就很容易守住。但是，要想真正有效地控制海峡，关键是佛兰德人的港口不落入德国人的手中。因此，这些海军将领，在做好换港的各种准

---

① Roskill, *The Strategy of Sea Power*: *Its Development and Application* (1981), p. 203; Walter Baum and Eberhard Weichold, *Der Krieg der Achsenmaechte im Mittelmeer – Raum* (Goettingen: Musterschmidt Verlag, 1973), p. 337; I. C. B. Dear, gen. ed., *The Oxford Companion to World War II* (Oxford/New York: Oxford University Press, 1995), p. 1001.

备的同时，也不想放弃东部的海峡港口，特别是敦刻尔克、加来和布伦。①

由于海洋和海上航运的大肆扩张，特别是石油及其派生物和其他天然战略物资运输的增加，未来海峡在海战中的地位和重要性一定会稳步提高。同盟战的规模一定会增强舰队力量在战区间机动的重要性。海军武器在射程和杀伤力方面的不断增强，也将极大地提升它们在海峡战中的能力。

六、 制空

在第二次世界大战和自 1945 年以来的历次局部战争中，制空权都被证明是确保海战取胜的决定因素之一，对在狭窄海域发生的海战来说尤为如此，因为现代飞机的作战半径、持续作战能力和速度不断增加，过去广袤的大海和大洋已成为海军部队和岸基飞机共同作战的战场，今天任何一片窄海都难逃来自空中的侦察和攻击。在狭窄海域争夺制空权与在陆地前线和海岸区域争夺制空权密切相关。在封闭的海战区，制空权是制海权的先决条件。一支舰队只有在拥有制空权的地方才能展开持续行动。英国人通过第二次世界大战中的多次战役，特别是 1940 年在挪威、1941—1942 年在马来西亚和 1940—1943 年在地中海，得出了一个教训：在敌人拥有空中优势的地方使用地面部队是要付出巨大代价的，而且在多数情况下注定要失败。

有时候，在一部分海区或洋区的上空具有制空权，就足够对陆上战斗施加决定性的影响，这一点已被二战中的许多战例所证明。1940 年夏天，英国皇家空军战斗机司令部的胜利不仅阻止了德国空军取得对海峡的制空权，而且使德国领导层不得不面对这样一个令人不快的现实：如果德国海军不能完成夺取一定的制海权并顺利航渡进攻部队的任务，那他们的进攻计划就不能

---

① Julian S. Corbett, Vol. 1: *To the Battle of the Falklands*, *December 1914*, in *Naval Operations*: *History of the Great War Based on Official Documents* (London: Longmans, Green, 1920), p. 96.

实现。

与在大西洋的战争相比，二战中对地中海控制权的争夺主要依赖空中力量，因此双方对能起降飞机的陆上基地的争夺就异常激烈。正因如此，西西里岛的地位显得格外重要，斯堪的纳维亚的地位也很特殊，而马耳他作为空军基地的地位与它作为海军基地的地位则同样重要。

1941 年 5 月，德国人完全控制了希腊和爱琴海群岛中的各个岛屿，但是克里特岛仍然对他们的南部侧翼构成威胁。虽然盟国仍然拥有制海权，但是德国人却取得了无可争议的制空权。[①] 夺占克里特岛的计划（"水银计划"）在 1941 年 4 月 25 日得到了德国最高司令部的批准，这一天之后盟军开始从希腊撤退。对克里特岛的空袭开始于 5 月 20 日，克里特岛和非洲沿岸的整个区域被称为"轰炸地带"，这个地带后来被德国空军所主导。即便盟军能够守住克里特岛，他们的补给也不可能运到。德国人利用空中优势消除了盟军在岸上的抵抗，并赶走了英国军舰。克里特岛最终被攻占是战争史上的一个标志：以前从来没有一片只能通过水路才能进入的领土，被一支甚至没有取得局部制海权的力量所攻占。[②]

在克里特岛陷落之后，英国虽然在海军力量上占有优势，但还是没能保住在东地中海的制海权——除了一小片海域之外。原因是德国拥有了绝对的空中优势。意大利虽然在中地中海拥有水面舰艇数量上的优势，却还是没能阻止他们的商船遭受英国潜艇和飞机的攻击。同样，德国在 1943 年 11 月之所以能够重新占领莱罗斯岛（多德卡尼斯群岛），正是由于德国空军拥有绝对空中优势——不过德国的胜利战果并不明显。[③]

要想获得空中优势，就要拥有或占领适宜的空军基地，否则这个目标就不能轻易达成。例如，英国在 1943 年秋天试图夺取多德卡尼斯群岛，但他们发现自己无法在莱罗斯或科斯建立理想的空军基地，因为这两个岛都位于驻

① S. W. C. Pack, *Sea Power in the Mediterranean*: *A History from the Seventeenth Century to the Present Day* (London: Arthur Barker, 1971), p. 189.

② J. R. M. Butler, Vol. 2: *Sept. 1939 – June 1941*; John p. W. Ehrman, *Grand Strategy* (London: Her Majesty's Stationery Office, 6 vols, 1956 – 1976), p. 515.

③ Roskill, *The War At Sea 1939 – 1945*, Vol. III, *The Offensive*, pt. 1, "1st June 1943 – 31st May 1944", pp. 202 – 203.

扎在希腊主岛、克里特岛和罗德岛上的德国空军飞机的作战半径之内。[1]

1943 年初在中所罗门群岛的情况，与 1942 年发生在瓜达尔卡纳尔岛的情况类似。盟军彻底地掌握了制空权，日本人不敢在白天出动水面舰艇部队，但是在晚上，新乔治亚的海域成了双方激烈争夺的目标。日本人不断地尝试派遣增援部队，而盟军的巡洋舰和驱逐舰则试图拦截。[2] 到了 1943 年年中，盟军部队站稳了脚跟，并准备重新在所罗门群岛发动攻势。虽然盟军在这个地区拥有空中优势，但他们在所罗门群岛没有地理位置优越且数量充足的机场。因此，他们必须占领瓜达尔卡纳尔北部的岛屿，这样战斗机才能伴随轰炸机去攻击日本人在新不列颠的拉包尔周围所建的关键阵地。日本人则相反，他们有一条很好的机场链：从所罗门南部的新不列颠和新乔治亚往西，到新几内亚北部沿岸的莱城、萨拉马瓦、马当和韦瓦克。很明显，只有从日本人手里夺取一两个阵地，盟军才能取得拉包尔地区的制空权。[3] 到 1943 年，俾斯麦群岛附近水域的制海权由盟军飞机掌管。由于获得了局部空中优势，盟军在 1943 年 9 月至 1944 年 4 月对拉包尔发起进攻时，胜利的曙光就可以预见了。[4]

同时拥有对空中和海面的控制权，将有助于地面部队取得岸上行动的胜利。例如，1944 年春天，盟军的空中优势加上战斗机的高出动率，极大地削弱了德国对南斯拉夫沿岸的控制，使得盟军进军亚得里亚海和欧洲中部真正成了可能。[5]

只拥有制空权有时还不能确保海战的胜利，特别是当整个行动需要不断持续时。1941 年，雷德尔上将鼓动意大利海军加大活动力度，攻击盟军在爱琴海上的交通线，从而保护德国的南翼。德国人在中地中海地区具有空中优势，但是他们不可能取得对海面的控制权。意大利人很不情愿让他们的舰队

---

① Roskill, *The War At Sea 1939 – 1945*, Vol. III, *The Offensive*, pt. 1, *1st June 1943 – 31st May 1944*, pp. 192, 205.

② Roskill, *The War At Sea 1939 – 1945*, Vol. III, *The Offensive*, pt. 1, "1st June 1943 – 31 st May 1944", p. 229.

③ Roskill, *The War At Sea 1939 – 1945*, Vol. III, *The Offensive*, pt. 1, "1st June 1943 – 31 st May 1944", p. 223.

④ Macintyre, *Sea Power in the Pacific*, p. 160.

⑤ Roskill, *The War At Sea 1939 – 1945*, Vol. III, *The Offensive*, pt. 1, "1st June 1943 – 31st May 1944", p. 328.

冒险，因为他们对空中支援心存疑虑。①

　　总之，一支蓝水海军或近岸型海军，战时能不能在一个特别狭窄的海域达成战略目标，要根据行动的范围、持续时间和所使用的手段而定。除了舰队力量，岸基的飞机也在狭窄海域争夺制空、制海面甚至制海下的行动中起到关键作用。有时，海军战略的主要目标光凭岸基飞机或者在海军力量的少量帮助下就能达成，狭窄海域作战的结果在很大程度上取决于地面战斗。同样，通过从陆上一侧夺取敌人的海军基地，地面部队能够在相关海域或战区取得局部或全部的制海权。然而，如果地面部队和舰队力量能密切合作的话，能更加迅速地取得制海权。岸防部队有时也能凭借一己之力局部地、暂时地控制面积狭小但地理位置重要的海域，如海峡或河口。

　　一支蓝水海军取得对一片狭窄海域的永久控制权的一个先决条件是：首先要控制这片海通向另一片海或远洋的出海口。用今天的定义来说，这种控制不一定是对出海口的物理控制，而是可以仅取得对其上空的控制权。很明显，最理想的情况是对出海口的空中、海面和海下都取得控制。否则，一支蓝水海军或许能够获得对相邻海域或洋区的控制，但却不能在特定狭窄海域内施加必要程度的控制。相反，一支沿岸型海军的任务比较轻松，只要完成挫败一支强大舰队从而获得对一个狭窄海域永久和完全控制的目标即可。因此它的主要目标经常是防御性的，并瞄准争夺海洋控制权。

　　一支较为强大的海军应该首先瞄准取得对狭窄海域主要部分的控制权和行动自由，以便开展主要任务。但是，一支较为弱小却配有岸基飞机和岸防部队的舰队偶尔也能阻止对手取得制海权，在较弱一方或一个中立国控制了出海口的一岸或两岸时尤为如此。更常见的情况是，一支优势舰队必须控制的目标不仅包括出海口，还包括在狭窄海域内的几个具有重要战役价值的目标。在现代，咽喉要道控制一定要与出动率控制相结合，以获得和保持在狭窄海域内的足够程度的控制。今天，在没有空中优势的情况下，没有哪支舰队能够在一片狭窄海域长期而安全地行动。

---

① Pack，*Sea Power in the Mediterranean*，p. 187.

第八章

方式

作战力量的现代运用方式是长期作战演变的结果。在 19 世纪，"决战"式的战斗是学术研究和战术实践的重要内容，而战略关注的是战役的实施。在那个时代，虽然海军有时也参与，但战役主要是由陆军实施的。从一般意义上讲，今天作战力量运用的主要方式是：海军战术行动、重大海军行动和海上战役。它们之间的主要区别在于预达成的目标和负责行动筹划及实施相应指挥的层级的不同。

一、 海军战术行动

海军战术行动是一个集体名词，可以指代包括巡逻侦察到战斗在内的一系列海军力量的运用方式。这些行动在特定的作战带/块发生，但是在某些情况下也可能包含一个作战区。海军战术行动主要为了达成特定的主要或次要战术目标。随着时间的推移，这些行动合起来也能达成战役目标。海军部队和飞机主要的战术使用方式是攻击、打击、交战和战斗等。攻击（attack）是战术机动和火力的结合，由一个或多个平台实施，以达成次要战术目标。攻击的样式根据使用的平台和武器系统的不同，也有所区别。攻击可以由水面舰艇、潜艇和飞机发射导弹、鱼雷、反潜武器或投射炸弹来实施。攻击通常是一次交战或海军战斗的组成部分，但也可以单独实施。

打击（strike）也许是如今运用海军力量达成战术目标的最重要的方式。它的出现主要是远程、高精度和更大杀伤力武器的引入而导致的，特别是反舰导弹、巡航导弹和"灵巧"炸弹。一次海军打击行动由数次同时或依次进行的攻击行动组成，它可以由单个或多个平台实施，根据时间和地点协同，以达成战术目标——有时甚至可以达成战役目标。它在性质上既可以是防御性的，也可以是进攻性的。打击行动可以通过平台（水面舰艇、潜艇或飞机）机动来实施，也可以通过火力机动来实施，即火力从一组目标移动到另一组目标。隐蔽、快速的机动，以及参与兵力或平台之间的相互配合，都有助于打击行动取得胜利。打击行动通常由单一类型的兵力来实施，如导弹艇、潜艇或对地攻击固定翼飞机（或直升机）。在窄海特别是群岛类型的海岸，装有导弹或鱼雷的水面舰艇可以从伏击位置对更强的敌军进行打击。

精心计划和实施的打击行动的主要特点是：时间比较短暂，通常以分钟计；平台快速、娴熟地机动；武器近乎同时地使用，特别是使用导弹和鱼雷对敌人防御体系中的薄弱环节实施打击。打击行动中可以使用导弹、鱼雷、火炮、炸弹或者混合使用。在合同打击行动中，远程武器通常用来削弱敌方的防御体系，近程武器用来消灭目标。精心准备和游刃有余地实施打击行动可以快速和决定性地挫败对手。通常而言，打击行动的成功率比海军战斗更高。随着新型、更加远程、更加精确和杀伤力更大的武器的引入，打击行动的重要性也与日俱增。在典型窄海中，打击行动可能取代海军战斗，成为使用沿岸海军来达成主要战术目标的最主要方式。

一种更宽泛的打击形式是海军突击（a naval raid）——由单一或多个战斗兵种实施，通过暂时地拒止某个位置、抓获或消灭敌军和摧毁沿岸设施的方式来达成战术目标。从规模上，海军突击行动可以分为由小股力量实施的小行动和大型的战术行动。有时，海军突击行动可能具有许多重大海军行动的特点。

弱势一方通常实施海军突击。海军突击行动的成功并不一定需要取得暂时或局部的制海权这个前提。优势一方的舰队也可以通过实施佯攻来转移敌人的注意力，或迫使敌人将兵力转移到次要方向上。

突击最直接的影响是短暂的，但是如果对手在战役上的回应为己方带来了地点或时间上的优势，其结果可能远超预期。突击的一个目的是转移敌人的注意力，使敌方主力远离己方的主要方向。除了突击纯实体目标外，突击行动的实施也可以增强己方的士气，削弱对手的士气。突击的主要目的应该针对敌人高度重视的目标，这些目标的损失或损毁将给敌人造成不可忽视的后果。

突击通常针对离敌人的主要方向较远的敌军实施。成功的突击会让敌人相信，类似的行为在未来还可能发生，从而迫使他们将相当一部分力量用于海岸的防御。暂时的和局部的制海权并不一定是计划和实施突击行动的前提。

分配参加突击行动的力量时，不应削弱己方部署在主要方向上的力量。

如果有多个突击目标和多条进军线及撤退线，突击行动的成功率会大大增加。实施突击行动的力量应该强于敌军部署在周边的力量。如果可能，实施突击行动的部队都应该隐蔽并迅速朝预定目标机动。为了确保突击行动取得成功，通常还需要区域内更多力量的支援。

比单次突击更大的行动是海军冲击行动（a naval surging action），即一系列由水面舰艇部队和（或）飞机针对敌人的基地/港口和重要的沿岸设施展开的突然、短暂、快速机动的同时打击或连续打击行动。

交战（engagement）行动由一系列相互关联的打击和攻击行动组成，由单个或数个兵种实施，通常是为了达成海军战斗中的主要战术目标。实际上，交战行动的目的是摧毁或消灭敌军的主力。交战行动比攻击或打击行动持续时间要长，但比海军战斗时间要短。有时，交战行动可能是独立于海军战斗而单独发生的行动，也可能是没有计划的临机行动。

海军战斗（battle）由一系列相互关联的交战、打击和攻击行动组成，由数个兵种实施，根据时间和地点协同，是为了达成特定作战区的主要战术目标（有时甚至是战役目标）。海军战斗通常是在统一指挥下计划、准备和实施的。但是，海军战斗有时也可能是在没有事先计划的情况下仓促进行的。它是在典型窄海中海军及其他军种力量采用的最主要的战斗方式。在1944年10月的莱特湾战役中，盟军计划并发动了苏里高海峡海战，但其他三次海战——锡布延（Sibuyan）海战、萨马岛（Samar）附近的战斗和恩加诺（Engano）角附近的战斗，都是没有计划的。

海军战斗可能在取得战术上的胜利的同时带来战役（甚至战略）上的失败。1942年1月24日发生的巴厘巴板（Balikpapan）海战取得了战术胜利，但对于澳英荷美联军来说是战略失败，因为它没能阻止日本占领婆罗洲。1942年5月的珊瑚海海战（日本人称之为"MO"行动）在战术上是个平局，但在战役上无疑是盟军的胜利，因为之后日本人放弃了从海上进攻并夺占莫尔兹比港的企图。① 在1942年8月9日发生的萨沃（Savo）岛海战中，日本

---

① Stephen W. Roskill, *The War At Sea 1939–1945*, Vol. II: *The Period of Balance* (London: Her Majesty's Stationery Office, 1956), p. 36.

的三川军一（Gunichi Mikawa）将军在战术上成功地挫败了盟军，但没有达成主要战术目标——消灭驻扎在隆加角（Lunga Point）锚地的美国两栖部队，从而造成了战役上的后果。同样，在 1942 年 10 月 11—12 日晚发生的埃斯帕恩斯（Esperance）角海战中，美国人取得了战术胜利，但没能阻止日本人从两架海上飞机的供应船中投送登陆队员。相反，1942 年 11 月 12—15 日发生的瓜达尔卡纳尔岛海战是次战术决战，因为它迫使驻扎在该岛的日本军队转入防御。此后，这支部队只能零星地得到日本驱逐舰的补给，而美国人却得以补充两个陆战团和一个步兵师。一个月后，日本人放弃了重新夺回瓜达尔卡纳尔岛的想法，开始准备从该岛撤军。后来，美国人继续发动攻势，相继夺占了所罗门群岛上的更多位置。①

在典型窄海中，实施不同的战术行动并采取不同的手段，可以确保区域控制，从而有利于兵力驻屯或展开。② 它们也可以用来防止战役或战略上的"突然性"。这些行动的另外一个目的是，让敌人处于经常性的压力之下，并将其部队牵制在一个特定的海区，从而创造条件让战役形势朝对己方有利的方向转变。此外，也要采取一些防御性措施来加强己方部队和沿岸设施的安全及生存能力。这些行动总的目的是达成长期的战役目标。无论是在平时还是在国家危急时刻和战时，都要计划和实施各种战术行动。战术行动通常也是重大海军行动计划的组成部分。防御性的战术行动包括：在己方领海的侦察和巡逻/监视、防空、反潜，以及对敌战斗舰艇、战斗蛙人和突击队员的防御等。沿海区域的防御性布雷和防御性/进攻性反水雷，是这些行动当中重要的组成部分。进攻性行动包括对敌方水面舰艇的打击或攻击——这些水面舰艇威胁到了己方基地和港口、机场或者其他沿岸设施的安全。在保护己方的驻泊区域和展开区时，如果能够采取多种被动和主动手段，特别是电子战、干扰敌人的侦察/监视和伪装掩护等手段，将会极大地增强保护的效果。

---

① Donald Macintyre, *Sea Power in the Pacific: A History from the 16th Century to the Present Day* (London: Military Book Society, 1972), p. 225.

② 苏联/俄罗斯使用 "'系统作战'行动" 这个词，目标是获得和保持 "有利的作战机制"。

二、 重大海军行动

从一般意义上讲，重大海军行动由一系列相互关联的战斗、交战、打击及其他战术行动所组成，这些行动由不同的海军兵种及其他军兵种同时或连续地实施，根据时间和地点协同，以达成特定海战区的战役目标（有时是战略目的）。重大海军行动是随着几十年来海军技术的不断进步而出现的，它的出现同时也改变了陆上战争的特点。到了19世纪末期，海军技术革命，特别是更远程、更大杀伤力、更精确的火炮的引入，再加上更大尺寸、更高速度和更远航程、具有更强续航力及生存能力的大型舰艇，使得任何一支舰队要在一次战斗中消灭敌人的舰队变得非常困难。这些技术进步也导致了小型军舰数量的增加，从而极大地增加了世界上最先进海军舰船的数量。推进技术的巨大改进使得很小的舰艇也能安装强大的发动机。鱼雷和水雷的引入导致了新的能够攻击大型舰艇的小型舰船的产生，而这反过来又催生了建造其他类型的水面舰艇来对抗这些新威胁的需求。另一方面，虽然蒸汽为军舰提供了更高的速度，但也使舰船的航程和续航力变小。军舰的战术机动能力提高了，但是战略机动能力下降了很多。舰队变得更加依赖岸上基地和辅助舰船提供油料、煤及其他物资保障。到了19世纪、20世纪之交，大型舰队的组成包含了许多艘大小不一、携带各种类型武器的舰船。[①] 这些舰队也能展开到更广的区域。所有这些进步都导致了一个结果，即：在一次战斗中摧毁一支大型舰队的主力变得非常困难。

重大海军行动是海上战役的必要组成部分，有时也是陆上战役的组成部分。根据自然环境的大小和特点的不同，重大海军行动可以分为在开阔大洋

---

① 到了 1900 年，英国皇家海军由 205 艘战舰组成：45 艘战列舰，126 艘巡洋舰和 34 艘鱼雷艇。法国海军由 33 艘战列舰、38 艘巡洋舰和 21 艘鱼雷艇组成。Ronald B. St John, "European Naval Expansion and Mahan, 1889－1906", *Naval War College Review* (March 1971), p. 74.

实施的行动、在大洋的边缘海实施的行动和在封闭或半封闭海实施的行动等。在开阔大洋发生的大型海上战斗实际上很少。在第二次世界大战期间，即便在海上战区，大多数海军行动也都是在相当靠近某些大型群岛或大陆的海区进行的。除了像波罗的海和黑海这样的小的封闭海区外，许多重大海军行动还发生在半封闭海区，如北海；或更大的封闭海区，如地中海。

今天，由于在武器杀伤力和射程方面的巨大进步，即便是沿岸型海军，也拥有能够实施重大海军行动的小型水面舰艇、潜艇和岸基飞机。重大海军行动在典型窄海比在开阔大洋更难组织和实施，因为在窄海可以使用国家武装部队的多个军兵种力量。

在窄海与在开阔大洋的重大海军行动的区别，不仅在于前者的作战空间更加有限，还在于前者的自然环境独特。实施大型军事行动的作战空间不仅包括敌我双方控制的远海和沿海区域，还包括岛屿和大陆沿岸。而且，在窄海进行的重大海军行动使用的小型水面舰艇和岸基飞机会比在开阔海区进行行动使用的更多。

与海军战斗或交战不同，大型海军作战行动通常用于达成一个战役目标，也就是说，能够实现极大地改变特定海战区战役态势的目的。这种改变可以通过下列方法实现：在海上或基地内摧毁敌人舰队的主力，摧毁敌人的大型船队或成功地保护己方的大型船队，夺占或保护大型的岛屿或咽喉要道。有时，大型海军作战行动也可能用于达成战略目标。这通常在下列情况下发生：战事伊始就对敌人舰队的主要部分发起突然攻击，并寻求在主要的海战区达成战略目标。大型海军作战行动可以用来在新战役的第一阶段达成战略目标——通过开辟新战线的方法，正如1944—1945年盟军在法国的"海王星"行动所证明的那样。

通常而言，大型海军作战行动的组织和实施要满足以下要求：取得决定性的战果，持续时间尽可能短，己方损失要降到最低。① 这样的行动是避免战役或战略层面消耗战的最有效的方法。消耗战同时也是拖延战。它把己方的

---

① H. Engelmann, "Die Sicherstellung von Seeoperationen" (Support of Naval Operations), *Militaerwesen* (East Berlin), 3 (March 1980), p. 69; S. Filonov, "Morskaya Operatsiya" (A Naval Operation), *Morskoy Sbornik* (Moscow), 10 (October 1977), p. 24.

力量束缚在特定海区或洋区以达到特殊目的，从而使他们无法执行其他任务。

进攻性的大型海军作战行动通常在己方部队对某个特定海战区拥有至少暂时的海上控制权时组织和实施。但是，旨在保护己方海上贸易或攻击敌方海上贸易的大型海军作战行动，即使在没有取得制海权的情况下也要实施。也有这么一种情况：形势对弱势一方极其不利，他们必须开展护航行动，不管敌人是否掌握控制权，也不管潜在损失有多大。这个时候，成功的关键是确保对大型船队周围的海面、水下和空中的控制权。第二次世界大战的历史表明，当一方只拥有制空权时也可以计划重大海军行动。敌人拥有制空权和制海权的事实，并不一定能阻止弱势一方在有利条件下发动大型进攻性海军行动。有时，两栖登陆行动在只拥有局部和暂时制海权的情况下也可以展开。

通常，在目标和手段严重不匹配时，不应组织大型海军作战行动。如果没有足够的力量在达成初步战役目标之后继续开展连续的行动，也不应组织重大海军行动，正如 1942 年 8 月盟军在瓜达尔卡纳尔岛登陆所证明的那样。

如果没有足够的全战区的设施或作战功能提供足够的补充性支援，大型海军作战行动的胜利通常不能得到保证。这些功能包括指挥控制、作战情报、指挥控制战、后勤保障和补给、保护等。显然，在保障重大海军行动时需对这些功能中的部分功能进行恰当的排序和协同。

成功获得作战情报也许是重大海军行动取得胜利的最重要的前提条件。战役指挥员只有在全面、实时地了解态势的情况下才能做出正确的决策。行动准备的隐蔽性也是各部队一定要坚守的原则。要想不让敌人知道己方要达成的主要目标，作战情报还应与日常活动保持一致。①

重大海军行动取胜的另一重要因素是作战保护，特别是保护己方的作战重心。1944 年 10 月 24 日，在锡布延海战中，日本的第 1 牵制攻击军遭受了巨大损失，主要原因就是几乎完全没有岸基飞机的空中掩护。参与重大海军行动的海军部队和飞机的驻扎区和展开区一定要得到完全保护。这个可以通过开展进攻性和防御性的战术行动来实现，这些行动包括监视己方的沿海、布设防御性的水雷、开展海军基地和驻泊区的防空、对威胁己方的敌军发动

---

① Engelmann, "Support of Naval Operations", p. 70.

攻击等。这些行动的最终目的是在己方的海军驻泊区和展开区建立和保持有利的作战态势。

重大海军行动通常由战役指挥员计划、准备和实施。有时，战役—战术（联合特遣部队）指挥员和参谋也能计划重大海军行动。这些指挥员也直接管理后勤保障和补给事务。与战术指挥员不同，战役指挥员还负责分配和协同所有受其指挥的军种和部队力量。

在决定实施重大海军行动时，形势判断不能只考虑纯海军事务，而是要至少提前数周考虑与态势相关的方方面面的事务——空域、地形、水文、气象，甚至政治、经济、技术及其他方面。由于重大海军行动包含更多的不确定性和更广的范围，指挥员在判断形势时必然要列出更多的假定条件。一个计划中包含的假定条件越多，就越可能需要进行重大调整，甚至在实施阶段整个放弃。

现代重大海军行动的主要特征是：行动的决定性，范围的广泛性，战斗的激烈性，以及参与力量的庞大、多元性。另外，现代重大海军行动还以广泛地使用电子战手段为特征。[1]

重大海军行动持续的时间比海军战术行动长。海军战斗或交战最多持续几小时（通常要短得多）；主要海军行动可以持续数天，甚至数周。如果作战基地和实体目标之间距离较远、力量对比不利、后勤保障受限，或者由于缺乏作战思考而久拖不决时，重大海军行动持续的时间还会更长。由于未来海军作战平台的战斗力将急剧增加，重大海军行动可能变得更为激烈。这在窄海中表现得更为明显。窄海区域较小，距离较短，各种平台和武器的使用也更为激烈。海上和空中的行动将会连续不断地发生。因为这个原因，在今天的重大海军行动中油料和弹药的消耗量很大。

在窄海实施重大海军行动要比在开阔海域更加复杂。短小的距离有利于灵活和激进的敌人主动阻挠或阻止己方准备和展开行动。在典型窄海，海军舰机的隐蔽展开和调整部署都很难组织和实施。由于各军兵种作战力量的高

---

① Engelmann, "Support of Naval Operations", p. 71; p. Navoytsev. , "Zakonomernosti, Soderzhaniye I Kharakternye Cherty Sovremennykh Morskikh Operatsii" (Regularities, Content and Characteristics of Modern Naval Operations), *Morskoy Sbornik* (Moscow), 7 (July 1986), pp. 22 – 23.

参与度，在窄海组织和实施重大海军行动也比在开阔海域更加复杂。在窄海的重大海军行动中，不仅有海军部队的参与，而且有地面、空中、海岸的防御部队和特种部队的参与。

重大海军行动可以根据行动的主要目的、参与的军种、战斗发生的时间和海区（洋区）的不同而加以区分。根据主要目的的不同，重大海军行动可以分为进攻性和防御性两种。进攻性的重大海军行动旨在扩大己方的永久控制区并减少对手的控制区。它是在己方选择的时间和地点组织和实施的。针对敌人在海上或在基地的舰队展开重大海军行动、针对敌海上贸易的重大海军行动和两栖登陆行动都是进攻性的。防御性的重大海军行动通常在进攻性行动受阻或己方部队在完成进攻性行动后需要战役停顿时开展。当然，一支弱小的舰队从战事一开始就可能采取防御性作战的姿态，旨在保护己方海上贸易或针对敌方两栖登陆保卫部分海岸线的重大海军行动，在本质上都是防御性的。

根据军种参与程度的不同，重大海军行动可以分为单军种、联合和联军三种。在典型窄海，虽然重大海军行动可能有空军甚至陆军参加，但是绝大多数是由海军单独实施的。1940 年 11 月 11—12 日晚，英国对意大利主要海军基地塔兰托的航母攻击（"判决"行动）就是单军种重大海军行动的例子。

联合性的重大海军行动是由海军和一个或多个其他军种组织和实施的。在一个包含大片洋区或海区的战区，重大海军行动通常会有空军部队参加，有时也会有地面部队参加。在典型窄海海域，重大海军行动会显得不是那么"海军"，因为通常有三军的各兵种参与。窄海中联合重大海军行动的例子是 1942 年 8 月美国在瓜达尔卡纳尔岛的两栖登陆行动（"瞭望塔"行动），以及 1942 年 7 月德国针对盟军驶往苏联的 PQ－17 船队的行动（"骑士移动"行动）。

联军性的重大海军行动是由两个或多个国家的海军或其他军种实施的行动。今天，联军性的大型行动成为在低强度的冲突中海军力量使用的主要方式。事实上，由于大多数海军的缩减趋势，这样的重大海军行动可能成为大型地区紧张局势或一般性冲突中的日常性行动。大型两栖登陆行动通常在这样的行动计划之内。在窄海进行的联军性的重大海军行动的例子包括 1943 年

7月盟军进攻西西里岛〔"哈士奇"（Husky）行动〕和1944年10月进攻莱特湾行动〔"二世"（King II）行动〕。这样的行动有时既是联合的也是联军的（如多国部队1991年在海湾战争中对伊拉克的进攻性空战，在这次行动中使用了多个国家的岸基和航母舰载飞机）。

有时，数个大型行动可能在同一个海上战区进行。在这种情况下，其中一个行动是主要重大海军行动，其他行动是辅助性重大海军行动。根据时间或先后顺序，重大海军行动可以分为先期、后续和预备三种。后续重大海军行动通常在先期大型行动期间或完成不久后开始。它的目标是根据前期大型行动达成预定目标的情况来定的。

重大海军行动将是在大型地区冲突或一般性战争中达成战役甚至战略目标的主要方式。这些行动的绝大多数都是联合或联军性质的，很小一部分主要或完全由海军实施。一般而言，今天的重大海军行动的主要目的可能是：

1. 摧毁敌人在海上或基地内的舰队

2. 对敌岸发动两栖登陆

3. 摧毁敌人沿岸设施

4. 干扰/切断敌人的海上贸易

5. 保护己方和友方的海上贸易

6. 海上封锁

7. 海上反封锁

8. 摧毁敌人的海基战略核力量

9. 保护己方的海基战略核力量

10. 支援岸上的地面部队

海军部队可以在低强度的冲突中执行多种任务，因为它们比其他部队更适应危机遏止和和平行动。它们也可以用来执行不是那么复杂的任务，如人道主义援助、灾难救助和搜救行动等。总的来说，海军部队还可以执行下列这些任务：

1. 防止冲突

2. 保护己方和中立方的航运

3. 航行自由和飞越领空

4. 和平行动

任何一个重大海军行动都包含几个大的兵力展开阶段：从战役展开，经过战斗展开和补给，到战役撤收。在某些情况下，重大海军行动还可能包括战略展开，甚至要动员常备后备力量。

海军部队的展开通常都是从作战基地到会合区。但是，有时海军部队需要先会合再展开到目标区域。作战基地的选择将对重大海军行动的过程和结局产生重大的影响。通常而言，作战基地将决定作战线的位置、方向和长度。在特定作战基地和预定实体目标之间，直线路线是最短的，通常也是最好的。但是，迂回路线也经常被使用，以避免遭遇强敌或增强"突然性"。在拥有大量近岸岛屿或群岛的海区也经常要用迂回路线。

展开行动中的关键因素是机动的速度，它与距离和部队的机动性有关。与地面部队不同，海军部队有时需要在敌控区展开。由于距离很短，海军部队在封闭或半封闭海区展开时通常是战术性的。相反，在开阔大洋或边缘海，参与海军大型行动的部队从多个海空基地展开，展开区域有时绵延数百海里。

为了减少战役中展开所需的时间，有必要把大部分力量事先部署到前沿位置，就如美国海军在许多潜在的危机区和冲突区的做法一样。相反，小型海军主要在其沿海区展开，有时甚至不得不在敌控区展开。所有参加窄海中重大海军行动的部队都可以从其基地同时或先后展开，他们的作战线通常很短，这可以使他们"突然蹦出"，并快速执行预定任务。

重大海军行动可以沿内部或外部作战线实施。如果在内线机动，部队可以插入两支或多支敌军之间，并将敌人的部分兵力置于次要方向。这时，己方的主力要尽快集中在主要战线上，以消灭敌军的大部。

沿外线实施的重大海军行动需要从多个区域朝共同的实体目标做向心机动。在外线作战的部队不仅要比在内线作战的敌军更快地机动，而且还要与相邻部队保持可以互相支援的距离，以避免被各个击破。这样的重大海军行动还需要进行更加精确的协同，包括兵力机动和兵力行动协同。这是一项困难的工作，特别是作战基地和实体目标之间的距离较远时。一旦部队开始机动，战役指挥员就要采取分散指挥和控制。

战斗中取胜的关键在于，在决定性的时间和地点迅速取得优势的作战潜力。这只有通过将自己的部队集中在主要方向上才能做到，特别是要集中到主攻（或主防）点上。一支部队的所有要素都位于相互可支援的位置，或者换句话说，相邻的分部能够应用全部力量对相应部分的敌军发动协同攻击，这个时候部队就被认为实现了集中。[1] 海军部队的集中通常在可能遭受敌人攻击的海区/洋区实施，或者在敌我双方争夺控制权的区域实施。[2] 根据集中的目的和范围的不同，可以分为战术、战役和战略集中。战役集中的组织和实施是重大海军行动或战役行动的一部分，因此通常在特定的海上作战区进行。[3] 虽然集中具有明显的优势，但也使己方部队容易遭到敌人火力的打击，这时部队可能需要分散。[4]

重大海军行动中的部队集中方案应该包括机动方案、行动顺序、集中速率和行动控制等内容。这个方案还要具备灵活性、隐蔽性和安全性。其中，机动方案是计划海军部队集中时最重要的因素。在向集中区行进的过程中，部队的指挥控制一定要灵活。准确、可靠、相关和及时的情报是成功地集中海军部队的关键。行进的备用方案也要及时准备妥当。隐蔽是在计划和准备部队向特定区域集中时的另一重要因素。加强集中的隐蔽性的主要手段是实施作战欺骗、伪装和掩饰，在集中区建立空中优势等。通常来说，参与重大海军行动的力量越多，确保机动和集中的隐蔽就越困难。

集中速率是指部队会合的速度，它将极大地影响未来行动的成功与否。通常而言，集中速率一定要快于敌人反击的能力。因此，时间要素是成功的关键。但是，不应因单纯求快而导致部队在集中区的错误配置。部队位置配置错误，将不可避免地需要重新将部队调整到新的位置，从而导致时间的损失。在考虑集中速率的同时，还应确保集中行动能够顺利、有序地开展。行进的顺序与集中速率密切相关。它包含了这样一些要素：哪支部队先到达特

---

① R. Ernest Dupuy, Trevor N. Dupuy and Paul F. Braim, *Military Heritage of America*, Vol. Ⅰ (McLean, VA: The Dupuy Institute, 1992 and Dubuque, IA: Kendall/Hunt Publishing, 3rd edn, 1992), p. 15.

② Friedrich von Bernhardi, *On War of To - Day*; trans. Karl Donat, Vol. Ⅱ: *Combat and Conduct of War* (London: Hugh Rees, 1913), pp. 361 – 362.

③ 战术集中的目的是在战斗或交战之前或过程中集中力量，通常在特定的海军作战带进行。战略集中的目的是在特定的海战区或战争区创建更优势的海军力量，一般是指集中整舰队或舰队的主要部分。

④ Headquarters, US Marine Corps, FMFM 1, *Warfighting* (Washington, DC: Government Printing Office, 1989), p. 31.

定区域，特定区域已有的或能够送到的供应品是什么，等等。

重大海军行动中部队的战役集中可以在"战场内"也可以在"战场外"进行。当兵力要素在到达作战区之前就位于相互可支援的距离，它们就是在"战场外"集中。如果它们是在战斗行动即将开始或者开始后不久配置到相互可支援的位置，它们就是在"战场内"集中。如果部队的各要素直到与敌人交战时才位于相互可支援的位置，那这种类型的集中就是机动形式的集中。战场内集中可以增强"突然性"。它也可以使敌人难以判断下一次打击将来自哪里，等判断清楚了也来不及行动。这种集中方式需要在海军舰机的行进上进行精心计划和密切协同。另外，在中央位置作战的敌人也有机会对会合中的部队进行各个击破，特别是当会合的部队由于时间计算错误、糟糕天气或其他原因而耽误行进时。这正是日本在 1941—1942 年进攻荷属东印度时遇到的情况。1944 年 10 月，在保卫菲律宾的行动中，日本联合舰队也曾试图进行战场内集中，但最终没有成功。

在海战中，战场外集中通常用于两栖登陆作战。两栖特遣部队、提供直接支援的部队和那些执行远距离掩护支援的部队，从各自的驻扎区域保持可相互支援的距离，向预定的两栖目标区的卸载区航行。这种情况也有例外，如在 1944 年 10 月 20 日的莱特湾海战中，第 38 特遣部队担负远距离支援掩护任务，就是在吕宋岛以东海域单独集中，与其他两栖部队不在一起。

在进攻性的重大海军行动中，取胜的关键是作战机动。与地面部队的机动不同，海军部队通过不停顿地沿着作战线向预定打击敌人主力的区域或位置行进的方式实施作战机动。与陆战不同，海战中的作战机动并不总是为了占领有利于挫败或消灭敌人作战重心的位置。作战机动通常是重大海军行动计划的一部分，这些行动旨在消灭敌人在海上或在基地内的舰队、实施两栖登陆作战、拦截或切断敌人的海上贸易。作战机动在其他类型的重大海军行动中很少用到，如旨在消灭敌人的战略导弹核潜艇和保护己方的战略导弹核潜艇的行动，或支援岸上地面部队的行动。

通常，海军部队行动的重点是在主要方向上对敌方主力进行打击。[①] 这

---

① Englemann，"Support of Naval Operations"，p. 69.

时，取得和保持先机是很关键的。要集中力量进行首轮打击，然后进行持续打击，最终摧毁敌军，达成最终的战役目标。

主要方向上的行动如果得不到次要方向上的其他力量的支援通常不能取得成功，这些力量的主要任务是阻止或消灭企图干扰主要方向上己方行动的敌军。[①] 支援行动的主要目标是为完成主要任务创造有利条件。如前所述，预定的主要方向要尽量避免被敌方察觉。[②]

任何进攻性的重大海军行动都应有其"主要进攻点"，这个点位于主要方向上，并位于能够打击敌方作战重心的距离内。在两栖登陆作战中，主要进攻点通常是海岸或海滩中防御最薄弱的部分，这些部分同时也提供了最好的向内陆进发的机会。在攻击敌方航运的行动中，主要攻击点是航运最集中的地区，通常在大型港口的入口或几条大型航线交汇处。在保护海上贸易或两栖防御这样的防御性海军行动中，"主要防御点"也要明确。

重大海军行动通常可以划分为几个明显的"阶段"。战术行动当然也可以划分为几个阶段，但这几个阶段通常是重叠的，战斗过程中没有明显的停顿。相反，在重大海军行动中，各个阶段的持续时间相对较长，从作战的烈度上看中间有明显的停顿。介于相邻两个阶段的时间——或者称为"战役停顿"，根据己方的损失情况和后勤补给能力的不同，长短也不一。停顿的时间是用来补充新的力量或者对现有力量进行重新编组，进行补给和加油，并为人员提供休息。在这个时间里，其他部队可以开展一系列小型的、连续的战术行动，在特定作战区建立有力的作战态势，为后面的重大海军行动奠定基础。[③]未来的重大海军行动持续时间将更短，很可能只有一个阶段。[④] 由于行动的高烈度，油料和弹药的消耗很大，因此持续的后勤补给能力是取得成功的关键。在狭窄海域，想要补充新的作战力量非常困难，因为在这样的海域重大海军

---

① Englemann, "Support of Naval Operations", p. 69; Navoytsev, "Regularities, Content and Characteristics of Modern Naval Operations", p. 21.

② Navoytsev, "Regularities, Content and Characteristics of Modern Naval Operations", p. 21; Engelmann, "Support of Naval Operations", p. 70.

③ Filonov, "A Naval Operation", p. 24.

④ Tihomir Vilovic, "Specičnosti priprema i izvodjenja operacija na uskim morima" (Peculiarities of Preparing and Executing Operations in Narrow Seas), *Mornarički Glasnik* (Belgrade), 2 (March – April 1976), p. 213.

行动中战役停顿次数很少，持续时间也比在开阔大洋的要短。窄海上的重大海军行动还有一个问题，那就是己方部队更容易遭受敌方的打击。

协同是重大海军行动中最关键的部分。在重大海军行动中，主要方向上通常包含数次对敌方目标的同时或先后打击，目的是及时消除敌方干预己方在主要方向上行动的能力。这些行动可能包括在特定海区或洋区扫雷、部署潜艇或布雷以限制敌方兵力的机动。各主要部队进行打击时需要在空间和时间上精确协同，支援行动之间也需要协同，才能为完成主要任务创造有利条件。①

任何重大海军行动的主要目的都是迅速且以最少的损失取得"战役胜利"。"战役胜利"是指对大型行动的过程和结局具有战役重要性和决定性影响的结果。通常，在主要方向上通过一次战斗或交战挫败敌方可以算是战役胜利。支援行动也可以产生战役结果，从而决定性地影响整个重大海军行动的结局。有时，战役指挥员或战役战术指挥员已经接近战役胜利，但是因为情报失误或意志不坚定，最终没能抓住机会。在莱特湾海战中，战役胜利的例子是盟军在苏里高海峡对日军取得的胜利。同样，日本人也有取得战役胜利的机会，但他们错失了，因为第一游击舰队（the First Diversionary Attack Force）司令栗田健男中将没能扩大萨马岛海战（Battle of Samar）战术胜利的战果。

在达成了重大海军行动的最终目标，并且战役胜利也得到巩固之后，己方部队通常要重新部署到同一战区或相邻战区的另一个作战区。重新部署的目的是为后续行动获得新的、更有利的作战基地，或者为了巩固前期取得的战果。

当部队的舰机和人员遭受巨大损失、无法完成预定任务时，就有必要进行力量"重新组合"。"重新组合"包含两个分任务：重新编组和重新产生新的战斗力。战役指挥员负责重建受其指挥的战损部队，使其作战效能重新满足任务需求并与可用资源相适应。重组的方法有：调整级别结构，替换人员、物质和装备；重新建立指挥控制；实施必要训练；等等。

---

① Filonov, "A Naval Operation", p. 25.

三、 战役

　　在窄海中作战的海军部队也会执行陆上战役或海上战役的部分行动。从一般意义上说，"战役"是由一系列大型行动（陆地、空中、海上）所组成，相互间以时间和地点协同，旨在达成特定陆战区或海战区的战略目标。这些行动同时或先后实施，并依据战区司令员制订的共同计划统一执行。战略目标，特别是在成熟战区，不仅包含军事目标，还包括政治、外交、经济、意识形态、道德、宗教和信息目标。因此，任何一个单一军种都不能凭一己之力达成所有的战略目标，通常需要协同使用数个或所有的军种。但这并不是说，单个军种不能为战役的最后胜利做出主要的甚至是决定性的贡献。

　　根据目的的不同，战役可以是进攻性的，也可以是防御性的。陆上战役和海上战役是根据行动发生的主要自然环境区分的。战役的组织和实施是针对战时某一战区面临的战略威胁，有时甚至是为了和平时期的威胁（如反叛乱、反恐和反毒品战役等）。和平时期的战役主要由一系列相关的次要（有时是主要）战术行动所组成。这些行动根据时间和地点协同，在战区特定部分达成战略目标。

　　通常，毗邻某个窄海的蓝水海军或沿岸型海军会参与执行作为陆上战役一部分的大型行动或战术行动，如二战中德国和苏联海军在波罗的海和黑海的行动。1943—1945年，盟国海军也参加了在意大利陆上战役的行动。有时，窄海也可能成为海上战役的战场，如1942—1943年的所罗门海战。

　　总的来说，由于典型窄海海域面积狭小、距离较短，海军舰机绝大多数的行动都是战术性质的。过去如此，未来也将如此。绝大多数战术行动是攻击和打击，交战和海军战斗为数很少。阿以战争和阿拉伯湾的战争的经历似乎表明，导弹和空中打击已经取代海战成为主要的达成战术甚至战役目标的力量使用方式。海战的重要性似乎比过去下降了很多。在典型窄海发生的重大海军行动，计划、组织和实施起来都比较困难，因为海区的自然特点和参与的多军兵种力量都比较复杂。这样的行动要想取胜，需要高度的配合。但是，它们是（特别是对于蓝水海军来说）在特定海战区达成战役甚至战略目标的最便捷、最有效的手段。它们在特定的海区由占据主动的一方在确定的时间框架内实施。如果重大海军行动取得成功，将会在根本上改变特定海战区或作战区的态势。实施重大海军行动的另外一个优点是，可以避免将己方部队束缚在一个特定的海区，从而根据计划来安排达到目标或完成任务的先后顺序。在窄海作战的海军舰机通常会参加由岸上地面部队发动的大型行动。它们也将在陆上战役或海上战役的实施中发挥重要的作用。

第九章

夺取控制权

战时的海上控制通常是通过摧毁、消灭或孤立敌方在海上和基地内的海军部队，以及夺占或摧毁驻泊地域和岸上重要的保障设施的方式来达成。在窄海，这些行动可以有空中和地面部队力量的参与，有时还需协调海岸防御的部队。这些目标也可以通过夺占对手海岸的一大部分、海空基地和港口、咽喉要道和近海重要位置的方式来达成。

一、　针对敌人舰队的行动

摧毁或消灭敌人的舰队通常是海军部队的直接目标，目的是获取和执行海上控制权。战事一开始就展开摧毁或消灭敌人在海上的海军部队的行动，无论是在开阔大洋还是在狭窄海区都是最有效的获得控制权的手段。从历史上看，用来摧毁敌舰队的最常用的方式是通过"舰队决战"来摧毁、瘫痪或抓住敌人的主力，从而达成海上战争的主要战略目标。然而，即便在风帆时代，想要跟敌人决战性地遭遇也是比较困难的。在某些情况下，保持制海权比进行决战更为重要。

舰队决战通常导致大型战斗和决战，会极大地改变特定战区的海军力量平衡。这样一次战斗有时会对整个战争的结果产生决定性的影响。英国菲利普·科洛姆和赫伯特·里奇蒙德（Herbert Richmond）将军认为，在公海谋求决战或对敌海岸进行先发制人的打击的思想是在 16 世纪英国与西班牙的战争中萌芽的。在英西战争中，弗朗西斯·德雷克爵士总想通过在战事开始后不久、在西班牙的舰队完成集结之前打击他们来取得主动权。过去的战争表明，即便是决定性地击败了敌方舰队，也不能完全消除敌方的威胁。即便在英荷战争中，彻底地解决敌人，从而施行完全的海上控制，这种可能性也不大。落败的舰队有时仅靠一阵急雾或风向转变就能摆脱被全歼的命运。

过去，决战通常导致战区态势的根本转变。最重要的不是给敌方舰队造成多少直接损失，而是战斗结束后的长期影响。1905 年 5 月对马海战发生后，日本海军被迫紧密盯守剩余的俄国舰队。但是，即便盯守的是一支相对弱小的力量，也不意味着较强一方就取得了完全的海上控制权。一个积极主动、富有活力的敌人，将会凭借拥有的多个港口的长海岸线不遗余力地寻找机会，发动攻击和转移己方的注意力。① 事实上，在绝大多数的海军战争中，双方都不享有制海权。

在海上取得决定性的胜利可以使获胜一方的舰队赢得主动。获胜一方从而可以根据自己的目的更加自由地使用海洋，同时阻止敌方自由地使用海洋。英国在 1588 年 8—9 月彻底击败西班牙无敌舰队之后，重新夺回了战略主动，并在之后成为海上帝国，最终获得了世界大国的地位。西班牙无敌舰队的覆灭也导致了约 80 年后荷兰海上力量的崛起。1666 年 6 月，英国在"四日海战"（第二次英荷战争）中失利，把英吉利海峡的控制权拱手让给了荷兰人，英国被迫关闭了泰晤士河河口的贸易。② 在 1672 年 5 月的索尔（Sole）湾海战（第三次英荷战争）和 1673 年 5 月斯库内维尔德（Schoonveldt）海战的两次交战中，荷兰舰队的防御—进攻行动都很好地利用了不利航行的海岸。米歇尔·A. 德·勒伊特（Michael A. de Ruyter）将军在所有战斗中都打败了对手，阻止了入侵部队的登陆，并打破了英国封锁荷兰沿岸的企图。

在 1690 年 7 月的比奇角海战（大同盟战争）中，法国舰队打败了英荷联合舰队，并把后者赶回泰晤士河。但是，法国人没能充分利用对英吉利海峡的暂时控制权，因为他们的陆军还没准备好进攻英国。而且，他们没能延续在比奇角的胜利，对海上对手实施决定性的打击。到了 1690 年底和 1691 年，位于英吉利海峡的英荷舰队是如此强大，以至于法国的图尔维尔都不敢出战。法国之前在海上的所有努力都白费了，法国舰队日渐萧条，而他们的主要对手——英国和荷兰的舰队却日益壮大。③

在 1812 年的战争中，在伊利湖的海军行动具有与尚普兰湖战斗同等重要

① M. G. Cook, "Naval Strategy", 2 March 1931, Air Corps Tactical School, Langley Field, VA, 1930 – 1931, Strategic Plans Division Records, Series Box 003, Washington, DC: Naval Operational Archives, p. 11.

② Alfred T. Mahan, *The Influence of Sea Power upon History*, *1660 – 1783*（Boston: Little, Brown, 12th edn, 1918）), pp. 117 – 131.

③ Paul M. Kennedy, *The Rise and Fall of British Naval Mastery*（London: Macmillan, 1983）, p. 77.

的战略意义，因为它结束了英国对美国的入侵，对根特（Ghent）和平谈判也产生了重要影响。惠灵顿公爵认为，加拿大军事行动的胜利取决于对五大湖的控制权，而英国对此没有多大把握，因此他建议接受没有领土要求的和平协定。①

在 1864 年 5 月 9 日的黑尔戈兰岛决战后，荷兰舰队撤到了其沿海，从而使普鲁士人有机会打开易北（Elbe）河河口和德国在北海的港口，用于海上贸易。② 1866 年 7 月 20 日的利萨岛海战确定了亚得里亚海的制海权归属问题。同一天签订的停战协议结束了奥地利和普鲁士之间的战争。奥地利人完成了向伊松佐（Isonzo）河的撤军，将威尼斯留给了意大利人。法国和普鲁士向意大利施压，要求意大利单独与奥地利签订停战协议。意大利总理贝蒂诺·里卡索利（Bettino Ricasoli）拒绝了这一要求，坚持要为意大利取得"自然"边界，包括割让威尼斯和南蒂罗尔（South Tirol），并确保意大利在伊斯特利亚（Istria）半岛的利益得到保护。但是，里卡索利彻底忽视了一点，那就是特格特霍夫将军已经取得了制海权，并且奥地利、普鲁士停战之后，奥地利的实力大大增强。意大利舰队并不是奥地利舰队的对手。最后，意大利与奥地利签订了停战协议，被迫接受了许多不利条款。③

在 1894 年 9 月的黄海海战（也叫大东沟海战。——译者注）中，由伊东祐亨率领的日本舰队对中国舰队取得了不完全胜利。但是，这个胜利不足以使日本人取得对黄海的控制权。日本人不久后很快占领了中国大连和旅顺港的基地。到了 1895 年 2 月，他们还控制了威海卫，并最终迫使中国舰队投降。④

有时，原本准备决战的战斗结果变成了"不决之战"。在 1692 年 5—6 月的拉乌格（La Hague）海战之后，法国海军元气大伤，路易十四不得不在陆

---

① Allan Westcott, ed., *American Sea Power since 1775*（Chicago：J. B. Lippincott，1947），p. 87.

② Hans Hugo Sokol, *Des Kaisers Seemacht. Die k. k. oesterreichische Kriegsmarine 1848 bis 1914*（Vienna/Munich：Amalthea Verlag，1980），p. 69.

③ Lawrence Sondhaus, *The Habsburg Empire and the Sea：Austrian Naval Policy 1797 – 1866*（West Lafayette，IN：Purdue University Press，1989），p. 257.

④ Donald Macintyre, *Sea Power in the Pacific：A History from the 16th Century to the Present Day*（London：Military Book Society，1972），pp. 122 – 123.

上收缩兵力而不是继续扩张。另一个战术上"不决"却产生战役决战效果的例子是，1904 年 8 月发生的日俄战争中的黄海海战。在此战中，虽然双方都遭受了严重的损失，但俄国分舰队从此无力再战。5 个月之后，俄国分舰队在进攻旅顺港的日本陆军的炮火中彻底覆灭。

1916 年的日德兰海战最接近当时认为的舰队决战。它实际上是由英国大舰队和德国公海舰队之间开展的数个大型战斗和小规模交战组成的。所有这些行动都是同一个指挥官指挥的，都是为了达成在北海战区的战役目标。日德兰海战在战术上是德国公海舰队取胜，但在战役上显然是英国获胜。但是，日德兰海战的战役和战略影响不像物资损失那么明显。如果这次战斗是英国明显胜利，英国皇家海军应该取得北海的控制权，并应该能够在俄国海军的支援下在波罗的海作战，消除德国 U 艇的威胁也会相对轻松一点。另一方面，如果是德国人获胜，他们就会掌握主动，并能够封锁英国的北海沿岸。而且，他们的 U 艇和重型水面舰艇就能在北大西洋进攻盟军的船队。结果证明，日德兰海战并没有影响英国对北海的控制权，德国也并没有改善其总体海上态势。

1914—1918 年战争中的海战表明，主要对手的舰队太过庞大，部署也太过分散，很难在一次战斗甚至几次战斗中将其歼灭。这预示着"决战"地位的下降，并证明战区中的"战役"目标只能通过一系列相互关联、按时间地点排序和协同的海军战斗和交战（重大海军行动）来达成，并由同一个指挥官指挥。

在典型窄海中达成海上控制最迅速、最经济的方法是发动一场重大海军行动，摧毁或消灭敌人在海上或在基地内的舰队主力。然而，在窄海中这样的重大海军行动的例子并不多见。事实上，二战中绝大多数的舰队对舰队交战，都是发生在一方舰队为大型船队或两栖特遣部队提供掩护和支援时，或者在较强舰队使用两栖登陆威胁来诱使弱势舰队出来决战时。意大利的重型水面舰艇部队（包括 1 艘战列舰、6 艘重型巡洋舰、2 艘轻型巡洋舰和 13 艘驱逐舰）于 1941 年 3 月 26 日出航，执行在克里特岛以南海域攻击英国驶向希腊船队的任务。整个行动得到了德国第 10 航空军〔英文为"Tenth Air Corps"。二战时期德国空军的基本编制为，最高作战单位是航空队（Luftflotten），负责一个战略方向的空中作战，下辖 2－3 个航空军或师（Fliger Korps，Flieger division）作为战役力量。航空军或师为平级单位，只是规模不同，其下辖若干个航空联队（Geschwader）。——译者注〕的支援。但是，英国人通过破解德国司令部发送给第 10 航空军的命令而提前知晓了这个信息。一支强大的英国舰队被派去拦截意大利舰队，在 3 月 28—29 日发生的海战中，意大利的 3 艘重型巡洋舰和 2 艘驱逐舰被击沉，1 艘战列舰、1 艘重型巡洋舰和 2 艘驱逐舰被击伤。德国飞机对英国舰船的攻击并不成功。① 英国的胜利极大地改善了盟军在地中海的海上态势。

小型但精干的海军在与更强大的对手对抗时，也可以通过开展一系列决定性的战术行动来相对快速地取得局部海上控制权。这也是 1973 年以色列海军在与埃及和叙利亚持续 19 天的第四次中东战争中，开展重大海军行动所取得的战果。以色列人早就取得了地中海东部的、被叙利亚和埃及宣布为战争区的海域的控制权。② 从战争的第一天开始，以色列人就取得了主动，并给敌人造成了巨大的损失。由 5 艘导弹艇组成的以色列部队击沉了叙利亚的 3 艘导弹艇，并在 10 月 6—7 日晚拉塔基亚（Latakia）附近的战斗中击沉了鱼雷艇和扫雷舰各 1 艘。③ 10 月 8—9 日晚，以色列的 6 艘"萨尔"级（Saar-class）导弹艇和埃及"黄蜂"级（Osa-class）导弹艇在埃及沿岸附近的达米埃塔－拜勒提姆（Damietta－Baltim）发生了海战。在交锋中，以色列人击沉了 3 艘埃及导弹艇，重创了 1 艘（随后被岸炮击沉）。④ 这些胜利极大地改善了以色列的海上战役态势。⑤

---

① Juergen Rohwer and Gerhard Huemmelchen, *Chronology of the War at Sea 1939－1945: The Naval History of World War II* (Annapolis, MD: Naval Institute Press, 2nd revised edn, 1992), p. 56.

② 叙利亚宣布地中海北纬 33°以南和东经 34°以东为战争区，而埃及宣布的战争区包括北纬 33°以北和东经 29.5°以东海域。Walter Jablonsky, "Die Seekriegfuehrung im vierten Nahostkrieg", *Marine Rundschau*, 11 (November 1974), p. 653.

③ Walter Jablonsky, "Die Seekriegfuehrung im vierten Nahostkrieg", *Marine Rundschau*, 11 (November 1974), p. 654.

④ Benyamin Telem, "Die israelischen FK－Schnellboote im Yom－Kippur－Krieg", *Marine Rundschau*, 10 (October 1978), p. 640.

⑤ 10 月 6—22 日，以色列导弹艇击沉了 7 艘叙利亚导弹艇和 5 艘埃及导弹艇，1 艘叙利亚鱼雷艇，叙利亚和埃及扫雷舰各 1 艘，以及 2 艘埃及巡逻艇。Jablonsky, "Die Seekriegfuehrung im vierten Nahostkrieg", pp. 654, 662－663. 在红海，埃及损失了 23 艘舰艇（2 艘导弹艇，3 艘巡逻艇，14 艘武装渔船等），另外还有 4 艘作战舰艇（2 艘鱼雷艇和 2 艘轻型巡逻艇）被俘。

　　有时，由于缺乏强有力的领导，优势舰队也可能错失对弱势海上对手发起大型行动，并取得决定性胜利的机会。这正是苏联的波罗的海舰队和黑海舰队在二战中所遇到的情况。两支舰队都没能抓住机会，获得它们各自作战海区的制海权，或是对岸上部队提供有力支援。黑海舰队的表现表明，它比波罗的海舰队更缺乏进取性，因为它对敌的优势更大。在 1941 年 6 月战事爆发之初，苏联黑海舰队在数量上是部署在这个海区的轴心国海军部队的 10 倍；甚至在整场战争中，苏联人在数量上都保持了对敌至少 4 倍的优势。而且，苏联海军部队占据了一个更为有利的作战基地。但是，尽管具有这些优势，苏联人还是只取得了微弱的战果。直到战争结束，他们也没能完全切断轴心国沿乌克兰沿岸的海上交通，也没能封锁土耳其海岸和多瑙河河口。

　　更近的一个例子是：1991 年 1 月 22—24 日，美国海军和其他多国部队的海军在一系列的打击和攻击行动中，摧毁了伊拉克在海湾北部绝大多数的部队。接着，伊拉克的 2 艘布雷舰、1 艘油船（作为哨舰）、2 艘巡逻艇和 1 艘气垫船被空中打击摧毁。1 月 29 日，在巴比延岛附近的交战中，美国和英国的武装直升机和攻击机摧毁了 4 艘伊拉克巡逻艇，并迫使 14 艘巡逻艇搁浅——艇上可能携带着准备参加进攻"海夫吉"（Khafji）行动的突击队员。[①]一天以后，美国和英国的武装直升机和攻击机又攻击了伊拉克由 1 艘前科威特巡逻艇、3 艘两栖作战艇和 1 艘扫雷舰组成的编队。所有的舰艇都遭受了不同程度的损失。在海湾北部的另一次遭遇战中，一支由包括"黄蜂"级导弹艇在内的 8 艘战斗舰艇组成的编队遭到了美国攻击机的攻击。4 艘被击沉，3 艘被击伤。[②]

　　优势一方的另一个选择是发动一次大型行动，摧毁沿岸型海军的大部分实力，不管其在海上还是在基地内。从历史上看，摧毁基地内的敌人舰队主要有四种方式：从敌人基地的防御圈外实施打击；利用水面舰艇部队突入敌方海军基地；派遣特种作战小队进行突袭；海上封锁以支援地面部队对敌海

---

　　① Hartmut Zehrer, ed., *Der Golfkonflikt*: *Dokumentation*, *Analyse und Bewertung aus militaerischer Sicht*（Herford/Bonn：Verlag E. S. Mittler & Sohn, 1992), p. 197.

　　② Hartmut Zehrer, ed., *Der Golfkonflikt*: *Dokumentation*, *Analyse und Bewertung aus militaerischer Sicht*（Herford/Bonn：Verlag E. S. Mittler & Sohn, 1992), pp. 197 – 198.

军基地进行攻击。在打击敌方位于基地内的舰队时，成功的前提条件是取得特定海区或洋区的局部、暂时的海上控制权。过去，最好的方法是通过在敌方防御的有效距离之外发动打击。1940 年 11 月 11 日，英国一支由一艘航母（"卓越"号，上载 21 架飞机）和护航舰艇组成的编队，从距离 180 英里的地方对意大利停泊在塔兰托的重型舰艇发动了攻击。由于达成了完全的"突然性"，尽管意大利的防御不弱，但英国飞机仍然重创了意大利的 1 艘新战列舰（Littorio）和 2 艘老战列舰（Giulio Cesare – class）。其中 1 艘沉没（Cavour，后来被打捞上来，重新服役），1 艘重型巡洋舰和 1 艘驱逐舰轻伤。除了损失 2 架飞机外，英国所有参战的飞机都顺利返回航母。[①] 这次攻击极大地改善了英国在地中海中部的态势——虽然这种态势持续时间不长。

在进攻苏联的第一阶段，德国人想要从陆上攻占列宁格勒。他们计划摧毁驻扎在列宁格勒—喀琅施塔得区域的苏联波罗的海舰队的重型水面舰艇。负责与陆军第 9 集团军配合攻击的第 1 航空队派出了一个中队的斯图卡（Stuka）俯冲轰炸机，这些轰炸机经过特殊改装，可携带 2200 磅的炸弹来攻击舰艇。1941 年 9 月 16—19 日发动的首轮攻击失败了，但 9 月 21 日发动的攻击取得了胜利，重创了苏联 1 艘战列舰（后沉没）。同一天，德国轰炸机还击伤了另一艘战列舰和一艘重巡洋舰，并击沉了一艘驱逐舰。9 月 23 日，苏联 2 艘重巡洋舰、2 艘驱逐舰、1 艘潜艇供应舰、1 艘潜艇和几艘鱼雷艇遭受了不同程度的损失：1 艘支队旗舰倾覆，1 艘驱逐舰和 1 艘潜艇被击沉。[②]

1942 年 4 月，德国人决定发动一次大型空中行动（"冰块流动"行动），以消灭剩余的苏联波罗的海舰队兵力。第 1 航空队在 2 月 26 日接到命令，准备对在芬兰湾的苏联舰艇（1 艘战列舰、2 艘重巡洋舰和 1 艘布雷巡洋舰）发动攻击并将其歼灭。这个行动还将得到第 18 陆军军团封锁炮火的支援。[③] 4

---

① 4 种将敌人舰队摧毁在基地的方法，详见 "A. Kalinin and G. Morozov, 'Evolutsiya Sposobov Unichtozheniya Sil Flota v Punktakh', *Moskoy Sbornik 6*（June 1988），p. 25."。关于进攻塔兰托的内容，详见 "Stephen W. Roskill, *The War At Sea 1939 – 1945*, Vol. I：*The Defensive*（London：Her Majesty's Stationery Office, 1954），pp. 300 – 301；Rohwer and Huemmelchen, *Chronology of the War at Sea 1939 – 1945*, p. 41."。

② Juergen Rohwer, "Der Minenkrieg im Finnischen Meerbusen, Part II：September-November 1941", *Marine Rundschau*, 2（February 1967），pp. 97 – 100.

③ Gerhard Huemmelchen "Unternehmen 'Eisstoss'：Der Angriff der Luftflotte 1 gegen die russische Ostseeflotte im April 1942", *Marine Rundschau*, 4（April 1959），p. 226, 229.

月 4 日，第 1 航空军的 95 架 Ju - 87/88 轰炸机对苏联舰艇发动了攻击，而 37 架 He - 111a 飞机负责压制苏联的防空系统。战斗机掩护由 60 架 Me - 109 飞机提供。4 月 4—5 日晚，德国人还发动了另一场攻击，兵力包括 31 架 He - 111 飞机。这些攻击重创了苏联 1 艘战列舰、4 艘巡洋舰和 1 艘驱逐舰，轻伤 1 艘布雷巡洋舰、1 艘驱逐舰和 1 艘训练舰。[①] 在 4 月最后一个星期发动的另一轮攻击中，德国的轰炸机轰炸了苏联的舰艇和岸上设施，造成了一艘巡洋舰损毁。到最后，尽管德国人尽了最大的努力，但是仍然没有达成摧毁在芬兰湾的所有苏联水面舰艇的目标。[②] 而且，苏联军舰仍然能够为保卫列宁格勒前线和奥拉宁鲍姆（Oranienbaum）滩头的防御部队提供火力支援。[③]

进攻敌方海军基地的战斗也曾在 1945 年以来的许多局部战争中发生过。1991 年 1 月 25 日和 28 日，美国和多国部队的飞机攻击了伊拉克驻扎在乌姆盖斯尔、巴比延海峡和科威特港的舰艇。1 艘伊拉克的布雷舰、2 艘巡逻艇和 1 艘运输船被击沉。[④] 在 2 月 4 日的另一场行动中，多国部队的飞机攻击了伊拉克的阿斯卡利亚（Al Kalia）海军基地，重创了 2 艘导弹艇。从 1 艘美国护卫舰上起飞的直升机与伊拉克的 4 艘巡逻艇在默勒丁岛（Maradin Island）附近发生了交战，击沉了 1 艘，重创了 1 艘。这些行动解除了伊拉克海军在波斯湾北部对美国和多国海军的威胁，直到战争结束。[⑤]

特种部队在攻击驻扎在濒临窄海的基地中的敌人舰艇时，能够发挥重大的作用。通过使用潜艇、快艇或飞机，几个小队的突击队员可以被秘密运送至基地附近，然后开展任务。在二战中，意大利的海军突击队成功开展了几次突袭行动，分别对位于马耳他、克里特岛和亚历山大的海军基地发动了偷袭。其中最成功的一次是 1941 年 12 月 19 日对亚历山大海军基地的偷袭。在

---

① 进攻计划中目标优先顺序是：战列舰，巡洋舰，半完工的德国重型巡洋舰和布雷巡洋舰。详见 Rohwer et al., *Chronology of the War at Sea 1939 - 1945*, p. 134.

② 1942 年 4 月 4—30 日，约有 600 架飞机，包括 162 架斯图卡飞机在列宁格勒—喀琅施塔得区域攻击了多艘舰艇，德国损失了 29 架飞机。详见 Huemmelchen "Unternehmen 'Eisstoss' Der Angriff der Luftflotte 1 gegen die russische Ostseeflotte im April 1942", pp. 231 - 232.

③ Friedrich Ruge, *The Soviets as Naval Opponents 1941 - 1945* (Annapolis, MD: Naval Institute Press, 1979), p. 24.

④ Zehrer, *Der Golfkonflikt*, p. 197.

⑤ Zehrer, *Der Golfkonflikt*, p. 198.

这次行动中，意大利的战斗"蛙人"偷偷进入港口，最终用水雷击沉了 2 艘英国战列舰（"伊丽莎白女王"号和"勇士"号）和 1 艘油船。这个行动导致了地中海海上态势短暂但巨大的变化。英国人在地中海东部只剩下 3 艘轻巡洋舰，由于当时日本人已参战，因此没有可能派遣更多的战列舰或航母到这个地区。但是，对英国人来说，幸运的是，他们的战列舰并没有倾覆（因为亚历山大港水深较小，船进水后下沉数米就坐沉海底。——译者注），等意大利人意识到"蛙人"取得的战果时，时间已经过去两个月了。[①]

最近的一个例子是，在 1973 年的第四次中东战争中，以色列的"蛙人"潜入埃及的一个主要港口塞得港。在苏伊士湾，以色列的巡逻艇突入埃及的两个驻泊区域并进入了阿代比耶（Adabia）港。在红海北部，以色列海军突击队员潜入赫尔格达（Hurgada）港，并在己方无伤亡的情况下摧毁了 4 艘埃及的"科马尔"级导弹艇。这些攻击行动迫使埃及将剩余的导弹艇调离该基地，从而增强了以色列海军对苏伊士湾的控制。不过，以色列不断地对赫尔格达港开展偷袭行动，也导致从苏伊士油井向以色列输送石油速度减缓。[②]

今天，岸基和航母舰载飞机、潜艇和携带远程巡航导弹的水面舰艇是用来摧毁基地内敌方舰艇的最有效的平台。携带对地攻击巡航导弹的潜艇可远在数百海里之外对敌方海军基地发动攻击。在 1990—1991 年的海湾战争中，美国部署在阿拉伯湾的核动力潜艇不断地对多个陆上目标发动"战斧"导弹攻击，包括对伊拉克的巴士拉海军基地的攻击。[③]

对窄海中的海军基地实施空中打击远比对开阔大洋的海军基地实施打击要有效得多，因为前者距离更短，可使用的岸基飞机的数量更多，空中打击的强度更大，时间间隔也更短。在某些情况下，前者不仅可以使用固定翼飞机，还可以使用携带导弹的直升机。

[①] S. W. C. Pack, *Sea Power in the Mediterranean: A History from the Seventeenth Century to the Present Day* (London: Arthur Barker, 1971), p. 194.

[②] Ze'ev Almog, "Israel"s Navy Beat the Odds', *Proceedings*, 3（March 1997）, p. 107.

[③] Albert Lord and Klaus Tappeser, "Rolle und Beitrag der Seestreitkraefte", in Zehrer, *Der Golfkonflikt*, p. 197.

今天，只有大国海军，比如美国海军和俄罗斯海军，才具备发动大型战役摧毁敌方海基战略核力量的能力。这些行动可以集中精力摧毁敌方基地内、航渡中或在巡逻区的弹道导弹核潜艇。同样，也可以开展重大海军行动来保护己方的海基核力量。这些大型行动很可能主要由海军部队实施，特别是在海上的攻击型潜艇和在空中的海上巡逻飞机。但是，在靠近己方或敌方沿岸的海区，这样的大型行动需要使用其他军种的力量。

二、 消耗

另外一种摧毁敌人在海上或在基地内的海军力量的方法是用时间来消耗敌方舰队力量和岸基飞机。这种方法也被称为"零星作战"，在典型窄海中作战的弱势舰队和优势舰队都可能使用这种方法。其主要目的是避免或推迟与对方舰队的大战，在出现有利时机时偶尔与敌方交战。这些目标主要通过开展一些小型的战术行动来达成，如以小型水面舰艇、岸基飞机、柴电潜艇进攻势布雷等。最理想的是，在特定战区中通过实现海军力量均衡来达成战役目标，从而为弱势舰队打败优势舰队创造有利条件。德国的公海舰队在1914年8月战争初期就频繁运用了消耗战的方法，一直到1916年5月的日德兰海战。

优势舰队可能将消耗战与摧毁或消灭敌方舰队的重大海军行动结合在一起。与弱势舰队不同，优势舰队可以开展战术层次的消耗战。在1914年战争爆发后，英国皇家海军封锁了北海的两个出口，德国人只能依靠陆上力量来达成战争的战略目标。英国人将舰队分别部署在威悉河（Weser）、埃姆斯河（Ems）和亚德河（Jade）上的三个基地，这三个基地构成了一个三角形，他们从这些基地开展了对北海其他部分的袭击。因为最初的力量对比是15：10，德国人处于弱势，于是想要通过消耗战来平衡海上力量，再展开舰队决战。但是，这些行动并不是总体军事战略目标或战略思想的一部分，也不包括在战役计划中。尽管被迫进行战术上的进攻，公海舰队在战略上仍然是防御性质的。[①]

消耗战也可能是达成战役目标的力量不足或缺乏战役思维而导致的。1942—1943 年，所罗门群岛争夺战就是典型的海空消耗战。盟军和日军都在瓜达尔卡纳尔岛附近的水域和空域的激烈战斗中遭受了巨大的损失。在瓜岛周边海域就发生了不少于 7 次的海上战斗。各方都损失了差不多相同数量的舰艇。日本人共损失了 2 艘战列舰、1 艘轻型航母、3 艘重型巡洋舰、1 艘轻型巡洋舰、11 艘驱逐舰和 6 艘潜艇。盟军损失了 2 艘航母、6 艘重巡洋舰、2 艘轻巡洋舰和 14 艘驱逐舰。另外，日本的海军航空兵力量遭到严重削弱，以至于此后航母都不能正常使用。对日本人来说，更加严重的问题是舰艇的建造速度远远赶不上损耗速度。日本人再也没能建造战列舰或重巡洋舰，补充的驱逐舰也不到战损的一半。[②]

在日本人 1943 年 1 月被迫撤离瓜岛数月之后，对瓜岛的争夺进入了一个新阶段。双方都开始在南太平洋加强力量，准备下一场不可避免的冲突。在所罗门群岛，日本人在新乔治亚岛的蒙达和科隆班加拉岛的维拉（Vila）建立了基地。他们用"东京快车"从拉包尔运送部队以加强在新几内亚的驻军。[③] 在附近海域的绝大多数海军行动都是一系列零星的交战、打击和攻击，目的是通过一段相对较长的时间消耗对手的力量。如果优势舰队拥有绝对占优的火力，那么对手的整体实力很快就会被消耗光——正如 1987—1988 年美国海军在波斯湾对伊朗的行动所证明的那样。

---

① Hans Fuchs, "Die Diversion als strategisches Mittel zur Erzielung eines Kraefteaus gleiches, dargelegt an geschichtlichen Beispielen", *Marine Rundschau*, 4 (April 1938), p. 240.

② Roskill, *The War At Sea 1939 – 1945*, Vol. III: *The Offensive*, pt. 1: 1st June 1943 – 31st May 1944 (London: Her Majesty's Stationery Office, 1960), p. 231; Samuel E. Morison, *The Struggle for Guadalcanal*, Vol. V, *History of United States Operations in World War 11* (Boston, MA: Little, Brown, 1949, reprinted 1975), p. 372.

③ Macintyre, *Sea Power in the Pacific*, p. 226.

三、 隔离

优势舰队在窄海中可以通过封锁其基地或限制其行动区的方法来瘫痪弱势舰队。优势舰队可以部署在任意一条封锁线后对敌人舰队进行警戒，防止它们驶离基地或港口。有时，弱势舰队会选择龟缩在基地和港口内，以避免被强敌消灭。任何一种封锁效果都是一样的——弱势一方不能发挥作用，因为优势一方整体占据了中央位置并沿内线作战。[1]

封锁的对象可以是敌人的舰队，也可以是海上交通线。但实际上，海军封锁和商业封锁是紧密联系的，几乎没法明显区分。海军封锁的直接目的是迫使敌人的舰队从驻泊地出来。但是，实际上，很少有海军封锁能够成功诱使弱势舰队出来决战。里奇蒙德将军曾说过，在所有的海上封锁战中，没有一场战斗，成功迫使敌人从港口的防御体系中出来决战。在与英国的战争中，无论是西班牙、荷兰、法国还是德国，都没有派出舰队跟强大的英国海军作战。[2]

海军封锁的另一目的是防止对方舰队严重干扰己方舰队自由使用海洋的能力。如果弱势一方被封锁在港内，封锁方就可以有效控制封锁线后方的海区，不参加封锁行动的舰艇就可以用来行使制海权。[3] 但是，行使制海权的部队的安全程度比完全摧毁敌人舰队的部队的安全程度要低。在实施封锁行动时，一支具备足够力量、占据有利地理位置的舰队，通常能够封锁从相邻海区或洋区过来的劣势舰队，从而为在更远的地方行使制海权的部队提供掩护。

---

[1] Sondhaus, *The Habsburg Empire and the Sea*, p. 238.

[2] Geoffrey Till, ed., *Maritime Strategy and the Nuclear Age* (New York：St Martin's Press, 2nd edn, 1984), p. 123.

[3] Geoffrey Till, ed., *Maritime Strategy and the Nuclear Age* (New York：St Martin's Press, 2nd edn, 1984), p. 121.

四、　近距离封锁

在使用蒸汽动力之前，海军封锁都是近距离封锁，通常是为了阻止敌人的舰队离开其基地或港口。近距离封锁的最终目的是将敌人的舰队引出港口，与其交战并将其摧毁或消灭。近距离封锁即便取得成功，也只能取得局部和暂时的制海权而不是永久的制海权。在风帆时代实行的海军封锁概念对现代海上封锁产生了深远的影响。

风帆时代的海军几乎都对敌方舰队进行过近距离封锁。1639 年 9—10 月，马顿·特龙普（Maarten Tromp）将军率领的由 100 艘舰艇组成的荷兰舰队在英国沿岸的唐斯附近封锁了由 70 艘舰艇组成的西班牙舰队。1652 年 9 月至 1653 年 3 月，荷兰舰队还封锁了驻扎在埃尔巴（Elba）岛和里窝那的英国舰队。这两次封锁都很奏效，在第一次封锁中，荷兰人还彻底摧毁了企图逃跑的英国舰队。最终，1667 年荷兰舰队对英国港口的封锁迫使英国在几周内与荷兰进行和谈。[①]

在七年战争（1756—1763）期间，英国皇家海军也进行过一次近距离封锁。英国首相老威廉·皮特把海军封锁作为国家战略的一部分。英国资助欧洲盟友在陆上为其而战，而英国皇家海军则对法国舰队进行了封锁，并为英国陆军提供支援，目的是使法国舰队分散在大西洋和地中海。在 1759 年的基伯龙湾海战后，英国完全封锁了法国的港口，导致法国的军舰无法到达远海。英国皇家海军把主力后撤到托贝（Torbay），甚至是斯皮特黑德（Spithead），只靠轻型兵力在法国沿海监视试图突破封锁的法国军舰。法国的商船队遭受了灭顶之灾，整个国家的财力也耗尽了。英国还通过打击中立国商船上的禁

[①] David T. Cunningham, "The Naval Blockade: A Study of Factors Necessary for Effective Utilization" (Fort Leavenworth, KS: US Army Command and General Staff College, unpubl. MA Thesis, June 1987), pp. 19 – 20, 26.

运品来进一步限制法国的贸易。1763 年七年战争结束时，英国已经牢牢掌握了制海权。①

在法国大革命战争中，英国皇家海军控制了沿英吉利海峡的系列海军基地，以及直布罗陀、马略卡（Mallorca）岛和马达莱纳岛，这使他们能够封锁从泰瑟尔岛到土伦的法国和西班牙舰队。相反，法国舰队则受到禁锢，因为其在英吉利海峡沿岸没有足够大的港口来为舰队主力提供掩护。另外，海峡上空风力强劲，且吹向英国南部海岸。法国人没能获得唯一一个能够攻击英国大型海军基地的港口——安特卫普港的永久控制权。英国采取了与低地国家建立密切友好关系的策略，从而使法国的舰队没法使用安特卫普港。

在拿破仑战争中，英国主观上并不想封锁所有法国或西班牙的港口，但实际上达到了阻止任何大型的法盟部队出海的效果。对于法国来说，非常有必要取得舰队自由出海的权力，以确保在某个点集中兵力。1803 年封锁法国的主要海军基地布雷斯特时，驻扎在托贝的英国舰队刚好处于沿海峡北上的法国舰队的侧翼。但是，英国只盯守英吉利海峡是不够的，正如 1796 年拉扎尔·奥什（Lazare Hoche）远征爱尔兰和 1799 年厄斯塔什·布吕克斯（Eustache Bruix）将军远征地中海所证明的那样。因此，为了避免重蹈历史的覆辙，英国的封锁舰队在布雷斯特外海盯守，只有在西南风很强时才撤退，因为那时敌人的舰队也很难出港。最成功的近距离封锁的例子是，威廉·康沃利斯将军在英国与拿破仑法国的战争爆发后，1805 年 10 月特拉法尔加海战之前的夏天和秋天开展的封锁行动。

在实施近距离封锁时，优势舰队部署在敌人基地附近，监视敌舰的活动。它们相对于敌人的舰队处于中央的位置，并沿内线作战，具有内线作战的所有优点和缺点。封锁舰船会定期驶离敌人基地，因此只对当地海区实施一般程度的控制。封锁的目的是阻止敌人集结力量，或者换句话说，是阻止其他港口的舰船到此集合。

对于拿破仑一世来说，其舰队的一部分能够在他自己选择的时间和使用能够确保兵力在某一点快速集中的路线逃到开阔海区是非常重要的。[1] 英国为了阻止拿破仑达到目的，在 1803 年实施了近距离封锁，把封锁舰船部署在法国沿英吉利海峡海岸的基地附近。一旦法国分舰队试图出港，英国就命令前沿兵力退回到布雷斯特外海的中央位置，从而能够追击要么驶向爱尔兰、要么沿海峡北上的法国舰队。如果法国人沿海峡北上，就会遭遇驻扎在唐斯和北海的英国分舰队。[2]

近距离封锁通常是由优势舰队实施的。每个封锁舰队都代表了针对被封锁舰队的一个集中。但是，有时近距离封锁也可能由弱势舰队实施，目的是将优势舰队牵制在某个特定区域，从而阻止或减少它们在其他海区的行动。这样的近距离封锁也需要大量的兵力参与，并且对舰员和保障部队来说是一个相当累人和困难的差事。尽管需要投入大量舰船，但是近距离封锁相对于在茫茫大海中寻找敌人零星舰船来说，是一种更经济的监视敌人舰队的方式。[3]

成功实施近距离封锁的一个前提条件是对被封锁部队具有数量上的优势。在风帆时代，如果封锁力量只是略微大于或与被封锁舰队大致相当，那么通常都不能成功阻止被封锁部队逃逸。1695 年，一支由 76 艘舰船组成的土耳其舰队在达达尼尔海峡面对由 26 艘舰船组成的威尼斯舰队封锁时，就成功地突破了封锁。[4]

在实施近距离封锁时，封锁舰队的各组成部分要位于能够相互支援的距离。近距离封锁要取得成功还要求封锁舰队拥有地理位置上有利的基地，特别是在大型港口附近和航线交汇处附近拥有可用的基地。在 18 世纪，英国人拥有直布罗陀和梅诺卡岛的控制权，这使得英国皇家海军能够为长期在地中海执行封锁任务的舰船提供补给和维修服务。1794 年，英国人丢了梅诺卡岛，但又在科西嘉岛获得了一个新基地，可以为封锁法国地中海港口的英国舰船

---

① Till, *Maritime Strategy and the Nuclear Age*, pp. 122，124 – 125.

② G. J. Marcus, *A Naval History of England*, Vol. Ⅱ：*The Age of Nelson*：*The Royal Navy 1793 – 1815*（New York：Viking Press，1971），pp. 242 – 243.

③ Cunningham, "The Naval Blockade", pp. 16 – 17.

④ Cunningham, "The Naval Blockade", p. 28.

提供补给。但在 1803 年，纳尔逊在封锁土伦港时却没有有利的基地可以用来阻止法国人针对西西里岛或其他地中海地区开展的行动。虽然纳尔逊的 9 艘战列舰迫切需要维修，但他还是让它们不停地机动。那不勒斯和西西里岛上的港口，英国舰船不能去。纳尔逊可以使用的最近的基地是在直布罗陀或马耳他。直布罗陀不是理想的舰队基地，因为它离英国人在土伦外海的阵位有 900 英里。距离马耳他也有 700 英里，航行需要 6—7 周时间。但是，马耳他是控制西、中地中海的关键。驻扎在那里的英国舰船被用来盯守法国在阿普利亚（Apulia）地区的基地和亚得里亚海的出海口，并保护英国在黎凡特（Levant）的商业。[1]

位于敌人海上通道翼侧的基地在实施海军封锁时具有特别重大的价值。英国人使用英吉利海峡沿岸的基地来为封锁法国布雷斯特基地的舰队提供支援。在 1804 年和 1805 年封锁土伦港时，他们还使用了撒丁岛的马达莱纳湾。

对封锁舰船稳定和不受干扰的补给是风帆时代成功实施近距离封锁的另一个前提条件，正如 1639 年荷兰人在唐斯对西班牙舰队进行封锁时所证明的那样。爱德华·霍克（Edward Hawke）将军的舰船在 18 世纪 50 年代能够保持阵位的原因正是他们能够不断得到朴次茅斯港的补给。[2]

在风帆时代，如果被封锁的部队主要由浅水船组成，而封锁部队又缺少浅水船的话，前者就经常能够逃离港口。1790 年 7 月，俄国人在维堡（Vyborg）湾封锁了瑞典舰队。瑞典通过偷袭来转移俄国人的注意力，在更大的军舰的火力掩护下，瑞典的浅水桨帆船和运输船成功地通过浅水区溜出了港口。[3] 反过来说，封锁舰队如果没有能够在浅水区作战的舰船，通常也不能取得成功。这也正是英国 1854—1855 年在波罗的海封锁俄国舰队没有达到预期效果的原因。

有时候，使用新的技术是封锁成功的关键。荷兰人 1639 年 10 月在唐斯封锁西班牙舰队时使用了火力舰。1807 年 9 月封锁哥本哈根时，英国舰船使用了新的燃烧弹来轰炸这座城市。俄国人 1853 年 11 月在锡诺普（Sinope）封

① Marcus, *A Naval History of England*, Vol. II, pp. 239, 241.

② Cunningham, "The Naval Blockade", pp. 31, 33.

③ Cunningham, "The Naval Blockade", p. 38.

锁土耳其舰队时使用了爆炸炮弹。

在风帆时代实施近距离封锁时，天气也扮演着重要的角色。封锁舰船经常被迫放弃敌人港口外的巡逻区域，从而为被封锁舰队逃脱提供了机会。1759 年在封锁法国的布雷斯特基地时，霍克将军因为恶劣天气而被迫放弃了封锁阵位，从而导致法舰逃脱。不过，霍克将军追了上去，并最终在基伯龙湾歼灭了法国舰队。在决定是否实施近距离封锁时，天气是一个要主要考虑的因素。

当近距离封锁与对陆攻击相结合时，通常封锁的成功率最高。1658 年，卡尔·古斯塔夫·弗兰格尔（Karl Gustav Wrangel）伯爵率领的一支瑞典舰队对哥本哈根进行了海陆封锁。丹麦的舰队在数量上与瑞典舰队相当，它们在松德遭遇。虽然这次海战对双方来说都不是决定性的，但是瑞典之后不再需要对哥本哈根进行封锁。1807 年，英国人从海上封锁哥本哈根，他们的部队在西兰岛登陆，并从陆地一侧对这座城市进行了封锁。①

近距离封锁的缺点在蒸汽时代有所增加，因为封锁部队需要消耗大量的油料，这极大地增加了舰队对后勤保障的需求。烧煤船不具有无限巡航的能力，因此在蒸汽时代阵位补给的需求比风帆时代更加突出。当然，舰队对风力的依赖减轻了。

在 1870—1871 年的普法战争中，法国原本计划对德意志的海岸进行封锁，但是由于德意志陆军在陆上的行进速度十分迅速，法国不得不解除封锁。这个例子也说明了陆上行动对海军封锁的影响之重要。②

在美西战争中，美国的威廉·T. 桑普森（William T. Sampson）将军在 1898 年 5 月 28 日对位于圣地亚哥（Santiago）湾、由帕斯夸尔·塞韦拉（Pasquale Cervera）将军率领的西班牙分舰队进行了封锁。桑普森没能控制该海湾的入海口，因此请求陆军帮助压制岸炮火力。但是，美国陆军由于被困在其他地方而没能清除这些岸炮，因此西班牙分舰队得以逃脱，但后来还是被更强大的美军消灭了。两星期内，圣地亚哥落入美国人的手中。③

---

① Cunningham，"The Naval Blockade"，pp. 28，36.

② Cunningham，"The Naval Blockade"，p. 68.

③ Cunningham，"The Naval Blockade"，p. 70.

最后一次近距离封锁发生在日俄战争中。俄国在旅顺港附近布设了水雷，导致日本封锁舰队损失惨重。东乡平八郎大将不仅损失了两艘战列舰和三分之一的作战兵力，而且被迫减轻对旅顺港的封锁力度。东乡平八郎的压力在日军大本营推迟了陆军在辽东半岛的羊头湾（位于辽东半岛西岸南部，老铁山灯塔北约 3.5 海里，与旅顺港腹背相靠。湾口介于长咀与大羊头之间，宽约 2.5 海里，水深 15－25 米。——译者注）计划后进一步增大，因为该湾离旅顺港只有 53 英里。这个行动是非常危险的，因为俄国驻扎在旅顺港的分舰队很可能在日本战列舰加煤或维修时进行偷袭，攻击日本陆军的侧翼。东乡平八郎请求使用十几艘商船来堵塞旅顺港，但被否决了，因为当时日本运送部队和给养的商船在数量上缺口很大。①

五、 远距离封锁

到了 19 世纪末，近距离封锁对于优势舰队来说也变得难以承受，因为防御方开始使用水雷和鱼雷。潜艇和飞机也在一战爆发之初开始出现。远距离封锁逐渐成为优势舰队用来瘫痪弱势舰队的主要方式。远距离封锁的主要目的是将敌人禁锢在港内，监视其行动，一旦出来就与其决战。通过这种方法，优势舰队企图占据能够拦截弱势舰队的位置，并与其决战。

远距离封锁不可避免地导致了双方对制海权的争夺，造就了海上的"禁区"。弱势舰队能够自由行动，不仅是潜艇兵力，水面舰艇兵力通常也可以。远距离封锁也对封锁兵力的能力提出了更高的要求。对手可以在几个分散较广的海区发动打击，从而迫使优势舰队在多个地方都保持大量的兵力。远距离封锁比近距离封锁效果要差，因为一旦优势舰队退到一定距离，就给了弱

---

① Herbert Rosinski, *The Development of Naval Thought* (Newport, RI: Naval War College Press, 1977), pp. 10－11; Macintyre, *Sea Power in the Pacific*, p. 142.

势舰队一定的自由度。远距离封锁并不是使敌人的舰队寸步难行，它只是拦截敌人的舰艇，并在它们离开基地或港口较远时进行打击。

近距离封锁和远距离封锁的区别在于封锁兵力接近敌人基地的程度，以及敌人出港时的接触概率。与近距离封锁不同，实施远距离封锁的舰队相对于被封锁的兵力占据了一个外线位置，并沿外线作战。

1904—1905 年的日俄战争表明，在受到敌人水雷和鱼雷威胁的情况下保持对敌方基地的威胁是非常困难的。潜艇和飞机的引入使得这个问题变得更加困难。但是，当时许多国家的海军并没有意识到对大型舰队实施近距离封锁的时代已经一去不复返了。德意志帝国海军认为，英国的大舰队在战时将近距离封锁黑尔戈兰湾，这将为德国公海舰队提供反击的机会，特别是通过使用其训练有素的鱼雷艇部队。德国人完全忽略了一个事实，那就是英伦群岛相对于其在北海和波罗的海的潜在对手的绝佳的战略位置，为大舰队提供了拥有制海权所能享有的所有优点，这些优点使英国不必非要通过决战或封锁来争夺制海权，也不必冒巨大的风险。

在第一次世界大战期间，英国皇家海军在北海首次实施远距离封锁。此次封锁的主力是大舰队，目的之一是诱使德国公海舰队驶出基地，并在大洋上将其摧毁。虽然英国人最终没有达到其主要目的，但是他们在其他目的上取得了巨大的成功，即保护封锁线后的海上利益。从进攻的角度看，英国大舰队完全控制了从斯卡帕湾到英吉利海峡的德国航运，效果等同于对德国的北海沿岸港口进行近距离封锁。从最后的结果看效果更好，因为这个封锁也控制了邻近德国的中立国的航运。从防御的角度看，远距离封锁也足以达到其主要目的。只要北海的南北出口关闭了，德国的重型水面舰艇就不能攻击协约国在大西洋航线上的商船。德国海军虽然力量雄厚，但实际上被禁锢在北海，只能在北海内进行战术行动。然而，事实上德国也进行进攻型作战，因为他们的 U 艇偷偷突破封锁到开阔大洋攻击了英国的商船。

在远距离封锁中，优势舰队虽然对特定海战区实施总体控制，但也被迫让渡一定程度的战术自由给弱势舰队。原因是，在摧毁敌人舰队前，不可能取得对水面、水下和空中的完全和永久控制权。因此，如果弱势舰队胆敢挑战其制海权、干扰海上贸易或发动两栖登陆行动，优势舰队可能偶尔开展重大海军行动。同样，弱势舰队也可能开展大型海上行动以达到相同目的。

对一个半封闭海区进行远距离封锁通常并不能阻止弱势一方对相邻的封闭海战区实施控制。德国人在整个一战期间都拥有波罗的海的控制权，尽管英国人对德国在北海的舰队进行了远距离封锁。在二战中，远距离封锁为优势舰队提供了威慑实力较弱但非常危险的敌人最好的方法，从而提高了己方相对安全地使用海区的能力。同时，技术和战略情势也为被封锁海军（如德国和意大利海军）带去了比过去更多的行动自由。

在过去，更强的海上力量通常在战事一开始就宣布进行海军封锁，而弱势一方则会以反封锁来回应。如果有机会，优势舰队通常会试图瘫痪或摧毁在海上和在基地内的弱势舰队。封锁作战在本质上是消耗战，因此，海军部队和岸基飞机在典型窄海开展的绝大多数行动都是战术性质的。

自二战以来，海军封锁已经与海军部队开展的其他行动更加融合和难以区分。"海军封锁"作为一个传统词汇今天很少使用，因为它意味着优势舰队试图给对手施加赤裸裸的压力。现代通常使用"海上禁区"（MEZ）和"完全禁区"（TEZ）等词汇来代替。美国海军在1962年的古巴导弹危机时使用了一个更加温和的词汇——"隔离"。今天的海军封锁的主要目的是防止敌方的潜艇、水面舰艇或飞机离开驻扎基地，且防止它们对封锁线后己方控制的海区产生威胁。同时，海军封锁还必须迫使敌方关闭港口的交通。

在现代，远距离封锁的成功与否取决于是否拥有比被封锁舰队更强的力量。对大陆国家进行远距离封锁比对岛屿或半岛国家进行远距离封锁更难成功。远距离封锁也与陆上战争的进展密切相关。如果战争没有正式宣布，也会影响优势舰队封锁弱势舰队的能力。空中优势也是在典型窄海成功开展海军封锁的关键先决条件。对封锁部队实施海军封锁来说，在封锁带内存有保护通道通常是一个明显的缺点。采用新的技术进步来对抗弱势舰队技术进步的能力同样也很重要。盟友或合作伙伴的支援——在某些情况下还有中立国的暗中支援，也是典型窄海中实施海军封锁取得成功的重要因素。

现代形式的海军封锁主要是"前出控制"和"要道控制"。在第一种形式中，弱势一方被围困在基地、港口内或它自己选择龟缩。潜艇或水面舰艇如果单独出航，就会被歼灭。封锁敌方海军基地主要由进攻方来实行。在有利的条件下，基地封锁通常以陆地一侧的发起攻击并占领敌方舰艇的方式告终。为了获得对敌优势，应该遵守集中兵力的原则。前出控制主要依靠优势舰队有效地运用小型水面舰艇、水雷和潜艇来完成。在封闭海区，岸基飞机也是这种形式的海军封锁取得成功的关键要素。

通常，与敌方舰队交战的最好地方是在它们必须经过的地理瓶颈地带。封锁像地中海那样的大型窄海的出海口是远距离封锁的一种重要形式。封锁更大的海湾，甚至被称作"海"的海区，如红海或亚得里亚海，也是远距离封锁的一种形式。海峡、狭窄水道或海湾封锁在两次世界大战中都被广为使用。

封锁咽喉要道的主要目的是干扰敌方的海上交通并阻止其舰队力量的展开和机动。达成瘫痪并摧毁敌方舰队的主要前提条件的一个有效方法是封锁海区的唯一出海口。具体的目标是，阻止敌方舰队或单独的潜艇和水面舰艇通过某个海峡或狭窄水道进入大海或大洋的开阔水域。优势舰队在实施咽喉要道控制时所使用的部队数量远少于实施前出控制时所使用的部队数量。

控制了某个海区的唯一出海口本身并不足以获得该海区的控制权，正如协约国海军在1914—1918年封锁亚得里亚海时的经历所证明的那样。法国舰队在战争初期就封锁了奥特朗托海峡，但其兵力大部分时间都在海峡南部活动。法国舰船对卡特罗湾内的外部堡垒进行了狂轰滥炸，但从来没有突入其基地内部。他们只有一次驶入了亚得里亚海中部，到达利萨岛附近，距奥匈帝国的主要海军基地普拉约150英里。[1] 这种情况致使更弱的奥匈帝国海军在整个战争期间都保持了对亚得里亚海的控制权。如果协约国的海军愿花更大的力气挫败奥匈帝国海军，那他们就可以威胁到同盟国的侧翼，达尔马提亚海岸就不会被德国和奥匈帝国的 U 艇用作攻击协约国在地中海商船的行动基地。[2]

确保成功地封锁海峡或狭窄水道的主要前提是夺占（尤其是从陆地一侧）

---

[1] Anthony E. Sokol, "Naval Strategy in the Adriatic Sea During the World War", *Proceedings*, 8（August 1937）, p. 1084.

[2] Anthony E. Sokol, "Naval Strategy in the Adriatic Sea During the World War", *Proceedings*, 8（August 1937）, p. 1083.

附近所有或绝对部分的敌方海军基地。阻止协约国在一战期间建立对亚得里亚海的永久控制权的主要障碍是卡特罗湾前进基地的存在，因为奥匈帝国的轻型力量可以依托此基地对守护奥特朗托海峡的盟军舰船展开多次袭击。1917 年 5 月 15 日，一支奥匈帝国海军编队企图突破海峡封锁。但是，尽管他们击沉了盟军的 1 艘驱逐舰、2 艘商船和 14 艘拖网渔船，还是没能减轻盟军对奥特朗托海峡的控制。[1] 从另一方面来说，盟军想要攻占卡特罗湾也是不可能的，因为它们的力量不足。

盟军在 1917 年 11 月举行的罗马会议后加强了对奥特朗托海峡的控制。他们决定通过加速运送物资建立阻断网，在奥特朗托、法诺（Fano）和科孚之间布设水雷的方法来加强控制。此外，他们还使用了约 90 艘驱逐舰和猎潜艇、125 艘蒸汽渔船和一些水上飞机。英国在奥特朗托的基地和法国在科孚的基地主要用于对 U 艇的搜索。这些措施在 1918 年 5 月发挥了作用，并一直持续到战争结束。[2]

守护海区唯一出海口的中立国可以通过关闭两侧水道的方法，从实际上为封锁舰队制造有利条件，以阻止弱势舰队在特定窄海之外的贸易路线上活动。这正是 1914 年丹麦决定通过布设雷场关闭从大小贝尔特到松德的出海口的原因。奇怪的是，这个决定获得了英国和德国海军部的一致同意。1914 年 7 月 31 日，丹麦召回了所有的海军基地人员，一天以后又召回了所有的舰上人员。在德国舰队动员完成之后，丹麦在大贝尔特东部共部署了 16 000 名士兵，在西部部署了 2 500 名士兵。8 月 4 日，丹麦政府通知所有的交战国，声明自己的中立地位。[3] 丹麦决定保持严格的中立，阻止所有在其海峡内的军事行动。为此，他们将封锁的范围扩展到了大贝尔特、小贝尔特以及松德等丹

---

① Cunningham, "The Naval Blockade", p. 73.

② Editors, "Die Sperre der Otranto – Strasse 1917 – 1918", *Marine Rundschau*, 10（October 1933）, p. 451.

③ D. Welsch, "Die Sperrung der daenischen Ostsee – Zugaenge: Eine wenig bekannte Episode aus den ersten Augustagen 1914", *Marine Rundschau*, 7（July 1934）, pp. 309 – 310.

麦水域。8 月 5 日至 10 日，他们在这些水域共布设了 1 400 枚水雷。[①] 这个行动导致德国没法通过丹麦海峡将海军部队从波罗的海机动到北海。[②] 丹麦海峡的关闭也剥夺了德国舰队从斯卡格拉克海峡通行的可能，并将其撤退路线限制在北海到黑尔戈兰湾一线。[③]

守卫某个海唯一出海口的弱势舰队也可能被优势舰队封锁，如一战中的土耳其海军。1915 年 6 月 2 日，协约国的海军对土耳其的爱琴海沿岸进行了海军封锁和商业封锁。英国海军负责在士麦那（Smyrna）沿海巡逻，盯守亚德拉米提（Adramyti）湾到希俄斯（Khíos）岛之间的水域。法国海军主要负责监视希腊南部到亚洲沿岸的迈尔迈里卡（Marmarica）和往南到萨摩斯（Sámos）岛之间的交通。英国的南部巡逻线位于蒙德罗斯到亚德拉米提湾的水域，北部巡逻线主要位于爱琴海的北部。[④]

优势舰队通常也不能突破弱势舰队对唯一出海口的封锁。这也是 1915 年土耳其封锁达达尼尔海峡时发生的情况。当时土耳其利用水雷和岸炮进行封锁。由于没有地面部队的支援，盟军的海军部队没能取得这些海峡的控制权。土耳其的行动产生了巨大的影响，因为它切断了整场战争中俄国与其西方盟友的联系。在其他一些例子中，仅仅蓝水海军的威胁就足以迫使弱势舰队放弃封锁窄海的唯一出海口。如在 1973 年 10 月的第四次中东战争中，埃及被迫放弃了对曼德海峡的封锁，因为美国派出了一支航母特遣部队到该海域保护航运。[⑤]

某个窄海的多个出海口的其中一个被禁止任何舰船通行时，也会干扰优

---

① 这些援军包括：40 艘英国驱逐舰（6 艘来自澳大利亚的驱逐舰已经被部署在布林迪西，6 艘来自英格兰，还有 28 艘从护航舰艇中抽调），12 艘法国驱逐舰，8 艘帆船（从地中海护航舰艇中抽调），48 艘渔船（18 艘已经被部署在亚得里亚海，18 艘来自英格兰，12 艘从护航舰艇中抽调），76 艘已经被部署在亚得里亚海的渔船，以及 36 艘英国驱潜艇。意大利海上飞机分别从瓦拉诺、发罗拉、布林迪西和奥特朗托海上飞机场起飞。参见 D. Welsch, "Die Sperrung der daenischen Ostsee – Zugaenge：Eine wenig bekannte Episode aus den ersten Augusttagen 1914", *Marine Rundschau*, 7（July 1934），p. 313.

② Welsch, "Die Sperrung der daenischen Ostsee – Zugaenge：Eine wenig bekannte Episode aus den ersten Augusttagen 1914", p. 310.

③ Thomas H. Robbins, *The Employment of Naval Mines*（Newport, RI：Naval War College, 20 March 1939），p. 12.

④ Corbett, Vol. 3：*The Dardanelles Campaign：Naval Operations*（London：Longmans, Green, 1923），p. 79.

⑤ Cunningham, "The Naval Blockade", p. 85.

势舰队在其主要战区的行动。1967 年"六日战争"（第三次中东战争。——译者注）爆发前不久就发生了这种情况，当时埃及总统纳赛尔（Nasser）下令，通过击沉几艘驳船和破商船的方法封锁苏伊士运河。这个行动的目的是使以色列人在夺占西奈半岛时没法使用运河。埃及的行动有效地将约 30% 的以色列海军（包括 2 艘驱逐舰和 6 艘导弹艇）围困在红海，在那里他们对埃及的威胁很小。[1] 但同时，这个行动也阻止了埃及水面舰艇和潜艇在红海和地中海之间的换防。

六、 攻势布雷

水雷是封锁敌方海军部队、舰队驻泊区和展开区、水面舰艇和潜艇航渡路线的有效武器之一。攻势布雷的目的是使敌人舰队力量的作战部署难以开展，或者在航渡过程中、作战区摧毁敌方水面舰艇和潜艇。冲突双方在典型窄海的布雷区域将极大地改变地理形势。这些雷区应该等同于陆地障碍——如果可能，要尽量避开。疑似布雷区也能产生与真正雷区同样的效果。而且，诱导敌人相信疑似雷区的存在通常非常管用。[2]

水雷可以用于战役目标，也可用于战术目标。在战役运用中，通常对窄海的大部分或海区的唯一出海口进行布雷，以使敌人难以使用这部分海区来机动舰艇。战术上使用水雷的目的是对敌方造成伤亡、迟滞或干扰敌方的海上活动、切断航运交通线。[3] 为了保证取得效果，雷区还要通过其他力量进行保护，特别是使用轻型部队、岸舰导弹或岸炮。

在 1877—1878 年的俄土战争中，水雷在海战中发挥了非常重要的作用。俄国通过对多瑙河河口的某些区域进行布雷，封锁了大量的土耳其舰船。虽

---

[1] Randolph and Winston S. Churchill, *The Six Day War* (Boston, MA: Houghton Mifflin, 1967), p. 98.

[2] Robbins, *The Employment of Naval Mines*, p. 24.

[3] Robbins, *The Employment of Naval Mines*, p. 17.

然只有 1 艘土耳其舰船被击沉，但是俄国取得了战争的主动权。①

在 1904—1905 年的日俄战争中，日本不仅使用水雷封锁俄国舰船进出旅顺港基地，而且利用水雷引诱好战的俄国 S. O. 马卡罗夫（S. O. Makarov）将军派出舰队在旅顺港外海进行决战。在交战之前，日军布了一个新的雷区，从而将俄国人赶回了港内。俄国战列舰"彼得罗巴甫洛夫斯克"（Petropavlovsk）触雷沉没，舰上有 600 人，包括马卡罗夫将军阵亡。日本人掌握了黄海的制海权，这使得他们可以不受阻挠地输送部队。②

在两次世界大战中，水雷都被广泛使用，有时还极其成功地限制或阻止对方舰队通过某个海峡、狭窄水道或大型海湾。"多佛雷障"于 1917 年 11 月建立，位于多佛和加来之间，由深雷区和浅雷区组成。由于多佛海峡关闭了，德国的佛兰德斯 U 艇分舰队被迫在 1917 年 5 月开始使用北方路线。这条线路虽然比较安全，但极大地增加了航渡到作战区的时间。1917 年 7 月，7 艘 U 艇企图通过多佛海峡但最后只有 1 艘返回。到了 1918 年 11 月底，12 艘 U 艇编队中的数艘在企图穿越雷障时被摧毁。加起来，共有 27 艘 U 艇在"多佛雷障"中触雷沉没。③ 相比之下，布设在佛兰德斯沿岸的水雷只摧毁了 1 艘 U 艇。④ 英国首度在佛兰德斯沿岸布设水雷是在 1914 年 10 月，随着战争的进展，又增布了许多水雷。英国从 1915 年 1 月开始还在黑尔戈兰湾的大部分水域布雷。这些雷场牵制住了大量德国公海舰队的兵力，使他们不得不派出兵力扫雷。它们还迫使德国的 U 艇使用经过斯卡格拉克海峡的更远的航渡路线。

---

① Andrew Patterson, Jr, "Mining: A Naval Strategy", *Naval War College Review*（May 1971），p. 54.

② Roy F. Hoffman, "Offensive Mine Warfare: A Forgotten Strategy", *Naval Review* 1977, p. 145; *Andrew Patterson Jr*, "*Mining: A Naval Strategy*", p. 55; *the Russians lost six warships from Japanese mines.*

③ James A. Meacham, "Four Mining Campaigns: An Historical Analysis of the Decisions of the Commanders", *Naval College Review*（June 1962），p. 88; Eric J. Grove, ed., *The Defeat of the Enemy Attack on Shipping 1939 – 1945*, revised edition of the Naval Staff History Volumes 1A (Text and Appendices) and 1B (Plans and Tables)（Aldershot: Ashgate, Navy Records Society, 1997），p. 150.

④ James A. Meacham, "Four Mining Campaigns: An Historical Analysis of the Decisions of the Commanders", *Naval College Review*（June 1962），p. 88; Eric J. Grove, ed., *The Defeat of the Enemy Attack on Shipping 1939 – 1945*, revised edition of the Naval Staff History Volumes 1A (Text and Appendices) and 1B (Plans and Tables)（Aldershot: Ashgate, Navy Records Society, 1997），p. 148.

这增加了 U 艇的航渡时间，从而减少了特定时间段内在作战区的 U 艇数量。[①]

"北方雷障"建立于 1918 年 3 月至 7 月初，是在美国倡议下建立的。目的是限制德国 U 艇从北海向大西洋的机动。在最后阶段，雷障纵深 240 英里，从奥克尼群岛延伸至哈当厄尔峡湾（Hardanger Fiord，挪威）。虽然最初设想布设约 200 000 枚水雷，但实际只布设了 15 100 枚英国水雷和 56 000 枚美国水雷。[②] 然而，"北方雷障"并没有起到很大的作用，因为德国照旧使用 U 艇。可能最多只有 2 艘 U 艇在雷障中被摧毁，德国依然使用以前通过北海的航线。[③]

协约国布设在奥特朗托海峡的雷障，目的是防止德国和奥匈帝国的潜艇进出亚得里亚海。起初，该雷障由漂网渔船组成，建立于 1915 年 10—11 月。但是，德国和奥匈帝国的 U 艇还能自由离开亚得里亚海，并从地中海返回卡特罗的基地。奥特朗托雷障后来在 1918 年 10 月得到了加固，先后增布了几道深水雷线，以抓住能从漂网底下钻过去的 U 艇，并在奥特朗托和林奎塔（Linquetta）之间增补浅水水雷。但是，总的来说，奥特朗托雷障效果不佳，因为这片海域的水深超过 3 000 英尺，比"北方雷障"所在的海域水深要大得多。[④]

在二战中，英国皇家海军和海岸空中司令部的大部分兵力都被用于封锁北海的几个出海口。在战争伊始，英国皇家海军封锁了英吉利海峡、多佛海

① James A. Meacham, "Four Mining Campaigns: An Historical Analysis of the Decisions of the Commanders", *Naval College Review* (June 1962), p. 88; Eric J. Grove, ed., *The Defeat of the Enemy Attack on Shipping 1939 – 1945*, revised edition of the Naval Staff History Volumes 1A (Text and Appendices) and 1B (Plans and Tables) (Aldershot: Ashgate, Navy Records Society, 1997), pp. 148 – 149.

② Henry Newbolt, Vol. 5: *From April To The End of the War*, *Naval Operations* (London: Longmans, Green, 1931), p. 207; Arthur J. Marder, Vol. V: *Victory and Aftermath* (*January 1918 – June 1919*) *From the Dreadnought to Scapa Flow: The Royal Navy in the Fisher Era, 1914 – 1919* (London: Oxford University Press, 1970), p. 66. 考虑到该海域的水深，英国估计需要布设 400 000 枚水雷才能阻止 U 艇的通行。但是，美国发明了 MK6 天线水雷，这使得所需的水雷数量大为减少。这些水雷被布设在深水区，而英国自己的化学触角 H 水雷则被布设在雷区两端。J. Meacham, "Four Mining Campaigns: An Historical Analysis of the Decisions of the Commanders", p. 89.

③ Grove, *The Defeat of the Enemy Attack on Shipping 1939 – 1945*, p. 149. 某些资料认为，3 艘 U 艇被击沉，3 艘被击伤。另有资料认为，3 艘 U 艇被击伤，6 艘被击沉。详见 J. Meacham, "Four Mining Campaigns: An Historical Analysis of the Decisions of the Commanders", pp. 90 – 91.

④ Marder, Vol. II: *The War Years: To the Eve of Jutland* (London: Oxford University Press, 1965), p. 331; Marder, Vol. V: *Victory and Aftermath* (*January 1918 – June 1919*), p. 35; Robert C. Duncan, *America's Use of Mines* (White Oak, MD: US Naval Ordnance Laboratory, January 1962), p. 70.

峡和北大西洋，因为这些海域是德国 U 艇展开的路径。约有 10 000 枚水雷被布设在圣乔治海峡，但没有造成 U 艇损失。1939—1940 年布设在英格兰东部沿海的多个雷区（共约 35 000 枚水雷）也没对 U 艇的活动产生重大的影响。[①] 英国曾计划于 1939 年 11 月在苏格兰和挪威领海布设 250 英里长的水雷障碍。但是，后来德国占领了挪威，使这个计划难以进行。因此，1940 年 5 月英国决定在苏格兰、法罗群岛、冰岛和丹麦海峡之间布设 81 000 枚水雷，建立雷障。这个雷障的存在于 1940 年 7 月对外宣布。但是，这个雷障只造成了 1 艘德国 U 艇的损毁，对 U 艇作战行动基本没产生影响。[②] 英国还在多佛海峡布设了反潜雷障。[③] 德国在损失了 3 艘 U 艇后，被迫放弃使用多佛海峡作为潜艇的展开路线。[④]

英国总共在奥克尼群岛、冰岛和圣乔治海峡布设了 126 000 枚水雷。但是，尽管展开了如此声势浩大的行动，还是没有证据表明这些水雷对德国在特定海域的海军行动产生过重大影响。[⑤]

英国在二战期间也封锁了直布罗陀海峡，防止德国 U 艇进出地中海。然而，93 艘德国 U 艇中，共有 62 艘成功地通过了直布罗陀海峡。[⑥]

将敌人舰队封锁在基地内最有效的方法是：在基地所在的窄海通向开阔海域的唯一可能的航渡路径所经过的海湾或狭窄水道，建立几个连续的雷障。1941 年 6 月，德国计划布设几个雷障，以限制苏联波罗的海舰队的自由机动，

---

① Grove, *The Defeat of the Enemy Attack on Shipping 1939 – 1945*, pp. 151 – 152.

② Grove, *The Defeat of the Enemy Attack on Shipping 1939 – 1945*, p. 152.

③ 这个雷障从 1939 年 9 月 11 日开始布设，5 天后布设完毕。起初，这个雷障由约 3 000 枚水雷组成，它们分为 5 道水雷线，布设于古德温沙礁和迪克滩以东海域，但在古德温附近海域留出了供英国舰艇使用的秘密通道。1939 年 10 月，在福克斯通和葛瑞斯耐兹角之间共布设了 3 640 枚深水雷。第三阶段和最后阶段还在两个雷场之间布设了双重指示器线圈，防止任何 U 艇通过雷障。详见 "Roskill, *The War At Sea 1939 – 1945*, Vol. I, p. 96; Peter C. Smith, *Hold the Narrow Sea: Naval Warfare in the English Channel 1939 – 1945* (Ashbourne, Derbyshire: Moorland Publishing, and Annapolis, MD: Naval Institute Press, 1984), pp. 11 – 12."。

④ Grove, *The Defeat of the Enemy Attack on Shipping 1939 – 1945*, p. 153.

⑤ Grove, *The Defeat of the Enemy Attack on Shipping 1939 – 1945*, p. 153.

⑥ 共有 95 艘 U 艇奉命进入地中海。1943 年 9 月，其中 3 艘的航行计划取消，另有 8 艘由于各种原因没有出动。在航渡过程中，1 艘 U 艇受损，2 艘沉没；6 艘被盟军击沉，6 艘被击伤；2 艘被阻止进入海峡，另 2 艘被命令放弃突破海峡。参见 "Grove, *The Defeat of the Enemy Attack on Shipping 1939 – 1945*, p. 144."。

从而剥夺苏联在海上展开攻势作战的行动自由。①

德国还计划在梅梅尔（Memel）和奥兰德（Oeland）之间布设一个大型雷障，在里加湾出口布设几个小型雷障。② 德国布设的第一个雷障——"瓦尔特堡"（Wartburg），于 1941 年 6 月 18—21 日布设于奥兰德顶端和立陶宛沿岸之间。迫于德国的压力，瑞典也在其领海建立了一个雷障，作为德国布设雷障的补充。6 月 21—22 日晚，德国还在里堡、温达尔（Windau）、索洛海峡（Soelosund）和穆恩海峡（Moonsund）的入口以及伊尔本（Irben）水道布设水雷。

事后证明，德国在波罗的海布设的水雷大多无用，因为苏联根本没有突破其本土基地的打算。而且，"瓦尔特堡"雷障也使德军自己的机动变得更加困难，并且到 1941 年底造成了至少 10 艘德国商船和 2 艘扫雷舰的损毁。这个例子表明，攻势布雷行动过犹不及，因为某片海区水雷太多也会影响自己水面舰艇和潜艇的机动，限制自己的机动自由，并造成不必要的损失。③

德国还曾计划通过布设数道雷障、水面舰艇巡逻和岸炮火力覆盖的方法来彻底关闭芬兰湾。到了 1941 年 6 月底，德国海军参谋部认为，将苏联的波罗的海舰队封锁在芬兰湾内侧的基地并最终将其消灭只是时间问题。④ 芬兰湾的首道雷障由德国军舰伪装成商船于 1941 年 6 月 12 日布设。另外一道雷障被称为"阿波尔达"（Apolda），于 6 月 21 日布设于奥罗（Oro）和塔科霍纳（Takhona）之间。"科贝萨"雷障则布设在卡尔巴格兰德（Kallbadargrund）和帕克洛特（Pakerort）之间。芬兰于 6 月 26 日参战之后，其舰船又分别布设了基品诺拉（Kipinola）和库勒曼贾维（Kuolemanjarvi）雷场。6 月 22 日至 28 日，芬兰潜艇在霍彻兰（Hochland）和大退特斯（Great Tueters）之间的海

---

① 另一个目的是确保从瑞典到德国的航线安全。参见 "Juergen Rohwer, 'Der Minenkrieg im Finnischen Meerbusen, Part I: June – August 1941', *Marine Rundschau*, 1 (January 1967), p. 17."。

② Juergen Rohwer, "Der Minenkrieg im Finnischen Meerbusen, Part I: June – August 1941", *Marine Rundschau*, 1 (January 1967), p. 17.

③ Salewski, *Die deutsche Seekriegsleitung 1935 – 1945*, Vol. I: *1935 – 1941*, p. 418; David Woodward, *The Russians at Sea: A History of the Russian Navy* (New York: Frederick A. Praeger, 1966), p. 210; Juerg Meister, *Der Seekrieg in den osteuropaeischen Gewaessern 1941 – 1945* (Munich: J. F. Lehmans Verlag, 1958), p. 11.

④ Salewski, *Die deutsche Seekriegsleitung 1935 – 1945*, Vol. I: *1935 – 1941*, p. 418.

域布设了多道雷障。^① 芬兰对在芬兰湾大面积布雷并不积极，因为这也会影响到他们自己兵力的行动。^② 但是，德国 1941 年 8 月底在芬兰湾布设了一个大型雷场〔"朱明达"（Juminda）〕。苏联人似乎对损失不太在乎，他们还时不时地使用潜艇来突破雷障。德国于是对雷障进行了补充布雷，以防止苏联运送供应物资，并从汉科撤退。^③

与德国不同，苏联在二战中的攻势布雷很不成功。在黑海，无论是从布设水雷的数量来看还是从产生的效果来看。除了刻赤海峡，苏联攻势布雷的效果几乎可以忽略不计，这是由于苏联使用的水雷太过陈旧，而且苏联水面舰艇只使用被动手段来布设攻势雷障。^④

在太平洋战争中，美国陆军飞机在濑户内海的海峡进行了布雷，以限制日本海军的机动。为了支援冲绳登陆作战（"冰山"行动），美国飞机在下关海峡（现称"关门海峡"，该海峡是连接日本内海与日本海以及朝鲜和中国的重要通道。——译者注）、吴和佐世保基地以及广岛的军用码头都布设了水雷。其目的不仅是让日本军舰的行动更加困难，而且更重要的是，防止日本舰队向南通过下关海峡干扰盟军的登陆行动。这些水雷迫使日本舰船使用濑户内海的丰后水道（Bungo Suidō）出口进行出击，但是那里有美国潜艇设伏，最终大和（Yamato）特遣部队被发现并被歼灭。^⑤

冷战时期，北约海上战略的一个主要目的是：防止华约海军部队从欧洲水域的丹麦海峡或土耳其海峡逃离，或防止苏联太平洋舰队从宗谷海峡和朝鲜海峡逃离。丹麦和土耳其凭借其地理位置，能够有效地阻止相应的苏联舰队进入开阔海域。

---

① Rohwer，"Der Minenkrieg im Finnischen Meerbusen, Part I: June – August 1941"，p. 21.

② Meister，*Der Seekrieg in den osteuropaeischen Gewaessern 1941 – 1945*，pp. 13 – 14.

③ Meister，*Der Seekrieg in den osteuropaeischen Gewaessern 1941 – 1945*，p. 16.

④ Salewski，*Die deutsche Seekriegsleitung 1935 – 1945*，Vol. 1：1935 – 1941，p. 304.

⑤ Meister，*Der Seekrieg in den osteuropaeischen Gewaessern 1941 – 1945*，pp. 14 – 15，25.

七、 夺占咽喉要道

在战时，对某片狭窄海域的一般控制可以通过控制或占领这个海域出海口一侧或两侧的海岸来达成。意大利人在两次世界大战中都控制了奥特朗托海峡的两岸，但是他们在一战中没有做到而德国人在二战中做到的是，控制丹麦诸海峡的一侧沿岸和面对设得兰岛的挪威沿岸。德国人还在 1940 年取得了整个英吉利海峡一侧海岸的控制权，而他们在一战中之所以失败就是因为没有取得这个控制权。

在一战中，德国海军不能到大西洋的开阔海域作战，是因为德国陆军没能在 1914 年战争的前几个月夺占英吉利海峡的一些港口。阿尔弗雷德·冯·蒂尔皮茨（Alfred von Tirpitz）注意到，德国人最重要的一个目标是夺占英吉利海峡沿岸的港口，从而阻止英国将远征军运送到瑟堡或布雷斯特；这样一来，德国人就可以在大西洋作战而不是龟缩在北海。德国人不断地在泰晤士河口干扰海上交通，将会对英国造成重大的经济损失。他还认为，占领佛兰德斯沿岸并不足以立即对法国沿英吉利海峡的港口造成严重威胁。通过使用荷兰和比利时的港口，德国人对英国在北海南部的交通线进行了零星的攻击，但这些攻击并不能对整个海上战役产生决定性的影响。更糟糕的是，德国的战前作战筹划只针对在北海与英国大舰队进行决战。他们的舰队在北海南部占据了非常有利的位置，因为他们控制了泽布吕赫港、奥斯坦德港和安特卫普港——这些港口可以用作攻击英国驶往敦刻尔克、加来和布伦的军舰和运输船队的基地。① 同样，奥匈帝国陆军没能占领阿尔巴尼亚沿岸的天然良港。奥地利人在 1916 年打到了都拉佐，但是这个前线一直到战争结束都悄无

---

① Otto Groos，"Die strategische Bedeutung des Aermelkanals in der Geschichte und Gegenwart"，*Marine Rundschau*，7（July 1940），p. 376.

声息。①

控制一个封闭或半封闭窄海的出海口，通常不能确保取得在这个海中的绝对控制权。要取得绝对控制权，还必须占领这个窄海中一些具有重要战役价值的位置，至少要确保这些位置不被敌占领。在二战期间，英国皇家海军完全控制了地中海的两个出海口：直布罗陀海峡和苏伊士运河。但是，1940—1942 年对中地中海的控制权并不完全在英国人手上。作为英国海军和空军基地，马耳他岛的功能并不能完全发挥，因为该岛经常受到驻扎在西西里岛和撒丁岛的德国和意大利飞机的骚扰。英国人也并没有完全控制西地中海和东地中海，因为在 1943 年夏天之前，所有具有重要战役价值的位置点都处于轴心国的控制之下。同样，二战期间德国人控制了丹麦海峡，但这并没有使他们完全控制波罗的海，特别是芬兰湾。德国制订的"巴巴罗萨"计划设想，在与苏联开战之初芬兰人就会占领、控制芬兰湾西侧的重要位置——奥兰和汉科岛。随后，德国的 S 艇和芬兰的飞机将会被部署到东经 29°。苏联任何企图突破封锁的行动都将遭到阻止。芬兰的潜艇将会在芬兰湾的内侧活动，以突袭苏联的战列舰和巡洋舰；而德国的 U 艇可以在波罗的海东部寻歼苏联的舰船。②

在与伊拉克的战争（1980—1988）中，伊朗人控制了霍尔木兹海峡一侧的海岸。霍尔木兹海峡的水道都在伊朗岸舰导弹的射程之内，伊朗人还在海峡内部署了大量水面舰艇。但是，后来的事实证明，这些都不足以帮助他们取得阿拉伯湾的完全控制权，因为其他的沿海国控制了阿拉伯湾内一些具有重要战役价值的位置点。伊朗人还在 1986 年占领了法奥（Al Fāw）半岛（位于阿拉伯湾北部）。从 1987 年 9 月开始，伊朗人就从该半岛上发射"蚕"式导弹，攻击进出科威特港口的舰船。但是，攻击的密度很低（平均一天一枚"蚕"式导弹）。伊拉克陆军在 1988 年 4 月收复了半岛，从而结束了伊朗人对科威特的攻击。③ 为了取得对阿拉伯湾东部大片海域的控制权，伊朗人还在拉

①　Sokol，"Naval Strategy in the Adriatic Sea during the World War"，p. 1087.

②　Salewski，*Die deutsche Seekriegsleitung 1935 – 1945*，Vol. I，p. 370.

③　Frank Uhlig，Jr，*How Navies Fight：The US Navy and Its Allies*（Annapolis，MD：Naval Institute Press，1994），pp. 380，382.

腊克、汉吉恩（Hengion）和锡里（Sirrī）岛上部署了革命卫队的小分队，并且还在格什姆（Qeshm）和大通布岛上建造了高炮阵地。另外，伊朗人还加强了法斯（Fārsī）岛上的兵力。①

八、 通过岸基飞机取得控制权

岸基空中力量在取得和保持窄海的控制权方面具有重要的地位。由于现代飞机作战半径、续航力和速度的提高，大型海区和洋区也成为海军力量和岸基飞机合同作战的区域。今天，典型窄海的任何区域都不能免于空中侦察和攻击。

争夺窄海上的空中优势，与相邻沿海地区上空的空战密切相关。距离的缩短使得在窄海上攻击敌舰艇和岸上目标的效果要比在开阔海域好很多。在特定的时间框架内，岸基飞机在典型窄海的出动率比也在开阔海域要高。在有众多沿海岛屿的窄海，岸基飞机可以从翼侧攻击敌人的航线。飞机可以迅速地从一个机场部署到另一个机场，或从海区的一部分转移到另一部分。1941 年 1 月，德国第 10 航空军从挪威换防至西西里岛，一夜之间就改变了中地中海的战场态势。德国人拥有足够多的大陆机场，再加上在多德卡尼斯群岛上还有他们的基地，这使得他们能够覆盖所有利比亚的沿海区域和东地中海。他们也能相对容易地对飞机进行保养和维修，从而使得飞机的完好率更高。

有时，单凭空中力量就能获得对窄海大部分海域的控制权，正如 1941—1942 年德国人在地中海所经历的情况一样。德国人在占领希腊大陆后加强了对爱琴海的控制，他们在 1941 年 5 月 20 日发动了一次大型空中战役——旨在

---

① Anthony Cordesman, *The Iran – Iraq War and Western Security 1984 – 1987*: *Strategic Implications and Policy Options* (London: Jane's Publishing, 1987), p. 174.

占领克里特岛。克里特岛的守军有 28 600 人，包括英国、澳大利亚和新西兰的部队，还有两个希腊陆军师。[①] 德国的登陆部队由第 11 航空军、第 7 伞兵师、第 5 山地师和第 6 山地师的一部分组成，这些部队都通过 500 架 Ju－52 飞机运送。[②] 整个战役在德国空军第 8 航空军的支援下进行。德国人在战役的第一天——5 月 20 日就投送了第 7 伞兵师的 3 000 名伞兵。

克里特岛的守军进行了非常顽强的抵抗，德国人前几天的攻势没有取得实质性进展。德国人原计划通过海路来运送增援部队和重武器。但是，由于缺少大型舰船，他们被迫临时使用由希腊的动力帆船艇组成的两支运输船队运送两个营的第 5 山地师部队和重武器，包括一些坦克。第一支船队由 25 艘动力帆船艇组成，大约在 5 月 21 日到达克里特岛。但是，英国皇家海军的舰艇在摆脱意大利驱逐舰的阻挠后击沉了大部分运输船。一天之后，英国人又一次击退了德国人试图增兵克里特岛的尝试。在进攻克里特岛期间，德国人在二战的首场海空大战中给英国皇家海军造成了严重损失，击沉英军 2 艘巡洋舰和 2 艘驱逐舰，并击伤几艘其他舰船。[③] 德国人在经过 12 天的苦战后最终投送了 22 000 名官兵，占领了该岛。[④]

德国人还曾计划从空中攻占塞浦路斯，然后占领苏伊士运河。虽然希特勒对这个计划很感兴趣，但最终没有执行，可能是担心苏联的进攻。一年之后，希特勒批准了从空中攻占马耳他的计划（代号"赫库勒斯"行动）。但是，后来他改变了主意，取消了整个行动，因为他担心如果英国皇家海军出

---

① B. H. Liddell Hart, "How Crete Was Lost – Yet with Profit", *Military Review*, 10（October 1951）, p. 10.

② Detlef Vogel, "Das Eingreifen Deutschlands auf dem Balkan", in Gerhard Schreiber, Bernd Stegemann and Detlef Vogel, *Der Mittelmerraum und Suedosteuropa：Vonder "non belligeranza" ltaliens bis Zum Kriegseintritt der Vereinigten Staaten, Das Deutsche Reich und der Zweite Weltkrieg*, Vol. 3（Stuttgart：Deutsche VerlagsAnstalt, 1984）, p. 493.

③ Detlef Vogel, "Das Eingreifen Deutschlands auf dem Balkan", in Gerhard Schreiber, Bernd Stegemann and Detlef Vogel, *Der Mittelmerraum und Suedosteuropa：Vonder "non belligeranza" ltaliens bis Zum Kriegseintritt der Vereinigten Staaten, Das Deutsche Reich und der Zweite Weltkrieg*, Vol. 3（Stuttgart：Deutsche VerlagsAnstalt, 1984）, pp. 504 – 505.

④ 在此过程中，德国遭受了巨大的损失。约有 6 000 人死亡、受伤或失踪。战斗结束后，第 8 航空军只剩下 185 架运输飞机，150 架飞机完全报废，165 架受损。Detlef Vogel, "Das Eingreifen Deutschlands auf dem Balkan", in Gerhard Schreiber, Bernd Stegemann and Detlef Vogel, *Der Mittelmerraum und Suedosteuropa：Vonder "non belligeranza" ltaliens bis Zum Kriegseintritt der Vereinigten Staaten, Das Deutsche Reich und der Zweite Weltkrieg*, Vol. 3（Stuttgart：Deutsche VerlagsAnstalt, 1984 ）, p. 509.

现在现场，意大利人会逃回家，留下德国军队困守在马耳他岛。[①] 这个决定现在看起来似乎对后来在北非的战争产生了巨大的影响，因为马耳他在盟军的手中，对于他们控制地中海是至关重要的。

在某些情况下，散布在广阔海域的众多沿海岛屿可以帮助某支部队通过岸基飞机，在水面舰艇部队或地面部队的支援下，取得制海权。在占领克里特岛后，德国人迅速通过占领爱琴海中的一些重要岛屿加强了对该海的控制。他们还增援了意大利在该区域驻守的部队。爱琴海不仅成了盟军舰船的禁地，还为德国人和意大利人提供了空中攻击英国东地中海船队的岛屿基地。德国和意大利的潜艇经常使用爱琴海沿岸的港口，驻扎在爱琴海的轻型力量和飞机能够完全控制爱琴海，保护他们沿海岸和跨海的船运航线。

在另外一个例子中，德国人在 1943 年 10 月占领了多德卡尼斯群岛上的科斯岛。这个行动也是主要通过空中力量运送部队，而驱逐舰则被用来运送部队到莱罗斯岛，还有一些小艇被用来运送部队到北部的萨摩斯岛。[②] 德国人取得胜利的部分原因是他们能够迅速地增援在该地区的空中资产。直到 1943 年 9 月初，德国空军只有 285 架飞机在这个战区，而且没有远程轰炸机。但是，在英国占领了爱琴海的一些岛屿后的一个星期内，德国的援军陆续到达。到 10 月 1 日，德国空军的力量增强到了 360 架飞机，包括相当数量的远程轰炸机。最重要的因素是，德国空军所使用的机场离这个战区的决胜点很近。塞浦路斯离科斯岛只有 350 英里，而德国人在罗德岛有两个机场，离塞浦路斯约 70 英里；在克里特岛还有两个机场，离塞浦路斯约 150 英里。[③]

---

① Hart, "How Crete Was Lost – Yet with Profit", p. 13.
② Roskill, *The War At Sea 1939 – 1945*, Vol. Ⅲ: *The Offensive*, pt. 1, p. 192.
③ Roskill, *The War At Sea 1939 – 1945*, Vol. Ⅲ: *The Offensive*, pt. 1, p. 193.

九、　从陆地夺取驻泊区

在典型窄海中，战略目标可以通过使用地面部队夺取咽喉要道、夺取大部分大陆沿海和夺取拥有海空基地和港口的重要沿海岛屿的方法来达成。随着己方部队朝海岸进发，敌方海军的活动圈也在逐渐收缩。当敌方的整个海岸或群岛都被己方部队占领时，就可以实现完全的海上控制。此时，敌方的舰队要么被消灭，要么被扣留在中立港口。这些战略目标即便是朝海岸进发的陆军，在没有海军力量支援或海军支援力度很小的情况下，也能达成，正如二战中德国和苏联在波罗的海的行动所证明的那样。但是，毋庸置疑，如果朝海岸进发的陆军能够得到海军和岸基飞机的支援，形势会更加有利。

1941—1942 年，德国地面部队沿海岸的行军速度很快，几乎取得了对波罗的海和黑海的完全控制权。德国陆军北方集团军的初期作战计划是：通过使用水雷封锁驻扎在里堡、温达尔和里加的苏联舰船，最后从陆地方向夺取波罗的海的港口。事实证明，在战争的最初几个星期，陆军北方集团军沿波罗的海海岸的行军速度很快。到了 7 月 1 日，德国军队攻占了温达尔，几天之后里加也落入了他们手中。里加湾的南部海岸，包括德文斯克港（Ust'-Dvinsk）也被攻占。到了 7 月 8 日，德国人进入了帕尔努（Pernau，爱沙尼亚）。但是，到了 7 月中旬，德国人的行军速度变慢了，因为苏联加强了抵抗，并守住了里加东北部。苏联人抵挡住了德国沿海岸的进攻，从而保住了雷瓦尔。但是，德国的第 18 军继续向东行进，8 月 7 日到达了芬兰湾沿岸，攻占了昆达（Kunda）和朱明达角——这两个地方与雷瓦尔之间的距离分别为 65 英里和 30 英里。通过此举，德国人切断了雷瓦尔和纳尔瓦（Narva）之间的陆上联系。

8 月 27 日，德国的第 42 陆军军团到达了雷瓦尔的郊区。然而，苏联军队在波罗的海的穆恩、奥塞尔（Oesel）和达戈（Dago）岛上挡住了德国的进攻。他们还守住了芬兰东南部的汉科要塞。到了1941年10月21日，德国人占领了整个波罗的海沿岸。德国国防军最高统帅简单地认为，苏联可能决定把他们的重型舰船送到瑞典暂扣。为了阻止这些苏联舰船，德国成立了"波罗的海舰队"（其中包括42 000吨的战列舰"蒂尔皮茨"号）。这支舰队只存在数天就解散了，因为形势证明苏联人试图把他们剩下的战列舰和巡洋舰集中到喀琅施塔得—列宁格勒一线。

到了1941年12月3日，苏联人从汉科基地撤军，从而使德国人取得了波罗的海东部的控制权。[1] 在空军的支援下，德国陆军将苏联海军挤到了芬兰湾的内侧。除了喀琅施塔得和列宁格勒，苏联人还在整个二战期间保持了芬兰湾内侧两个岛屿的控制权——拉旺萨尔岛和谢斯卡尔（Seiskari）岛。德国海军的活动仅限于执行布雷和护航任务。德国的大型舰艇几乎很少出动，使得苏联波罗的海舰队在波罗的海东部的行动计划不受限制，特别是在里加湾和芬兰湾，直到这些位置被德国军队占领。[2]

1943年初，列宁格勒前线战事僵持，这促使陆军北方集团军和德国海军最高司令部达成了一项联合作战计划，即通过攻占列宁格勒和喀琅施塔得来清除苏联在波罗的海的海军兵力。但是，到了2月底，陆军北方集团军决定大幅缩短在列宁格勒附近的前线，兵力撤退到纳尔瓦一线。德国海军最高司令部向陆军最高司令部提出抗议，他们认为如果陆军北方集团军撤退，苏联的波罗的海舰队将能够在波罗的海自由地作战。这将使德国从瑞典进口钢铁和从爱沙尼亚进口石油面临巨大的威胁。那时，德国80%的钢铁需求都从瑞典进口，但是受到其他海上战区需求的影响，德国人在波罗的海派不出更多的海军兵力。德国海军最高司令部的主要理由是：如果失去了波罗的海的控制权，德国U艇就没有了安全的训练区域，这将会对U艇在大西洋的进攻性作战产生灾难性的后果。因此，海军最高司令部建议陆军部队夺占斯切裴尔—奥朗尼恩鲍姆（Schepel–Oranienbaum）区域——作为取得整个波罗的海

---

① Ruge, *The Soviets as Naval Opponents 1939–1945*, pp. 20–22; Meister, *Der Seekrieg in den osteuropaeischen Gewaessern 1941–1945*, p. 22.

② Ruge, *The Soviets as Naval Opponents 1939–1945*, p. 23.

控制权的最有效方法。[①] 这个建议未被采纳，列宁格勒前线到 1944 年初一直保持平静。

　　苏联的地面部队也是苏联在 1944—1945 年能够重新夺回波罗的海沿岸地区的主要因素。苏联对德国北方集团军的反攻开始于 1944 年 1 月，当时德国的第 18 军被赶出了列宁格勒地区。到了 6 月底，苏联人经过苦战终于突破了芬兰的曼纳海姆（Mannerheim）堡垒，攻占了维堡城。7 月，苏联人继续对纳尔瓦展开进攻，这迫使德国人撤退。雷瓦尔被切断后，德国人很快就丢了爱沙尼亚。1944 年 9 月，芬兰与苏联签订了停火协议，德国人的境地更加糟糕了。很快，苏联人就开始重新占领波罗的海的岛屿。德国人进行了顽强的抵抗，但最终还是被迫于 11 月 23 日从索夫（Sorve）半岛上撤走最后一批士兵。

　　在黑海，同样的一幕也在 1941 年上演。德国南方集团军沿乌克兰南部进军，目的有两个：一是夺取克里米亚半岛及塞瓦斯托波尔大型海军基地及其他乌克兰港口；二是占领高加索地区的苏联油田。德国和罗马尼亚联军沿海岸快速行进，一路上攻占了多个苏联海军基地和港口。但是，在波罗的海，他们遭到了苏联的坚决抵抗。敖德萨（Odessa）港口的大部分都处于苏联人的严密防护下。最后，在认识到该港口处于德国军队大后方以后，苏联人在 10 月中旬撤出了精锐部队。由于出乎意料地遭到了苏联的抵抗，德国军队直到 1941 年 9 月才到达亚速海沿岸。一个月后，德国人占领克里米亚的大部分，包括刻赤半岛。然而，直到 1942 年 7 月德国人才攻下塞瓦斯托波尔堡垒。由于轴心国在黑海的海军力量微乎其微，苏联人在 1941 年 12 月—1942 年 1 月展开了多次两栖登陆。但是，苏联人始终无法重新获得黑海的控制权，也没能切断轴心国的海上交通，想要将德国人赶出克里米亚半岛也未能成功。

　　德国人在 1942 年夏展开的攻势几乎占领了苏联所有在黑海的港口。到了 7 月中旬，德国军队跨过了刻赤海峡，他们的先头部队在 8 月初通过库班（Kuban）河进入了克拉斯诺达尔（Krasnodar）。最终，他们打到了新罗西斯克，但没能将苏联人赶出俯瞰该港口的高地。图阿普谢和波季海军基地以及黑海高加索沿岸的一些小基地从未被占领。德国人没能消灭苏联海军，从而

---

① Salewski, *Die deutsche Seekriegsleitung 1935 – 1945*, Vol. Ⅱ *1942 – 1945*, p. 449.

没有获得黑海的完全控制权。苏联海军的活动对德国的补给线始终是个麻烦。[1]

苏联人的运气在 1943 年斯大林格勒战役结束后有了改善。苏联的进攻迫使德国人及其盟友撤退，沿米乌斯（Mius）河的前线保持稳定，回到了1941—1942 年冬天的状态。德国人建立了库班桥头堡，通过海运来为处于最南方前线的军队进行补给。除了刻赤海峡还在德国人的手上，苏联人获得了整个亚速海的控制权。新罗西斯克在 1943 年 9 月被苏联军队解放。不久之后，德国人就被迫放弃了库班桥头堡，并从克里米亚撤军。苏联人继续沿海岸进军，到了 1943 年 10 月苏联军队就站在了德涅斯特（Dniester）河旁。这使得德国人不得不从赫尔松（Kherson）港撤军，从而使该前线保持平静直到1944 年 2 月底。

到 1944 年 2 月，苏联人恢复了他们在乌克兰南部的攻势，夺回了几个小港口。到了 3 月底，苏联人收复了尼古拉耶夫（Nikolayev）港，从而将大量的德国军队孤立在克里米亚。苏联人的进攻也威胁到了位于德国占领线后的其他乌克兰港口。1944 年 4 月，德国人大规模地从敖德萨撤退，5 月又撤离了克里米亚。从此，轴心国在黑海的地位岌岌可危。苏联人在陆地上的成功还带来了其他影响，因为 1944 年夏土耳其人封闭了轴心国船队使用的两个海峡，8 月罗马尼亚和保加利亚投降。至此，德国海军彻底丧失了在黑海的作战基地。[2]

蓝水海军要想取得典型窄海的控制权，可以综合使用多种手段。首先也是最重要的一点是，要取得这个海域的空中优势。与此同时或此后不久，就要通过展开一次或多次战役行动消灭敌人的舰队或基地。消除弱小海军带来的威胁的另外一个有效但更费时的手段是，通过控制该窄海的唯一出海口和海中的一些重要位置点来实施远距离封锁。这种方法将不可避免地导致消耗战。如果蓝水海军决定发动大型战役，最终也能取得海上控制权，但战损更大，时间也更长。

---

[1] Salewski, *Die deutsche Seekriegsleitung 1935 – 1945*, Vol. II *1942 – 1945*, p. 384.

[2] Meister, *Der Seekrieg in den osteuropaeischen Gewaessern 1941 – 1945*, p. 303.

对于小型的沿岸型海军，如何获得窄海的控制权或部分控制权的问题则更加复杂。但是，这个问题可以通过海军与岸基飞机和地面部队进行密切配合的方法来解决。海军力量的不足通常可以通过空中力量和陆上力量来弥补。控制某个窄海唯一出海口一侧或双侧沿岸的弱小海军，则拥有取得该海域大部分控制权的先天优势。在典型窄海通过开展大型联合行动取得制海权比在开阔大洋更加困难，因为需要使用多个军种的作战力量，计划和准备也更加复杂，实施起来也相当不容易。

第十章

行使控制权

在取得制海权后，蓝水海军或近岸型海军一定要保持控制权。这包括一系列必须同时或依次执行的战略和战役任务。实施控制权要求执行的战略任务包括：投送力量上岸，阻止敌人从海上发起进攻，削弱敌人和保护海上贸易，等等。在典型窄海实施控制权与在开阔海域实施控制权，在兵力规模、海域范围和时间长短等方面都有很大的不同。窄海的一大特点是，开展大型战役行动甚至是战术行动都需要武装部队各军种进行最高程度的分工合作。

一、　投送力量上岸

一般来说，投送力量上岸对任何一个国家的海军来说都可能是复杂的任务之一。对于蓝水海军而言，投送力量上岸的重要性在于这么一个事实，即70%的世界人口都生活在离海岸线不超过 200 英里的地方，约 80% 的国家的首都离大海不超过 300 英里。[①] 约 60% 的世界政治中心城市离海岸线不超过 25 英里，75% 都不超过 150 英里。[②] 对于蓝水海军来说，靠近敌人的海岸作战并向内陆纵深投送力量是非常重要的。[③] 对于优势方的舰队来说，濒海海区或洋区在支援陆上作战时是必须要控制的区域；对于弱势方而言，从内陆到海岸的濒海地区是防御海上入侵的重点区域。对于近岸型海军来说，向敌岸投送力量也很可能是一项重要任务，特别是在战略进攻时期。

对于蓝水海军来说，在窄海投送力量上岸是其众多任务中的一项。要在

---

① Scott Bowden, *Forward Presence, Power Projection, and the Navy's Littoral Strategy* (Arlington, VA：IRIS Corporation, July 1997), pp. 3, 7；Carl E. Mundy, "Thunder and Lightning：Joint Littoral Warfare", *Joint Force Quarterly* (Spring 1994), p. 47.

② Frank J. Murphy, Jr, "Littoral Warfare：Adapting to Brown – Water Operations", *Marine Corps Gazette* (September 1993), pp. 65 – 73.

③ 濒海战略要求美国海军能够在离海岸 650 英里的范围内作战，今天美国海军部队的打击范围更广。Bowden, *Forward Presence, Power Projection, and the Navy's Littoral Strategy*, p. 3. 但是，实际上这个距离在美国术语中是从 370 到 510 英里不等，这是海军最强大的攻击机 F/A – 18 的有效作战距离。Bowden, *Forward Presence*, p. 10.

濒海地区成功开展行动，蓝水海军必须极大地减少敌人岸基飞机、反舰导弹、潜艇和水雷的威胁。这实际上意味着这些海军必须具备相当强的反空、反舰、反潜和反水雷的能力。① 在典型窄海还有一个棘手的问题，那就是如何防御敌人的远程岸舰导弹和战区弹道导弹。

与在开阔大洋进行的战争相比，在窄海投送力量上岸有时能取得比舰队决战更大的决定性战果。针对敌岸的行动是任何一场海上战争的最终目的，对敌舰队取得胜利只是在为达到战争的最终目的创造一个前提条件。投送力量上岸实际上是为己方部队创造行动自由，以便在敌人不备的时间和地点摧毁岸上目标。这种能力是一支海上力量所能拥有的最大资产。没有这种能力，海上力量的效能就显著降低。在窄海中，针对岸上敌人可能开展的行动包括：大规模的两栖进攻登陆，轰击海军基地和港口，摧毁岸上设施和部队聚集区，小规模的袭击，等等。

二、 两栖登陆

在典型窄海的海上登陆，比起针对濒临开阔大洋的海岸发起的登陆战役，通常距离更短，兵力规模更小。今天，在某些窄海，特别是波罗的海和黑海，使用大型两栖部队已经太过危险，因为会经常面临来自空中、潜艇和水雷的巨大威胁。

通常而言，两栖登陆的目的是：夺取敌人控制的海岸，为达成内陆的战役目标创造条件；加快友军沿海岸的行军速度；或者在某种情况下，还有助于缩短战争的进程。这些目标可以通过以下方法来达成：展开旨在摧毁或夺占大型海军基地或港口的两栖登陆，阻止敌方夺占己方的基地或港口，切断敌军的逃跑路线，破坏敌方从海上的撤退行动，等等。可靠的两栖能力也有

---

① Bowden, *Forward Presence*, p. 5.

助于牵制敌方，迫使其投入相当数量的部队用于防御大陆沿岸或沿海岛屿。有时，两栖威胁能够迫使敌方花费其大部分的珍贵资源用于防御海岸，从而减少己方的海上威胁。

在飞机被引入战争之前，缺乏海上控制能力使得两栖登陆不得不冒着巨大的风险。如果没有掌握相当长时间的海上优势，一般不能开展大型海上战役行动。今天，在窄海展开的两栖登陆取得成功的主要前提条件是：取得局部制海权和制空权。其他条件包括："突然性"、靠近行动地点的安全作战基地、高度一体化的指挥和控制、密切的军种间合作，以及参战部队高水准的训练和战备。有效控制登陆目标区域的入口，通常也是两栖进攻行动取胜的前提。

在风帆和蒸汽时代，缺乏海上控制通常使得海上远征行动胜利渺茫。英国人在 1376—1385 年（百年战争期间）没能取得英吉利海峡的控制权，这最终导致他们没能实现这场战争的公开目的。同样，西班牙在 1576—1585 年的"荷兰叛乱"行动中未能获胜，是因为荷兰的北部和南部省份被水分开。西班牙人始终没能取得制海权，因而也就没能控制海岸。再举个例子，日本 1592 年入侵高丽（此时应为朝鲜王朝。——译者注），失败的主要原因是丢失了朝鲜海峡的控制权。同样，法国在 18 世纪多次尝试在爱尔兰登陆都失败了，因为这些登陆的目的也是为了获得制海权。

瑞典在 1808 年与法国的战争（拿破仑时代）中没能获得制海权，导致敌人可以在其海岸线自由穿梭。一支约由 1 600 人组成的法俄联合部队于 1808 年 5 月在哥得兰岛登陆，然后夺占了该岛的最大港口威士比（Visby）。最后，几方达成了停战协定；法俄联军撤离了哥得兰岛，同时俄罗斯人同意撤离奥兰群岛，这个群岛是他们在 1807 年通过步行跨过冰海而夺占的。俄罗斯进军斯德哥尔摩遭到了瑞典和德国舰队的拦截，虽然瑞典人此前因为在芬兰湾失去了轻型海岸部队而实力大减。[①]

在 1866 年的奥地利—意大利战争中，意大利人错误地认为奥地利陆军已

---

① Woodward, *The Russians at Sea: A History of the Russian Navy* (New York: Frederick A. Praeger, 1966), p. 77.

经溃不成军，意大利发动决战的时刻似乎已经到来，因为约 3/4 的奥地利陆军已经从威尼斯朱利亚（Venetia Giulia）撤退到北方执行任务。意大利的计划是围攻的里雅斯特，然后翻过阿尔卑斯山朝维也纳进军。海军的任务是获得亚得里亚海的制海权，并封锁的里雅斯特港，协助意大利军队夺占该港。佩尔萨诺将军授命夺占亚得里亚海中部的利萨岛，作为意大利舰队进攻达尔马提亚海岸的前进基地。[①] 他于 7 月 16 日离开安科纳（Ancona），计划三日后在利萨岛登陆部队。但是，登陆推迟了一天，这给特格特霍夫率领的奥地利舰队留出了干预的时间。[②] 整个远征行动以意大利付出巨大的代价而告终。7 月 20 日意大利人在利萨海战中战败，夺取亚得里亚海制海权的梦想也成为泡影。由于缺少制海权，意大利人也不得不放弃在伊斯特利亚登陆部队的计划。

在 1898 年的美西战争中，美国在古巴登陆只有在美国海军取得了加勒比海局部制海权的前提下才有可能。美国的目标是赶走在古巴和古巴附近海域的西班牙军队。美国海军对古巴岛进行封锁是为了以饥饿迫使西班牙守军屈服，美军的入侵将极大地加速在古巴的西班牙政权的垮台。美国海军只有在摧毁或瘫痪西班牙海军部队的前提下才能获得局部制海权。如果这个目标没有达成，美国派出运输船的举动将冒着巨大的风险。

1915 年协约国在加利波里（Gallipoli）的两栖登陆是在拥有制海权的海区开展的，但是各军种缺乏有效的配合，再加上其他原因，最终导致了这个行动的失败。加利波里登陆行动的主要目的是让土耳其退出战争，开辟与俄国盟友的直接联系通道，迫使德国在俄国前线分兵，并影响希腊使其公开站在协约国一边。[③] 登陆最终失败了，因为土耳其事先得到预警，加强了在半岛上的部署，把援军数量增加了约 60 000 人。

1917 年 10 月，德国在里加湾的登陆行动取得了成功，因为陆军和舰队之间配合密切。在登陆之前，德国取得了波罗的海东部的局部制海权。登陆的

---

① Lawrence Sondhaus, *The Habsburg Empire and the Sea: Austrian Naval Policy 1797 – 1866*（*West Lafayette*, IN: Purdue University Press, 1989）, p. 254.

② Peter Handel – Mazzetti, "Kuestenangriff und Kuestenverteidigung", *Marine Rundschau*, 5（May 1936）, p. 218.

③ James B. Agnew, "From Where Did Our Amphibious Doctrine Come?" *Marine Corps Gazette*, 8（August 1979）, p. 53.

战役目标是打开里加湾，从而威胁到奉命保护波罗的海沿岸的俄国第 12 军的后方。德国投入了 1 个步兵师和各类部队，共 25 000 人、5 000 匹马和 3 部野战大炮。这些兵力装载在 19 艘运输船和 21 艘补给船上。[①] 前两波两栖登陆按计划于 10 月 12 日展开。到了 10 月 19 日，德国占领了奥塞尔岛、达戈岛和穆恩岛。德国的行动完全出乎俄国人的意料，后者在岸上的抵抗很微弱。德国重型水面舰艇成功地摧毁了俄国的岸炮，阻止了俄国舰队干扰登陆的行动。整个行动对德国人来说是个巨大的成功。[②] 占领这些波罗的海岛屿是德国控制波罗的海东部以及未来在爱沙尼亚和芬兰展开行动的必要一步。[③]

有时，开展两栖登陆行动所需的海上控制程度被夸大了。历史上有多次大型登陆行动在制海权还处于争夺之中取得了成功。在 1904—1905 年的日俄战争中，尽管俄国在旅顺港和符拉迪沃斯托克都有分舰队，日本还是从黄海发起了登陆行动。同样，1914 年，尽管在北海和地中海还面临着德国和奥匈帝国舰队的威胁，英国和法国还是将他们的部队运送到了欧洲。二战中的多场两栖登陆都是在有敌人潜艇、飞机或轻型部队存在的情况下进行的。[④] 盟军在 1942 年 8 月 19 日在迪耶普（Dieppe）展开了一次两栖袭击行动（"庆典"行动）——虽然当时他们并没取得英吉利海峡的制海权和制空权。在这次意义重大的行动中，盟军部队在大量舰艇和飞机的支援下，在迪耶普附近 10 英里宽的正面展开登陆。登陆行动的主要目的是测试德国的海岸防御能力。双方进行了激烈的战斗，盟军遭受了巨大的损失（约 3 400 名加拿大人丧生）。

① Woodward, *The Russians at Sea: A History of the Russian Navy*, p. 101; Elmer B. Potter and Chester W. Nimitz, eds, *Seemacht: Eine Seekriegsgeschichte von der Antike bis zur Gegenwart* (Herrsching: Manfred Pawlak, rev. edn, 1986), p. 406. 很多海军力量提供了保障：10 艘战列舰，8 艘轻型巡洋舰，6 艘 U 艇（用于布雷），10 艘大型驱逐舰，11 艘鱼雷艇，1 艘布雷汽轮，1 架加油机，6 架飞艇和 95 架飞机。Otto Groos, *Seekriegslehren im Lichte des Weltktrieges: Ein Buch fuer den Seemann, Soldat, und Staatsmann* (Berlin: Verlag von E. S. Mittler & Sohn, 1929), p. 214.

② Randolf Kugler, *Das Landungswesen in Deutschland seit 1900* (Berlin: Oberbaum Verlag, 1989), p. 35.

③ Groos, *Seekriegslehren im Lichte des Weltkrieges*, p. 217; Mueffling von Ditten, "Kriegerische Landungen", *Wissen und Wehr*, 3 (March 1929), p. 175.

④ Geoffrey Till, ed., *Maritime Strategy and the Nuclear Age* (New York: St Martin's Press, 2nd edn, 1984), p. 117.

整个行动以灾难结束。① 但是，盟军从中吸取了一些珍贵的教训，这些教训帮助盟军在 1944 年 6 月的诺曼底登陆行动中一举取胜。

在现代，只取得局部制海权而没有制空权，一般不可能开展成功的两栖登陆行动。20 世纪 30 年代末期，飞机在速度、作战半径和武器载荷能力等方面的进步，使得在仅取得部分和暂时制空权的条件下向敌岸登陆部队成为可能。1940 年 4 月德国入侵挪威的行动（"威瑟堡"行动）就是一个显著的例子。德国的计划是通过军舰和商船运送部队，夺占挪威主要的港口作为桥头堡，后续再运送大部队和重武器作为增援。斯卡格拉克海峡的西口被布设了水雷。这次行动相当成功，因为德国空军获得并保持了斯卡格拉克海峡和挪威南部的制空权。

同样，1942 年 8 月美国在瓜达尔卡纳尔的登陆行动（"瞭望台"行动）也是在日本拥有周边海域制海权的条件下展开的。美国登陆的最初阶段相当顺利，因为从暂时部署在该区域的 3 艘美国航母上起飞的战斗机夺取了局部制空权。

两栖登陆行动要想取得成功，还需要在向目标区域航渡过程中和登陆开始后为海军部队和登陆部队提供空中掩护，否则整个登陆行动可能就会以灾难结束。1942 年 8 月 7 日，在瓜达尔卡纳尔岛两栖登陆行动的卸载人员和物资的阶段，美国的航空母舰暂时离开了作战区域。登陆部队的指挥官 R. K. 特纳（R. K. Turner）将军，向弗兰克·J. 弗莱彻（Frank J. Fletcher）将军强烈抗议，要求航母在支援运输船的距离之内继续停留两天。他还解释说，运输船卸载完毕至少需要 4 天，而整个过程都需要得到空中掩护。最终，美国人很幸运，因为日本人并没有利用美军没有空中掩护的机会攻击运输船。②

在二战中，通过在挪威、希腊、马来亚以及几乎所有其他战区得到的血的教训，英国终于认识到制空权是两栖登陆成功的前提。日本如果没有强大、

---

① 约 5 000 名加拿大士兵、1 075 名英国士兵和 50 名美国士兵分成 13 组，用 237 艘舰船和登陆艇运送——包括 8 艘驱逐舰。Dieppe Raid', in I. C. B. Dear, ed., *The Oxford Companion to World War II*（Oxford/New York：Oxford University Press，1995），pp. 298 – 299.

② Samuel E. Morison, *The Struggle For Guadalcanal，August 1942 – February 1943*，Vol. V of *History of United States Naval Operations in World War II*（Boston，MA：Little，Brown，reprint 1984），p. 27.

可靠和有效的空中支援，也就不可能迅速占领菲律宾、英属马来亚和荷属东印度。日本选择的入侵目标都是富有原材料，且能为他们后续的行动提供机场的地方。日本东路进攻部队和中路进攻部队始终保持着相互可支援的距离。日本使用了强大的舰队力量将运输船护航到登陆海滩，并防御澳大利亚、英国、荷兰和美国联合舰队的可能进攻。同时，每支日本舰队分遣队都足以对英荷澳美部队构成严重威胁。[①]

1941—1943 年，盟军在朝所罗门群岛进军的过程中，也使用了日本在征服荷属东印度时使用过的"跳岛"战术。盟军公开的动机是取得瓜达尔卡纳尔岛的控制权，因为日本从 1942 年夏天开始在瓜达尔卡纳尔岛修建机场跑道。这迫使美国人匆忙改变计划，决定在该岛登陆 19 000 名海军陆战队员。其主要目的是将日本人赶出该岛，并占领未完工的机场跑道。登陆行动的空中支援由 3 艘美国航母提供，因为所罗门群岛的距离超出了岸基飞机的作战半径。在遭遇了微弱的抵抗后，美军夺占了未完工的机场，并将其改名为汉德森机场。后来，汉德森机场成了美国战斗机和俯冲轰炸机的基地。日本人最近的机场在拉包尔，距离汉德森机场 640 英里，不能支援日本与美国争夺制空权。[②]

1943 年 5 月，盟军夺占了突尼斯，此举使得他们能够将飞机转场到更有利的机场。利用这些机场，他们不仅可以控制西西里水道，而且可以威胁到撒丁岛和西西里岛。1943 年 6 月，盟军约有 600 架一线飞机被部署在马耳他，这里还建有最先进的飞机控制和雷达设施。但是，盟军还是不能为在西西里岛上可能的登陆地域提供空中掩护。为了获得更多的战斗机基地，他们将目光转向了轴心国控制的潘泰莱里亚（Pantelleria）岛和兰佩杜萨（Lampedusa）岛。[③]

1941—1942 年冬天，苏联开展了几次两栖登陆行动，旨在切断德国南方

① Paul S. Dull, *A Battle History of the Imperial Japanese Navy* (*1941 – 1945*) (Annapolis, MD: Naval Institute Press, 1978), p. 49.

② Donald Macintyre, *Sea Power in the Pacific: A History from the 16th Century to the Present Day* (London: Military Book Society, 1972), pp. 212 – 213.

③ Gilbert A. Shepperd, *The Italian Campaign 1943 – 1945* (New York: Frederick A. Praeger, 1968), pp. 22 – 23.

集团军的南翼。费奥多西亚（Feodosiya）被选作主要的登陆区，因为这里能够容纳大型舰艇，并且从那里可轻松进入克里米亚半岛的中部平原。在费奥多西亚北部和南部登陆是要把德军困死在这个区域。苏联最高指挥部给了登陆指挥官 30 天时间来计划整个行动。① 虽然苏联在海上没有遇到什么抵抗，但是他们并没有达成预定的目标。部队运送的组织很混乱，缺乏统一指挥。侦察也不充分，苏联人执行计划不够灵活。这次行动表明，在没有制空权（哪怕是暂时的）的情况下，即便具有有效制海权，也不能保证行动的成功。②

有时，两栖登陆的最初阶段相当顺利，但之后由于缺乏对相邻海域的制海权，扩大桥头堡和巩固最初战果的难度大大增加了。这种情况在敌人拥有局部制空权的情况下尤其可能发生。1942 年 8 月，盟军在瓜达尔卡纳尔岛登陆的最初阶段相当顺利，但是后来他们渐渐卷入了一系列与日本人在陆上、海上和空中的小型战事中，且付出了巨大代价。盟军在东所罗门群岛拥有制空权，但是每天日升和日落时分制海权都在双方争夺中。日本人比美国人更擅长夜战和鱼雷战术，能够不断地运送新的部队和补给增援瓜岛守军。这个消耗阶段持续了 8 个月，最后日本人放弃了重新夺回瓜岛的努力。那时，这个冗长的战斗极大地延缓了盟军的作战节奏，因为瓜岛他们不可能再在所罗门岛链上组织大型登陆行动。有理由相信，如果盟军开展交替性的大型海上或空中行动，瓜岛争夺战将会更早结束，飞机、舰艇和人员的损失也将更少。

如果运用得当，弱势舰队有时也可挫败更加强大的敌方登陆部队，前提是它们没有自己舰队的支援。这种情况就发生在 1943 年 10 月苏联在埃利季根（El'tigen）发起的登陆行动中。那天，德国部署在 8 英里宽的刻赤海峡两岸的岸炮和野战火炮有效地阻止了苏联舰船到达埃利季根的桥头堡。到了夜晚，德国几乎不停地、娴熟地使用他们的摩托鱼雷艇、摩托扫雷舰和炮艇，有效地封锁了刻赤海峡，时间长达一个月。几乎每晚，德国和苏联轻型部队

---

① Claude Huan, "Die sowjetische Landungs – Operationen auf der Krim 1941 – 1942", *Marine Rundschau*, 6 (June 1962), p. 341.

② Claude Huan, "Die sowjetische Landungs – Operationen auf der Krim 1941 – 1942", *Marine Rundschau*, 6 (June 1962), p. 355.

都在海峡发生战斗，双方损失都很惨重。最后，德国成功地阻止了苏联扩大埃利季根的桥头堡。1943 年 12 月 4 日，德国和罗马尼亚部队进攻了苏联的阵地；七天之后，他们夺占了整个滩头。苏联损失惨重——约 10 000 人死亡，3 000 人被俘，只有 800 人逃脱。另外，苏联还损失了 100 艘小型船只。德国胜利的原因很多，但最重要的一点是他们封锁了刻赤海峡。苏联没能利用他们的巡洋舰和驱逐舰突破德国的封锁，原因是担心遭到德国空军的攻击。[①]

导致两栖登陆失败的一个常见原因是各军种对各自的职责存在误解。这个问题既存在于指挥地面部队的陆军将领和负责掩护的海军将领身上，也存在于他们的下级身上。由于军种间的不和，行动经常出差错。各军种在观点和忠诚度上的裂缝无意中成了敌人的帮凶。[②]

两栖进攻要想取得成功，还要出其不意，否则整个行动几乎注定会以失败告终。1915 年的加利波里行动之所以失败了，部分原因是土耳其守军早有准备。英国在实际发动登陆行动之前留给了土耳其和德国 4 个星期的准备时间。[③] 加利波里行动的惨败对协约国影响深远，因为他们没法与俄国建立直接联系，也没法让土耳其退出同盟国。如果这次登陆行动取得成功，很可能保加利亚就不会放弃中立地位，也不会加入同盟国。登陆成功也会减轻英国在埃及阵地面临的压力。阿拉伯人可能就会站在协约国一边，意大利人也会毫不犹豫地加入西方阵线。[④]

两栖登陆的计划应该建立在对战区战役形势进行客观评估的基础上。这包括对双方兵力的正确评估，以及对登陆地域地理特点的详细分析。己方部队不应被敌方切断与本土的联系，正如在一战之初温斯顿·丘吉尔和约翰·费舍尔将军设想的两栖登陆计划所证明的那样。两人都认为英国皇家海军应该取得进入波罗的海的权力，随后，通过开展大规模的登陆夺占石勒苏益

① Meister, *Der Seekrieg in den osteuropaeischen Gewaessern 1941 – 1945*, pp. 272 – 273；Friedrich Ruge, *The Soviets as Naval Opponents 1941 – 1945*（Annapolis, MD：Naval Institute Press, 1979）, p. 355.

② B. H. Liddell Hart, "The Value of Amphibious Flexibility and Forces", *Journal of the Royal Services Institution*, Vol. CV, 620（November 1960）, p. 485.

③ B. H. Liddell Han, *The Real War*（Boston, MA：Little, Brown, 1st edn 1930, repr. 1964）, p. 160.

④ Julian S. Corbett, Vol. 2：*From the Battle of the Falklands to the Entry of Italy into the War in May 1915*, *Naval Operations from History of the Great War based on Official Documents*（London：Longmans, Green, 1921）, p. 68；Julian S. Corbett, Vol. 3：*The Dardanelles Campaign*（London：Longmans, Green, 1923）, p. 106.

格—荷尔斯泰因（Schleswig – Holstein），消灭德国的西部侧翼，而俄国可以在不设防的波美拉尼亚海岸登陆。这个计划被称为费舍尔勋爵的"波罗的海计划"，它设想部署 600 艘舰船和各种类型的登陆艇到波罗的海装载俄国士兵，然后将他们运送到波美拉尼亚海岸。德国人认为，只有在英国大舰队摧毁了公海舰队并且俄国陆军在陆上取得巨大胜利时，这样的行动才有可能。结果证明，德国人的想法是正确的，这种事件的组合概率太低了。①

在朝鲜战争中，海上力量的重要性，特别是两栖力量的重要性，在仁川登陆之后形势发生的巨大变化中得到了很好的证明。"联合国军"在朝鲜军队后方 150 英里的仁川开展了两栖登陆，本来胜利在望的朝鲜军队突然发现自己被围困了。1950 年 9 月 15 日，在夺占了沿岸的岛屿后，约 70 000 名士兵登上了 170 艘运输船和两栖舰艇，并在仁川登陆（"烙铁"行动）。登陆后，"联合国军"继续向内陆进发，切断了汉城通向南方的公路，这条公路是朝鲜运送物资的主要通道。同时，朝鲜东海岸的唯一的补给路线也被"联合国军"的海军部队拦截。两周后，汉城被夺回。9 月 16 日，部署在釜山附近的"联合国军"发动了反攻。朝鲜军队被切断了与后方的联系，处于崩溃的边缘。9 月 26 日，朝北进发的"联合国军"与仁川登陆部队胜利会合。②

三、 两栖登陆的威胁

两栖能力是海军最大的资产之一，因为它可以迫使陆上强国将其大量的军队和注意力集中在防御适合登陆的海岸上。拥有可靠的两栖能力具有一个巨大好处，那就是可以将敌军牵制在防御海岸和沿岸岛屿的任务上。用这种

---

① Arthur J. Marder, *From the Dreadnought to Scapa Flow*, Vol. II: *The War Years*: *To the Eve of Jutland* (London: Oxford University Press, 1965), p. 191; Woodward, *The Russians at Sea*: *A History of the Russian Navy*, pp. 167 – 168.

② Macintyre, *Sea Power in the Pacific*, p. 254.

方法，可以极大地提高己方对敌方海岸大规模进攻的胜率。在克里米亚战争中，盟军可能对波罗的海沿岸发动进攻的威胁，牵制住了约 170 000 名俄国士兵，这些士兵原本可以派到克里米亚作战。再举个例子，在二战中德国人认为盟军可能发动两栖登陆，这迫使他们在 8 000 英里的欧洲沿岸部署了 53 个师，占其在 1941 年 6 月进攻苏联全部力量的 27%。结果在进攻苏联时德国只能使用 120 个师，即 60% 的力量。1943 年，德国派出了 18 个师到意大利，以阻止盟军 15 个师的登陆。他们还派出了 15 个师到巴尔干地区，因为他们认为盟军也可能在那里登陆。[1]

　　1950 年 6 月，如果没有美国海军和两栖部队将援军从日本运送到韩国，朝鲜本来可以横扫整个半岛，并占领重要的南部海岸港口釜山。到了 1950 年 7 月 5 日，韩国军队遭到突袭，寡不敌众，被赶到了更南的地方。也就是在那一天，美军第 24 师的先头部队通过空投加入战事，两天后剩余部队也通过海运抵达。7 月 9 日，美军第 1 骑兵师在东海岸的浦项（Pohang）港登陆，及时阻止了朝鲜军队沿东海岸朝釜山的进军。[2]

　　拥有可信的两栖威胁能力价值巨大，在现代最好的证明是 1991 年的海湾战争。诺曼·施瓦茨科普夫（Norman Schwarzkopf）利用第 13 陆战远征小队来欺骗伊拉克，将其军队牵制在科威特。据报道，伊拉克被迫部署了至少 3 个步兵师来防御从科威特城向南到沙特—科威特边境的海岸线。[3] 美国海军陆战队假装在科威特海岸登陆，高调举行代号为"迅雷"的演习。同时，美国领导的多国部队还迷惑伊拉克总统萨达姆·侯赛因，使其相信多国部队将在伊拉克与沙特交界处发动大型的登陆进攻战役，迫使其派出重兵把守。[4]

---

① Hart, "The Value of Amphibious Flexibility and Forces", pp. 483 – 485.

② Macintyre, *Sea Power in the Pacific*, pp. 252 – 253.

③ Department of Defense, *Conduct of the Persian Gulf War: Final Report to Congress* (Washington, DC: US Government Printing Office, April 1992), p. 294.

④ *The New York Times*, 28 February 1991, pp. A8 – 9.

四、 攻击海岸

优势舰队通常会通过攻击敌方岸上设施的方法来牵制敌军，或吸引主要方向上的敌军。这些行动可以产生短暂但显著的心理效果，有利于提升己方部队的士气，同时打击敌方的士气。作战运用的主要方式是攻击和袭击。旨在摧毁敌方岸上设施的重大海军行动也可以作为两栖登陆或海军封锁行动的前奏。这样的大型行动既可以由海军或空军力量单独实施，也可以是海空联合行动。今天的大国海军在攻击海岸方面比过去能力更强，他们通过使用舰炮、舰载攻击机和巡航导弹，能够攻击敌人战役纵深甚至战略纵深内的多个目标。

在风帆动力和蒸汽动力时代，在窄海作战的舰队通常通过攻击港口、船厂、铁路和公路交通的方法来攻击敌岸。这些攻击造成的物理损失通常不大，但心理效果显著。而且，这些行动通常会迫使对手重新部署力量，增派兵力加强海岸设施的防护。

在某些情况下，攻击敌岸的目的是刺激对手，使其派出大型舰艇编队进行决战，然后在战斗中将其歼灭。这也是 1916 年 4 月德国轰击洛斯托夫特（Lowestoft）的企图。杰利科上将企图诱使莱因哈特·舍尔（Reinhard Scheer）将军出来决战，但没有成功。德国的下一个目标是轰击位于泰恩（Tyne）河河口的森德兰（Sunderland）造船中心，目的是刺激英国皇家海军派出舰艇编队，然而他们可以使用水面舰艇、潜艇和齐柏林（Zeppelin）飞艇进行攻击。但是，修复拟参加攻击行动的舰艇的工期耽搁了，再加上糟糕的天气，德国人最终取消了这次行动。[①]

1915 年 5 月 24 日，奥匈帝国海军对意大利东海岸的轰击行动带有冲击性

---

① Potter and Nimitz, eds, *Seemacht*, p. 382.

海军行动的特点。在意大利宣布对奥匈帝国和德国宣战一天后，几乎整个奥匈帝国的舰队在安东·豪斯（Anton Haus）将军的率领下，对意大利从里米尼（Rimini）到波坦察（Potenza）河河口的东海岸上的多个岸上设施进行攻击，同时还有 3 个轻型舰艇编队对蒙泰加尔加诺半岛上的岸上目标进行攻击。① 主要的攻击目标是铁路和隧道。公开的目的是干扰和迟滞意大利军队在亚得里亚海西海岸的铁路运输。另外一个目的是给意大利沿海居民的心理造成恐惧和恐慌。结果是意大利军队的运输被迟滞，因为意大利人担心攻击之后随之而来的是敌军的两栖登陆。意大利动员行动的延迟，为奥地利人在奥地利和意大利边界构筑防御工事提供了足够的时间。② 作为报复，意大利人也派出了几艘巡洋舰攻击达尔马提亚海岸，但其中两艘巡洋舰不幸被奥匈帝国的 U 艇击沉。这些袭击很快就结束了，一直到战争结束，意大利的主舰战艇也没有到达奥匈帝国的海岸。③

有时，重型舰艇经常被用来轰击重兵把守的海岸火炮阵地，但是这样的行动总是比预期的更加困难，取得的战果通常要远低于付出的代价。1914 年 11 月 3 日盟军轰击土耳其达达尼尔堡垒的行动清楚地证明了这一点。在这次行动中，两艘装有现代 15 英寸火炮的战列舰和 16 艘法国和英国的"无畏"级之前的战列舰，对堡垒圈的外围持续轰击了将近 10 分钟。只有一座堡垒遭到轻度损伤。从长远看，这次攻击行动的代价是非常高的，因为它引起了土耳其人的警觉，从此以后，土耳其人就更加重视防御这些海峡。因此，1915 年 2—3 月，当盟军在加利波里登陆前对这些海峡进行轰击时，就没有任何"突然性"可言。共有 16 艘战列舰以及数不清的飞机参加了这次行动。那时，土耳其人已经在海峡地区部署了 100 多门中型和重型口径的火炮。另外，他们还在狭窄水道铺设了 11 道水雷障碍和 1 道反潜网。协约国首轮远程轰击开始于 2 月 19 日，6 天之后他们又发动了第二轮轰击。在先期扫雷之后，盟军

---

① Twelve battleships, six cruisers, 14 destroyers, 30 torpedo craft, three submarines, and six seaplanes; Potter and Nimitz, eds, *Seemacht*, p. 359.

② Anthony Sokol, "Naval Strategy in the Adriatic Sea during the World War", *Proceedings*, 8 (August 1937), p. 1087.

③ Anthony Sokol, "Naval Strategy in the Adriatic Sea during the World War", *Proceedings*, 8 (August 1937), p. 1087; Potter and Nimitz, eds, *Seemacht*, p. 358.

的舰艇于 3 月 18 日对土耳其狭窄水道内的火炮进行了轰击，成功地摧毁了它们，但盟军也因触雷而遭受巨大的损失，3 艘老式战列舰沉没，另有 3 艘战列舰重伤。盟军当时不知道，其实他们已经处于胜利的边缘。土耳其的资源已经耗尽，所有的火炮都变哑了，弹药也所剩无几。盟军的海上行动被叫停了，坐等地面部队的到来，后者直到 1915 年 4 月 25 日才姗姗来迟。[①] 达达尼尔海峡行动的教训表明，如果部队还没有准备好登陆并夺取目标区域，就不能急于用海上力量对海岸堡垒进行轰击。针对一个陆上强国展开进攻行动，唯一有效的方法是进行联合作战。盟军的错误在于，认为仅凭海军单独的行动就可以应对局势，无须地面部队的参与就能控制海峡。[②]

最大规模的袭击敌岸行动是由英国的 H 部队在直布罗陀海峡对意大利海岸进行的轰击行动。H 部队由 2 艘战列舰（"声望"号和"马来亚"号）、1 艘航母（"皇家方舟"号）、1 艘巡洋舰（"谢菲尔德"号）和 10 艘驱逐舰组成。攻击行动在 1941 年 1 月 31 日至 2 月 4 日进行，从"皇家方舟"号起飞的飞机轰击了撒丁岛上蒂尔索（Tirso）湖的水坝。但是糟糕的天气迫使 H 部队的指挥官詹姆斯·萨默维尔（James Somerville）将军放弃了打击上第勒尼安海沿岸港口的计划，退守到了直布罗陀。2 月 6 日 H 部队再次启航。2 月 8 日—9 日夜晚，它分成了两组：一组以"皇家方舟"号为中心，加上 3 艘驱逐舰，任务是轰炸里窝那；另一组由其他兵力组成，任务是炮击热那亚港口的设施。岸上的损失非常大，但一艘位于里窝那的意大利战列舰毫发未伤。英国只损失了一架飞机。意大利没能对撤退的英国军舰组织一次空中反攻，因为其组织涣散并缺乏军种间的配合。[③]

更近的一次例子是，以色列海军在 1973 年战争开始后的数天内取得海上控制权之后，展开了第 2 阶段的计划，即行使海上控制权。从 10 月 10 日开始，以色列的导弹艇和炮舰就不断地攻击运油船和拉塔基亚、巴尼亚斯（Ba-

① Marder, *From the Dreadnought to Scapa Flow*, Vol. Ⅱ, p. 201; S. W. C. Pack, *Sea Power in the Mediterranean: A History from the Seventeenth Century to the Present Day* (London: Arthur Barker, 1971), pp. 160 – 161.

② Marder, *From the Dreadnought to Scapa Flow*, Vol. Ⅱ, p. 261.

③ Raymond De Belot, *The Struggle for the Mediterranean 1939 – 1945*, trans. James A. Field Jr (Princeton, NJ: Princeton University Press, 1951), pp. 97 – 98.

nias）和塔尔图斯（Tartūs）港口的设施。从那时到 10 月 17 日战争结束，以色列对达米埃塔、塞得港、罗塞塔（Rosetta）和亚历山大等叙利亚和埃及的港口实施了连续的夜间攻击。此外，以色列还攻击了许多军事设施，特别是位于西奈半岛北部埃及沿岸的雷达站和地空导弹阵地。这些攻击主要由导弹艇实施，但是部分突击队员也有参与。[①]

在 1990—1991 年海湾战争（"沙漠风暴"行动）的攻势阶段开始后，美国海军使用舰载机、水面舰艇和装备有"战斧"对地攻击导弹的潜艇，对伊拉克的特定目标进行了大规模的袭击。打击区域的面积和飞机的作战半径决定了部署在红海的舰载机只能打击那些位于伊拉克西部和巴格达地区的目标。部署在阿拉伯湾的航母上的飞机则集中打击伊拉克东南部的目标，特别是巴士拉附近的桥梁和乌姆盖斯尔基地附近的海军设施。[②] 1991 年 1 月 17 日，在"沙漠风暴"战役阶段开始之初，位于红海和阿拉伯湾作战区域的 9 艘美国导弹巡洋舰和驱逐舰分别发射"战斧"巡航导弹，打击伊拉克境内的特定目标。[③]"战斧"C/D 型导弹装备精确制导弹头，主要用于打击防护严密的目标。美国海军还广泛使用了他们部署在阿拉伯湾的两艘战列舰来打击一系列伊拉克岸上的目标。2 月 3 日，"密苏里"号战列舰用 16 英寸火炮打击位于科威特沿岸的水泥掩体。3 天后，另外一艘美国战列舰"威斯康星"号，接替"密苏里"号继续执行打击任务。[④] 从 1991 年 2 月 24 日地面攻势行动开始，两艘美国战列舰总共发射了超过 1 000 枚 16 英寸的炮弹，用于打击伊拉克的阵地，迫使伊拉克军队不得不撤离在拉斯·夸拉耶（Ras Al Qualayah）港口的阵地。[⑤]

[①] Walter Jablonsky, " Die Seekriegsfuehrung im vierten Nahostkrieg", *Marine Rundschau*, 11 （November 1974）, p. 656.

[②] Michael A. Palmer, "The Navy Did Its Job", *Proceedings/Naval Review 1991*, p. 88.

[③] Stanley R. Arthur and Marvin Pokrant , " Desert Storm at Sea", *Proceedings/Naval Review 1991*, p. 83; Palmer, "The Navy Did Its Job", p. 88; Hartmut Zehrer, *Der Golfkonflikt：Dokumentation, Analyse und Bewertung aus militaerischer Sicht* （Herford/Bonn：Verlag E. S. Mittler & Sohn, 1992）, p. 198.

[④] 2 月 8—9 日，"威斯康星"号发射了 112 枚 16 英寸的炮弹，用于打击科威特南部的伊拉克守军。Palmer, "The Navy Did Its Job", pp. 89 - 90.

[⑤] Arthur and Pokrant, "Desert Storm at Sea", pp. 85 - 86.

五、 海军非战争军事行动

　　一支蓝水海军可能单独或与其他多国部队一起，经联合国或地区安全组织授权，在窄海开展行动。它可能在平时和战时执行对特定地区的海上控制任务，海上控制区的大小根据其规模和威慑能力而定。美国海军在世界上多个地区进行前沿部署，包括在多个窄海，特别是地中海、加勒比海、阿拉伯湾、日本海，以及位于西太平洋地区的一些边缘海。在窄海开展非战争军事行动的海军，无论在过去还是将来，都主要从事危机预防或危机管控等任务。危机预防包括《联合国宪章》第 6 章规定的由一国海军单独执行或多国海军集体执行的多种军事活动。主要目的是防止争端升级为武装冲突，或者为解决武装暴力冲突创造条件。这些行动的范围包括从外交手段到海军部队的预先部署等。部署到前沿区域的海军部队，在数量上和作战力量上应该足以迅速和绝对性地击败敌军。

　　理想情况下，《联合国宪章》授权的冲突预防应该绝对公正地实施，因为冲突中的所有方都要同意其他国家作为仲裁者参与进来。海军部队可以部署到即将爆发战事的国家附近。通常而言，使用航母和两栖部队，在解决国家之间的冲突时，比解决种族冲突或内战时成功率更高。这些行动要想取得阻止战事爆发的效果，还必须由国际社会发表明确的声明，即在必要的时候将使用绝对优势的武力。否则，不管预防性地部署多少数量和多强能力的海军部队，都很难产生预想的效果。

　　旨在保护航运的大型军事行动需要执行多项任务，目的是保护商船在国际海域免受非法攻击。这个目的可以通过对商船（有时出于特殊目的可能对单独的舰船）进行护航、沿海区域控制、港口防御以及反水雷等措施来达到。1987—1988 年，美国海军在阿拉伯湾保护了 10 艘科威特舰艇，使其免受伊朗的攻击（"挚诚意志"行动）。科威特舰艇被允许悬挂美国国旗，这样他们就有权受到美国海军舰艇的保护。从 1987 年 7 月开始，这些舰艇陆续从科威特被护送到霍尔木兹海峡外的某个点。[1]

一个在激进政权统治下的沿海国家，特别是位置靠近海上贸易的咽喉要道的国家，可能会试图破坏航运，这时就需要使用海军力量进行回应。保护航运要求协调使用水面、空中以及水下力量，并建立灵活的岸上和海上 C³I 架构。在必要的时候，保护航运还需对海上或岸上的特定目标进行预先或报复打击/袭击。

确保航行和飞越自由的重大海军行动的目的在于宣示权利，确保不受阻碍地使用海路或空路。通常，沿岸国会对其领海实施管辖和控制。但是，国际法也规定了其他国家的舰船在领海有"无害通过"权。舰船通过时只要不妨碍沿岸国的和平、良好秩序或安全，就被视为是"无害"的。飞机在国际空域的飞行自由也是国际法的一个明确的原则。任何国家或组织如果设置超出国际惯例的空域控制带，并对他国飞机的安全造成威胁，就可能受到国际法支持的惩罚措施，并被要求及时纠正。[2] 1986 年 4 月，美国海军和空军就在锡德拉（Sidra）湾开展过一次这样的大型行动（"黄金峡谷"）。

海军部队执行得最多的任务可能是各种和平行动，这些军事行动旨在配合为达成长期政治解决方案的外交努力。和平行动要根据各种情况来制定，可以在冲突前、冲突中或冲突后配合外交活动开展。[3]

维持和平与强制和平是两种主要的和平行动。维和行动的目的是遏制、降低或终止国家之间或国家内部的敌对活动，使用国际军事力量来配合政治手段解决冲突，恢复和保持和平。这些行动通常在冲突双方同意停火之后开始实施，通常要派出公正的观察员来核验停火的执行情况或监视部队的隔离状况。

强制和平行动包括《联合国宪章》第 7 章授权的各种任务，特别是实施制裁、建立并监视禁区、为了恢复秩序而介入和强制隔离交战方等行动，目

[1] Frank Uhlig Jr, *How Navies Fight：The US Navy and Its Allies* (Annapolis, MD：Naval Institute Press, 1994), p. 380.

[2] Joint Pub 3 - 07, *Joint Doctrine for Military Operations Other Than War*, 16 June 1995, pp. Ⅲ - 4.

[3] Joint Pub 3 - 07, *Joint Doctrine for Military Operations Other Than War*, 16 June 1995, pp. Ⅲ - 12.

的是建立一个停火或停战的环境。与维和行动不同，强制和平行动不需要冲突各方的同意。① 海上力量在用于强制和平行动时，应当做好战斗准备。

在南斯拉夫冲突中，北约/西欧联盟（NATO/WEU）海军在亚得里亚海执行对南斯拉夫地区的武器禁运任务。1992 年夏天，北约海军首次参加了联合国针对南斯拉夫冲突的维和与制裁行动。这个行动实际上惩罚了波斯尼亚的穆斯林和克罗地亚人，而对塞尔维亚人的影响较小，因为他们有足够的武器和弹药储存。北约的外长们还对这些国家的舰船的武器禁运情况进行了监察。②

北约舰艇在亚得里亚海行动的代号为"海上警卫"，西欧联盟舰艇的行动代号为"尖锐栅栏"。意大利被赋予了协调西欧联盟和北约部队在亚得里亚海行动的权利。起初，西欧联盟和北约舰艇在亚得里亚海主要执行的是监视任务，而不是西方媒体经常报道的封锁任务。

早期，西欧联盟的部队主要在巴里（Bari，属意大利）到巴尔（Bar，属黑山）一线以南活动，而"地中海常备海上部队"在这一线以北活动。1992年 8 月，两支部队交换了活动阵位。这个模式也从那时一直延续了下来。各部队都从海上巡逻机那里接收情报和监视数据。③ 8 月底，位于布鲁塞尔的北约总部决定派出一支"大西洋常备海军联合部队"来接替"地中海常备海上部队"，继续执行在亚得里亚海的监视任务。1992 年 11 月 18 日，在巴黎的会议上，北约的外长们还达成了对南斯拉夫地区的贸易禁运协议。根据联合国787 号决议，所有商船都要停下来接受检查，看看是否违反了联合国的禁运条

① Joint Pub 3 – 07, *Joint Doctrine for Military Operations Other Than War*, 16 June 1995, pp. Ⅲ – 3.

② 北约和西欧联盟代表在 1992 年 7 月 10 日召开的赫尔辛基会议上同意实施海军行动，监视联合国安理会第 713 号和第 757 号决议的执行情况，这两个决议要求封锁亚得里亚海，确保人道主义物资能够到达萨拉热窝。西欧联盟部长理事会还决定监视所有南斯拉夫地区的武器禁运情况。"Further on Arrangements" *Daily Report East Europe* FBIS – EEUR 13 July 1992, pp. 2 – 3; "French Vessel Joins Operation" *Daily Report East Europe* FBIS – EEUR – 92 – 135, 14 July 1992, p. 2; "WEU Chief on NATO Coordination" *Daily Report East Europe* FBIS – EEUR, 14 July 1992, pp. 2 – 3; "WEU Head on Ship's Duties" *Daily Report East Europe* FBIS – EEUR – 92 – 135, 14 July 1992, p. 2.

③ 西欧联盟部队得到了 3 架"大西洋 2 号"和 2 架 P – 3C "猎户座"以及其他以西西里和撒丁岛为基地的巡逻飞机的支援。北约部队则得到了美国、英国和葡萄牙驻扎在意大利的海上巡逻飞机的支援。另外，美国和法国在希腊和意大利部署了 E – 3A 型"哨兵"飞机，为部署在亚得里亚海南部的西欧联盟和北约部队提供监视和情报信息。Michael Chichester, "Maastricht, the Adriatic and the Future of European Defence", *Navy International*, November – December 1992, p. 361.

款。试图突破封锁的舰船将会被扣留。两天之后，西欧联盟的外长和国防部长在罗马举行会议，决定对塞尔维亚和黑山执行更加严格的武器禁运措施。根据联合国安全理事会的决定，西欧联盟外长还决定在保加利亚、匈牙利和罗马尼亚的帮助下控制多瑙河的航运。① 1993 年 7 月初，北约和西欧联盟的理事会决定在亚得里亚海进行联合海军行动，一个月后，"海上警卫"和"尖锐栅栏"行动合二为一，统称为"尖锐警卫"行动。"南欧联盟海军部队"统一负责这个行动的作战控制。②

开展"尖锐警卫"行动的目的是监视和强制执行联合国安理会做出的制裁决定。其海上力量组成了 440 联合特遣部队，任务是阻止所有未经授权的舰船进入南斯拉夫的领海，阻止所有武器进入南斯拉夫。③ 共有 14 国海军参加了此次行动。大量疑似载有武器和装备的商船受到了登临检查。④ 根据联合国安理会 1074 号决议，"尖锐警卫"行动于 1996 年 10 月 1 日终止，解除了所有对南斯拉夫的制裁。

海上力量继续在亚得里亚海活动，组成多国"和平执行部队"，执行"联合努力"行动。这个任务是根据《代顿和平协议》（1995 年 12 月 14 日在巴黎签署）于 1995 年 12 月 20 日正式确立的，目的是结束在波斯尼亚和黑塞哥维那的战事。对南斯拉夫的武器和军事装备禁运（某些种类的重武器除外），正式终止于 1996 年 3 月 14 日。⑤

在维和行动中通常会建立"禁区"，包括空中、海上和陆上"禁区"，⑥

---

① Guenter Marten, "Die Westeuropaeische Union und der Balkan – Konflikt", *Marineforum*, March 1993, p. 57; "NATO Agrees to Use Warships to Enforce Yugoslav Blockade", *The New York Times*, 19 November 1992, pp. A1, A13.

② "Die Uneinigkeit der NATO belastet das Treffen der Aussenminister in Athen", *Frankfurter Allgemeine Zeitung*, 9 June 1993, p. 4; "NATO, WEU Combine Navies in Blockade Against Ex – FRY", *Daily Report West Europe*, FBIS – WEU – 93 – 109, 9 June 1993, p. 1.

③ 440 联合特遣部队由地中海常备海军部队和西欧联盟应急海上部队组成。440 联合特遣部队下设几个特遣大队：2 个特遣大队位于亚得里亚海，第 3 个特遣大队执行港口访问任务。440 联合特遣部队通过第 431 特遣部队指挥官指挥海上巡逻机。

④ 从 1992 年 11 月到 1996 年 6 月，约 74 200 艘舰艇被拦截，其中 5 950 艘舰艇在海上被登检，1 480 艘船被要求转向并在港口接受检查。

⑤ 执行部队的海军组成部队包括：南欧联合海军部队，负责保护亚得里亚海的交通线（用于增援和补给岸上执行部队）；南欧联合打击部队，用于针对违反《代顿和平协议》的兵力投送。这两支部队都有航母和两栖作战力量。

⑥ Joint Pub 3 – 07, pp. Ⅲ – 4.

目的是劝服相关国家或国家集团改变行为方式，达到制裁机构的要求，而不是面临持续的制裁或武力干涉。制裁是为达到这个目的而创造经济、政治、军事或其他条件。"禁区"通常由联合国或其他国际组织设立，也可以由某一个国家设立。

之后，北约空军开始执行"天空监视"行动，该行动的依据是联合国安理会781号决议，该决议要求成员国协助"联合国保护部队"监视对波斯尼亚和黑塞哥维那的军事禁飞要求。1993年3月31日，联合国安理会816号决议将禁飞要求拓展到所有未经"联合国保护部队"授权的飞行器。它还授权成员国采取所有必要的措施，确保杜绝违反禁飞要求的情况。北约于1993年4月8日批准了执行禁飞决议的计划，4月12日开始执行"拒止飞行"行动。这个行动的目的是：进行空中监视和强制执行联合国816号决议，禁止固定翼和旋转翼飞机在波斯尼亚和黑塞哥维那空域飞行；根据联合国指挥官的申请，为联合国地面部队提供近距离空中支援；根据申请出动飞机，配合联合国空中打击特定目标——这些目标可能威胁联合国宣布的安全区的安全。该行动的计划由南方盟军部队和欧洲盟军力量最高司令部（位于比利时的蒙斯）联合实施。所有飞行的日常战术控制则由总部位于意大利维琴察（Vicenza）的第5联盟战术空军执行。北约和联合国之间的协调工作则通过向第5联盟战术空军和位于萨格勒布（Zagreb）和萨拉热窝（Sarajevo）的总部派驻联络官的方式进行。1993年夏天，约有100架北约多国部队的战术攻击机、几十架加油机和战术控制飞机被部署到这个区域，共有来自12个北约国家的约4 500名人员参加了此次行动。这些飞机的出发基地主要位于意大利和3艘位于亚得里亚海的航母（分别来自美国、英国和法国）上。通常会有一艘美国的航母部署在亚得里亚海，或者法国和英国各一艘航母同时部署在亚得里亚海。① 在此次行动期间，北约的飞机开展了高效的系列打击任务，1995年8月30日至9月20日，它们对波斯尼亚塞族武装的多个目标进行了打击（"蓄

---

① Hans Binnendejk, ed., *Strategic Assessment 1996*（Washington, DC: National Defense University, Institute for National Strategic Studies, 1996）, p. 135; "Further on Arrangements", *Daily Report East Europe*（FBIS – EE-UR）, 13 July 1992, pp. 2 – 3.

意力量"行动)。① 这次行动最终成功地迫使波斯尼亚塞族武装将所有的重武器从萨拉热窝附近的禁区撤离，从而使联合国部队和人员以及非政府组织恢复了完全的行动自由，萨拉热窝机场可以自由使用。"拒止飞行"行动正式终止于 1995 年 12 月 21 日。②

　　"和平执行部队"完成其任务后，北约授命组建"稳定部队"，任务是：阻止战事的重新爆发，稳定波斯尼亚和黑塞哥维那的局势。这支部队正式成立于 1996 年 12 月 20 日，其规模只有"和平执行部队"的一半，但指挥结构、交战规则和执法权力，与"和平执行部队"相同。"稳定部队"是一个由北约领导的联合组织，但也有约 20 个非北约成员国参与。"稳定部队"的一个主要任务是阻止或防止波斯尼亚和黑塞哥维那战火重燃，或者出现对和平的新威胁。"稳定部队"的空中组成力量完全由"和平执行部队"转换而来，他们执行"决定性努力"行动，这个行动也是北约整体的"联合努力"行动的一部分。共有来自 12 个北约国家的约 5 500 名空军官兵参与了此次行动。"稳定部队"的海上组成部分（代号"坚定警卫"）被编成了 436 特遣部队，受南欧海军部队指挥官指挥。这支部队与"地中海常备海军部队"一道，随时待命，应召支援"稳定部队"的任务。另外，其他国家部署在地中海的海上力量——包括美国的第 6 舰队，在必要的时候，也可以支援"稳定部队"。

　　为了维护制裁而开展的海上拦截行动，也需要使用海军部队，并且通常还要有岸基飞机的参与。这些行动通常使用胁迫性的手段，阻止特定的物品流入或流出某个国家、某个海区或某个洋区。其政治目标是强迫某个国家或国家集团遵守制裁机构规定的目标。其军事目标是建立一道选择性的障碍，也就是说，一道仅允许授权物资通行的障碍。制裁的执行通常需要水面和空

---

　　① 在这次行动中，美军军舰"诺曼底"号发射了 13 枚"战斧"巡航导弹，以打击波斯尼亚塞族防空阵地。

　　② 1993 年 4 月 12 日至 1995 年 12 月 20 日，为了维护波黑的禁飞区，共出动了 100 420 架次的飞机（战斗机飞行 23 021 架次，战斗空中巡逻飞行 27 077 架次，防空压制、电子战、空中加油和侦察飞行共 29 158 架次，训练飞行 21 164 架次）。

中力量展开联合行动。① 根据联合国安理会 1990 年 8 月 6 日的 661 号决议和 8 月 25 日的 665 号决议，美国海军及其盟友伙伴在阿拉伯海和红海启动了针对伊拉克的海上拦截行动。重点监视的咽喉要道是霍尔木兹海峡、曼德海峡和亚喀巴湾。多国拦截部队最终由约 80 艘水面舰艇组成。其中 30 艘舰艇不是来自美国，它们分别来自英国、法国、澳大利亚、希腊、比利时、加拿大、阿根廷、沙特阿拉伯、巴林、卡塔尔和阿拉伯联合酋长国的海军。另外，美国的 P－3 巡逻机和英国的"猎手"飞机也参与了对这次行动的支援。这次行动非常成功，据报道它阻止了伊拉克约 90% 的物资进口和 100% 的物资出口。

维和行动和强制和平行动很难单独组织。目前的实践证明，这些行动通常是结合在一起的，正如 1995 年《代顿和平协议》通过之前在波斯尼亚执行任务的北约和西欧联盟部队的经历所证明的那样。②

海军部队也可能参与扩大化的维和行动和强制和平行动。这些行动在规模上要比维和行动大得多，参与人数通常在 2 万以上。冲突各方的同意通常只是名义上的、不完整的，或者根本不存在。这些行动要制定更加强硬的使命和交战规则，包括根据《联合国宪章》第 8 章使用武力。扩大维和行动和强制和平行动实施的目的更加明确，如保护安全飞行区或禁止飞行区，而不是保护救济物品的运送。如果陷入过深，它们可能将多国部队拉入公开的战争，那时海军部队要么撤出，要么就准备打大规模的战争。自 1995 年 12 月以来，北约部队，包括海上力量，就已经卷入了波斯尼亚和黑塞哥维那扩大化的维和行动和强制和平行动之中（"联合努力"行动）。

总结起来，实施制海权需要海军能够同时或依次执行一系列的战略和战役任务。由于典型窄海的面积和距离相对比较小，蓝水海军通过部署部分力量就能在其中实施制海权。但是，它必须具备在远离这个窄海出海口的海岸投送力量上岸的能力。对于近岸型海军来说，即便在窄海的部分区域实施控制权，也需要进行持续的努力，并使用几乎全部的力量。

---

① Zehrer, ed., *Der Golfkonflikt: Dokumentation, Analyse und Bewertung aus militaerischer Sicht*, pp. 188 – 190.

② 约 8 500 艘舰艇被拦截，1 100 艘被搜查，60 艘被改变目的地。Zehrer, ed., *Der Golfkonflikt: Dokumentation, Analyse und Bewertung aus militaerischer Sicht*, p. 138.

　　未来，海军部队平时将在窄海执行包括从前沿存在到更加强硬地使用战斗力量在内的多种任务，如建立航行自由或维护海上禁区和禁飞区等。他们也可能被要求支援执行维和或强制和平任务的地面部队。这些行动也可能以多国海军部队的形式实施。因此，不仅大国海军，而且中小型国家的海军也可能参与类似的任务。

第十一章

争夺中的控制权

在开阔大洋，一支弱势舰队通常会通过拒止优势舰队自由地使用海洋的方法来争夺制海权。这种情况也可能发生在窄海，尤其是在优势海军建立了封锁区或阻止弱势海军自由通过窄海的唯一出海口时。鉴于典型窄海的自然环境特点，优势舰队并不能完全阻止弱势舰队发起进攻性战术行动。来自潜艇、岸基飞机、岸舰导弹和水雷的威胁，使得大型水面舰艇在窄海活动面临巨大的风险。众多的岛屿和曲折的海岸线也为小国海军在窄海挑战强大舰队的主导权提供了条件。只要敌人的舰队还存在，没有被遏制，至少部分窄海的制海权就是在争夺或争议中。在一战早期，协约国的海军就获得了海上的实际控制权，但德国人也能对这个控制权发起挑战。事实上，在某个阶段德国甚至能够使英国皇家海军不能有效控制北海。英国皇家海军从未取得过波罗的海的控制权，波罗的海始终是德国人的一个"湖"。德国还有效控制了北海的一部分。亚得里亚海的控制权在整个战争中也受到了奥匈帝国海军的挑战。[①]

在窄海内部，优势舰队有时会发现自己的制海权受到了弱小军队的挑战。这种情况主要在弱势舰队处于更有利的海上位置作战，并封锁了这个海的唯一出海口，或封锁了优势舰队作战基地的出口时出现。土耳其海军或丹麦海军，虽然力量上比较弱，或许也能阻止更加强大的对手通过达达尼尔海峡和博斯普鲁斯海峡或斯卡格拉克海峡和卡特加特海峡。同样，日本海军也能阻止敌对海军通过宗谷海峡和朝鲜海峡。

在窄海挑战优势舰队制海权的海军可能执行的任务包括"存在舰队"、反封锁、战略转移、防御性布雷和海岸防御等。另外，攻击敌方的海上贸易也是弱势舰队在争夺制海权时所要担负的一项主要任务。在典型窄海，无论是弱势舰队还是优势舰队，都要不断地开展保卫海岸的任务——不管其在战区所处的战略位置如何。

---

① M. G. Cook, "Naval Strategy", 2 March 1931, Air Corps Tactical School, Langley Field, VA, 1930 – 1931, Strategic Plans Division Records, Series, Box 003 (Washington, DC: Naval Operational Archives), p. 12.

一、 存在舰队

过去，针对敌人的海上封锁，通常采用"存在舰队"的方法来应对。著名的英国海军作家 J. R. 瑟斯菲尔德（J. R. Thursfield）将"存在舰队"定义为：一支本身没有掌握制海权的舰队，总体上采取战略回避的方式，但通过随机应变的战略和战术配置，足以挑战对手的制海权。[1] 优势舰队需要时刻盯守敌人的基地和主力，保持高度的战备状态，这样才能在弱势舰队出来时攻击它们。只要弱势舰队没有被消灭，它的存在就会对优势舰队的制海权构成永久的威胁。优势舰队还必须花费大量的精力来盯防弱势舰队，确保它们在选择出击时不能突破封锁。[2]

1690 年，英国海军上将、托林顿公爵亚瑟·赫伯特（Arthur Herbert）实践了"存在舰队"的做法。当时，英国皇家海军分为数个分舰队，每支舰队都弱于图尔维尔上将率领的法国舰队，它们被分散部署于怀特岛外海。托林顿想在援军到达之前避免决战。然而，重要的是，只要托林顿的舰队存在，法国人就干不了什么事。最后，英国政府命令托林顿将军迎战法国舰队，结果英国在 1690 年 6 月 30 日的比奇角海战中落败了。[3]

通常，弱势舰队对优势舰队施加的影响是有限的。虽然"存在舰队"避免了与优势舰队的决战，但它们仍然保存了最大可能的威胁价值。优势舰队不得不随时保持拦截和交战能力以应对这种威胁，并防止弱势舰队逃离其基地。"存在舰队"战术如果运用娴熟，优势舰队就不能发挥出全部力量优势。

---

① Geoffrey Till, ed., *Maritime Strategy and the Nuclear Age*（New York：St Martin's Press, 2nd edn, 1984），p. 117.

② Cook, "Naval Strategy", p. 10.

③ Phillip H. Colomb, *Naval Warfare：Its Ruling Principles and Practice Historically Treated*, Vol. I（originally published W. H. Allen, London, 1891）（repr. Naval Institute Press, Annapolis, MD, 1991）, p. 153；Till, *Maritime Strategy and the Nuclear Age*, p. 113.

那样的话，胜利将不再取决于谁是进攻方、谁是防御方，而是取决于谁取得并保持了战略主动，而优势舰队并不一定就拥有这个主动权。

"存在舰队"的目的可以是阻止敌人大规模的海上进攻，或者对海岸的进攻，也可以是分散敌人的海军力量，迫使其对优势舰队进行战略再分配。如果弱势舰队在海上能够有效地挑战优势舰队，那么就可以避免后者发起大型两栖登陆进攻战役。在一战中，德国公海舰队的存在，牵制了英国皇家海军，使其不能在波罗的海的波美拉尼亚沿岸登陆；它很可能也是英国人没有选择夺占弗里斯兰（Frisian）群岛的某个小岛的原因。在典型窄海中，即便在没有"存在舰队"的情况下，强大的岸基空中力量也能阻止敌人采取任何大型的海上远征行动。

过去，弱势海军通过攻击敌人的海岸或海上交通线，能够取得一些积极的战略成果。相反，一些弱势舰队尝试通过干扰强大对手的行动和避免任何大型海上交战的方法，来剥夺其海上优势。但是，也有这样的情况，即弱势舰队除了确保自己能在面对强大得多的对手时生存下来以外，什么也没有做。因此"存在舰队"的样式可以包括从实施战术进攻到被动防御在内的多种形式。

一支积极的"存在舰队"会选择避免可能导致重大损失的决战，但是会抓住任何一个战术有利时机发动进攻，给对手造成损失。换句话说，积极的"存在舰队"战略在下列情况下实施：当对手认为取得制海权是投送力量上岸的前提条件，而已方可以通过避免与对手进行霍雷肖·纳尔逊（Horatio Nelson）将军所称的"正规战"，但能抓住任何一个反击机会的方法来剥夺其制海权。①

过去，使用"存在舰队"的概念，目的是推迟决战，直到弱势舰队达到与优势舰队的力量均衡为止。在公元前412—前411年的伯罗奔尼撒战争中，雅典和伯罗奔尼撒的舰队在两个相距约20海里的相邻港口（萨摩斯和米利都）相互盯守，将战斗推迟了数月。1588年，英国人使用了相同的方法，打

---

① Julian S. Corbett, Vol. I: *To the Battle of the Falklands 1914*, *Naval Operations*, *History of the Great War Based on Official Documents* (London: Longmans, Green, 1920), p. 226.

败了西班牙无敌舰队。如果梅迪纳—西多尼亚公爵（Duke of Medina - Si-donia）阿隆索·佩雷斯·德·古斯曼（Alonzo Pérez de Guzmán）在沿英吉利海峡北上时立即进行攻击的话，他很可能迫使英国海军上将，埃芬厄姆的霍华德勋爵（Lord Howard of Effingham）接受决战，并凭借数量优势为西班牙取得胜利。但是，英国人由于害怕进行决战，选择了在有利的时机和地点进行小规模、迅速的近距离攻击。结果是无敌舰队的北上被严重迟滞了。

过去，弱势舰队会退守到基地，并利用要塞进行掩护。那时就可以在舰队的帮助下来夺占基地，就像日本人夺占旅顺港一样。在这种情况下，弱势舰队可能要与陆军共同死守——就像在旅顺港的俄国舰队一样，或者弱势舰队可能会被迫出击——就像在古巴的西班牙分舰队一样，被等在港外的优势舰队消灭。

优势舰队也可能使用积极的"存在舰队"概念，可能是出于谨慎或小心，正如1904—1905年日俄战争中东乡平八郎刚开始采取的行动一样。当时日本面对的战略态势非常简单：俄国将其战斗舰队分散部署于欧洲和亚洲海域，部署于旅顺港和符拉迪沃斯托克的俄国分舰队的力量比较单薄。因此，战争一开始日本人就有很好的机会，可以摧毁俄国的远东分舰队，但是这个机会东乡将军并没有利用。据说是因为日本舰队虽然很可能取得成功，但是它们也将遭受一些损失。而这些损失，据东乡平八郎的判断，可能造成日本舰队无法应对可能前来的俄国波罗的海舰队。虽然东乡将军的行动方案被事实证明是正确的，但批评者们也有理由，他们认为，对马海战之前的舰队行动耗费了日本6艘战列舰中的2艘，如果在战争前期就发起猛烈攻势，很可能早就取得决定性的胜利，代价也不会比这个大。[①]

"存在舰队"的现代运用方式包括对敌人的海上舰艇和基地发动战术层次的行动、轰击敌海岸、侦察行动和进攻性布雷等。在一战中，德国海军对英国进行了骚扰，通过一些小型的行动来降低英国的相对海上优势，从而为公海舰队的攻势行动创造条件。[②] 德国人还希望，通过对协约国的贸易路线进行

---

① John Creswell, *Naval Warfare: An Introductory Study* (New York: Chemical Publishing, 2nd rev. edn, 1942), pp. 87 - 88.

② Corbett, Vol. I, *Naval Operations*, p. 163.

攻击，迫使英国人将部分海军力量投入到直接的贸易保护当中，这样他们就有机会对英国大舰队进行突然袭击。这两种行动方案结合起来，应该能够（实际上在一定程度上也确实是）迫使英国人分散海军力量，从而不能完全发挥出其海军优势。

要遏制德国公海舰队，需要英国的舰艇长期跟守——这些舰艇本可以用于其他用途。英国皇家海军虽然北上很远，但是却不敢攻击德国的海岸，从而从源头上消除 U 艇的威胁。本来可以用于北大西洋护航的力量，却不得不部署在北海。对付 U 艇的有效措施，比如在德国海岸设立有效的水雷网，在整场战争中都没能实行，因为在这个区域有德国作战舰队的存在。

当双方还在争夺制海权时，也就是说，要么双方的实力在数量和质量上相对均衡，要么一方在数量上占有优势但质量上处于弱势（或者质量上占优势但数量上处于弱势），消耗战也是适用的。这时，一方或者双方就可以使用他们的海军力量和飞机执行某个特定的有限目的。在一战中，德国公海舰队想要通过战术突袭封锁黑尔戈兰湾的英国军队的方法，给英国大舰队造成尽可能大的损失。德国人还使用了水雷和游艇对英国的海岸展开攻势行动。

其中的一次行动发生在 1914 年 11 月 3 日，德国的巡洋舰对英国戈尔斯顿（Gorleston）附近的海岸进行了炮击，实际目的是为布雷行动提供掩护。[1] 在12 月 16 日的第二轮袭击中，德国的战列巡洋舰轰击了约克郡海岸的斯卡伯勒（Scarborough）和哈特尔浦市，同时还有一艘轻型巡洋舰在法利（Filey）附近布设水雷。德国人希望能够诱使英国大舰队的部分兵力进入新布设的雷区。[2]在两次袭击中，英国的物资损失很小，但是很多平民丧生或受伤。德国公海舰队司令舍尔上将认为，只有时机成熟时，公海舰队才能进行打击。因此，与大舰队的决战，只有通过游击战达成双方的实力平衡时才能进行。公海舰队必须采取保守战略，力避决战，减少伤亡。但是这并不意味着拒绝创造一

---

① Arthur J. Marder, Vol. II: *The War Years*: *To the Eve of Jutland*, *From the Dreadnought to Scapa Flow*: *The Royal Navy in the Fisher Era*, *1904 – 1919* (London: Oxford University Press, 1965), p. 130.

② Arthur J. Marder, Vol. II: *The War Years*: *To the Eve of Jutland*, *From the Dreadnought to Scapa Flow*: *The Royal Navy in the Fisher Era*, *1904 – 1919* (London: Oxford University Press, 1965), p. 131.

切给英国的舰队造成损失的有利条件。① 德国的这种行动方案效果并不好，因为大舰队对黑尔戈兰湾进行的是远距离封锁而不是近距离封锁。然而，力量较弱但仍强大的德国舰队在北海的存在，迫使英国皇家海军改变了其全球部署态势，并且迫使英国的主要作战力量——大舰队不得不在整场战争中始终留在北海。德国的"存在舰队"战略事实上起到了分散英国皇家海军的战略效果，使其不能充分发挥整体的海军优势。②

在二战中，雷德尔将军的计划是利用少量老式战列舰舰队在北海牵制英国，然后运用 U 艇和轰炸机对英国严重依赖的海外补给线进行攻击。③ 虽然德国人夺取海面控制权的希望不大，但是他们的努力可以给意大利盟友发送强烈的信号。将相当数量的英国舰艇牵制在北海，可为在地中海的意大利海军创造机会——可是意大利海军并没有抓住这些机会。

有时单独一艘主力舰艇和一些护航舰艇的存在，就可以对优势舰队的制海权构成重大威胁。部署于挪威北部的德国战列舰"蒂尔皮茨"号就成功地牵制了相当数量的英国本土舰队。温斯顿·丘吉尔评论说，"蒂尔皮茨"号"施加了一个若有若无的恐怖，立即对全局产生了影响。它的出现和消失都会令对方产生不安和担忧"。④

当某支弱势舰队不仅采取守势，而且几乎不展开任何有助于削弱对手的行动时，就是采取消极的"存在舰队"。过去，消极的"存在舰队"曾穷尽各种方法来避免决战。这样一种战略最终会流于失败，因为它只能暂时地阻止优势舰队找到决战的时机。如果被动"存在舰队"的战略实施时间过长，这支舰队的士气也将受到很大的影响，正如特拉法尔加海战之前法国人所经历的那样。1803—1805 年，经过慎重考虑，拿破仑一世命令法国舰队避免与英国舰队进行大型战斗，因为他怀疑法国舰队很可能战败。他唯一的目标是跨过英吉利海峡发动进攻，摧毁英国陆军的集结地。但是由于缺乏对海峡的控制权，这个目标没能实现。因此，当决战时刻最终到来时，法国—西班牙

① Till, *Maritime Strategy and the Nuclear Age*, p. 118.
② Till, *Maritime Strategy and the Nuclear Age*, p. 119.
③ Till, *Maritime Strategy and the Nuclear Age*, p. 120.
④ Till, *Maritime Strategy and the Nuclear Age*, p. 119.

联合舰队证明了他们根本不是由纳尔逊勋爵率领的英国舰队的对手。法国人经常处于防御态势，即便有机会反攻也坚守不出。法国海军上将和战略学家拉乌尔·卡斯泰（Raoul Castex）认为，法国舰队应当避免被动防御，要对敌人的航运和海岸进行不断的袭击，必须分散敌人的舰队。[①] 但是，这在实施过程中相当不容易。

在1853—1856年的克里米亚战争中，俄国海军也实施了典型的消极"存在舰队"战略。俄国人当时拥有两支作战舰队：一支位于黑海，另一支位于波罗的海。法英联合舰队一出现，这两支舰队就都把自己关在港内。在塞瓦斯托波尔的俄国舰队甚至都不敢攻击被用作运兵船的法国军舰。

部署于旅顺港的俄国分舰队在1904—1905年执行的是另外一个版本的消极"存在舰队"战略。战争伊始，俄国人就把舰船退缩到内港，一点没有要出征的迹象。日本人也没有采取什么行动来摧毁俄罗斯在旅顺港的分舰队。他们没有认识到，那时俄罗斯分舰队的战备程度是很低的，原因是缺乏训练、士气低下和保养不力。日本人担心运输部队和物资船队的安全，因为他们整个军事战略都依赖这些运输船队。因此，他们无限期地推迟了将部队运送到中国东北地区的计划，只要在旅顺港的俄罗斯作战分舰队保持完整，并有能力出征，日本人就被迫将其整个现代舰队部署在这个区域。这样一来俄罗斯在符拉迪沃斯托克的作战分舰队虽无人看守，却可以自如地威胁到日本的北部沿岸。事实上，旅顺港的防守相当松懈。如果日本人能够利用他们暂时的海上优势来登陆陆军部队，之后再采取守势，那旅顺港很快就会陷落。但是，当时日本人的资源有限，因为他们主要的陆军部队还在动员过程中。这就要求日本人根据态势的变化实时修改整个作战计划，这一点当时的日军大本营还没有能力做到。

现在回想起来，也许日本人当时太关注在旅顺港的俄国舰队带来的威胁了，而且日军大本营的决策似乎受到了俄国符拉迪沃斯托克分舰队行动的影响——这支分舰队正好在旅顺分舰队即将出击时到达了朝鲜海峡。在击沉2艘、重伤1艘日本的运兵船后，符拉迪沃斯托克分舰队沿日本海岸北上，抓

---

① Till, *Maritime Strategy and the Nuclear Age*, p. 115.

获并击沉了几艘商船。最终，在浓雾的掩护下，它们顺利逃脱，毫发无损地回到了符拉迪沃斯托克。[1] 在首次未决的交战后，日本舰队取得了对黄海局部的暂时控制权，从而确保了向朝鲜运送部队的安全。1904 年 2 月 9 日，在战争爆发一个月内，日军在南浦登陆，三个月后又在朝鲜湾头的右侧登陆。这些登陆行动都是在俄国舰队的眼皮底下进行的，其中一支俄国分舰队在约 200 英里外，另外一支在约 60 英里外。[2] 然而，旅顺港俄国分舰队的参谋长威廉·K. 维特盖夫特将军（Admiral Vil'gelm K. Vitgeft）自负地认为，只要他的舰队没有被消灭，日军在辽东半岛或朝鲜半岛登陆就不可能。俄国人机械地应用"存在舰队"理论，是其后来在中国东北地区遭难的主要原因。

1940—1943 年，意大利海军在地中海也采取了消极"存在舰队"的姿态：他们极力避免战列舰冒险出击，除非有极大的成功机会。由于这样的机会并没有到来，地中海的战争最后变成了消耗战。意大利舰队在通往马耳他补给线两侧的存在，对这座堡垒构成了巨大的饥饿和围困威胁。他们也严重影响了英国对北非的补给能力。但是，意大利不愿让其舰队冒险，即便形势对他们有利的时候也是如此。这是一个典型的消极战略的例子。

"存在舰队"战略在平时也可以实施。德国海军上将蒂尔皮茨曾提出过一个"风险理论"，这个理论被纳入 1900 年的《德国海军法案》，从而得以实施。风险理论认为，德国舰队至少应该对更加强大的英国舰队构成一定的威胁，给其造成一定的损失，让其觉得不安全。这样英国就会被慑止，不能利用海上优势来达成可能损害德国利益的目标。德国人想要拥有这么一支舰队，这支舰队足以让世界一流的海上力量不敢轻易进攻德国海岸。[3] 但是这个思想后来给德国带来了灾难。英国不仅没有被慑止，反而通过解决与俄国和法国的分歧采取了主动进攻。

---

① Macintyre, *Sea Power in the Pacific*, pp. 141 – 142, 151.

② Cresswell, *Naval Warfare*, p. 103.

③ Till, *Maritime Strategy and the Nuclear Age*, p. 118.

二、反封锁

濒临某个窄海的国家通常会运用反封锁的方法来阻止、抵消或根除强国封锁带来的影响。通常，被封锁国的目的是解除他国施加的海军或商业封锁。而要想成功应对敌人的海军封锁，意味着要同时完成以上两项任务。有些理论家认为反封锁是一种"零星"的海战样式，因为较弱的军队通常不能取得必要的海上优势。但这个问题对于在窄海作战的舰队来说并不这么简单，即便他们在数量上强于封锁方，但因为不利的海上地理位置，他们通常不能完全使用所有的力量。

突破海军封锁行动的主要目标是让自己的海军部队进入开阔大洋执行预定的任务。另外一个目标是，重新建立国家与海外顺畅的联系。海军通常要与其他军种配合使用。上述目标主要通过摧毁或严重削弱施加封锁的敌对力量来达成。

一支被封锁的舰队可以选择使用部分的水面力量和潜艇来突破封锁线，从而破坏敌人的海军封锁。弱势舰队在有利的条件下也有望迫使封锁舰队不得不对海峡或狭窄水道进行防御。但是这个任务通常很难完成，正如一战中德国水面舰艇部队不断尝试突破盟军对多佛海峡的封锁一样。驻扎在卡特罗湾的奥匈帝国轻型兵力也曾在奥特朗托海峡与盟军的舰艇进行过一系列的交战，尽管取得了一些成功，但最终还是没能突破盟军对亚得里亚海唯一出海口的封锁。

1941—1944 年，苏联潜艇尝试突破德国和芬兰在芬兰湾建立的水雷障碍的行动也只是取得了部分成功。在 1942 年 6 月中旬的第一波突破中，8 艘苏联潜艇成功地突破了水雷障碍和海岸巡逻队。虽然这些潜艇后来到了芬兰湾西部的瑞典和波美拉尼亚沿海活动，但他们只击沉了 4 艘约 8 000 吨的舰船。第二波突破发生在 1942 年 8 月中旬和 9 月初，分别由 7 艘和 3 艘潜艇负责执行。在突破过程中，他们还得到了苏联岸基飞机和巡逻飞机的有力支援。3 艘潜艇触雷：其中 1 艘被击沉；另外 2 艘轻伤，设法返回了基地。那些到达开阔大洋的潜艇，用鱼雷攻击了 7 艘共约 14 000 吨的舰船，其中 5 艘共约 10 000 吨的舰船被击沉。第三波突破力量由 18 艘潜艇组成，它们分别于 1942 年 9 月底、10 月和 11 月初穿过德国和芬兰布设的水雷障碍区。4 艘潜艇触雷沉没，3 艘被芬兰潜艇击沉。此外，至少还有 2 艘潜艇在返回基地的过程中被水雷击伤。那些到达波罗的海开阔水域的潜艇只摧毁了 6 艘共约 12 000 吨的舰船，其他 3 艘约 12 000 吨的舰船沉没则是由于触碰了苏联潜艇布设的水雷。1942 年，在突破芬兰湾的德国—芬兰封锁区的过程中，苏联共损失了 10 艘潜艇，7 艘受损。另外，苏联还损失了至少 18 艘水面舰艇，包括巡逻艇、鱼雷艇、猎潜艇和扫雷艇。苏联潜艇在 1943 年和 1944 年春夏不断尝试突破德国—芬兰的封锁，但是没有一艘能够穿过芬兰湾的水雷区和反潜网。① 对于德国来说，如果任由苏联的潜艇在波罗的海进行攻势作战，代价将会极其沉重。他们从瑞典进口钢铁和从爱沙尼亚进口页岩油（这对他们非常重要，因为从罗马尼亚进口石油的数量越来越少）的通道将会被切断，对芬兰和第 9 陆军集团军的海上补给线也会被切断，在波罗的海训练 U 艇的计划也会被干扰。②

　　成功地突破敌人的海军封锁并再次进行作战部署的一个例子是：1942 年 2 月 11—13 日，德国的战列巡洋舰"沙恩霍斯特"（Scharnhorst）和格奈泽瑙（Gneisenau）号、重巡洋舰"欧根亲王"（Prinz Eugen）号和一些护航舰艇顺利从布雷斯特逃脱，并沿英吉利海峡北上到北海，后来又被派到挪威（"刻尔柏洛斯"行动）。这次行动是按照希特勒的要求开展的，因为他担心盟军可能进攻挪威，想把作战支队从布雷斯特转回德国。英国人从德国的密码中获取了一些情报，但是不知道德国舰船通过多佛海峡的准确时间。其他导致英国失败的因素还包括：军种之间配合不紧密，兵种之间缺乏协同，等等。虽然德国人取得了战术上的巨大胜利，但在战役上却遭受了巨大损失，因为把作

---

　　① Friedrich Ruge, *The Soviets as Naval Opponents 1941 - 1945*（Annapolis, MD: Naval Institute Press, 1979）, pp. 27 - 29, 34 - 35.

　　② Michael Salewski, *Die deutsche Seekriegsleitung 1935 - 1945*, Vol. 2: *1942 - 1945*（Frankfurt, a. M: Bernard & Graefe, 1975）, p. 453.

战舰队部署在布雷斯特，能够对盟军在大西洋的船队构成巨大的威胁，比部署在本土或挪威更能发挥作用。

三、 战略伴动

当双方力量悬殊时，弱势舰队的任务就是在局部方向达成兵力的平衡。这在优势舰队在本土水域施加巨大压力时显得尤为重要。这时，弱势舰队就要设法分散敌人的海军力量，在远离敌人本土水域的某个海区或洋区进行战略伴动。

集中力量和为了伴动而分散力量具有不同的目的，但是两者的相同点是它们的结果都不是持久的。集中力量并不意味着将所有可用的力量都集中在特定的海区或洋区。它的目的是集中己方兵力对付敌方，以期消灭敌方的残余，并取得兵力上的优势。换句话说，集中力量并不是所有可用兵力的总和，它只是一次性的集中。

战略伴动的目的是分散敌人的海军力量，取得有利的力量对比，甚至在主要战区形成力量优势。它的目的并不一定是形成海军兵力数量上的优势。与战略集中一样，其目的也是暂时性的。仅通过战略伴动并不能解决弱势舰队想要取得最后胜利所面临的根本问题。[①] 但是，成功的战略伴动对于弱势舰队在本土海域完成取得决定性战果的任务有极大的帮助。

海洋权益与一个国家或国家集团的整体命运紧密相连，因此在海战中运用战略伴动有几种可选方案。战略伴动的目的可以是纯军事性的，比如：分散敌人的兵力从而减轻本土面临的压力，对敌人的舰队造成损失，削弱敌人

---

① Hans Fuchs，"Die Diversion als strategisches Mittel zur Erzielung eines Kraefteausgleiches, dargelegt an geschichtlichen Beispielen"，*Marine Rundschau*，4（April 1938），pp. 238 – 239.

舰队从而为在主要战区取得决定性的胜利创造条件。① 在"七年战争"中，法国人使用了一个欺骗计划来掩饰他们的战略佯动。1756 年，几支在布列塔尼（Brittany）港登上运兵船的强大的法国海军分遣队拖住了英国舰队，而与此同时，法国在土伦港秘密准备并武装了第 2 支分遣队。法国的欺骗计划取得了极大的成功。他们达成了完全的"突然性"，夺占了巴利阿里群岛（Balearics）和马翁（Mahón）港要塞，从而取得了地中海西部的控制权。②

在法国大革命战争中，法国人有几个战略计划可以选择：进攻英格兰；发动决战击败英国皇家海军；切断英国与外界联系的生命线；攻击英国的海外领地，削弱英国的力量源泉和在世界上的地位。③ 拿破仑一世尝试了这四种方案，然后通过威胁印度来实施战略佯动，因为印度对于英国的世界地位至关重要。作为预防措施，法国通过与撒丁区签订协议、解除威尼斯武装和夺取伊奥尼亚群岛控制权的方法来确保地中海航线的安全。法国的地中海舰队也准备将一支陆军部队从土伦运送到埃及。为了保持"突然性"，法国还故意散播谣言说，要跨过海峡进攻英格兰，目的是掩饰真正的计划，并将强大的英国舰队牵制在海峡内。1798 年 5 月，法国在埃及登陆，这对英国来说完全是个意外。六个星期内，拿破仑一世掌控了整个埃及。1798 年 6 月初，法国还攻占了马耳他。但是，7 月 25 日英国的纳尔逊在阿布基尔（Aboukir）的胜利彻底摧毁了法国取得地中海制海权的希望。没有制海权，就不能保证海上通路的安全。虽然法国人最终失败了，但是这并不能磨灭法国人在计划这些行动时所展现的智慧。④

一个临机性战略佯动的例子是，1914 年 8 月初，威廉·苏雄（Wilhelm Souchon）将军率领的由"戈本"（Goeben）号战列巡洋舰和"布雷斯劳"（Breslau）号巡洋舰组成的德国舰艇编队逃到了达达尼尔海峡。这些舰艇在战

---

① Hans Fuchs, "Die Diversion als strategisches Mittel zur Erzielung eines Kraefteausgleiches, dargelegt an geschichtlichen Beispielen", *Marine Rundschau*, 4 (April 1938), p. 239.

② Hans Fuchs, "Die Diversion als strategisches Mittel zur Erzielung eines Kraefteausgleiches, dargelegt an geschichtlichen Beispielen", *Marine Rundschau*, 4 (April 1938), p. 246.

③ Hans Fuchs, "Die Diversion als strategisches Mittel zur Erzielung eines Kraefteausgleiches, dargelegt an geschichtlichen Beispielen", *Marine Rundschau*, 4 (April 1938), p. 245.

④ Hans Fuchs, "Die Diversion als strategisches Mittel zur Erzielung eines Kraefteausgleiches, dargelegt an geschichtlichen Beispielen", *Marine Rundschau*, 4 (April 1938), pp. 245 – 246.

争之初原本被部署在亚得里亚海。位于该区域的英国海军力量是阿奇博尔德·伯克利·米尔恩（Archibald Berkeley Milne）将军率领的由 3 艘战列巡洋舰、4 艘装甲巡洋舰、4 艘轻型巡洋舰和 14 艘驱逐舰组成的舰艇编队。米尔恩将军 7 月 30 日接收到一份来自海军部的电报，命令他保护从阿尔及利亚运送法国陆军士兵到法国南部的运兵船。8 月 3 日，他又接到一个电报，要求他监视亚得里亚海的出海口，并盯防德国分舰队的行动。英国海军部还命令米尔恩看守直布罗陀海峡，防止德国的舰艇到达达达尼尔海峡。布韦·德·拉佩雷尔（Boué de Lapeyrère）将军率领的法国土伦分舰队也担负双重任务，分别是盯防德国的战列巡洋舰"戈本"号和掩护从阿尔及利亚运送陆军部队的运兵船。当时，在地中海的英法两国海军之间没有建立联合指挥机构，也没有建立协调双方行动的机制。米尔恩将军并不知道，法国因为德国分舰队的存在而推迟了从阿尔及利亚运送士兵的计划。①

由于英法两国海军在协同上存在混乱，苏雄将军得以逃离亚得里亚海，然后进入中地中海，并于 8 月 4 日轰击了阿尔及利亚的波尼港和菲利普维尔（Phillippeville，今名"斯基克达"。——译者注）港。事后来看这个行动是没有必要的，如果英国和法国更加积极地开展行动，甚至可能给德国舰艇带来灭顶之灾。这个行动之后，德国舰艇驶入了意大利的墨西拿港加煤，然后到达他们最终的目的地——君士坦丁堡。它们在去往直布罗陀的路上碰到了两艘英国的战列巡洋舰。但是，由于英国当时还没有正式对德宣战，英国舰艇不能对德国舰艇开火。德国舰艇的高航速也使英国的战列巡洋舰只能望其项背。自从意大利宣布了中立地位，德国舰艇在墨西拿港只允许停留 24 小时。米尔恩将军被迫分兵：将大部分的舰艇部署在西西里岛西北，以防止德国舰艇骚扰法国的运兵船；只留下了一艘轻型巡洋舰，盯守墨西拿海峡的南出口。德国舰艇在 8 月 6 日晚离开墨西拿，佯装驶往奥特朗托海峡，然后在深夜转变航向，驶往克里特岛和希腊大陆中间的水道。负责监视亚得里亚海出海口的英国少将特鲁布里奇（Troubridge）本想派出 4 艘装甲巡洋舰拦截德国舰

---

① Elmer B. Potter and Chester W. Nimitz, eds, *Seemacht：Eine Seekriegsgeschichte von der Antike bis zur Gegenwart*（Herrsching：Manfred Pawlak, rev. edn, 1986）, pp. 346 – 347.

艇，但在 8 月 7 日凌晨放弃了这个主意。同日，米尔恩将军带领 3 艘战列巡洋舰离开了马耳他，驶往东地中海。英国海军部又犯了一个错误，提前给米尔恩发送了将与奥匈帝国开战的信息。这使米尔恩改变了航向，朝奥特朗托海峡进发，以便在奥匈舰队企图逃离亚得里亚海时为特鲁布里奇少将提供支援。海军部在 8 月 8 日纠正了前面的信息，并命令米尔恩继续执行追踪德国分舰队的任务。但是为时已晚，德国人已经安全抵达达达尼尔海峡。这次临机性的战略佯动对协约国的行动立即产生了影响。8 月 13 日，土耳其海军宣布购买"戈本"号和"布雷斯劳"号，指挥官仍为苏雄将军。1914 年 10 月底，德国—土耳其分舰队轰击了俄国的敖德萨和新罗西斯克港，在塞瓦斯托波尔海军基地外海布雷，并击沉了一艘俄罗斯的炮艇。这些行动直接导致了土耳其和俄国之间的战争。[①]

尽管面临困难的军事和政治形势，苏雄将军还是成功地将强大的英国和法国军队牵制在地中海数日。德国分舰队成功地逃至君士坦丁堡，使战略形势发生了显著的变化。土耳其加入"中心力量"联盟，后来保加利亚也加入了。这个行为对俄国产生了立竿见影的影响，切断了它与地中海盟友的联系。协约国失败的主要原因包括：英国海军部给英国舰队下达了多个任务；错误地判断了敌人的企图；英法海军之间缺乏协同；米尔恩和特鲁布里奇将军缺乏积极主动性。

除了上述例子之外，德国在一战中并没有很好地利用战略佯动，比如在瘫痪英国的海外贸易方面。"中心力量"联盟另外一次错失的良机是：奥匈帝国舰队没有采取攻势行动，将协约国的舰队牵制在地中海。在大西洋上，如果德国能够在战争的早期就夺占靠近英吉利海峡的港口，那么德国的形势将会改善很多。那样的话，英伦三岛将会从南部被包围，大舰队将被迫转移到海峡内，从而增加德国大型水面舰艇在北海北部乃至在大西洋北部活动的空间。

有时，战略佯动的主要目的可能是经济上的，即削弱或降低敌人给自己

---

① Elmer B. Potter and Chester W. Nimitz, eds, *Seemacht*: *Eine Seekriegsgeschichte von der Antike bis zur Gegenwart* (Herrsching: Manfred Pawlak, rev. edn, 1986), pp. 347 – 348.

国家施加的经济压力。战略佯动也可以用来降低不可承受的政治、道德或其他条件。不管实施战略佯动的目的是什么，其方法通常是一样的，那就是通过对敌方脆弱和敏感的地方施加压力，来减轻己方脆弱的地方面临的压力。①

战略佯动可以是一支处于弱势但态度强硬的舰队手中的一张王牌。通常，弱势舰队将面临优势舰队施加的压力。在物力上的弱势会导致士气的降低和信心的丧失，从而对舰队的整体作战能力产生非常深远的影响。因此，弱势舰队需要解决的一个关键问题是如何在对手实力占绝对优势的情况下展开进攻性的行动。这样一支舰队应该打击敌方的弱点，以便在主要战区改变态势，使其变得对己方有利。一定要设法降低敌方的主动性，从而减轻它在主要的海上战区对己方施加的压力。

有时，优势舰队也可能实施战略佯动，目的是改变敌方舰队的力量部署，从而有利于主要战区的其他行动。在这方面，优势舰队相对于弱势舰队具有较大的优势，即便在遭受巨大损失之后，前者最终也能够胜出，因为它的实力要比对方强得多。

四、 防御性布雷

窄海中的反封锁行动也包含防御性布雷，以及岸舰导弹和岸炮的反击。这些行动在两次世界大战中的所有封闭性海区都曾实施过。水雷障碍在控制海区方面可能会非常有效，这种层次上属于战术性质的行动也可能产生战役性的影响。② 防御性的水雷障碍通常布设在：敌方潜艇和水面舰艇可能通过的路线上，己方航运路线的两侧，商业航运的咽喉要道，己方海军基地和商业

---

① Fuchs，"Die Diversion als strategisches Mittel zur Erzielung eines Kraefteausgleiches，dargelegt an geschichtlichen Beispielen"，p. 239.

② Thomas H. Robbins，*The Employment of Naval Mines*（Newport，RI：Naval War College），20 March 1939，p. 10.

港口的出入口，海岸防御带或敌方可能登陆的地点的前方，等等。防御性水雷障碍区通常要比进攻性水雷障碍区大，且混合布设多种水雷。

反潜水雷障碍布设的目的是摧毁或阻止企图进入己方水面舰艇或商船活动区域的敌对潜艇，或者保护海军基地、港口和沿岸航线。例如，在一战中，英国就曾在爱尔兰海峡布设了防御性的水雷障碍。这些障碍不仅限制了德国U艇的行动自由，还击沉了10艘企图进入防御区的U艇。[1] 同样，德国—芬兰于1941—1944年布设在芬兰湾的反潜水雷障碍成功地阻止了苏联潜艇通过芬兰湾。

反潜水雷障碍既可以布设在己方控制海岸的附近，也可以布设在更远的区域——超出岸舰导弹和岸炮射程的区域。如果混合布设多种类型的漂雷或沉底雷，那么反潜水雷障碍的效能将会极大地增加。旨在保护己方海上贸易的水雷障碍通常布设在海上航路的两侧和船队的集结区域。1941年，由于德国在黑海的海军力量较弱，德国人广泛使用了防御性布雷来阻止苏联的水面舰艇和潜艇攻击轴心国的沿海商船队。水雷障碍布设在罗马尼亚港口康斯坦萨（Constanta）和多瑙河河口附近。还有一些小型的水雷障碍区布设在保加利亚港口布尔加斯（Burgas）和瓦尔纳（Varna），多恩河河口，以及布加兹（Bugaz）附近。深水反潜水雷障碍布设于博斯普鲁斯海峡的入口处。德国—罗马尼亚商船队从布尔加斯航行到土耳其海峡非常安全，因为它们位于水雷障碍防御墙的后方。但是这道防御墙还有几个漏洞，主要是在多瑙河河口、康斯坦萨港、瓦尔纳港和布尔加斯港等地——在这些地方苏联的潜艇时不时地攻击轴心国的运输。德国人还在苏利纳（Sulina，多瑙河河口）和叶夫帕托里亚（Yevpatoriya，克里米亚）布设了一些反潜水雷障碍。1943年，德国还在雅尔塔、费奥多西亚和新罗西斯克布设了新的水雷障碍，目的是阻止苏联登陆和苏联轻型力量的进攻。[2]

德国在黑海最后一次大型的布雷行动是1944年夏天在多瑙河河口的布

① Robert C. Duncan, *America's Use of Mines* (White Oak, MD: US Naval Ordnance Laboratory, 1962), pp. 68–69.

② Juerg Meister, *Der Seekrieg in den osteuropaeischen Gewaessern 1941–1945* (Munich: J. F. Lehmans Verlag, 1958), pp. 295–296.

雷。从 1941 年到 1944 年，轴心国海军在黑海总共部署了约 2 万枚水雷。但问题是，布设这么多的水雷障碍是不是有必要，它们布设的位置是不是合理。事实上，很多水雷障碍布设得离岸太近，中间的无雷区也太过狭窄。几艘轴心国自己的舰艇也因为触雷而沉没。但是从总体上看，德国布设的防御性水雷确实阻止了苏联对轴心国的海上航运展开高强度的攻击。

水雷还被广泛用于防御海峡和狭窄水道，防止敌方舰船或潜艇进入防护区域。1915 年，协约国进攻达达尼尔的行动之所以失败了，部分原因是土耳其人在这里布设了防御性的雷区。一艘小型的土耳其蒸汽船绕开英国的巡逻驱逐舰，并在主雷区布设了一道新的水雷线——这条线与伊芬卡尼（Even Keni）湾的海岸线平行。协约国在进军达达尼尔的过程中并没有发现这道水雷线，结果 18 艘战列舰中的 3 艘触雷沉没，另有 3 艘受到重创。此后，协约国指挥官约翰·德·罗贝克（John de Robeck）将军命令从这些狭窄水道撤军，从而结束了达达尼尔海峡的海军战事。①

在组织大陆沿岸和近岸岛屿的海滩防御时，水雷是重要的武器。它们可以布设在敌人可能登陆的海岸附近，也可以布设在具有重要战略地位的海岸前方。作为海岸防御的有机组成部分，水雷通常用于隔离登陆地带和相邻的沿海水域，并阻止敌人的水面舰艇进入这些地带。

1941 年，在波罗的海战争的前期，苏联人使用了防御性水雷与德国争夺对该海的控制权。苏联的水雷障碍布设在里加湾。从汉科到奥登肖尔姆，共布设了约 2 150 枚水雷。在德国攻占了附近的陆地区域之后，苏联人开始使用驱逐舰和鱼雷艇在伊尔本水道布设水雷。7 月，他们还在里堡和德维纳河口布置了一些水雷。到了 9 月底，苏联人已经在穆恩海峡整个南部入口都布设了水雷。在 1941 年全年，苏联人共布设了约 8 000 枚水雷，但是大部分雷区都没有得到很好的保护。尽管如此，还是有德国的 18 艘军舰、芬兰的 3 艘军舰和 10 艘商船被苏联的水雷击沉。②

通常，布设在己方沿海区域的防御性水雷障碍都要用岸舰导弹、岸炮或

① B. H. Liddell Hart, *The Real War* (Boston, MA: Little, Brown, 1st edn, 1930, repr. 1964), pp. 157 – 158; Duncan, *America's Use of Mines*, p. 67.

② Meister, *Der Seekrieg in den osteuropaeischen Gewaessern 1941 – 1945*, pp. 41 – 44.

舰艇部队加以保护。那些布设在岸舰导弹和岸炮射程之外的水雷障碍，应该让敌方反水雷部队难以清扫。它们应该得到己方舰艇部队的间接保护，主要是小型水面舰艇的保护。在朝鲜战争期间，朝鲜就广泛地使用了水雷和岸炮。这些岸炮深藏在朝鲜海岸的山丘底下，让靠近海岸作战的敌方海军力量吃了不少苦头。[①] 一个显著的例子可用来证明一支弱小的海军是如何挑战比自己强大得多的舰队的制海权的，那就是 1950 年 10 月美国在元山的惨败。朝鲜从苏联接收了大量的接触水雷、沉底水雷和鱼雷，并在苏联的技术援助下学会了如何使用。这些援助物资大部分都是在 1950 年 7 月通过铁路运达的。从 8 月开始，朝鲜仅用了三个星期就在元山港和南浦布设了约 3 000 枚苏制水雷。这些雷区设置得相当巧妙，并与海岸防御体系融为一体。美国原计划 10 月在元山进行两栖登陆，以加快韩国第 1 军团沿海岸的前进步伐。10 月 19 日，美国海军陆战一师的士兵登上了位于元山外海的两栖舰艇。对海峡的水雷清扫已经于 10 月 10 日开始，计划 10 天之内完成，但是美国海军在清扫水雷时遇到了巨大的困难，并遭受了巨大的损失。登陆行动先是被推迟，但后来又决定在 10 月 18 日进行，因为韩国的军队已经在岸上取得了比预期更快的进展。然而登陆部队直到 10 月 25 日才登陆成功，因为海峡之内还有大量未清扫的水雷。[②]

一个更近的例子是：伊拉克广泛使用了水雷，来挑战以美国为首的多国部队对阿拉伯湾北部的控制权。他们总共布设了约 1 170 枚水雷，大部分在科威特沿海。[③]

---

① Malcolm Cagle and Frank A. Mason, *The Sea War in Korea* (Annapolis, MD: United States Naval Institute, 1957), p. 283.

② Andrew Patterson, Jr, "Mining: A Naval Strategy", *Naval War College Review* (May 1971), p. 56; Malcolm W. Cagle and Frank A. Mason, *The Sea War in Korea* (Annapolis, MD: United States Naval Institute, 1957), pp. 145, 148 – 150.

③ Department of Defense, *Conduct of the Persian Gulf War: Final Report to Congress, April 1992* (Washington, DC: Government Printing Office, 1992), p. 274.

五、 海岸防御

　　海岸防御是海陆空三军的共同责任。特别是舰艇部队和航空兵在登陆行动中要与地面部队紧密合作，以确保航运、部队展开和舰艇训练的安全。他们也肩负着布设防御性水雷障碍的任务，确保舰艇驻泊地域和海军舰船的安全，防止运输船受到大规模杀伤性武器的攻击。由岸舰导弹、岸炮和官兵组成的岸防部队是在窄海地区担负海岸防御任务的主要力量。这些部队的任务是保卫己方的海军基地、港口、海岸的重要部分、岛屿、海峡和狭窄水道，使其免受敌方的海上攻击。通常，岸防部队以独立营和独立岸炮分队的形式编成，并直接受相应的海军基地指挥官的领导。

　　海岸防御包括一系列的作战行动和措施，目的是防止敌对舰队夺占海岸或岸上设施。海岸防御的主要任务是防止敌方两栖登陆或海滩防御，以及保护己方重要的岸上设施免受敌方的攻击。己方的地面部队在海军力量和岸基飞机的配合下担负防御海岸的任务。

　　海岸中最重要的部分，也就是那些拥有可登陆海滩的海岸，应当时刻准备好进行两栖防御，主要目标是防止敌方两栖部队的卸载和空中突击登陆。海军部队在海滩防御中的主要任务是侦察敌方的两栖登陆部队，并在他们进入指定的卸载区域前接敌交战。海军部队担负着组织连续的海空侦察，以及消灭敌人的空中和海上侦察力量的任务。他们还负责在海上和在受威胁最严重的海岸建立防御性的水雷障碍和滩头障碍设施。海军部队还要与其他军种配合，负责在受保护海岸的入口建立联合火力配系。

　　海岸防御中的滩头防御可以按照积极或机动的原则来组织。海岸的重要部分或重要设施通常只由一部分力量来守卫，而主力部队位于后方，负责强有力的反攻，以便将敌方的登陆部队消灭在指定区域。滩头防御中最重要的因素是海岸或滩头入口处的反两栖登陆障碍配系。

通常，弱势舰队挑战优势舰队制海权的能力，在窄海要比在开阔大洋更高。海区的狭小，距离的缩短，再加上大量沿海岛屿和浅水区的存在，能够让一支由小型水面舰艇组成但意志坚定的舰队成功地挑战优势舰队的海上控制权。岸基飞机、常规动力潜艇、岸舰导弹和水雷带来的威胁，能够使优势舰队在典型窄海的作战行动变得异常困难。一方在海军力量上的弱势，有时可以通过岸基飞机来弥补，从而增加与在典型窄海作战的蓝水海军竞争海上控制权的成功概率。

综上所述，在典型窄海的作战中，弱势舰队成功地挑战优势舰队的海上控制权是可能的。成功的主要前提条件是：统筹所有可用的力量和资源，各军种展开密切合作。争夺海上控制权，主要由岸基飞机、潜艇、快速攻击艇、岸舰导弹和岸炮实施。防御性布雷也许是在窄海和浅海降低优势舰队行动自由能力的有效手段之一，也是最经济的手段。

第十二章

攻击海上贸易

攻击敌人的海上贸易和保护自己的海上贸易，通常被称为"贸易战"。这是海军实施和争夺制海权的必要组成部分。无论是优势舰队还是弱势舰队，在整场战争中都可能实施贸易战。两者实施贸易战的不同在于：弱势舰队一般聚焦于通过攻击敌人的海上贸易来争夺控制权，而优势舰队则是聚焦于保护自己国家和友好国家的海上贸易。这些任务都是一个更加广泛的任务的子集，即：削弱敌人的军事经济潜力同时保护自己的军事经济潜力。保护海上贸易或攻击海上贸易的任务都不能迅速或轻易地完成。特别要注意的一点是，不能为了强调这些任务而使其他任务受影响。

攻击海上贸易通常是每场海战的一个显著特点。它对于那些需要从海外进口生活必需品的国家来说，是一种很好的施压方式。攻击海上贸易在针对一个岛国时通常非常有效，但在针对一个与邻国具有发达陆地交通网络连接的大陆国家时，就没有那么有效了。一个国家，如果其海外联系面临威胁或被切断，那么它可能会选择增加陆上贸易来弥补海上贸易的损失。工业化国家对于经济和军事—经济高价值目标的损毁忍受度较高，但是发展中国家可能会因为这些高价值目标的损毁而遭受重大的打击——经济可能倒退几年甚至几十年。

一、　目标和前提条件

攻击敌人海上贸易的目标是：在特定的时间段内、在特定的海区或洋区减少货物流通量（通常以百分比表示）。一般而言，这个目标是通过"干扰"或"拦截"敌人的海上贸易来达成的。敌人海上贸易的受损程度可以包括海上贸易的受限、削减、中断、切断等。攻击敌人海上贸易行动的有效程度也可以用特定时间段内在特定海区或洋区击沉或击毁舰艇的数量或吨位来表示。

"受限"是指敌人的航运和与航运相关的岸上设施遭受了较大的损毁，以至于他们的军队在特定的时间窗口内不能开展预定的作战行动。在实践中，如果敌人的海上运输量减少了 25%—30%，那么就认为是达成了这个目标。如果海上运输量降低了 30%—60%，那么就认为敌人的海上贸易被"削减"。"中断"是指敌人的海上贸易在特定的海区或洋区遭受巨大的干扰。这个目标是通过将敌人的海上运输量减少 60%—80% 来达成的。海上贸易的"切断"在实践中意味着至少 80% 以上的损失，以及港口装货和卸货能力相应地降低。在这种情况下，敌人军队和平民经济只能靠现有的物资存量进行运转。这个目标通常只能通过全面的海上和空中封锁才能达成。

要想有效地攻击敌人的海上贸易，必须在相对较广的区域全面展开攻击，并攻击海上贸易的所有组成部分，特别是要攻击敌人在海上和港口内的商船、护航舰艇、商业港口/锚地、货物装卸设施、沿海铁路或公路交通枢纽、船厂和修船设施以及造船相关产业等。在封闭海区，攻击敌人的海上贸易以及保护自己的海上贸易的行动，通常要有海军部队、岸基飞机、岸防部队和地面部队的共同参与。

攻击敌人的海上贸易取得成功，取决于和平时期确定的正确的理论和学说、数量上足够的部队、合适的平台武器、高度的训练水平、统一指挥行动、及时可靠的相关情报、可靠的空中资源、合适的基地、可靠的后勤保障和补给等。有关攻击敌人海上贸易的方法和程序的理论在平时就要确定，否则在战时就只能临机思考和测试力量运用的战术和战役概念，这样通常会造成人员和物质的巨大损失。而且，如果海军理论家没有就如何筹划、准备和实施攻击敌人海上贸易行动展开过深入探讨，就不可能确定正确的军种和联合学说。

在开展攻击敌人海上贸易的行动时，应该使用足够的力量。这通常很难做到，因为舰队通常还要担负其他必要的战略和战役任务，兵力分配上可能会有冲突。攻击敌人海上贸易的编队应该由多个平台组成，这些平台应该具备足够的航速、作战半径、续航力以及能够在特定窄海的任何部分作战的能力。在 1980—1988 年的两伊战争中，伊朗在攻击海上贸易方面的表现差强人意，部分原因是他们缺乏能够打击伊拉克产油设施和石油管道的飞机。伊拉克的空中力量也非常有限，伊拉克不敢冒险使用它们来执行攻击伊朗石油设施的任务，并且他们也缺乏能在波斯湾拦截伊朗航运的部队和资产。伊拉克人还没能使用他们有效作战半径为 530 英里的"超级军旗"岸基飞机打击伊朗海上贸易的重要组成部分。伊拉克最前沿的空军基地是纳西里耶（Nāsiriya），位于波斯湾西北 150 英里处，距离哈尔克（Kharg）岛 300 英里。从这个基地起飞的飞机间或攻击伊朗的城市和航运。分散的攻击行动，再加上缺乏合适的平台，最终导致伊拉克没能对伊朗的经济中心造成重大的破坏，也没能成功封锁伊朗的出口设施。

针对敌人的商业航运展开的攻击行动，其有效性不仅取决于是否使用合适的武器，而且取决于平时的训练水平。经验表明，训练不能草率，不能在战时"临时抱佛脚"。在二战中，英国海岸司令部的表现差强人意：无论是他们的飞机还是他们的武器，都不是为了这些任务而设计的。在 20 世纪 30 年代英国轰炸机的训练项目当中，也没有攻击商船的训练内容。如果德国空军投入更多的精力进行攻击海上舰船的训练，那么德国在攻击敌人的航运方面的成功率将会更高。在战争伊始，德国空军只有两个轰炸机分队（KG. 26 和 KG. 30），后来发展成了一个完整的航空军，专门负责攻击海上舰船的任务。

执行攻击敌人海上贸易任务的部队一定要得到连续可靠的作战侦察和情报保障。关于敌人舰船航行和装载货物的数据一定要详细、准确，最重要的是要将数据及时提供给作战指挥员。理想的情况是，早在战争爆发之前，就应该长期地收集、分析和评估有关敌人贸易方方面面的情报。

在战时，在窄海攻击敌人的海上贸易能够取得成功的一个前提条件是要取得制空权。1941—1942 年，如果英国的作战舰队拥有制海权，他们就很可能阻断轴心国通往利比亚的交通，并为地中海上的航运提供有效的空中掩护。对双方而言，应对威胁所需的空中威胁和空中掩护的能力都是最重要的因素。

有一个例子能够证明缺乏空中支援将会如何破坏整个舰队攻击敌人海上航运的行动。[1] 1942 年 8 月 13 日，意大利海军对盟军从直布罗陀到马耳他的船队展开了攻击（"基座"行动）。意大利海军当时因为缺乏油料而动员不足，他们也没有得到意大利空军的足够支援，因此被剥夺了取得决定性胜利的机会。

---

① Arthur Hezlet, *Aircraft and Sea Power* (New York: Stein & Day, 1970), pp. 275 – 276.

是否拥有适合飞机起降的基地，对于在特定的窄海攻击海上航运能否取得最终成功也具有决定性的作用。1940—1943 年，马耳他在中地中海就拥有这样一种地位。对盟军来说，幸运的是，由于联合使用了空中和海上力量，马耳他得以保存。正是由于拥有了马耳他，盟军才能够持续地攻击意大利对德国"非洲军团"的补给路线。而这使隆美尔向利比亚的进军变得更加困难，最终被迫放弃这个计划。① 同理，由于拥有从日德兰半岛到布列塔尼大量的海空基地，德国威胁英国在北海和英吉利海峡沿海贸易的能力大为增强。

有效地攻击敌人的航运还要使用所有可用的力量，对敌人的海上贸易施加最大的压力。应该大量使用新武器。应该连续实施并覆盖比较宽广的海区或洋区，这样敌人就没有机会恢复或做出及时反应。攻击的重点应该是最重要类型的舰艇和与航运相关的岸上设施。两伊战争中充满了攻击敌人航运不成功的例子。双方都没有尝试使用所有的力量来阻止敌人的石油运输。伊拉克针对进出伊朗港口的船只进行了攻击，但是这个攻击缺乏连续性和长期性。在每一轮新的攻击之后，伊朗都有大量的喘息时间来恢复。伊朗每次都使用停火或签订和平协定的方法来降低伊拉克攻击其城市和航运交通的激烈程度。② 对于伊朗而言，他们没有抓住机会攻击伊拉克通往土耳其的石油管道；也没有通过外交向土耳其施压，要求土耳其关闭石油管道。

攻击敌人海上贸易的行动应该由多个海军作战兵种和其他军兵种共同开展。这些攻击行动应该开展比较长的时间，并且应该是连续的。这些部队不应该被要求执行其他多个任务，正如 1940—1942 年德国对英吉利海峡和英格兰东海岸的海上贸易展开的攻击一样。他们对英格兰沿海贸易的攻击并没有取得绝对性的成果，因为他们在选择和攻击合适的目标方面缺乏专注力。德国经常使用他们的飞机轰击陆地目标，但这些目标的重要性大多不高，因此效果不佳。到了 1942 年底，他们不再拥有这种持续轰击的能力。很显然，因

① S. W. C. Pack, *Sea Power in the Mediterranean* (London：Arthur Barker, 1971), p. 193.

② Anthony H. Cordesman, *The Iran - Iraq War and Western Security 1984 - 1987：Strategic Implications and Policy Options* (London：Jane's Publishing, 1987), p. 68.

为德国没有长期坚持一个目的和一个目标，所以没有产生决定性的结果。①

攻击敌人海上贸易的行动还应该有序、协调，否则就不能取得巨大的成功。1943 年秋，英国在东地中海攻击敌人的航运时就缺乏协同配合。那时他们只使用潜艇对轴心国在爱琴海的沿海交通进行了攻击，因为水面舰艇和飞机都不能使用。

攻击敌人的海上贸易时，重点应放在那些一旦受损将对整个贸易产生连锁反应的因素上。因此，敌人贸易的瓶颈应该尽早识别，最好在和平时期就识别出来。攻击敌人海上贸易最有效的方法是摧毁或严重损坏敌人的修船设施。敌人的舰船如果不能修复就不能服役，效果等同于把它们击沉。

有时，太过强调攻击航运可能影响到攻击地面部队的力量。这种情况曾于 1942 年夏天发生在位于中地中海的轴心国身上。他们对盟军海上航运的攻击取得了成功，但这个成功的代价是他们不得不减轻对英国第 8 集团军的压力，导致其成功逃脱到了阿拉曼。②

二、方式

在典型窄海攻击敌人海上贸易的行动中，作战力量运用的主要方法是开展战术行动和大型海军作战行动。任何一个全面的攻击海上贸易的行动天生就是"摩擦性"的行动。原因是，海上贸易几乎是连续进行的，每个船队或单艘舰艇都只代表了特定时间内在某个战区交通量的一部分。相应地，大多数攻击敌人海上贸易或保护自己海上贸易的海军行动，在特点上都是战术性的。旨在干扰或切断敌人海上贸易的重大海军行动只能偶尔在特定的海区或

① S. W. Roskill, *The War At Sea 1939 – 1945*, Vol. Ⅱ: *The Period of Balance* (London: Her Majesty's Stationery Office, 1956), p. 258.

② S. W. Roskill, *The War At Sea 1939 – 1945*, Vol. Ⅱ: *The Period of Balance* (London: Her Majesty's Stationery Office, 1956), p. 72.

洋区实施。时机也只能是在确实有必要发动大型的行动，攻击或保护大型的船团，以便达成战役目标时。

与在开阔大洋实施的重大海军行动不同，在窄海实施的重大海军行动应该有多个军种的作战兵种参加。任何一次这样的行动都需要投入相当大的兵力和资产，从而影响到其他方向的行动。它还需要其他舰队力量的全力支持。因此，在实际操作过程中，战术行动，特别是打击和攻击行动，是在窄海攻击敌人海上贸易行动中主要的海空力量作战运用方式。

蓝水海军可以使用航母、大型水面舰艇、核动力攻击潜艇和海上巡逻飞机来执行攻击敌人海上贸易行动的任务。在典型窄海中，最适合用来执行攻击敌人海上贸易任务的力量是：岸基飞机、柴电攻击潜艇、驱逐舰或护卫舰、轻型部队（如装备导弹的轻护卫舰和作战艇）、特种部队和岸防部队等。

由于封闭性海战区的面积狭小、距离较短，陆地飞机也许是攻击敌人航运和与航运相关的岸上设施的最有效的平台。高度的战备状态和机动性使得飞机能够集中攻击运输团队、军舰或掩护海上船团的飞机。与开阔大洋的战争不同，装备有反舰导弹的攻击直升机也许是在窄海用来攻击敌人商船的最合适平台。

在二战中，在许多窄海，岸基飞机都曾在打击敌人商船的行动中发挥过重要的作用。这在地中海表现得尤为明显。1940 年 6 月法国陷落后，地中海的形势发生了根本性的转变。从西西里水道到克里特岛和昔兰尼加之间的海上航线，都在意大利空军设在撒丁岛、西西里和北非的基地的轰击距离之内。而且，英国也不能使用法国在西地中海的海军飞机和基地。在 1941 年 5 月克里特岛被德国占领之后，通向马耳他的船队路线在东部两侧都受到了德国空军的威胁。驻扎在克里特岛的德国空军，北可达"轰炸小巷"，南可到昔兰尼加。在这种情况下，盟军从亚历山大向马耳他运送物资就不再可行了。①

在两次世界大战中，潜艇在窄海攻击敌人的海上贸易时都取得了很好的效果。在一战中，德国的 U 艇在英吉利海峡、英伦三岛的西南入口以及地中海都取得了很大的战果。特别是在 1914 年德国占领佛兰德斯海岸后，就在那

① Pack, *Sea Power in the Mediterranean*, p. 92.

里设立了小型 U 艇的基地。它们被部署到英国东海岸、亨伯（Humber）河北口、福尔兰（Foreland）南部、英吉利海峡、英伦三岛西南入口、爱尔兰海和比斯开湾，攻击商船。德国公海舰队下属的 U 艇基地设在北海和波罗的海，主要的活动区域是英伦三岛的西北和西南入口。从基地到这些活动区域使用的路线是从黑尔戈兰湾到斯卡格拉克海峡，然后再绕到苏格兰角。① 1915 年 7 月，德国人通过海路将 U 艇从奥匈帝国的普拉海军基地部署到保加利亚的港口瓦尔纳，穿过土耳其海峡。这个举动大大地出乎俄国人的意料，后者认为这些 U 艇是德国通过铁路从普拉运送到君士坦丁堡的。② 这些 U 艇针对塞瓦斯托波尔和罗马尼亚沿海活动的商船展开攻击。③ 它们的战果是如此辉煌，以至于俄国向高加索前线运输军队的行动完全瘫痪了。俄国的驱逐舰几乎不停地执行护航任务。尽管如此，俄国到 1916 年 7 月初还是损失了约 15% 的运输船。那时，通往敖德萨的交通已经完全停滞了，U 艇的活动还造成了俄国在高加索的军队食物和弹药的缺乏。④

　　1942—1944 年，德国部署在黑海的 250 吨的 U 艇也取得了一些成功。从罗马尼亚基地康斯坦萨出发，总数不超过 6 艘的 U 艇负责攻击苏联沿高加索沿海的交通——主要是介于图阿普谢和巴统港口之间的沿海；1944 年 5 月之后，这些 U 艇将它们的作战区域转移到了克里米亚和罗马尼亚沿海；1944 年 8 月之后，U 艇的作战区域缩小至多瑙河河口外的海域。⑤

　　水面舰艇在攻击敌人的海上贸易方面也很有效。但是，大型水面舰艇要想取得有效的战果，一定要系统地部署，并得到可靠的空中掩护。小型水面

---

① Eric J. Grove，ed.，*The Defeat of the Enemy Attack on Shipping 1939 – 1945*，revised edn of the Naval Staff History，Volumes 1A（Text and Appendices）and 1B（Plans and Tables），（Aldershot，Ashgate，The Navy Records Society，1997），p. 148.

② Lorey，"Der Minenkrieg im Schwarzen Meer：Eine kritische Betrachtung"，*Marine Rundschau*，5（May 1933），p. 212.

③ Lorey，"Der Minenkrieg im Schwarzen Meer：Eine kritische Betrachtung"，*Marine Rundschau*，5（May 1933），p. 217.

④ Lorey，"Der Minenkrieg im Schwarzen Meer：Eine kritische Betrachtung"，*Marine Rundschau*，5（May 1933），p. 214.

⑤ 这些 U 艇在 1943 年共击沉十几艘约 29 300 吨的苏联商船和 3 艘小于 5 000 吨的商船（1942 年没有击沉商船的报道）。Juerg Meister，*Der Seekrieg in den osteuropaeischen Gewaessern 1941 – 1945*（Munich：J. F. Lehmans Verlag，1958），pp. 286 – 287.

舰艇几乎是在海峡水道和群岛型沿海攻击敌人航运的理想平台。如果小型水面舰艇和岸基飞机一起使用，就有望取得攻击敌人海上贸易最好的结果。但是，它们也必须得到强有力的空中掩护，因为它们始终面对着敌人的空中威胁。

有时，即使很少数量的作战艇，也能够给敌人在保护沿海航运方面造成极大的困难。1940—1943 年，德国的 S 艇就曾在英吉利海峡给英国造成了不少麻烦。① 庞大的英国船队和多佛海峡繁忙的交通使这个区域成为很好的"狩猎区"。在任何一个时间，德国人都可以选择 1—6 个沿英吉利海岸缓慢移动的船队作为攻击目标。英国的护航舰艇数量不够，所以不能提供全时的保护。德国人在英吉利海峡活动的 S 艇数量从未超过 36 艘。这些 S 艇具有很高的航速，机动性也很好，可以很快地从一条攻击路线转换到另一条。它们可以在自己选择的区域攻击船队，并取得了一些不错的战果。②

在二战中，英国使用他们的海岸部队攻击了英吉利海峡中位于挪威、荷兰和比利时沿海的德国船队。英国人使用鱼雷艇和炮艇攻击了从挪威出发的德国船队——从设得兰群岛出发突袭里兹（Leads）。③ 1943 年 7—8 月，英国轻型舰艇部队在荷兰沿海和英吉利海峡与敌人的船队、巡逻船和扫雷舰艇爆发了多次交锋。艾默伊登（Ijmuiden）、泰瑟尔岛和泰尔斯海灵岛（Terschelling）附近的战事一直持续到 1943 年夏。④ 德国人白天行驶的船队很少，而晚上派出重兵护送船队航行，英国的飞机和沿岸部队只取得了很少几次的成功拦截。⑤

在典型窄海，即使是只装备小型武器的最小的船艇也可以用来攻击敌人的商船和渔船。伊朗在两伊战争当中不仅使用了水雷，而且在 1987 年 8 月之后还集中使用了小型高速攻击艇来展开攻击。这些小艇都装备了重武器，包

---

① 德国的快速船（Schnellboote），被盟军称为 E 船（敌船）。

② S. W. Roskill, *The War At Sea 1939 – 1945*, Vol. III, *The Offensive* pt. 1, 1st June 1943 – 31st May 1944（London：Her Majesty's Stationery Office, 1960）, p. 284.

③ Roskill, *The War At Sea 1939 – 1945*, Vol. II, p. 257.

④ S. W. Roskill, *The War At Sea 1939 – 1945*, Vol. III, *The Offensive* pt. 1, 1st June 1943 – 31st May 1944（London：Her Majesty's Stationery Office, 1960）, pp. 98 – 99.

⑤ Roskill, *The War At Sea 1939 – 1945*, Vol. II, pt. 1, p. 256.

括船头的机关枪和苏联制造的火箭榴弹发射架。

在典型窄海，岸舰导弹和岸炮也可以用来攻击射程内的敌人港口和航运相关设施。这些岸炮，特别是部署在海峡水道内的岸炮，能够有效地用于攻击过往的敌人商船。在过去，使用岸炮攻击敌人的航运通常不是很有效，即便是在特别小的海峡，比如多佛海峡。英国和德国都曾经使用他们的远程岸炮攻击对方的商船，但是效果显然都不佳。[①] 然而，使用岸炮攻击即便不是很有效，也总能够对敌人的船员产生心理压力，比如1941年夏，德国使用了格里内角（Cap Gris – Nez）上的远程大炮攻击经过多佛海峡的英国商船。[②]

今天，岸炮的射程和精度都比二战时期提高了很多，因此它们在攻击敌人航运时的效能，特别是在海峡水道时，无疑也提高了很多。岸舰导弹对于过往的商船，特别是在海峡地区，构成了最严重的潜在威胁。在某些情况下，这些导弹，特别是那些部署在海峡水道中的岸舰导弹，能够有效地攻击过往的敌人商船。在两伊战争中，伊朗在1980年9月战争开始的第一天就封锁了阿拉伯河和巴士拉市。他们使用炮火关停了伊拉克在法奥的石油装载设施。共有62艘舰船和油轮被困在或击沉在阿拉伯河，这条河还部署了大量的水雷。超过6艘的舰艇被困在阿卜杜拉河，1980年10月6日还有数艘舰船被伊朗的飞机击沉。

三、 多兵种合同

攻击敌人商业航运最有效的方法是使用多个海军作战兵种和武器，打击敌人海上交通的各个组成部分。这需要参战的作战兵种之间展开密切、有效

---

① Roskill, *The War At Sea 1939 – 1945*, Vol. II, pt. 1, p. 99.

② S. W. Roskill, *The War At Sea 1939 – 1945*, Vol. I: *The Defensive* (London: Her Majesty's Stationery Office, 1954), p. 325.

的战役和战术协同。过去的经历有力地证明，攻击敌人海上贸易的行动只有在使用多个作战兵种和多种武器的情况下才能够取得胜利。没有哪个单独作战的兵种可以完成这项任务，各兵种之间应该相互补充。英国在二战中的经历表明，在实施沿岸战过程中，作战兵种之间的配合是多么重要。为了阻止德国的航运交通，英国综合使用了"打击联队"、诺尔（Nore）和多佛摩托化鱼雷艇和摩托化炮艇分舰队、日夜轰击敌人港口、海岸司令部侦察飞行、战斗机空中掩护等兵力和样式。①

非常成功地使用数个海军作战兵种的一个例子发生在 1941—1942 年的西西里狭窄水道。意大利通过使用潜艇、轻型水面部队和水雷，几乎取得了这条 90 英里宽的狭窄水道的完全控制权。附近的潘泰莱里亚岛也有重兵把守。潘泰莱里亚岛和西西里海岸之间的水道很容易布雷。潘泰莱里亚岛以南的水道水深较大，难以布雷，但只有 30 英里宽，轻型水面舰艇和潜艇就可以把守。在整场战争中，意大利在西西里和突尼斯之间共布设了 115 000 枚水雷。盟军船队通过这些水道的危险系数，还因为意大利部署在西西里岛和撒丁岛上的飞机而变得更高。

到了 1943 年春，盟军凭借空中优势取得了西西里水道的控制权。他们在那里部署了潜艇和水面舰艇，用来切断轴心国通向突尼斯的交通。随着盟军部队沿着突尼斯海岸进军，他们的飞机变得更为有效，从而可以使用离西西里水道更近的机场。这导致被盟军飞机和水面舰艇击沉、击伤的轴心国舰艇数量巨幅增加。1943 年 1—2 月，约有 25％ 的运往突尼斯的补给物资被击沉；在接下来的 3 个月，这个数字增加为约 75％。盟军的飞机造成的损失占所有轴心国损失的 48％。对轴心国港口的大面积轰炸，摧毁了他们一半以上的舰艇。②

然而，在 1943 年秋，英国在东地中海针对敌人航运展开的海军攻势行动就明显缺乏协同。英国的潜艇在爱琴海攻击了轴心国沿海的交通，但是它们没能做到长时间干扰，因为缺乏必要的水面舰艇和飞机的参与。而英国之所

---

① Roskill, *The War At Sea 1939–1945*, Vol. II, p. 391.
② Hezlet, *Aircraft and Sea Power*, p. 274.

以没有使用水面舰艇和飞机，是因为他们在附近没有基地——贝鲁特或海法离作战海域太远，更不用说亚历山大港了。[1]

四、 攻势布雷

水雷也是打击敌人商业船运最有效的武器。它可以用来保持对某个海域的持续威胁，而炸弹和鱼雷只有在敌人的舰艇或飞机出现在这个海域时才能构成威胁。它也是海军武器库中唯一一种在某种程度上能够改变地理面貌的武器。因为它的存在，敌人舰船不能通行某些特定区域。敌人通常会高度重视水雷危险区，并极力地避免通过，就好像那是一片陆地一样。[2]

缺乏使用攻势性布雷方法打击敌人商船的意识，且疏于相关的准备，将极大地影响削弱敌人政治经济潜力的整体能力。1941 年 12 月，与日本的战争爆发之后，美国海军内部除了一小部分水雷战专家之外，总体上都未做好开展攻势布雷作战的准备。这也是美军没有在 1943 年之前就开始对太平洋日控港口进行大规模布雷封锁的主要原因。更近的一个例子是，两伊战争中伊拉克在波斯湾没有使用水雷封锁伊朗用于出口石油的运输航道。作为替代，他们使用了装有反舰导弹的飞机。虽然飞机轰炸也取得了比较好的效果，但是如果在伊朗沿海只有伊朗油船使用、中立国舰船不使用的航道上布设水雷，效果将更好，代价也更低。[3]

在典型窄海，水雷不仅可以由飞机和潜艇部署，也可以由水面舰艇布设，包括小型作战艇，甚至渔船。在一战中，德国使用了水面舰艇和 U 艇在北海的英国沿岸布雷。他们不断地在英国东海岸的港口入口处布雷。每年都有数

---

[1] Roskill, *The War At Sea 1939 – 1945*, Vol. III, pt. 1, p. 189.

[2] Friedrich Ruge, *Sea Warfare 1939 – 1945*: *A German Viewpoint*; trans. M. G Saunders (London: Cassell, 1957), p. 13.

[3] James Bruce, "Gulf War – A Dangerous Legacy", *Jane's Defence Weekly*, 12 (November 1988), p. 1200.

千枚水雷被布设，英国海岸的每个部分都被布设了德国水雷。① 无独有偶，俄国人在 1914 年夏和 1915 年 7 月，也使用驱逐舰和潜艇在博斯普鲁斯海峡的东口布设了大量的水雷。1916 年 7 月、1917 年 1 月和 5—6 月，俄国人不断地在博斯普鲁斯海峡东口布雷。② 他们还在瓦尔纳港的入口布设了水雷，这样保加利亚就不能轻易使用这个港口了。③ 1914 年，俄国在波罗的海南部和但泽附近的航运路线汇聚区，针对德国共布设了约 1 600 枚水雷，几乎完全瘫痪了德国军队和商业航运的活动。④

在二战中，英国在诺尔和多佛的海岸防御分舰队，于 1943 年底在英吉利海峡的德控港口入口以及比利时和荷兰沿岸，布设了大量的水雷。⑤ 1943 年秋，英国对荷兰沿岸的布雷行动导致德国进出鹿特丹的交通量巨幅下降。鹿特丹港是德国从瑞典进口铁矿石和向瑞典出口煤和焦炭的最理想的地方。之后，德国被迫将大部分航运转移到埃姆登。这给德国的内陆交通系统增加了额外的压力。虽然运费非常高，但是德国人也只能接受，因为他们非常需要瑞典的铁矿石。⑥

大面积的布雷可以极大地增加敌人扫除水雷的难度，有时也能给敌人在特定海区的整个海军防御行动造成巨大压力，甚至导致其崩溃。英国在波罗的海的布雷行动迫使德国停止使用但泽湾作为潜艇的训练基地。水雷的另一种重要的影响对瑞典人而言是切肤之痛。1944 年 8 月，各种原因令他们总共

---

① Thomas H. Robbins, *The Employment of Naval Mines* (Newport, RI: Naval War College), 20 March 1939, p. 14.

② 在 1916 年的最后 10 天里，俄国驱逐舰在海峡的亚洲和欧洲海岸附近共布设了约 1 000 枚水雷。1917 年 1 月，布雷行动继续，475 枚水雷被布设在博斯普鲁斯附近。1917 年 5 月和 6 月，俄国人共布设了 1 200 枚水雷。详见 "Lorey, 'Der Minenkrieg im Schwarzen Meer: Eine kritische Betrachtung', pp. 215 – 216, 218."。

③ 1914 年 10 月，一个鱼雷艇支队（实际上为 1 200 吨驱逐舰）布设了一个水雷障碍。1914 年 11 月 4—5 日的夜晚，4 艘驱逐舰共布设了 240 枚水雷。1914 年 12 月 21—22 日的夜晚，由 857 枚水雷组成的两个雷障布设完毕。俄国潜艇"克拉"（Krah）于 1915 年 7 月 10 日在博斯普鲁斯海峡布设了约 60 枚水雷，目的是封锁博斯普鲁斯到塞瓦斯托波尔和博斯普鲁斯到宗古尔达克（Zonguldak）的航线。但是，这些水雷都没有产生效果，因为布设的地点离入口太远。德国战列巡洋舰"戈本"号在 1914 年 12 月 26 日触碰到俄国水雷，德国巡洋舰"布雷斯劳"号在 1915 年 8 月 18 日触雷受损。Lorey, "Der Minenkrieg im Schwarzen Meer: Eine kritische Betrachtung", pp. 212 – 213.

④ N. B. Pavlovich, *The Fleet in the First World War*, Vol. I: *Operations of the Russian Fleet* (Moscow, Voyenizdat, 1964; trans. from Russian, published for the Smithsonian Institution and the National Science Foundation, Washington, DC by Amerind Publishing, New Delhi, 1979), p. 120.

⑤ Roskill, *The War At Sea 1939 – 1945*, Vol. III: pt. 1, p. 96.

⑥ Roskill, *The War At Sea 1939 – 1945*, Vol. II, p. 390.

损失了总吨位约 10 万吨的 5 艘舰艇。8 月 18 日，他们收回了所有驶往德国港口的舰艇的保证金。8 月 27 日，他们关闭了所有波罗的海的港口与德国的来往业务。1945 年 1 月 1 日，他们实施了对德国的完全禁运措施。①

1944 年的最后 4 个月，英国轰炸机部队在波罗的海、卡特加特海峡和奥斯陆（Oslo）湾开展了布雷行动。水雷总共击沉了 52 艘德国舰船，总吨位将近 5 万吨。正是在这个时候，由于扫雷舰严重不足，德国开始遇到巨大的困难。事实上，德国面临的最大困难是缺少扫雷舰，而不是英国水雷的精巧。到了 1945 年 1 月，这个困难带来的最重要后果就是德国被迫放弃了在但泽湾的 U 艇训练区。②

德国海军司令部错误地限制了在北海的 S 艇使用水雷，因为他们担心使用水雷会影响微型潜艇的效能。德国的北海司令部提出抗议，最终这个限制令于 1945 年初被解除。S 艇的活动受到了制约，因为盟军对其基地进行了空中打击。但是它们在安特卫普和英国东海岸的活动几乎每晚都很活跃。水雷造成的盟军船运的损失远超过了鱼雷和 U 艇。③

水雷通常可以被用来在船队到达或出发前封锁海峡或水道、沿海航运路线和敌人港口的入口。水雷障碍一旦布设，就要不断地补充，以保持同等程度的对敌人航运的威胁。水雷不仅对敌人航运造成了广泛的威胁，还会限制航运路线上的商船和护航舰艇的机动性。

布设水雷的目的也可能是，迫使敌人的海上运输放弃使用受保护的路线而使用不受保护的路线——在这些路线行驶的舰船更容易遭到潜艇和飞机的攻击。这也是英国在 1940 年 4 月德国入侵挪威之前，在挪威海域布设攻势水雷的目的。挪威海岸线的构造对于德国保护进出纳尔维克的航运交通是有利的。从纳尔维克到斯塔万格的航程约 500 英里，这条航线经过内里兹湾，湾

---

① 1945 年 1 月，英国的空中布雷导致德国舰船损失了 18 艘，共计 42 673 吨。Roskill, *The War At Sea 1939 – 1945*, Vol. III, pt. 2, pp. 140 – 141.

② Roskill, *The War At Sea 1939 – 1945*, Vol. III, pt. 2, pp. 269, 271.

③ 在 1945 年的前两个月，S 艇布设的水雷击沉了 15 艘舰艇，击沉约 35 900 吨；S 艇发射的鱼雷和"海豹"（Seehund）号击沉了 7 艘舰艇，击沉量为 13 000 吨。Roskill, *The War At Sea 1939 – 1945*, pp. 271 – 272. 1945 年 1—5 月，S 艇布设的水雷击沉了盟军 32 艘舰艇，击沉量为 76 490 吨；另有 9 艘、共计 41 924 吨的舰船受损。Roskill, *The War At Sea 1939 – 1945*, p. 279.

内有一条连续的近岸岛屿链，隔出了几条水道。德国利用里兹湾来运送重要的铁矿石物资。这条线路只有三个点通向开阔海区。因此，英国计划在这条线路上布雷，这样德国的舰船将被迫沿外海航行，不进入挪威领海，从而更容易被英国侦察和捕获。最终英国决定在斯塔特岛（Stadtlandet）和比德（Bud）岛附近海域以及韦斯特峡湾（Vestfiord）布雷。①

布雷行动要有效，布雷区域就要尽可能地大。水雷布设要讲究方式方法，水雷数量要多，并能坚持较长时间。持久的、大面积雷区的价值在二战所有的海上战区中都体现得很明显。英国对西欧敌占区的主要海上贸易路线和航运终端都进行了广泛布雷。到了 1940 年 4 月中旬，他们的飞机已经在大贝尔特海峡、小贝尔特海峡、松德海峡以及亚德河河口都布设了水雷。两个月后，英国的飞机在西至斯海尔德河（Scheldt）、东至吕贝克的广大区域都布设了水雷。另外，英国飞机还在奥斯陆、科汉姆海峡（位于卡尔莫岛和挪威海岸之间）和基尔运河附近布雷。同时，英国还宣布一大片波罗的海海域为水雷危险区。不过，在设置这块区域时，他们刻意避开了瑞典的领海。水雷布设区后来迅速蔓延至包括整个丹麦海岸、斯卡格拉克海峡、卡特加特海峡、德国通向北海的河流（如埃姆斯河、威悉河等）河口以及整个挪威水域等在内的广阔区域。英国的驱逐舰负责在丹麦海岸布雷，而潜艇则负责在挪威水域布雷。②

要想达到最好的效果，攻势布雷行动还要与其他类型的攻击行动相结合，特别是与攻击商船、港口和岸上舰船相关设施的行动相结合。最有效的方法是同时使用几种类型的水雷，给敌人的扫雷部队施加最大可能的压力。1945年春，美国在日本下关海峡布设的水雷就是因为类型太过单一而没有起到应有的效果。出于作战上的考虑，美军对该海峡的两端交替进行布雷。但是，日本人很快就察觉到了美军的这个计划，一到夜晚，他们就将所有的扫雷力量集中部署在美军要布雷的海峡一端。如果他们将扫雷力量分成两组，并分

---

① J. S. Cowie, *Mines, Minelayers and Minelaying* (London/New York: Oxford University Press, 1949), p. 140.

② J. S. Cowie, *Mines, Minelayers and Minelaying* (London/New York: Oxford University Press, 1949), pp. 145 - 146.

别部署于海峡的两端，那么他们清除海峡内水雷的速度比之前还要快。①

新式武器的价值，大部分在于：在敌人能够发明反制武器之前快速引入战场并进行大规模地运用。由于不利的条件，美军 1945 年（对日战争中）对外区的布雷违反了这个原则，因为新式水雷的布设数量非常少。②

1987—1988 年，伊朗通过在阿拉伯湾国际海域的航道上秘密布设水雷的方法阻止了美军的进入。1987 年 4 月 18 日，美军发现一艘伊朗的护卫舰在海湾中部布雷，他们的反应是派出 5 艘驱护舰和 1 艘两栖舰艇（有一个海军陆战队直升机小队）进行打击，还有 1 艘航母在远处进行掩护。结果是摧毁了伊朗 2 个军民两用的平台。③ 美军舰艇还发射了 5 枚导弹，击沉了 1 艘伊朗的高速巡逻艇。同一天，伊朗的舰艇和飞机也攻击了美国和英国的商船，以及 1 个美国操控的石油钻井平台。作为回应，美国派出了航母舰载的 A－6 "突击者" 攻击机，击沉、击伤伊朗护卫舰各 1 艘、高速艇各 1 艘。4 月 29 日美国宣布，美国的军舰将对在伊朗宣布的战争区外受到攻击的友方和中立国的舰船进行援助。④

在地区冲突中，弱势一方很可能利用友方国家的掩护，在不是主战场的海域的航道上秘密布设水雷。一个广为接受的说法是，1984 年 8 月初，利比亚充当了伊朗的代理人，利用一艘商船在苏伊士运河的南口和曼德海峡的北口秘密布设了水雷。有十几艘悬挂不同国家国旗的舰船触雷，但幸运的是没有一艘船沉没。⑤

---

① US Strategic Bombing Survey（Pacific），*The Offensive Mine Laying Campaign against Japan*（Washington，DC：Government Printing Office，1947），pp. 21－22.

② US Strategic Bombing Survey（Pacific），*The Offensive Mine Laying Campaign against Japan*（Washington，DC：Government Printing Office，1947），p. 21.

③ Frank Uhlig，Jr，*How Navies Fight*：*The US Navy and Its Allies*（Annapolis，MD：Naval Institute Press，1994），p. 382.

④ US Strategic Bombing Survey（Pacific），*The Offensive Mine Laying Campaign against Japan*（Washington，DC：Government Printing Office，1947），p. 383.

⑤ 为了找出这些水雷，多国部队共部署了 28 艘扫雷舰/猎雷舰和 11 艘辅助船。Martin S. Navias and E. R. Hooton，*Tanker Wars*：*The Assault on Merchant Shipping during the Iran－Iraq conflict*，*1980－1988*（London/New York：I. B. Tauris Publishers，1996），pp. 90－91. 据报道，苏联造的 KMD－1000 水雷被利比亚人使用。同上，p. 92.

五、 商业封锁

削弱敌人经济潜力的最有效的方法是宣布并实施商业封锁。商业封锁几乎总是海军封锁的一个必要组成部分。它的直接目的是阻止敌人海上贸易的进出，不管是通过它自己的还是中立国的船只进行运输。商业封锁的目标可以只针对某些物品，也可以针对所有进出被封锁国的物品。封锁取得成功的前提是，被封锁国一定要有巨大的海外利益，且对海外贸易的依赖性极大。[1]第一步是对目标国施加经济压力，然后是拦截它的海上贸易，切断它与中立国和海外盟友的贸易联系。[2]

在美国内战（1861—1865）中，北方各州针对南方各州使用的商业封锁取得了很好的效果。亚伯拉罕·林肯总统于1861年4月19日正式宣布对南部邦联进行封锁（即温菲尔德·斯科特总结的"蟒蛇政策"）。在战争开始之初，南部邦联并没有海军，北方各州也决定不让他们拥有海军。南部邦联也缺少建造海军所必需的重工业。北方各州拥有的联合海军担负的任务是，切断南方与欧洲工业源头的联系。[3]这意味着实际上要关闭通向从切萨皮克湾到墨西哥边界约3 550英里长的海岸线的航运交通，包括约190条河流的河口。另一个促使封锁取得成功的因素是，北方各州控制了密西西比河及其支流。这些行动将跨密西西比河的邦联各州分隔开来，将封锁圈拓展至军事分界线的第三面，严重干扰了邦联的国际交通。封锁南部邦联的海上贸易无疑是海

---

① David T. Cunningham, "The Naval Blockade: A Study of Factors Necessary for Effective Utilization" (Fort Leavenworth, KS: US Army Command and General Staff College, unpubl. MA Thesis, June 1987), p. 25.

② M. G. Cook, "Naval Strategy" 2 March 1931, Air Corps Tactical School, Langley Field, VA, 1930 – 1931, Strategic Plans Division Records, Series, Box 003 (Washington, DC: Naval Operational Archives), p. 12.

③ Allan Westcott, ed., *American Sea Power since 1775* (Chicago: J. B. Lippincott, 1947), p. 109.

军对北方胜利的最大贡献。①

进入 20 世纪之后，随着远程封锁的兴起，诞生了一个"联合航程"的概念，即违禁物品的最终分拣而不是最初分拣是决定这些物品能否被实施封锁的海军拿捕的标准。在一战中，通过悬挂德国国旗的舰船运送的德国商业物资，在战争刚爆发的几天内就被阻断了。但是，通过中立国的船只运输的物资和通过相邻的中立国转运的物资，还是源源不断地送达德国。这实际上意味着，如果英国能够控制中立国的航运，那么德国的经济将会遭受更加严重甚至致命的打击。而英国要做到这一点，就要求皇家海军也拦截通往荷兰和斯堪的纳维亚港口的航运——这些船只的一部分将绕过苏格兰北部或通过多佛海峡到达德国港口。早在战争初期，英国就通过在多佛海峡布雷关闭了南部的这条贸易路线。这令所有的商船不得不沿肯特海岸经过唐斯和古德温暗沙（Goodwin Sands）。但是对北海的北出口进行布雷是不可能的，因为这个出口从挪威到苏格兰的距离有 450 英里，从格陵兰到冰岛也有将近 160 英里。中立国的船只在经过英国的巡逻线附近时，能够转向挪威的海岸，通过挪威的领海到达德国的目的地港口。这也是英国通过建立水面舰艇的北方巡逻线来盯守 610 英里长的封锁线的原因。② 英国的封锁实际上开始于 1914 年 7 月 29 日。这一天，英国大舰队从波特兰（Portland）启航，驶向在斯卡帕湾（Scapa Flow）的作战阵位。从那时起，直到战争结束，英国对德国（以及奥匈帝国）施加的压力就从未减弱。在宣战之后，德国大部分的商船队都被拘押或落入了协约国的手中；只有总吨位 216 万吨的商船仍在德国的控制下，但它们只能在波罗的海和德国的沿海航行。③

1939 年 9 月 3 日，二战爆发后不久，英国也宣布了对德国封锁。英国皇

---

① Harold M. Sprout, and Margaret T. Sprout, *The Rise of American Naval Power 1776 – 1918* (Princeton, NJ: Princeton University Press, 1939), p. 155. 在战争期间，北方联盟海军共抓获或摧毁了约 1 504 艘南部邦联的舰船（1 149 艘船被捕，包括 210 艘汽轮；355 艘舰船被焚毁或击沉，其中有 85 艘汽轮）。William N. Still, Jr, "A Naval Sieve: The Union Blockade in the Civil War", *Naval War College Review* (May – June 1983), p. 39.

② Arthur J. Marder, *From the Dreadnought to Scapa Flow: The Royal Navy in the Fisher Era*, 1914 – 1919, Vol. II: *The War Years: To the Eve of Jutland* (London: Oxford University Press, 1965), pp. 372 – 373.

③ 1914 年，德国和奥匈帝国控制了 6 200 000 吨的船运，约占世界总数的 14.7%；战争开始后，2 875 000 吨在国外港口避难，1 165 000 吨被协约国捕获。A. De Weerd, "Blockade, Ultimate Weapon of Sea Power", *Proceedings*, 8 (August 1933), p. 1142.

家海军将所有的德国商船赶到了英国的港口或中立国的港口，并把它们拘押。英国很快就列出了可以拿捕的违禁物品清单。1939 年 11 月 27 日，英国扩大了封锁范围，禁止德国的物品进入中立国的港口。与一战中一样，英国的封锁圈是不完整的，因为在整场战争中德国都能将波罗的海作为从瑞典进口铁矿石的通道。

在二战中，美国对日本的封锁是相当有效的——虽然他们没能阻止日本使用通向朝鲜和中国东北地区的海上航线。美国于 1942 年对日本启动潜艇封锁，到了 1945 年 1 月，日本与其新占领的南方领地的联系完全因为吕宋岛的陷落而被切断了。那时，日本在新加坡到本土的主要船队路线上的航运遭受了巨大的损失和严重的延误，在这条路线上主要航行的是从婆罗洲和荷属东印度进口石油的油轮。美国在中国南海的巡逻潜艇使日本的船队不得不利用亚洲大陆沿岸的港口来进行掩护，悄悄地从一个港口溜到另一个港口。

1944 年，日本已经完全依靠海上交通来进口重要的原材料和食品。[1] 因此，食品供应量的减少意味着一大部分日本人将面临饥饿的威胁。在日本，约有 75% 的交通也是靠水路运输的。这个负责输送约一半数量的煤到几个大的日本工业区的水路交通，开始变得缓慢，后来则完全停滞了。日本战争工业所急需的进口物资的流通也停止了。盟军的封锁也有助于切断日本对在缅甸、英属马来亚及其他太平洋地区的陆军进行的物资补给。[2] 由于美国的封锁，日本内圈的交通也急剧地下降。日本的进口量从 1941 年的 4 800 万吨降低到了 1944 年的 1 700 万吨。油料的短缺无论是在日本本土还是在作战区，都是一个严重的问题。[3]

盟军对日本的近距离封锁，在 1945 年 3 月攻占硫磺岛之后才开始。4 月攻占冲绳后，它的效果才逐步显现。为了封锁所有的贸易路线和关闭日本内圈里的所有港口，切斯特·威廉·尼米兹（Chester William Nimitz）上将决定

---

[1] 特别是海上贸易提供了日本约 80% 的石油、88% 的铁矿石、24% 的煤和 20% 的食品。Robert C. Duncan, *America's Use of Mines*（White Oak, MD：US Naval Ordnance Laboratory, 1962），p. 159.

[2] Roskill, *The War At Sea 1939 – 1945*, Vol. Ⅲ, *The Offensive*, pt. 2：1st June 1944 – 14th August 1945, p. 231.

[3] Roskill, *The War At Sea 1939 – 1945*, Vol. Ⅲ, *The Offensive*, pt. 2：1st June 1944 – 14th August 1945, p. 233.

派遣潜艇到日本海。同时，美国第 21 轰炸机司令部奉命开始对本州岛的东北入口进行布雷。美国的飞机在下关海峡的两端，佐世保、吴、广岛等港口的入口，从新潟（Niigata）到油谷湾（Yuya Bay）日本海沿岸的所有港口的入口，北九州和内陆海都布设了水雷。

到了 1945 年 7 月初，盟军的飞机几乎全时地在所有日本的本岛和出海口上空活动，形成了完整的封锁圈。因此，日本增援琉球群岛和巩固本土防御的能力急剧下降。1945 年早春之后，日本的航运仅限于在东海和日本海。日本能够使用的航运路线也仅限于通过对马海峡到朝鲜和中国东北的路线。这个态势也增加了本州岛西北部海岸、内陆海和下关海峡附近港口的重要性。同时，在太平洋一侧的日本港口，比如东京、横滨和名古屋，以及四国岛两侧的内陆海的出口，商船数量巨幅下降。

空中攻势布雷对日本海上交通的影响几乎是立竿见影的。在组织扫雷之前，日本几乎停止了所有在港商船的活动。1945 年 3 月还有约 320 000 吨的船只离开神户和大阪；而到了 7 月，只有 44 000 吨船只离开这两个港口。还有一个例子是，7 月 1 日至 8 月 14 日，下关海峡完全关闭了 16 天。8 月的前 15 天，经过下关海峡的船只数量下降到了 3 月的 7%。日本被迫将最需要的物资转移到本州北部的港口，到了那里，这些物资还要等待很长时间才有可能被吊装到本来已经不堪重负的运输系统中，再到达最后的目的地。

1945 年 3 月 7 日至 8 月 15 日，美国对日本发起了代号为"饥饿战役"的攻势布雷行动。在此期间，美国共部署了约 12 000 枚水雷（全部为感应水雷）。[1] 这个行动比当时认为的更加成功。虽然美国的潜艇是第一种也是主要的实施封锁的兵力，但实际上最后是空中布雷行动扼杀了日本。水雷对商业船运的影响、港口和通道功能的丧失、将船只围困在无用武之地的地方，最后瘫痪了日本的经济。这些在导致日本失败方面所起的作用比击沉舰艇要大

---

[1] Roskill, *The War At Sea 1939 – 1945*, Vol. III, *The Offensive*, pt. 2：1st June 1944 – 14th August 1945, pp. 370 – 371.

得多。①

另一个通过封锁成功地削弱敌人的军事经济潜力的例子是，"联合国军"在1950年7月4日正式宣布了对朝鲜海岸的封锁。② 但是，尽管如此，苏联和中国都拒绝承认其封锁的真实性或合法性。③

对朝鲜海岸的封锁和轰击持续了三年多。"联合国军"的封锁之所以能取得成功，是因为他们切断了朝鲜5条主要补给路线中的3条。朝鲜没法使用东海岸的深水航道、西海岸的浅水运煤航道，以及通向中国东北地区和中国大陆港口的深水航道。另外，他们还被剥夺了利用大海来运送物资和捕鱼的权利。在朝鲜半岛沿岸，只有微乎其微的一部分海上交通不在封锁线范围内（大部分在晚上）。但"联合国军"对朝鲜的封锁是一个特殊的例子，因为他们没有受到敌人水面舰艇的反抗，也没有遭遇敌对的潜艇，几乎没有受到空中的反抗。"联合国军"的海军部队几乎拥有1 500英里长的整个朝鲜海岸线的完全控制权。毫无疑问，如果朝鲜拥有更有效的手段来挑战"联合国军"的制海权，那么"联合国军"对元山、金策和兴南等港口的进攻将会更加困难。而且"联合国军"也需要更多的力量，这场封锁对美国海军来说也要付出更高的代价。④

"联合国军"对朝鲜的封锁既不轻松也不简单，因为地理和水文条件对于海军力量的持续运用是不利的。朝鲜西海岸布满了无数的河口、大型的沙洲和几百个近岸岛屿。30英尺高的潮差使情况变得更加困难。朝鲜的东海岸都

---

① Duncan, *America's Use of Mines*, p. 159. 当"饥饿战役"开始时，日本商船达180万吨，其中15万吨在内圈海域航行。这个船队从中国和朝鲜运送了100—150万吨的食品和原材料到日本。其中，很大一部分货物是通过下关海峡运送到神户和大阪等工业中心城市的。1945年3—9月，共有670艘舰艇（包括65艘军舰，591 700吨）被美国布设的水雷击沉或重伤。294艘被击沉，137艘严重受损不可修复，239艘轻度受损后被修复。在四个半月的时间里，美军共使用了两个航空联队的80—100架飞机来布雷，只有16架B-29飞机由于各种原因损毁。同上，pp. 145 - 146, 156 - 157; Roskill, *The War At Sea 1939 - 1945*, Vol. III, pt. 2, pp. 370 - 372; S. Woodburn Kirby, *The War Against Japan*, Vol. V: *The Surrender of Japan* (London: Her Majesty's Stationery Office, 1969), p. 164; The United States Strategic Bombing Survey, *The Offensive Mine Laying Campaign Against Japan* (originally published by Naval Analys is Division, November 1946; reprinted by Department of the Navy, Headquarters, Naval Material Command, Washington, DC, 1969), p. 14.

② 封锁区包括朝鲜半岛从北纬39°35′的西海岸到41°51′的东海岸的区域。

③ Malcolm W. Cagle and Frank A. Mason, *The Sea War in Korea* (Annapolis, MD: United States Naval Institute, 1957), pp. 281 - 282.

④ Malcolm W. Cagle and Frank A. Mason, *The Sea War in Korea* (Annapolis, MD: United States Naval Institute, 1957), pp. 370 - 371.

是高耸、陡峭和光秃秃的悬崖。大部分朝鲜的河流都注入黄海，水深都不超过 60 英寻，离岸 10 英里的海域水深少于 20 英寻。[①] 这就意味着大型舰船在西海岸不能像在东海岸一样靠近海岸活动。两侧的海岸都适合布设各种类型的水雷，包括漂雷。

越南战争的一个教训是：如果优势海军不利用自身实力封锁敌人的海岸以削弱敌人对地面部队的补给能力，那么结果可能是灾难性的。美国在战争初期没有封锁北越（指越南民主共和国，1945 至 1976 年越南北方建立的一个共产主义政权国家。——译者注）的港口，这使北越能够直接通过海路向在南越的越共运送武器，或者间接地通过柬埔寨西哈努克港走陆路到达南越的目的地。1965 年之前，南越约 70% 的补给物资是通过海上渗透路线接收的。另外，中国港口始发的物资也通过内陆运送给他们。但是，在美国海军启动了"市场时间"行动之后，越共的直接海上补给到 1966 年底下降到了不到原来的 10%。然而，美国没有将他们的海上巡逻线拓展到柬埔寨海岸附近。从现在看来这是很有必要的一步，因为它可以使封锁更加有效，进而削弱越共在南越的作战行动。由于美军的失误，北越能够自由地使用西哈努克港长达数年，为前线的部队提供有力支援。对北越海岸更加有效的封锁说不定还能减轻美国海军在湄公河的行动压力。而且，美军没能对北越海岸进行更加有效的封锁，还使得苏联和东欧的船只可以不受限制地使用北越的港口。北越 85% 的武器进口是通过海防港抵达的。[②] 美国直到 1972 年 5 月才对北越实施全面封锁，当时美国的 TF–77 飞机对海防港和其他北越港口进行了大规模的

---

① Malcolm W. Cagle and Frank A. Mason, *The Sea War in Korea* (Annapolis, MD: United States Naval Institute, 1957), pp. 283, 295.

② Bruce Palmer, *The 25 – Year War: American Military Role in Vietnam* (Lexington, KY: 1984), pp. 98 – 99; Tran Dinh Tho, *The Cambodian Incursion* (Washington, DC: US Army Center for Military History, 1980), p. 22; William C. Westmoreland, *A Soldier Reports* (Garden City, NY: Doubleday, 1976), p. 184. Edward J. Marolda and J. Wesley Price III, *A Short History of the United States Navy and the Southeast Asian Conflict 1950 – 1975* (Washington, DC: Naval Historical Center, 1984), p. 88.

布雷。① 这个行动的结果也是立竿见影的，对美国在南部的行动起到了巨大的帮助——几乎一整年都没有船只出入被布雷的港口。

封锁行动有时也会对高度依赖海上贸易的国家产生决定性的影响。1973年的第四次中东战争中就有这样的一个例子。埃及一开始的目标是切断以色列所有的海上交通。埃及宣布在红海实施海军封锁，封锁线与23度纬度线平行，并在亚喀巴湾和以色列控制的沙姆沙伊赫港（Sharm el-Sheikh）附近海域布雷。埃及的两艘潜艇驻扎在苏丹港。在苏伊士运河，埃及封锁了从阿布鲁代斯（Abu Rudeis）到埃拉特（Eilat）港的航线，因为以色列通过这条航线将从西奈半岛的油田产出的石油运输到埃拉特港。埃及的驱逐舰和一些辅助舰船在曼德海峡巡逻。这些舰艇彻底阻断了伊朗对以色列的石油供应。但是由于战争持续时间较短，在红海的封锁并没有对战争的结局产生重大的影响。以色列单凭空中物资补给并不能坚持太长时间。而且以色列海军也没能把他们在地中海的战术胜利转化为局部的制海权，以彻底切断埃及在该区域的交通线。②

商业封锁的有效性取决于被封锁国的海上地理位置、对海上贸易的依赖程度和是否具有发达的陆地交通网络。濒临一片窄海的大陆国家通常比岛国更能抵抗商业封锁。像意大利或朝鲜这样的半岛国家比被陆地包围的大陆国家更加依赖海上贸易。离邻近大海的唯一出海口较远的国家非常容易受到封锁，即便是一个弱势国家也能够控制前者与外部世界的唯一联系通道。

资源丰富的沿海国，其经济对海上贸易的依赖程度较小，因而对商业封锁的抵制力也较强。通常而言，一个自然资源贫乏的岛国，比如日本或英国，

---

① 布雷行动于 5 月 8 日展开。海防港 12 英里长和 200—250 英尺宽的通道在三个地方被布设了水雷，共布设了 75 枚 Mk 52 水雷。在通道外，美国航母舰载 A－6 "入侵者"飞机布设了约 700 枚 "破坏者"水雷（实际上是安装了传感器的 500—1 000 磅炸弹，用作水雷）。这些水雷预定 3 天后引爆，以留出足够时间供外国舰船离开港口。有 5 艘舰船在这个时间内离开港口，还有 27 艘舰艇一直滞留到 9 个月后美国解除封锁。Ulrik Luckow, "Victory Over Ignorance And Fear: The US Minelaying Attack on North Vietnam", *Naval War College Review*（January – February 1982），pp. 23 – 25.

② Frank Aker, *October 1973: The Arab – Israeli War*（Hamden, CT: Arcon Books, 1985），p. 62；Chaim Herzog, *The War of Atonement*, *October 1973*（Boston, MA: Little, Brown, 1975），p. 267. 但是以色列认为，他们保留了红海北部的局部控制权，以色列的石油输入并没有中断。早在战争爆发前，他们就准备了一条通过蒂朗海峡的备用路线，以备不时之需。Almog, Ze'ev, "Israel's Navy Beat the Odds", *Proceedings*, 3（March 1997），p. 108.

一旦海外贸易受到长时间的干扰，对经济的影响就会比较大。在过去，资源丰富的大型大陆国通常不受商业封锁的影响。但是，在现代社会，这个情况已经发生了显著变化，因为即便是最大的国家也要依靠进口来获取一些重要的战略物资。而且，那些经济完全依靠出口某一单一商品的国家，如在阿拉伯湾的产油国家，特别容易受到石油断流的影响——不管其是通过油船或石油管道来运输石油。

阿拉伯湾的战略地位重要绝大部分是由于石油和天然气资源，这些资源对工业化国家非常重要。[①] 他们提供了西方和日本所有石油进口量的 70%。两伊战争爆发后不久，伊拉克就在 1980 年 10 月 7 日宣布，位于北纬 29°30′以北的伊朗沿海区域为禁入的战争区。[②] 1982 年 8 月 12 日，伊拉克宣布哈尔克（Kharg）岛周边 35 海里为海上封锁区。其边界线从科威特以东 30 海里，沿阿拉伯湾中部向南，到布什尔港南部的某个点。[③] 任何进入这个区域的舰船都可能受到攻击。但是，伊拉克的攻击刚开始不是持续的，舰船还是不断地驶往伊朗的港口。[④]

伊朗也宣布了一个战争区，其范围从伊朗海岸线到阿布穆萨岛、锡里岛、卡布尔莱特（Cable Light）以南和法斯岛西南各 12 海里。伊朗还宣布了一个封锁区。这个封锁区沿阿拉伯湾设置，范围离岸大约 40 英里。实际上，这个封锁区范围太广，以至于留给驶往科威特的航线仅限于封锁区外一个非常狭窄的航道。特别是在法斯岛以南的海域，封锁区外主航道的宽度只有 2 英里，而阿拉伯湾的实际深度可以允许 60 英里宽的海域通行。伊朗的封锁区将油船逼入一个脆弱的区域，使它们不得不走规定的航线。在经过霍尔木兹海峡的拉斯库（Ras al – Kuh）之前，所有舰船都必须等待 48 小时，只为获得阿巴斯港口的官方批准，并报告它们的目的地、路线和航速。[⑤] 阿巴斯港被用作拦截

---

① 1996 年，阿拉伯湾已证实的石油储量预计为 6 480 亿桶，占世界总数的 62.3%（10 430 亿桶）。Maritime Assessments Division, Civil Maritime Analysis Department, US Office of Naval Intelligence, *The Strait of Hormuz: Global Shipping and Trade Implications in the Event of Closure*, August 1997, p. ii.

② Martin S. Navias and E. R. Hooton, *Tanker Wars*, p. 28.

③ Martin S. Navias and E. R. Hooton, *Tanker Wars*, p. 52.

④ William J. Olson, "The Iran – Iraq War and the Future of the Persian Gulf", *Military Review*, 3（March 1984）, p. 25.

⑤ Navias and Hooton, *Tanker Wars*, p. 31.

海上舰船、进行检查、必要时扣押舰艇的主要基地。截至 1987 年 4 月，伊朗总共登临了约 1 200 艘舰船，并抓扣了 30 艘货船。但是，他们缺乏足够的海军力量来对通过海峡的中立国船只实施完全的封锁。①

通常，对产油国家的商业封锁不仅要阻断这个国家海上的石油运输，还要阻断陆上的石油管道运输。伊拉克是一个几乎完全被陆地包围的国家，海岸线非常短。在两伊战争中，伊朗夺占并关闭了阿拉伯河的水道，从而成功地切断了伊拉克与波斯湾的联系。伊拉克唯一的港口——巴士拉，在战争爆发的数天内就被封锁了。它的石油设施变得毫无用处，因为面临伊朗攻击的威胁。伊拉克在法奥港和法奥半岛上的重要石油设施，在 1980 年 9 月战争爆发之初就被伊朗空军炸毁了。另外，伊朗的盟友——叙利亚，关闭了伊拉克通过其领土通往地中海的石油管道。这些都严重影响了伊拉克的经济。伊拉克只有在其他海湾国家，特别是沙特阿拉伯和科威特的巨大金融援助下，才能够勉强保持战争潜力。1985 年，伊拉克在沙特阿拉伯和土耳其重建或新建了石油管道，代替了原来的石油输出通道。为了减少伊朗封锁的影响，伊拉克试图通过充分利用改善后的从亚喀巴、约旦到巴格达的 700 英里长的高速公路来运输物资。卡车队运送成千上万吨的物资到伊拉克。虽然每辆卡车能够运送 36 公吨（metric ton，1 公吨等于 1 000 千克。——译者注）的食物，但伊拉克每个月就需要 9 000 船的物资。② 很明显，光凭公路运输做不到这一点。

伊拉克对封锁的脆弱性在 1990—1991 年的海湾危机中也得到了证明。那时，伊拉克 90% 的税收和几乎一半的国民收入来自石油。伊拉克在好的收成年份食物进口量占 60%，在坏的年份占 70%。1990 年 8 月 6 日，联合国安全理事会下令对伊拉克和伊占科威特实施彻底的贸易和金融制裁。三天之后，由美国领导的多国海军部队开始在红海、印度洋、地中海和阿拉伯湾实施封锁。1990 年 8 月 14 日，美国海军开始对伊拉克实施海军封锁。刚开始，联合国将这个行动称为"拦截"而不是封锁。拦截的对象既包括进出伊拉克和科

① Nicholas Tracy，*Attack On Maritime Trade*（Toronto：University of Toronto Press，1991），p. 225.

② *The New York Times*，12 August 1990，p. A13.

威特港口的船只，也包括从其他港口向伊拉克和科威特运送物品和供应的船只。驶往其他目的地的船只，只有在美国海军有理由怀疑该舰艇可能携带运往伊拉克的货物的时候，才会被拦截。但是，在对伊拉克进行海军封锁时存在一个漏洞，那就是约旦——伊拉克主要的贸易伙伴。封锁开始前，伊拉克向约旦提供了90%的石油及其他物品。①

如果被封锁国可以通过中立国进入海外市场，或是中立国不愿配合封锁，那么对其海上贸易的封锁就比较困难。在一战中，对德国进行封锁对于协约国来说非常困难，因为斯堪的纳维亚国家——荷兰和瑞典，都继续跟德国做生意。后来，只有通过对这些中立国施加外交压力，包括采取"定量配给"制度，对德国的经济封锁才产生了效果。② 英国宣布，他们在从泰晤士河口到比利时海岸的海区都布了雷。为了顺利通过雷区，中立国的舰船一定要先在英国的港口停留，接受检查，确定没有携带违禁品后才可以通行。英国还把从爱尔兰到挪威的洋区宣布为战争区，中间只保留了一条安全通道。英国皇家海军的第10中队负责在此检查违禁品。③

控制咽喉要道的目的也是切断敌人与海外的联系。这对于控守封闭海区唯一出海口的一侧或两侧沿岸的弱势海军来说，尤为有利。地理状况也会影响实施商业封锁的难易程度：封锁窄海中的一个地区国家比封锁毗邻半封闭大海或开阔大洋的国家更容易。关闭某个边缘海的唯一出海口会立即产生切断沿海国所有海上贸易的效果。

通过关闭某个窄海通向另一个大型窄海或开阔大洋的出口来控制敌人航运的方法，在历史上有多个成功的例子。在一战中，英国封锁了霍尔木兹海峡，以确保石油运输的安全，并阻止阿拉伯和海湾国家加入战争。④ 在两伊战争中（1980—1988），伊朗并没有封闭霍尔木兹海峡，因为这个行动肯定会刺激域外大国——特别是美国，做出极端的反应。对于西方工业化国家来说，

① *The New York Times*, 12 August 1990, 15 August 1990, p. A19.

② M. G. Cook, "Naval Strategy", 2 March 1931, p. 13.

③ David T. Cunningham, "The Naval Blockade", pp. 72 – 73.

④ Julian S. Corbett, *et al.*, *Naval Operations*: *History of the Great War based on Official Documents* Vol. Ⅲ: *The Dardanelles Campaign* (London: Longmans, Green, 1923), p. 181.

霍尔木兹海峡是一个具有非常重要地位的咽喉要道。① 它对海湾国家来说更加重要，因为这些国家的石油税收是国家生存的支柱。

1980 年 10 月 1 日，伊朗宣布封锁阿拉伯河河口，那里停泊着 70 艘商船。另外，还有 8 艘商船停靠在伊拉克的主要海军基地乌姆盖斯尔。这些商船直到 1988 年战争结束一动都不能动，其中的许多商船成为战争中双方攻击的目标。② 1980 年 10 月，伊朗开展了一系列的空中打击，摧毁了伊拉克的许多油田。他们的海军突击队也袭击了阿巴克（Mina al – Bakr）和豪尔艾迈耶（Khor al – Amaya）港的石油管道和法奥、巴士拉和乌姆盖斯尔港的港口设施。③

在 1973 年的阿以战争中，阿拉伯国家通过关闭红海的唯一出口和曼德海峡，成功地封锁了以色列的航运。以色列从伊朗进口石油的通道被彻底切断，只能完全依靠西奈半岛西南部的油田。而且，以色列海军缺乏突破海峡封锁的航行和作战能力。同时，以色列驻扎在西奈半岛上的飞机也缺乏足够的航程攻击曼德海峡附近的目标。④

对半封闭型海区或大型窄海的远程封锁很难取得完全封闭敌人海上交通的效果——即便关闭了敌人所有的出口。尽管英国拥有制海权，德国在一战中仍然能够自由使用波罗的海和北海的东部。1940 年，英国在直布罗陀部署了一个舰艇中队，在亚历山大部署了另一个中队，但他们仍然不能完全阻止轴心国向北非运送部队和物资。地中海在某几个点特别狭窄，作战舰队也不能在分散的情况下仍然优于对手，这都增加了封锁的难度。而且，由于德国在地中海具有空中优势，因此英国不能把马耳他用作水面舰艇基地。结果是，意大利的海上交通只是部分受到了干扰。

如果被封锁国只有几个大型港口，商业封锁就可以更加有效。实施封锁

---

① 1994 年，世界上约有 1/8 的超过 1 000 总吨的商船和世界上近 1/3 的航运量通过霍尔木兹海峡。91% 载重超过 160 000 吨的油轮和 12% 载重小于 160 000 吨的油轮通过该海峡。进入阿拉伯湾的 28 艘舰船中，一半是油轮。经过霍尔木兹海峡的舰船占据世界海上贸易总量的 17%，占总价值的 3%。1994 年，每天有约 3 200 万桶石油经过该海峡。欧洲 24%、北美洲 15%、亚洲 55%（日本占 70%）的石油需求经过该海峡。US Office of Naval Intelligence, *The Strait of Hormuz: Global Shipping and Trade Implications in the Event of Closure*, pp. 5, 11, 15 – 16.

② Navias and Hooton, *Tanker Wars*, pp. 32, 44.

③ Navias and Hooton, *Tanker Wars*, p. 28.

④ Walter Jablonsky, "Die Seekriegfuehrung im vierten Nahostkrieg", *Marine Rundschau*, 11（November 1974）, p. 656.

的力量一定要有足够数量的基地位于被封锁海区附近的有利地理位置上。这些基地还必须能够得到有力的补给和支援。被封锁国的海岸线越长，港口数量越多，河口越长，陆地交通越发达，所需的封锁力量就越多。夺占敌人的港口并防止反封锁力量进出这些港口，是商业封锁取得最终成功的另一个重要因素。寻找和利用中立港口和捕获法庭（prize court）的能力有助于封锁。多个军种的作战兵种之间的配合是成功的关键。优势舰队也一定要能够及时、有效地使用新技术来对抗敌人的创新举措。

六、 商业反封锁

一个被封锁的国家通常使用"商业反封锁"来给更强大的海上力量的商业贸易造成尽可能大的损失。1806 年，英国对法国从布雷斯特到易北（Elbe）河河口进行了封锁，拿破仑的反应是进行反封锁。为了进行反封锁，拿破仑将法国的力量拓展到西班牙和葡萄牙，占领了部分德国，最后入侵了俄国。但是，法国的反封锁偏离了最初的目的，消耗了法国的资源，并最终破坏了拿破仑企图在欧洲大陆建立主导的梦想。

一支弱势舰队通常不能有效地通过反封锁对敌人的海上贸易造成沉重的打击。但是，如果被封锁舰队被允许自由活动，那么它对优势舰队来说始终是一个潜在的威胁。比如，如果英国大舰队允许德国公海舰队在北海自由活动，那么协约国的海上交通将会在几个星期甚至几天内就完全停滞。[①]

在一战中，德国试图使用 U 艇来进行反封锁。然而，尽管德国取得了一些成功，但最终还是失败了。他们不能为 U 艇提供足够的保护，从而不能阻止不计其数的用于护航的小型驱逐船艇、驱逐舰、帆船、漂网渔船、拖网渔船和飞机。德国在 1939 年 9 月对英国封锁的回应同样也是反封锁。1939 年 5

---

① Herbert W. Richmond, *Naval Warfare* (London: Ernest Benn, 1930), p. 67.

月希特勒给德国海军下达的指示是，既然在北海保持德国海上交通畅通的希望不大，那么德国海军部队应该用于攻击敌人的商船，而这在开阔大洋能够取得比较高的胜率。虽然德国海军不适合在英吉利海峡活动，但是他们能够干扰英国封锁北海北口的行动。德国海军还被要求偶尔派出水面舰艇突破到大西洋执行攻击商船的任务，并分散敌人的兵力。小规模的作战、对弱势兵力的突袭和经常性的骚扰行动，是德国海军的常规任务。他们还被要求必须与德国空军展开密切的配合。[1]

在二战中，德国和意大利还试图封锁地中海的海峡和狭窄水道，以干扰协约国的海上交通。西西里和克里特岛上的空军基地可以帮助轴心国建立对西西里狭窄水道和东地中海的控制权。而这又迫使协约国在 1940—1943 年放弃使用苏伊士运河。协约国对北非的物资主要通过好望角运输。这使航渡时间增加了 4 倍，等同于减少了约 900 万吨物资的运输。事实上，英国航运的营运能力降低，更多的是因为轴心国在地中海封锁了海上交通线，而不是实际舰船的损失。[2]

在另外一个例子中，以色列在第四次中东战争中的反封锁是以沙姆沙伊赫和苏伊士运河的西奈沿岸为基础展开的。反封锁对意大利经济的影响比之前想象的要严重得多。位于苏伊士湾和埃及沿岸的摩根（Morgan）油田，年产油量约 800 万吨，而整个埃及年产油量也只有 1 000 万吨。这个油田的部分产油用于出口，出口所获报酬占埃及硬通货收入的 20%；剩下的产油被运送到拉斯萨达特（Ras Sadaat），在那里，石油通过石油管道被输送到开罗。为了弥补战争造成的该油田的损失，埃及依靠沙特阿拉伯和利比亚为其供油。但是，这些供应并不总是能够得到，而且，在任何情况下都是由埃及承担损失。埃及经济面临的另外一个威胁是，苏伊士湾沿岸的港口是埃及通往东非和亚洲的主要出口，其重要性不亚于埃拉特港对于以色列的重要性，但是，由于以色列在西奈沿岸所处的位置极其有利，他们能够在苏伊士湾自由地活

---

① J. R. M. Butler, *Grand Strategy*, Vol. Ⅱ: *September 1939 – June 1941* (London: Her Majesty's Stationery Office, 1957), p. 81.

② G. Morozov and B. Krivinskiy, Captains 1st Rank, "The Role of Straits in Naval Warfare", *Morskoy Sbornik* (Moscow), 8 (August 1982), p. 20.

动，对埃及特别是沙姆沙伊赫港造成了较大的威胁。[①]

在两伊战争中，伊朗在 1980 年 9 月 22 日宣布，其沿岸附近的所有水道都是战争区，不允许任何携带运往伊拉克港口货物的商船通行。之后，伊朗成功地阻断了通过霍木兹海峡运往伊拉克的补给。但是，伊拉克能够使用约旦的亚喀巴港和沙特阿拉伯在红海的港口，从而减少了伊朗在阿拉伯湾实施封锁所给它带来的影响。伊拉克还成功地通过叙利亚和土耳其的石油管道向世界市场输送了一些石油。同时，伊朗也成功地通过阿拉伯湾东北部的港口向外出口了一些石油，这些港口显然不在伊拉克海军的打击范围之内。[②]

七、　商业袭击

与攻击商业航运不同，商业袭击（掳获商船）完全针对敌人的商业航运。这是弱势舰队容易采取的行动方案。英国在欧洲大陆的敌人，由于无望夺取制海权或进攻英伦三岛，常常选择商业袭击的方法。[③] 实施商业袭击的海军必然会延长战争的进程。这种情况即便在弱势海军最终被摧毁的情况下也会发生，就如德国海军在两次世界大战中所经历的那样。

商业袭击的目的不是摧毁强大对手的海上经济，而是对它的海上贸易造成尽可能大的损失。商业袭击胜利所带来的效果可能很小，有时只是推高了海洋保险金额或货运成本，但它也可以迫使敌人放弃一些经济活动。这反过来又能让非交战方重新开启贸易活动，从而影响到敌人的长期贸易前景。商业袭击也会影响敌人的财政收入和发动战争的潜力。因此，在某些情况下，

---

① Herzog, *The War of Atonement*, *October 1973*, p. 269.

② William L. Dowdy, "Naval Warfare in the Gulf: Iraq versus Iran", *Proceedings*, 6 (June 1981), pp. 115 – 116.

③ Stephen W. Roskill, *The Strategy of Sea Power: Its Development and Application* (London: Collins, 1962), p. 41.

商业袭击也具有战略重要性。

商业袭击有时对海上弱势一方具有重大的价值，因为它迫使优势舰队不得不分出部分力量来保护他们的商业航运。例如，二战中德国对盟军沿海航运的攻势行动，迫使英国不得不将大量的战斗机航母和护航舰船永久地部署在本土水域，这也造成英国在地中海、远东和大西洋的兵力不足。这还间接地影响到了英国防卫马耳他的能力：如果援军能够及时到达，英国在马耳他的损失就不会那么严重。[①]

袭商战的一个基本原则就是要对保护敌人商船的军舰发动集中攻击。这无非是一条老的海战原则的重申，即敌人的军舰是战争中的主要目标。如果作战的一方能够正确地、大规模地、长期地开展商业袭击战，可以取得非常大的成功。

在典型窄海，商业袭击战可以用来打击另外一个沿岸国。有时，这种方式的海权争夺，可能是唯一可以让期望打败优势舰队的弱势一方改变海军兵力部署的方法，但这种情况更多地发生在两支蓝水海军之间的战争中。因此，商业袭击战的有效性在典型窄海通常是有限的。

攻击敌人的海上贸易将会贯穿战争的始终。这种行动要想取得成功，必须要有合适的平台和武器。具有兵力运用的有利战略位置，其重要性再强调也不过分。敌人海上贸易的所有组成部分都应该同时或依次受到攻击。因此，不仅海军，其他兄弟军种，特别是空军，都应该参与攻击敌人贸易的行动。这种行动的作战任务天生就是"摩擦性"的，因此大部分海军部队和飞机的行动都是战术性的。拥有制空权是在封闭或半封闭海区攻击敌人海上贸易取得成功的关键前提条件。执行这些任务需要大型的、多军兵种的兵力和平台参与，并且要得到强有力的、连续的空中掩护。作战侦察和情报应当全面、可靠、及时，最重要的是相关。

---

① Roskill, *The War At Sea 1939 – 1945*, Vol. II, p. 261.

第十三章

保护海上贸易

　　夺取制海权的一个主要目的，过去是，现在仍然是，确保己方海上贸易的安全。一个不能保护海上贸易的国家，或者忽视了保护海上贸易的国家，不仅会遭受巨大的损失，还可能输掉整场战争。

　　所有的沿海国都不同程度地依赖海上贸易来发展经济。通常，海上贸易的重要性取决于一个国家的地理位置和经济自给自足的能力。显然，岛国比毗邻窄海的大陆国家更加依赖通畅的海上贸易。同样，主要出口物品为石油的国家也极大地依赖石油出口产业和航运业的正常运转。

　　窄海的沿岸国很大程度上依赖沿海航线上贸易的不断流动，为其经济的正常运行提供保障。这对于那些在沿海区没有发达的陆地交通网络的国家来说，尤为如此。但是有时窄海中航线的价值在战时没有被国家的最高司令部充分认识到。

　　保持窄海中海上贸易的畅通对于一个陆地大国来说可能具有战略重要性。在两次世界大战中，控制波罗的海对德国的战时工作来说都非常重要。在二战中，德国每年进口约 1 100 万吨的铁矿石，其中 60% 都是通过波罗的海航线从瑞典进口的。其他的铁矿石进口则通过纳尔维克和希尔克内斯（Kirkenes）港经内里兹和斯卡格拉克海峡运到德国。波罗的海和挪威航线运送的铁矿石，约占德国总需求的 80%。[1]

　　在某个海区没能保护好海上交通线，将会对相邻海区或洋区的行动产生不利的战略影响。如果德国不能利用波罗的海航线从瑞典进口铁矿石，那将不得不从纳尔维克经内里兹和斯卡格拉克海峡将更多的铁矿石运到德国。这将使盟军集中攻击挪威航线，从而迫使德国加强对挪威水道的防御。[2]

　　实际的海上战事通常会产生新的保护航运的需求，这些需求可能在战前的计划中没有体现。有时候不得不启用新的航线，这些航线可能更加难以防御，航程也比预期的要长得多。1941—1942 年，轴心国掌握了中地中海的制空权，这迫使盟军不得不使用绕道好望角的航线，而不是使用更短的、从直布罗陀到亚历山大的航线。盟军也没有预料到，他们会被迫使用北方航线，

　　① B. B. Schoefield, *The Russian Convoys*（Philadelphia, PA: Dufour Editions, 1964）, p. 18.
　　② Michael Salewski, *Die deutsche Seekriegsleitung 1935 – 1945*, Vol. I: *1935 – 1941*（Frankfurt a. M: Bernard & Graefe, 1970）, p. 367.

将供应物资提供给被围困的苏联盟友。日本参战后，英国和美国舰艇就不能到符拉迪沃斯托克了，虽然当时苏联并没有与日本宣战，但是在远东苏联只有几艘舰艇可以使用。帮助苏联唯一现实的方法是使用北极航线和一条通过波斯湾的航线。但是，每条航线都有一些严重的缺点。北方航线最大的缺点是容易遭到德国岸基飞机、U艇和水面舰艇的攻击。不幸的是，那时苏联没有认识到船队通过北极航线所面临的困难和危险。

一、 沿海海运贸易

沿海海运是一个国家交通系统的必要组成部分。它的重要性取决于这个国家海岸线的长度、沿海区域人口的数量、陆地交通网络的发达程度以及沿海水域和海底自然资源（石油、天然气、矿产）的丰富程度等。

沿海海运贸易通常分为两大类，即区间贸易和区内贸易。区间贸易主要在产地和中转地之间运送散装货物。区内贸易则主要是分发商品，提供外包点之间的交通，并维护近海资源产业。

保护商业航运主要取决于装货港和卸货港的数量及两者之间的距离，需保卫舰艇的数量，海军基地和机场的数量及位置，以及敌人的海军基地和机场的数量及位置，等等。确保己方海上航运安全的前提是拥有特定海区的制海权。即便在古时候也是如此。拥有制海权帮助了雅典人确保从本都王国（Pontus，古国名，位于今保加利亚、格鲁吉亚、希腊、俄罗斯等国境内。——译者注）运送食品到比雷埃夫斯（Piraeus，今希腊东南部港市）的安全。只要有雅典海军控制着入口，敌人经过萨罗尼克（Saronic）湾或沿科林斯（Corinth）湾的贸易就会受到极大影响。拥有制海权还使雅典人能够运送部队到他们广阔领土的任何一个地方，且能向伯罗奔尼撒海岸上或海岸外的任何一个点运送攻击部队。

二、 前提条件

一个国家的资源总是有限的。人们在强调取得海上控制权的重要性时往往忽视了一个事实，即：实施海上控制权是非常困难的。因此，一个国家制定的目标不能太过宏大。暂时的局部制海权通常就足以确保航运的安全，有时仅仅获得海上贸易汇聚区的控制权就足够了，正如 1940—1943 年盟军在地中海保护航运的例子所证明的那样。

为己方航运提供可靠的防护和保卫，前提条件之一是：在和平时期就拥有或者在战时获得位于敌人作战线翼侧的一系列基地。最好的情况是，己方海军基地到出海口的距离在己方兵器的打击距离之内。对德国舰队具有绝对优势的英国舰队的存在，有效地掩护了所有英国海上交通线的安全——波罗的海的航线除外。同时，在北海的英国舰队能够干扰德国除波罗的海之外的海外交通，并保护英伦三岛不受任何武力的入侵。[1] 1940—1943 年，在保护海上贸易方面，意大利海军比英国皇家海军拥有更加有利的位置。英国偶尔会有为数不多的船队经过马耳他，或横跨地中海航行，它们通常会得到驻扎在直布罗陀或地中海的舰队的掩护。在那些限制性的水域，掩护部队不需要全程提供直接支援，但它们必须部署在船队和意大利舰队中间的某个位置。

在典型窄海中消灭或瘫痪对己方海上贸易构成威胁的敌对力量，最好的方法是综合运用攻势和守势行动。最理想的情况是，敌人的水面舰艇和飞机被摧毁在基地，或者在它们驶往作战区域的航渡过程中。达成这些目标的最好的方法是在战争开始之初就发动一系列进攻性的重大海军行动。当作战态势对己方有利时，就要紧接着开展一些进攻性的战术行动和偶尔的重大海军

---

[1] Alfred T. Mahan, *Naval Strategy Compared and Contrasted with the Principles and Practice of Military Operations on Land* (Boston, MA: Little, Brown, 1919), p. 129.

行动。保护己方贸易最好的方法是保持攻势作战的态势，正如1944年夏英国在英吉利海峡和北海采取做法一样。他们采取行动的结果是，德国既没有时间也没有兵力攻击英国在英吉利海峡和东部沿海的航运。这与1941年夏德国面临的形势一模一样。①

为了确保海上航运的安全，己方海军部队还必须摧毁或至少瘫痪对己方海上交通线安全构成威胁的敌军。在过去，海军进行封锁或取得决定性的胜利，使他们能够很轻松地保护己方的航运。在一战中，英国大舰队成功地消除了德国水面舰艇部队造成的威胁，但是没有消除那些突破北海封锁线的U艇带来的威胁，而这些威胁比他们原来设想的要严重得多。如果德国将更多的水面舰艇用于攻击海上贸易，那么英国保护协约国在大西洋和附近海域的航运的任务几乎不能完成。

在典型窄海中保护己方海上贸易，在战争开始之后就持续进行。这个作战任务不能仅通过一个或两个军种来完成，需要武装部队的所有军种的共同努力。在许多情况下，还需要同盟国家的海军的积极支持和参与。在典型窄海中，大型的水面舰艇，以及各种类型的快速攻击艇，包括商船和渔船，都可以用来保护海上和港口的商业航运。而且，各种固定翼和旋转翼飞机也可以成功地执行这些任务。

在战时保护己方海上贸易取得成功的一个重要前提条件，也许是拥有一套正确、实用的关于海军对航运控制的理论学说。保护己方海上贸易也应该包括对海上贸易各个环节的防御，特别是港口终端、储存仓库、造船和舰艇维修设施、沿海区域的铁路和公路交通等。这就意味着，海军以及其他军种和各行各业都应该完全融入整体的概念中。保护航运的方法和程序应当在和平时期就通过作战实验和演习进行练习。保护海上贸易并不是武装部队的一个次要任务，而是重要任务之一。而且，这个任务并不是"防御性"的。在很多时候，它是海军在战时要完成的一项进攻性任务。

---

① S. W. Roskill, *The War At Sea 1939–1945*, Vol. I: *The Defensive* (London: Her Majesty's Stationery Office, 1954), p. 330.

三、 海军对航运的控制

在通常情况下，战时航运的控制是海军的任务。如果由其他机构来负责这项任务，会在确保工作的统筹方面面临相当大的困难，因为各部门间存在责任重叠和权限划分问题。英国在一战中出现了这个问题，所以在二战一开始就由英国皇家海军控制航运。[1] 1939 年 8 月 26 日，海军控制航运在美国得到授权，设立了海军控制业务军官。在二战之初，英国就动员组建了后备舰队，并关闭了在波罗的海和地中海的航运。8 月 24 日，驻扎在斯卡帕湾的本土舰队和海岸司令部开始对北海进行日常性的空中侦察，而且还制订了在多佛海峡布雷的计划。一支小型海峡部队奉命在西口保护商船免受德国水面舰艇的袭击。[2]

一个既毗连窄海又毗邻开阔大洋的国家必须组织好远洋航运和沿海航运的保护工作，正如 1939—1945 年英国所做的那样。在 1941 年 12 月美国参战之前，英国将商船组成了几支船队：远洋船队、东海岸船队和斯堪的纳维亚船队。最后一支船队在 1940 年 4 月德国入侵挪威之后解散了。在 1940 年 6 月法国陷落之后，英国又成立了南部海岸船队和苏格兰沿岸船队。[3] 苏格兰沿岸船队与大洋船队在一定程度上有所联系，它们最后都汇入位于西海岸的克莱德（Clyde）和利物浦港。驶向东海岸的船队先绕到苏格兰北部，再驶往目的

---

[1] S. W. Roskill, *The War At Sea 1939 – 1945*, Vol. II: *The Period of Balance* (London: Her Majesty's Stationery Office, 1956), p. 258.

[2] Eric J. Grove, ed., *The Defeat of the Enemy Attack on Shipping 1939 – 1945*, revised edn of the Naval Staff History Volumes 1A (Text and Appendices) and 1B (Plans and Tables) (Aldershot: Ashgate, The Navy Records Society, 1997), p. 29.

[3] Eric J. Grove, ed., *The Defeat of the Enemy Attack on Shipping 1939 – 1945*, revised edn of the Naval Staff History Volumes 1A (Text and Appendices) and 1B (Plans and Tables) (Aldershot: Ashgate, The Navy Records Society, 1997), p. 29.

地港口；而驶向西海岸的船队则通过北海峡进港。①

在组织商业行业保护时，最重要的一个措施是根据其目的、重要性和可用程度来区分商船。最适合进行海外贸易的舰船不应该用于沿海航线；不适合进行海外贸易的舰船也不该用于远洋航线。不同类型的舰船的防御应该按照不同的方法来组织。因此，不能把货船和军事运输船编组在一起，也不能让航速慢的舰船和航速快的舰船一起航行。

英国 1942 年在英吉利海峡采取的措施，为我们提供了一个成功保护己方商业航运的例子。现有舰艇分为 5 类，从特种舰艇或"独一份"舰艇，到主力舰编队或运输船编队，再到不太重要的舰艇。护航手段也可分为 5 类：护航航母用于保护独一份舰艇，扫海舰艇和巡逻舰部署在航线上以保护重要舰艇。用飞机对低价值舰艇实施远程护航或掩护，只有在遭受敌人攻击时才会使用。这个体制后来转交给海岸司令部进行控制，因为那个时候沿岸雷达站就能够探测到低空飞行的飞机。战斗机通常在黄昏后撤退，之后舰艇就只能靠舰炮来防护。②

如果重要的原材料或部队可以走多条路线，那么己方海上贸易的安全性将会得到极大提高。在二战之前和二战中，德国使用两条主要航线从挪威和瑞典进口铁矿石。1940 年 2 月德国海军参谋部为最高司令部准备的一份研究报告指出，瑞典同意为德国提供 1 000 万吨的铁矿石；另有 100 万吨或 200 万吨的次等铁矿石从挪威进口，主要通过希尔克内斯港运输。有 200 万吨或 300 万吨从瑞典进口的铁矿石将通过纳尔维克港运送，但是如果可以协调将这些铁矿石储存在波罗的海的港口，这个数量能减到 100 万吨。雷德尔上将告诉希特勒，这个交通线的切断将意味着每年会损失 200 万—250 万吨铁矿石。③

---

① Eric J. Grove, ed., *The Defeat of the Enemy Attack on Shipping 1939 – 1945*, revised edn of the Naval Staff History Volumes 1A (Text and Appendices) and 1B (Plans and Tables) (Aldershot: Ashgate, The Navy Records Society, 1997), pp. 30 – 31.

② Roskill, *The War At Sea 1939 – 1945*, Vol. II, p. 149.

③ J. R. M. Butler, Vol. II: *Sept. 1939 – June 1941*, in John p. W. Ehrman, ed., *Grand Strategy* (London: Her Majesty's Stationery Office, 6 Vols, 1956 – 1976), p. 92.

四、 方法

在窄海保护己方航运的主要方法有：组成船队、短程独立航行和采取迂回路线。船队的主要优点是可以集中力量，节约兵力，并迫使敌人进行决战。船队可以提振海员的士气。在开阔大洋，船队航行的方法可以为单艘舰艇提供避免被攻击的最大数学概率。在前面的几艘舰艇被攻击之后，其他的舰艇可以逃避。

船队的主要缺点是航行的速度受到船队中最慢舰艇的限制。而且，满载的舰船可能要浪费几天时间等待船队的组建，在船队中航行也增加了碰撞的风险。船队也减少了可用舰艇的有效性，因为商船在出发和抵达时间上都有所延迟，而且多艘舰船同时离港也使港口设施的使用效率降到最低。大量舰船的同时抵达造成了港口一段时间的拥堵和懈怠。例如，英国在 1941 年计算得出，由船队航行造成的货物运量损失约为 25%。①

在典型窄海，船队航行比在开阔大洋更加困难，因为敌人可以相对容易和及时地获得有关出发港、集结地域、船队的组成和路线等信息。在二战中，沿岸型船队最合适的规模是几艘到 10 艘舰船。今天，由于空中威胁更大，船队理想的规模也许比以前要小。封闭性海区由于面积比较小、环境比较固定、离岸距离比较近，影响了部队的机动，从而也影响了船队避免敌人打击的能力。不管大小如何，船队都给敌人的飞机提供了大型的区域目标。航速较快的小型舰艇可以在夜晚和恶劣天气的掩护下独立地在窄海航行。这种方法更适合在这样的航线上采用：线路上有许多近岸岛屿和距离比较近的港口。

沿海船队不能太大，否则将增加管理整个系统的难度。如前所述，不管

① Bernard Brodie, *A Layman's Guide to Naval Strategy* (Princeton, NJ: Princeton University Press, 4th edn, 1958), p. 145.

大小如何，船队都给敌人的飞机提供了大型的区域目标。因此，解决的办法是减少单个船队中舰艇的数量，增加船队的数量，避免船队在白天通过最危险的海域——正如英国海军部在 20 世纪 40 年代初所规定的那样。①

在典型窄海组成船队航行的一个优点是，在绝大多数情况下一个晚上就可以到下一个港口。1942 年，德国舰船在英吉利海峡的沿海航行几乎都是在晚上进行的，从一个港口到下一个港口的航程也很短。他们还注意利用恶劣天气的掩护，对于那些特别重要的船队，则提供强大的、数量众多的护航船只。②

经常运用的"交织船队体制"（interlocking convoy system）是典型窄海中管理海上交通的一种非常灵活、有效的方法。尤其是当沿海船队为越洋贸易服务时，这种方法特别实用。这个体制在 1942 年 10 月被英国人首次使用。在那之后，英国重新组织了在英吉利海峡和东海岸的船队制度。由 20 艘舰船组成的船队每隔两天往返于普利茅斯和布里斯托尔海峡之间。在这期间，由 7 艘舰船组成的小船队往返于朴次茅斯和普利茅斯之间。在泰晤士河和朴次茅斯之间，船队每隔 6 天航行一次；在泰晤士河和福斯（Forth）河之间，由 36 艘舰船组成的船队每隔 7 天航行一次，持续 6 天。这个体制因英国在英吉利海峡实施控制而变成可能。③ 美国海军在 1942 年夏也采用了类似的制度。他们对穿梭于加勒比海和东海岸的成千上万艘舰船和许多条海上航线进行了统一的规划。在时间上，向北航行的船队要求刚好在越洋船队驶往英国之前到达纽约。向北航行的船队主要走两条航线，即基韦斯特—纽约和关塔那摩—纽约，其他航线都跟它们连在一起。这两条主要航线就好比两辆"快速列车"。同时，还有其他当地的"列车"将货物运送到这两个大型的南部中转站——基韦斯特和关塔那摩。船队抵达这两个港口的时间都经过精密的计算，从而把时间浪费降到最小。如果某个沿海船队迟到一天，"快速列车"上的舰船就要一直等到下一个沿海船队到达为止。地方船队间隔 10 天，通常与"快

① Roskill, *The War At Sea 1939–1945*, Vol. Ⅰ, p. 142.
② Roskill, *The War At Sea 1939–1945*, Vol. Ⅱ, p. 163.
③ Roskill, *The War At Sea 1939–1945*, Vol. Ⅱ, pp. 255–256.

速列车"船队相衔接，后者间隔 4—5 天。[①]

一种减少大型船只损失的方法是，在位于敌人飞机打击范围之内的那段航程使用小型舰船。伊朗在与伊拉克的战争（1980—1988）中就使用了这种方法。在伊拉克集中精力攻击哈尔克岛上的石油终端之后，伊朗大型油船面临的风险逐步增加，于是伊朗在 1985 年春安排小型油船穿梭于哈尔克岛和锡里岛之间。锡里岛距离哈尔克岛约 430 海里。这些小型油船都贴近伊朗沿岸航行，得到了伊朗岸基战斗机的掩护。[②]

一个国家的主要港口和连接水道在保护航运时是最脆弱的。因此，保护与航运相关的设施就跟保护实际舰船一样重要。两伊战争的经验表明，在遭到空中打击后，石油管道等陆上石油运输系统比港口终端和海上舰船能更快地恢复。

对于濒临窄海的石油出口国而言，一个有效地应对敌人攻击石油贸易的方法是将石油出口改为通过陆上管道输送。在两伊战争中，随着跨叙利亚石油管道被关闭，伊拉克迅速增加了跨土耳其管道的石油输送，并在沙特阿拉伯新建了一条石油出口管道。他们原本还打算建一条跨约旦和亚喀巴的石油管道，但由于其离以色列太近而放弃了。

当敌人拥有制空权时，保护海上贸易是相当困难的。但是在典型窄海，岸基飞机可以成功地用于保护己方商业航运。德国的第 10 航空军进驻雷焦卡拉布里亚（Reggio Calabria）和西西里岛上的卡塔尼亚（Catania）、科米索（Comiso）、特拉帕尼（Trapani）、巴勒莫（Palermo）等机场，其中一个目的就是保护轴心国通向北非的海上和空中通道。轴心国的战斗机只在白天给船队提供保护，黄昏前就返回机场，第二天黎明后再来。[③] 但是，1941 年 7—12月，在德国的第 10 航空军从西西里调遣到苏联之后，意大利驶向利比亚的船队在白天也很少有空中掩护。面对驻扎在马耳他的英国飞机的攻击，他们显

① Samuel E. Morison, *The Battle of the Atlantic, September 1939 – May 1943*, Vol. I in *History of United States Naval Operations in World War II*（Boston, MA：Little, Brown, repr. 1984）, p. 260.

② Anthony H. Cordesman, *The Iran – Iraq War and Western Security 1984 – 1987：Strategic Implications and Policy Options*（London：Jane's, 1987）, p. 209.

③ Raymond de Belot, *The Struggle for the Mediterranean 1939 – 1945*, trans. James A. Field Jr（Princeton, NJ：Princeton University Press, 1951）, pp. 95, 155.

得孤立无援，英国在马耳他的空中力量也因此得以增强。英国的飞机可以掩护中地中海的大部分区域。1941 年 10 月之后，英国驻扎在马耳他的水面舰艇和潜艇也开始集中精力攻击意大利驶向利比亚的船队。[①]

二战中马耳他的例子也表明，在敌人航线上拥有海空基地，无论是对于进攻性作战还是对于防御性作战，都是多么重要。驻扎在马耳他的英国飞机使意大利不得不经常改变从意大利本土到利比亚的航线。随着战争的进展，英国在马耳他的飞机打击范围不断增加，意大利船队的航行也变得越来越困难。1940 年，英国驻马耳他飞机的有效作战距离是 130 英里。到了 1942 年底，这个作战距离提高到了 400 英里，从而使英国能够掩护整个中地中海。这个状况使得意大利的船队不得不绕远道航行。而且，他们还把船队打散为更小的组。而这进一步要求意大利海军提供更多护航。另外一个问题是，由于普遍认为英国的夜战优势比较明显，意大利不得不使用他们的战列舰和重巡洋舰为船队提供远程保护。这些舰艇需要大量的油料，而油料供应对于意大利海军来说在整场战争当中都比较短缺。[②]

到了 1942 年年中，因为马耳他遭到了轴心国的包围，中地中海的态势发生了显著变化。这使得意大利能够在利比亚登陆大量的人员和物资。1942 年 6—7 月，意大利人运送了 442 000 吨的供应品和 10 900 名士兵。盟军的攻击造成的损失只占所有货物运送量的 6%。这个成功使得陆军元帅隆美尔在 1942 年 5 月发动了攻势行动。但是，1942 年 6 月，隆美尔在北非的攻势行动止步于阿拉曼。在这之后，态势又缓慢地朝对盟军有利的方向变化。尽管情况十分危急，但是马耳他最终没有陷落。到了 1942 年秋，意大利驶往利比亚的舰艇损失数量又开始上升。1942 年 11 月，意大利海军共运送了 67 000 吨供应品到北非，但是盟军飞机、潜艇和水面舰艇造成的损失高达 26%。[③]

在典型窄海，特别是当制空权还在争夺当中，保护己方海上贸易是一个

---

① M. A. Bragadin, "Mediterranean Convoys in World War II", *Proceedings*, 2 (February 1950), p. 147.

② De Belot, *The Struggle for the Mediterranean 1939－1945*, p. 154.

③ Bragadin, "Mediterranean Convoys in World War II", pp. 151, 153. 截至 1942 年 11 月 1 日，意大利共组织 883 个船队，向利比亚输送了 1 785 趟货物，运送了 2 105 815 吨物资和 54 282 辆车辆；而损失的货物占总吨位的 15.7%。De Belot, *The Struggle for the Mediterranean 1939－1945*, p. 155.

非常困难的任务。敌方岸基飞机对己方港口设施的攻击，可能迫使防御方不得不将部分甚至全部海上贸易转到不在敌方飞机有效打击范围内的港口。而这又会造成这些港口航运的拥挤，从而为敌方的潜艇或轻型部队寻找和攻击目标提供便利。1940 年 6 月至 1941 年 3 月，英国在战略上处于守势，他们在窄海的斗争也处于守势。对于英国来说，维持东海岸南北航运和英吉利海峡的航运安全是十分有必要的。但是由于德国空军的攻击，英国被迫将许多航运转移到了西海岸，结果像克莱德、默西河（Mersey）等港口和英吉利海峡沿岸的港口都变得非常拥挤。由于英吉利海峡沿岸的港口都关闭了远洋交通，并把这些交通都转移到了苏格兰北部，因此必须要保持伦敦港和北海沿岸港口的畅通，船队也必须进行保护，并频繁启航。①

在窄海中，陆地上的战略形势将会极大地影响航运的保护。部队的撤退或转移可能导致重要机场的损失，从而不能再得到其空中掩护。盟军从埃及驶往马耳他的最后一支船队航行于 1942 年 6 月。在英国第 8 军将轴心国的兵力赶出利比亚之前，盟军一直不敢尝试派出从埃及到马耳他的船队。做出这个决定的主要原因是陆上的战略形势对盟军不利，这使舰队在中地中海的行动变得非常危险。当最后一支船队到达海上时，第 8 军进一步撤退，盟军又损失了几个沙漠机场。虽然菲利普·维安（Philip Vian）将军的行动非常可圈可点，但是由于缺乏重型舰艇的掩护，船队到达马耳他的时间延迟了，而这给了德国空军摧毁船队的机会。事实上，船队行动的成败，很大程度上取决于空中的作战行动。②

如果敌人在自己的航线两侧拥有大量的空军基地，保护船队的工作将会变得非常困难——正如 1942 年夏中地中海的形势所充分证明的那样。德国空军在西西里岛、撒丁岛和利比亚的存在，极大地方便了其对盟军船队的攻击。这也使盟军在中地中海的舰队行动变得太过危险。1943 年春，轴心国未能从突尼斯桥头堡对部队进行补给，最后不得不从那里撤出部队，其主要原因也是缺乏制空权。没有制空权，轴心国的整个海上交通系统接近瘫痪，盟军共

---

① Roskill, *The War At Sea 1939 – 1945*, Vol. I, pp. 321 – 322.

② Roskill, *The War At Sea 1939 – 1945*, Vol. II, pp. 71 – 72.

捕获了约 24 万战俘。①

有时，不可能把海上贸易的全部环节都转移到敌人飞机的打击范围之外。在两伊战争中，伊朗为了应对伊拉克对油田设施的袭击，开始使用锡里港作为中转站，为那些不愿冒险驶往哈尔克岛的外国油船进行转运。他们认为，距离哈尔克岛约 400 英里、距离霍尔木兹海峡 150 英里的锡里港，应该在伊拉克飞机的打击范围之外。在 1986 年 6 月伊拉克的侦察机出现在锡里港上空之后，伊朗又将大部分中转活动转移到了锡里港外约 100 英里的拉腊克岛上。后来的情况证明，伊拉克通过改装苏联的安 - 12 运输机作为加油机，给"超军旗"战斗轰炸机（正常作战半径为 500 英里）加油，从而扩展了其打击距离，使其能够攻击从锡里港驶往伊朗的油轮。② 1985 年伊朗又分配了三个新的中转站〔贾斯克（Jāsk）港、格什姆岛和伦格港（Lengeh）〕和一个新的装货点〔如阿萨鲁耶港（Asalūyeh）〕。他们使用一些穿梭油轮将石油运到海湾东部的锡里港和拉腊克岛附近的中转装货点。为了避免石油出口的损失，伊朗还在 1984 年宣布了一项计划，即在哈尔克岛东部的甘纳威（Ganāveh）开设新的港口，在靠近霍尔木兹海峡的拉万岛（Lāvān）或贾斯克建石油管道，并加快建造从古雷（Gūreh）到布什尔和阿萨鲁耶港的新管道的速度。但是，这些计划被证明太过宏大，其成本大大超出了伊朗的预估。③

有效地保护典型窄海的航运还需要使用大量水雷，来保护港口的入口、船队的集结区域和沿海航运路线的向海一侧。1917 年和 1918 年，英国在泰晤士河口和奥福德德岬（Orfordness）—北佛兰德一线以东布设了大量水雷。这些雷场造成了德国 6 艘 U 艇的损毁。④ 英国还在 1917 年计划建立一条东海岸水雷网，以限制 U 艇在弗兰伯勒角（Flamborough Head）区域的活动，因为这个区域有大量从斯堪的纳维亚驶往亨伯和泰晤士河的独立航行的船只。1917 年 11 月，英国又在杜伦（Durham）和约克郡沿海 15—30 英里之间设置了雷场，

---

① De Belot, *The Struggle for the Mediterranean 1939 – 1945*, p. 205.

② "If Your Enemy Squash You, Strangle Him First", *The Economist*, 23 August 1986, p. 33.

③ Cordesman, *The Iran – Iraq War and Western Security 1984 – 1987*, pp. 51 – 84.

④ Grove, *The Defeat of the Enemy Attack on Shipping 1939 – 1945*, p. 149.

但没有证据表明有任何 U 艇被摧毁。[①]

海岸附近防御性的水雷障碍通常将极大地降低船队和独立航行的船只在沿海水域机动的空间。沿海附近狭窄的海峡不适合部署船队。商船只能以单纵队航行，而这又会增加整个船队的长度，从而使更多的舰艇暴露在敌人的攻击之下。由于雷场内可通行航道狭窄，英国于 1940 年初被迫将船队体制改变为双线甚至单线，从而使船队散布在很长的一段距离上。[②]

保护己方海上贸易包括保护海上贸易的各个环节，而不只是海上的航运。这个任务的开展是通过实施或夺取海上控制权来进行的。在典型窄海保护航运，可以通过实施一些战术行动来达成。这些行动要与各个军种的多个作战兵种进行紧密的配合。保护己方海上贸易或是夺取海上控制权行动的一部分，或是支援岸上陆军等其他任务的一部分。为了确保这个任务的成功，海军部队有必要开展攻势行动，及时地摧毁或封锁对己方航运造成潜在威胁的敌方水面舰艇，搜寻和摧毁敌方潜艇，并攻击敌方机场和海军基地。

---

① Grove，*The Defeat of the Enemy Attack on Shipping 1939 – 1945*，p. 149.
② Roski II，*The War At Sea 1939 – 1945*，Vol. I，p. 139.

第十四章

支援陆军侧翼

发生在典型窄海上的战争有一个突出的特点：海军部队和在岸上作战的地面部队之间要展开密切配合。海军部队的支援对于在沿海地区作战的地面部队的成功是十分关键的。由于海军同时还担负其他任务，在执行支援陆军侧翼任务时，要仔细考虑力量和工作的分配问题。指挥控制一定要灵活，这样海军部队才能很快脱离出来，执行其他紧急任务。

历史上，在封闭或半封闭海区以及大型湖泊和河口作战的舰队，几乎都执行过支援陆军侧翼的任务。每当海军和陆军的配合密切协调时，结果对整个战争的进程总是有利的。舰队可以通过夺取补给线附近海域的制海权（即便是暂时的），来为己方或友军部队在岸上的行动提供有利条件。在美国内战中，联邦陆军和海军在切萨皮克湾和弗吉尼亚的配合，对于地面战争的胜利是至关重要的。在乔治·布林顿·麦克莱伦（George Briton McClellan）发动的1862年半岛战役中，在尤里西斯·辛普森·格兰特（Ulysses Simpson Grant）将军1864—1865年进攻里士满战役中，海军的支援都发挥了重要的作用。联邦海军部队掩护陆军通过本来不可逾越的平原，并保护了陆军的水上交通线，确保了陆军供应源头的安全。[1]

在一战中，英国和法国海军也为在英吉利海峡和比利时沿岸作战的陆军部队提供了大力支援。特别重要的是，他们在战争初期保护英国陆军顺利渡过海峡。当时海军部队的任务是，在敦刻尔克和尼乌波尔特（Nieuport）之间保护陆军部队免遭德国的突袭。[2] 同样，在一战中，俄国海军在波罗的海和黑海的一个主要任务是为岸上作战的陆军部队提供支援。

在二战中，所有在窄海作战的海军都会执行各种旨在支援地面部队的战役和战术任务。特别明显的例子是盟军1940—1943年的北非战役和1943—1945年的意大利战役。北非战役的一个突出特点是，英国陆军和海军，无论是在进攻性还是在防御性行动中都展开了密切的配合。[3] 同样，在1942—1944

① Harold M. Sprout and Margaret T. Sprout, *The Rise of American Sea Power 1776 - 1918*（Princeton，NJ：Princeton University Press，1939），p. 155.

② Henry Newbolt，Vol. 5：*From April 1917 to the End of the War*，*Naval Operations*（London：Longmans，Green 1931），pp. 223 - 224.

③ Raymond De Belot，*The Struggle for the Mediterranean 1939 - 1945*，trans. James A. Field Jr（Princeton，NJ：Princeton University Press，1951），p. 87.

年的新几内亚战役中，盟军海军部队也为岸上部队提供了巨大支援。1944—1945 年，苏联海军部队和航空兵参加了位于波罗的海和黑海沿海的系列攻势行动，其主要任务也是保护陆军侧翼。

不能有效地利用海军部队支援岸上部队，将会对地面行动产生不利的影响，在某些情况下还可能破坏整场战争。在一战中，无论是德国还是英国，都没能利用海军部队有效地支援在西线的陆军。[①] 在 1941 年德国制订的对苏作战计划中，显然也没有认识到陆军和海军配合的重要性。德军最高司令部认为，德国海军的主要任务是沿岸防御，而海军部队在波罗的海对北方集团军和在黑海对南方集团军的支援则不在任务当中。德国海军希望陆军和空军能够夺占苏联的陆上基地，而自己的主要任务是限制苏联波罗的海舰队的行动，在苏联位于芬兰湾和里加湾的主要基地附近布设水雷障碍。德国海军要求陆军在极地提供支援，因为仅凭海军自身的力量难以夺占波利亚尔内（Polyarnoye）和摩尔曼斯克（Murmansk）海军基地。[②] 德国在 1941 年秋之所以能够攻占波罗的海的几座岛屿，就是因为苏联的波罗的海舰队不能为地面部队提供支援。德国甚至对苏联的进攻如此不堪一击而感到惊讶不已。[③]

海军支援岸上部队的重要性，在 1945 年之后发生的多场局部战争中都体现得很明显。在朝鲜战争初期，美国海军对岸上部队的支援行动有：在浦项的两栖登陆，海军/海军陆战队飞机的攻击，第一临时陆战旅有效、及时的行动，对朝鲜半岛东海岸目标的轰击，等等。美国海军封锁部队的火力发挥了双重作用：既作为支援地面部队的海军火力准备，也被用来消灭地面部队前进路上的朝鲜部队。在战争中后期，美国海军还担负了三项主要任务：对前线固定阵地提供火力支援，保证"联合国军"战线两侧的安全，封锁朝鲜东北沿岸的铁路和公路。[④]

---

① Otto Groos, *Seekriegslehren im Lichte des Weltkrieges：Ein Buch fuer den Seemann, Soldat und Staatsmann* (Berlin：E. S. Mittler & Sohn, 1929), p. 31.

② Michael Salewski, *Die deutsche Seekriegsleitung 1935 – 1945*, Vol. I：*1935 – 1941*（Frankfurt a. M：Bernard & Graefe, 1970), p. 367.

③ Juerg Meister, *Der Seekrieg in den osteuropaeischen Gewaessern 1941 – 1945*（Munich：J. F. Lehmans Verlag, 1958), p. 32.

④ Malcolm W. Cagle and Frank A. Mason, *The Sea War in Korea*（Annapolis, MD：United States Naval Institute, 1957), pp. 286, 371.

1945 年之后局部战争的经验也表明，即便在没有敌方海军部队威胁的情况下，陆军也需要海军部队的支援。在朝鲜战争中，朝鲜海军对执行封锁朝鲜半岛任务的"联合国军"的海军部队威胁很小。美国第 7 舰队却派出了 300艘作战舰艇和 200 艘运输船来支援地面部队。越南战争中，1964—1975 年也出现了同样的情况，但是美国海军派出了更多的力量，包括航母、巡洋舰和驱逐舰，用于支援岸上地面部队的侧翼。

在所有的阿以战争中，海军部队在支援地面部队作战方面都发挥了重要作用。1982 年 6 月以色列入侵黎巴嫩，当时以色列海军担负的任务是：获得海上行动自由，在黎巴嫩沿岸登陆，为地面部队提供火力支援，并在海岸侧翼隔离作战区。① 在 1990—1991 年的海湾战争中，美国海军和其他盟国海军也在阿拉伯湾北部开展了支援地面部队的海岸侧翼的行动。

无论是在进攻性还是在防御性行动中，海军部队都可以与在岸上作战的地面部队展开配合。但是任务的类型、样式和时限都有很大的区别。通常，海军部队可以通过提供掩护、支援和补给的方法来支持陆军部队。提供掩护是指防止敌方飞机、导弹或火炮的打击，并阻止敌方在己方地面部队的侧翼和后方区域的两栖登陆。这些任务可以通过以下方法完成：摧毁从海上威胁己方地面部队的敌军，摧毁装载区、航渡中和登陆区的敌方两栖部队。提供支援包括许多子任务：从摧毁敌方岸上和防御纵深内的重要目标到攻击敌方的沿海交通线等。提供补给是指：运送援军和补给，确保通过大型水域（河口、河流、海峡等）时的安全，从滩头撤离陆军部队，等等。

海军部队可以通过开展作为陆上或海上战役一部分的重大海军行动，或开展一系列支持地面部队在海岸区域大型军事行动的战术行动来为陆军侧翼提供安全保障。支援岸上地面部队的大型行动可以在大洋的边缘海开展，也可以在封闭或半封闭海区开展。在单独的一次大型行动中，海军部队支援陆军侧翼的效果最好。地面部队在岸上行动的成败，不仅受到直接负责支援地面部队的海军部队的影响，而且也受到执行其他任务的海军部队的影响。这

---

① Abraham Zohar, "Die israelische Marine im Libanonkrieg 1982", *Marine Rundschau*, 5（May 1985）, p. 98.

些任务包括消灭敌人在海上或基地内的主力部队，从而获得海上控制权。开展战术行动是海军部队和航空兵支援岸上地面部队的最主要的方法。重大海军行动包括：消灭威胁己方地面部队的敌方舰队；通过两栖登陆夺占大型岛屿、海峡或敌岸的一部分；防止敌方在己方海岸的两栖登陆；进攻敌方海上交通线或保护己方海上交通线；大规模地撤离地面部队或平民。

一、 前提

窄海中的攻势行动，通常在己方舰队、岸基飞机或陆军通过单独或联合行动夺取了至少部分制海权后才展开。海军对大型海岸防御行动的支援通常在敌方拥有制海权的时候开展。行动的成功与否取决于所有参战力量能否在行动的目标、任务、地点、时间和方法上达成密切协同。

获得制海权的目的通常只有一个，那就是防止敌人的陆军在人力物力上从海上（现代条件下还可能从空中）得到增援。

缺少制海权可能严重限制己方陆军的行动能力，并迫使他们采取不利的行动方案。这样的例子可见于 1876—1877 年的俄国—土耳其的战争。俄国当时没有黑海舰队，不能获得制海权。因此，对俄国陆军的补给只能在陆上进行，通过一条从俄国领土沿多瑙河到加拉茨（Galati）的补给线。同时，土耳其拥有制海权，意味着俄国占领君士坦丁堡并在高加索进军的企图不得不在陆上进行，因为不可能通过海上登陆部队。这导致 1877 年 7 月至 11 月双方在普莱瓦爆发了残酷而又伤亡巨大的战事。① 轴心国 1942 年进攻尼罗河口的行动，主要取决于东地中海的海上态势。攻势行动能够顺利开展的前提条件是，必须解决对"非洲军团"的补给问题。而对英国人来说，只有切断德国对北

---

① David Woodward, *The Russians at Sea: A History of the Russian Navy* (New York: Frederick A. Praeger, 1966), p. 112.

非的补给线才能避免在埃及出现灾难性的后果。而要做到这一点，他们必须不惜一切代价地保住马耳他。[①]

成功地运用海军部队支援陆军侧翼的一个重要前提条件是，在和平时期就确定并验证相关的理论概念和战役战术条令。所有担负濒海作战任务的军种的高级参谋部都应制订正确的程序，确保相互之间最高程度的配合和互用。支援陆军侧翼行动还要求充分理解各个军种在各个指挥层级的能力。通常，在海军部队支援地面部队行动时，地面部队指挥官是总指挥。指挥控制要相对简单，最重要的是要灵活，能够迅速对战役或战术态势变化做出反应。和平时期就要通过演习、拉动、图上推演和作战实验等形式进行联合训练和测试，否则海军将会在兵力和作战概念上都没有做好充分准备的情况下仓促上阵。1944年，德国海军应召执行支援北方集团军侧翼的任务。这个任务包括对地上目标的轰击，但德国海军船员的训练中没有这个科目。巡洋舰、驱逐舰和鱼雷艇在波罗的海受限制水域的战术运用非常困难。最后，德国海军确定了一个关于舰队力量在支援岸上部队行动中的运用的全新战役战术概念，这个概念一直应用到战争最后的一段时间。德国海军力量在波罗的海中部和东部的运用，尽管遇到了很多困难和惨痛的损失，但是证明了德国水面舰艇部队持续存在的价值。[②]

地面部队应该在海军部队的有效支援范围内行动，否则岸上行动可能受到不利影响——就如盟军在1943年7—8月进攻西西里岛所遭遇的那样。在登陆之后，由于受制于卡塔尼亚，英国第8军离开海岸从内陆绕行。这个行动极大地减缓了他们朝墨西拿进发的速度。短时间内地面部队要拆卸装备并重新登船是很困难的。而且，卡塔尼亚港以北的海岸比较陡峭，为数很少的几处海滩进出都不方便，很难用于登陆或部署大量的攻击部队。轴心国还在墨西拿海峡部署了强大的防御力量，大型部队和供应船队要通过这些狭窄水域是非常危险的。英国皇家海军打算登陆小部分力量，以骚扰和破坏沿海的

---

① Salewski, *Die deutsche Seekriegsleitung 1935 – 1945*, Vol. 2: *1942 – 1945*（Frankfurt a. M：Bernard & Graefe，1975），pp. 69 – 70.

② Salewski, *Die deutsche Seekriegsleitung 1935 – 1945*, Vol. 2: *1942 – 1945*（Frankfurt a. M：Bernard & Graefe，1975），p. 456.

公路和铁路交通。仅有的一次登陆行动发生在 8 月 15—16 日晚，但这次登陆行动为时已晚，没能阻止轴心国部队撤退至墨西拿。[①]

二、 大规模进攻性行动

海军部队在支援开展攻势行动的地面部队时，其主要任务包括：攻击部队集结地域和敌方防御后方的设施；开展两栖登陆行动；消灭威胁己方岸上部队前进的敌方海军部队；在敌方作战线后方开展战术性的两栖登陆和袭击；阻止敌方从海上或陆上过来的援军；输送己方的人员和物资；夺占敌方海军基地和港口；帮助地面部队跨越海峡、海湾或河口；消灭威胁己方岸上部队的敌方海军力量；等等。

上列任务的核心是为己方地面部队在岸上的行进创造有利条件。有时，己方地面部队可能奉命夺取敌占海岸上或附近的一些目标，这些目标对陆军来说不是很重要，但是对海军部队的行动却至关重要。地面部队的行动还应该针对一些在大型行动的后期可能为己方海军部队使用的目标。在夺占这些目标时要保持目标完整，夺占时间越短越好。

海军部队可以封锁一大片敌占海岸，阻止敌方陆军增援部队携带人员和物资抵达。在克里米亚战争（1853—1856）中，盟军首次有效的海军干预行动是封锁多瑙河河口，从而切断了后方的俄国部队向南朝土耳其行进的路线。这个封锁减轻了土耳其和英法远征部队（先部署到加利波里和达达尼尔，然后再部署到黑海的瓦尔纳）的压力。[②] 同样，俄国在 1915 年对安纳托利亚（Anatolian）沿岸的海军封锁，也阻止了土耳其在俄方战事吃紧时通过海路运送人员和物资到高加索前线。君士坦丁堡和德土联合舰队所急需的煤只能通

---

① Roskill, *The War At Sea 1939 – 1945*, Vol. Ⅲ: *The Offensive* pt. 1, 1st June 1943 – 31st May 1944（London: Her Majesty's Stationery Office, 1960）, p. 151.

② Woodward, *The Russians at Sea*, p. 102.

过安纳托利亚沿岸的宗古尔达克港运送。那里没有铁路线，因此只能通过舰船把煤运到君士坦丁堡。俄国的封锁成功地干扰了这个贸易。[1]

阻止敌人从海上增援的最有效的方法是封锁海峡或狭窄水道。1943 年 1 月底，英国夺回了托布鲁克，继续向西快速前进。英国皇家海军通过班加西运送供应。陆地进攻战役一开始，驻扎在马耳他的英国驱逐舰和摩托炮艇就加强了在西西里水道的夜间巡逻，阻止敌人的援军从海上通过。1943 年春，盟军进一步收紧了对西西里水道的控制，几乎每晚都有来自马耳他和波尼的驱逐舰和摩托炮艇外出寻找目标。尽管意大利反对，但希特勒还是坚持认为不管舰艇和人员的损失有多大，对突尼斯的海上增援应该持续到底。到了 1943 年 5 月初，盟军对西西里水道的封锁几乎已经"水泄不通"，只有很小一部分货物通过轴心国的舰船运送到突尼斯。轴心国企图通过空中运输来弥补海上运输的损失，但是效果不佳。[2]

另外一个阻止敌人援军到达前线的方法是，通过航母舰载和岸基攻击机以及重型水面舰艇打击敌人陆地交通网络的组成部分，干扰敌人的铁路和公路交通。针对依赖几条铁路或公路线运送补给到前线的陆军，如果地形是平原而不是山地，拦截的方法通常更为有效。"联合国军"在朝鲜的拦截行动只是部分取得了成功，因为朝鲜能够因地制宜，冒着被联合国飞机攻击的风险，成功地将补给送给前线部队。他们还利用了丰富的人力资源，保持铁路和公路的畅通。"联合国军"的拦截行动只取得部分成功的另外一个原因是，他们自己限定了不能攻击敌人供应的源头。另外，"联合国军"的飞机在夜晚和恶劣天气条件下不能找到并摧毁白天没有摧毁的零散小目标。[3]

过去，海峡经常被用作大规模进攻的"高速公路"。1588 年日本入侵高丽（此时应为朝鲜王朝。——译者注）时，就利用了朝鲜海峡来运送部队。

① Woodward, *The Russians at Sea*, p. 175 – 177.
② 1943 年 4 月，轴心国在这条线路航行的 26 艘舰船中，有 15 艘被击沉，4 艘被击伤，大多数受到空中攻击；但是，仍有 27 000 吨补给和 2 500 名士兵到达非洲。5 月，8 艘轴心国运输舰和 15 艘运有 7 000 吨物资的小型舰艇被击沉，只有约 2 160 吨货物到达北非。1943 年 4 月，轴心国通过空运成功运送了 18 000 名人员和 5 000 吨货物，但损失了 117 架飞机。Roskill, *The War At Sea 1939 – 1945*, Vol. II: *The Period of Balance* (London: Her Majesty's Stationery Office, 1956), p. 440.
③ Malcolm W. Cagle and Frank A. Mason, *The Sea War in Korea*, pp. 270 – 271, 279 – 280.

战争的起因是高丽国王拒绝帮助日本军阀丰臣秀吉进攻高丽的宗主国——中国的大明王朝。日本共派遣了 24 万人和 4 000 艘船进攻高丽。高丽人措手不及，日本在釜山的登陆几乎没有遭到反抗。之后，他们朝内陆进发，占领了首都汉城，并迅速席卷了整个半岛。但是，日本海军在对马海峡遭遇严重挫折，日本人最终还是被迫离开了高丽。1597 年，又一支日本陆军在没有遭到抵抗的情况下在高丽登陆。经过前期的不利之后，高丽人给日本舰队打了个埋伏，并摧毁了日本舰队，从而迫使日本人在 1598 年将陆军撤离半岛。[①]

在二战中，大量的部队通过海峡和狭窄水道被运送到前线。如在诺曼底登陆中，约有 500 万盟军部队跨过了英吉利海峡。在同场战争中，德国运送了约 150 万士兵跨过突尼斯运河、80 万人跨过丹麦海峡。在 1943 年 9 月 3 日的"湾城（Baytown）"行动中，英国第 8 军第 13 军团的两个师乘坐 22 艘坦克登陆舰和 270 艘小型登陆艇，跨过墨西拿海峡，在雷焦（Reggio）和圣乔瓦尼（Villa San Giovanni）附近的卡拉布里亚（Calabrian）海岸登陆。[②] 另外，还有大量的分遣队通过直布罗陀海峡、苏伊士运河、马六甲海峡和台湾海峡，从一个战区换防到另外一个战区。

三、 大规模防御性行动

海军部队和航空兵在大型防御性行动中为陆军侧翼提供支援，其主要任务包括：封锁或迟滞敌人沿海岸和湖岸的前进；提供火力支援；参与海岸的两栖防御；保护海军基地和港口；对敌人后方进行突袭；撤离己方部队和平民等。

---

① Donald Macintyre, *Sea Power in the Pacific: A History from the 16th Century to the Present Day*（London: Military Book Society, 1972）, pp. 53 – 54.

② Juergen Rohwer and Gerhard Huemmelchen, *Chronology of The War At Sea 1939 – 1945*, 2 Vols（New York: Arco Publishing, 1974）, Vol. 2（1943 – 1945）, p. 347.

保护海军基地是使用己方舰队与强敌海军争夺海上控制权的前提。长期固守基地不但可以迟滞敌人沿海岸的进军，而且通常可以牵制大量敌军。它能为稳定前线战事赢得宝贵的时间，在某些情况下，也能为保护更加重要的海军基地或港口赢得时间。从另一个方面说，海军基地的陷落（地面部队的失败而导致的）将付出昂贵的代价，并迫使己方海军部队不得不部署到不理想或更远的后方基地。

1941—1945 年，苏联海军部队和航空兵在波罗的海和黑海的表现差强人意，最主要的原因是他们的海军基地在战争爆发的前几周里几乎全部沦陷。在波罗的海，德国 1941 年 6 月发起进攻后的三个月内，除了列宁格勒—喀琅施塔得驻泊地域外，苏联人丢失了所有的大型海军基地和港口。同样，由于苏联地面部队的撤退，黑海舰队在战争开始后的 12 个月内丢失了所有的主要基地。现在看来，如果德国集中精力夺取剩下的几个在黑海东部的苏联海军基地，作为他们 1942 年夏季攻势的一部分，那么他们将很可能迫使苏联的黑海舰队进行自我摧毁或接受土耳其的扣押。但是，当时的德军最高司令部显然没有打算这么做——虽然苏联一直担心这个威胁。[1]

成功地保卫海军基地，还需要在平时就构建一个多层防御体系。这个防御体系要能够应对各种威胁，尤其是空中威胁。在防御海军基地和大型商业港口时，还要充分使用区域防御和点防御的方法。统一指挥也许是成功的最关键因素，通常由地面指挥官负责指挥所有被分配来执行海军基地防御任务的部队。在基地防御过程中，不能对指挥机制进行根本性的改变。参与集体防御的地面、海上、空中和特种力量应该开展最密切的合作。在海军基地和大型港口的防御中，舰队部队的主要任务包括：创造有利的海上态势；为地面部队提供火力支援；参加防御各种类型的空中进攻；在敌方地面部队海岸的侧翼开展登陆或袭击行动；保持被陆地一侧围攻的海军基地或港口的畅通；保护基地或港口的出海口；运送增援部队和物资；撤离伤病员；撤离部队和平民等。

---

[1] Friedrich Ruge, *The Soviets as Naval Opponents 1941 – 1945* (Annapolis, MD: Naval Institute Press, 1979), p. 123.

两次世界大战中的多个例子证明了海军部队在海军基地和大型港口防御中起到的重大作用。另一方面，地面作战失利造成的海军基地的损失，其代价非常高昂，将迫使海军部队不得不部署到条件较差或更偏远的后方基地。1942年6月，英国海军参谋部向第一海务大臣建议，要为最坏的情况做好准备，即大型海军基地亚历山大可能落入敌手。为此，英国准备将部分舰队换防至海法，部分舰队换防至苏伊士运河以南。1942年4月，英国再次面临相同的情况，这次也是由地面部队的失利造成的，但面临的威胁要严重得多。6月24日，英军撤离苏勒姆（Sollum），尼罗河陆军后退到马特鲁港（Mersa Matrûh）。轴心国攻占靠近埃及边界的机场，威胁到英国驻亚历山大海军基地的安全——该基地在轴心国轰炸机的打击范围之内。[①]

面对德国沿波罗的海和黑海沿岸的快速进军，苏联顽强地展开了保卫海军基地和大型港口的行动。这个行动不仅迟滞了德国的进军速度，而且也为防御赢得了宝贵的时间。在几乎所有的情况下，苏联陆军和海军都展开了密切配合，并成功地完成了这项复杂的战役任务。1941年7月22日至8月15日，苏联展开了保卫新获得的基地——雷瓦尔的行动。1941年夏天和冬天（9—12月），苏联花了将近4个月的时间，保卫位于汉科和芬兰南部沿岸的一个小型海军基地。这个基地守军约25 000人，他们被更加弱小的芬兰军队所包围。苏联派出了潜艇和小型舰船，从海上对汉科进行了补给。

在黑海，1941年8月中旬到9月中旬，苏联展开了敖德萨保卫战。苏联的5个师对抗德国和罗马尼亚联军的5个军团、21个师、160 000人。敖德萨港在战前没有得到加固，所以它的防御必须得到黑海舰队的帮助。苏联的巡洋舰和驱逐舰到达敖德萨港后，就对罗马尼亚部队开火，极大地迟滞了罗马尼亚军队的行进速度。苏联海军部队的介入防止了罗马尼亚获得有利的攻击港口设施的火力阵位。同时，苏联从海上运送了至少两个师和相应的物资到敖德萨港，成功地阻止德国使用重要港口来运送物资。[②]

1941年10月29日至1942年7月1日，为了保卫在克里米亚的大型海军

---

① Roskill, *The War At Sea 1939 - 1945*, Vol. II, *The Period of Balance* (London: Her Majesty's Stationery Office, 1956), p. 73.

② Ruge, *The Soviets as Naval Opponents 1941 - 1945*, p. 67.

基地塞瓦斯托波尔，苏联总共花了 290 天的时间。1942 年 6 月 7 日，德国获得了完全的制空权，开始对这个堡垒进行最后的进攻。在这之前，苏联的水面舰艇和潜艇一直对这个基地进行补给。7 个德国陆军师和 2 个罗马尼亚陆军师在德国第 8 航空军的支援下参加了进攻行动，他们共动用了 208 门各种口径的火炮向苏联的这座堡垒猛轰。然而，苏联的黑海舰队继续运送援军和物资到这个港口，并为守军提供炮火支援和撤离伤病员。[1]

在基地防御中海军部队发挥了重大作用的另外一个例子，是 1944 年春德国保卫克里米亚和塞瓦斯托波尔海军堡垒行动。1943 年 11 月初，德国在克里米亚的部队在陆地一侧与本土的联系已完全被切断，因为苏联军队已经前进到了第聂伯（Dnieper）河。出于政治和军事上的考虑，希特勒命令死守克里米亚，守军包括德国第 17 集团军（下辖 5 个步兵师和 2 个攻击火炮旅）和罗马尼亚 3 个山地师、2 个步兵师和 2 个骑兵师。另外，德国空军还部署了 1 个战斗机大队、1 个战斗轰炸机大队、1 个近程侦察中队、1 个远程侦察中队和 1 个防空师。德国海军部署了 23 门海岸火炮。[2]

在最近的一个例子中，以色列在 1973 年 10 月利用他们的海军部队和飞机，成功地保卫了沙姆沙伊赫基地，抵挡了埃及的攻击。约有 1 200 名埃及的海军突击队员在苏伊士湾沿岸通过直升机登陆。埃及的第 3 集团军负责与这些部队联系，并占领西奈半岛的南部。但是以色列空军动作非常迅速，击落了埃及的 7 架米格战斗机和 8 架直升机，同时以色列的巡逻艇挡住了埃及的突击队员，并最终将他们驱离出沙姆沙伊赫。[3]

1942 年夏天和秋天，德国军队在从库班半岛撤退至新罗西斯克的过程中，他们的侧翼也得到了德国和意大利 S 艇和潜艇的保护，同时德国空军对苏联在图阿普谢、波季、巴统基地的舰艇展开了打击。[4] 1944—1945 年，德国海军成功地保护了在地中海撤退的北方陆军集团军的侧翼。

---

① Woodward，*The Russians at Sea*：*A History of the Russian Navy*，pp. 216 – 217. 德国空军击沉 3 艘苏联驱逐舰以及一些小型舰艇和运输船。Ruge，*The Soviets as Naval Opponents 1941 – 1945*，p. 79.

② Meister，*Der Seekrieg in den osteuropaeischen Gewaessern 1941 – 1945*，p. 275.

③ Ze'ev Almog，"Israel's Navy Beat the Odds"，*Proceedings*，3（March 1997），p. 106.

④ Meister，*Der Seekrieg in den osteuropaeischen Gewaessern 1941 – 1945*，p. 265.

海军部队还要准备好执行撤离已方和友方部队、平民的任务，特别是在他们的陆上撤退线被切断或者他们被围困在某个地方并且面临被消灭的威胁时。这种类型的支援，难点在于各个行动的时间必须精心计算，并且还要在同时执行其他任务的情况下完成这项任务。

在一战中，最成功的撤离部队的行动发生在 1915 年 12 月至 1916 年 2 月的阿尔巴尼亚。塞尔维亚陆军在阿尔巴尼亚山区经过长期艰苦的斗争终于撤退到阿尔巴尼亚海岸。盟军的舰船——主要来自意大利，分 322 批从都拉佐和圣吉尼（San Giovanni di Medua）港共撤离了 136 000 人和 36 350 匹马。[①] 这个行动为奥匈帝国舰队提供了巨大的战机，但除了偶尔几次轻型部队袭击外，他们的舰队并没有出现在现场。[②]

1941 年 4 月 24—29 日，英国在地中海成功地从希腊（"魔鬼"行动）撤离了约 43 000 名士兵（总数 57 000 名）。其中约有 27 000 名士兵在克里特岛登陆，部分是为了增援该岛的守军，部分也是为了通过使用最短的航线来节约航程。另外的 16 000 名士兵在英国舰队的掩护下，被直接运往埃及。从希腊撤离盟军部队是一个非常危险的行动，因为德国空军经常轰击主要的登船港口比雷埃夫斯港。德国拥有空中优势，在盟军进行撤运时甚至已经拥有了绝对优势。盟军的整个行动分 5 个晚上进行。由于比雷埃夫斯港已经完全被破坏，登船地点只能选择在海滩，3 个在阿提卡（Attica），3 个在伯罗奔尼撒。除了几架从克里特岛起飞的远程战斗机外，盟军的整个行动几乎没有空中掩护。这次行动中，英国共损失了 4 艘运输船和 2 艘驱逐舰。[③]

历史上规模最大、最成功的撤离部队行动是 1940 年发生在英吉利海峡的短距离撤运。冒着德国空军和前沿部队的经常性攻击，英国成功地从敦刻尔克撤退了 338 000 名官兵（包括 139 000 名法国官兵，"发电机"行动）。其中

---

① 盟军损失了 11 艘驱逐舰、辅助船和 8 艘轮船。Henry Newbolt, Vol. 4: *June 1916 to April 1917*, *History of the Great War Based on Official Documents*: *Naval Operations* (London: Longmans, Green, 1928), p. 121.

② Anthony E. Sokol, "Naval Strategy in the Adriatic Sea during the World War", *Proceedings*, 8 (August 1938), p. 1088.

③ I. S. O. Playfair et al., *The Mediterranean and Middle East*, Vol. II, p. 105; Butler, *Grand Strategy*, ed. J. P. W. Ehrman, *Sept. 1939 – June 1941*, Vol. 2, p. 457; John Creswell, *Sea Warfare 1941 – 1945* (Berkeley, CA: University of California Press, rev. edn, 1967), p. 95; Louis L. Snyder, *The War: A Concise History 1939 – 1945* (New York: Julian Messner, 1960), p. 157.

24 万名官兵是从敦刻尔克港撤退的，其余的是从附近的海滩撤离的。撤离行动发生在 1940 年 5 月 27 日和 6 月 4 日之间。①

1941 年 12 月苏联从汉科港的撤退行动，是一个地面部队和舰队部队成功配合的范例。汉科基地对德国—芬兰的沿海交通线构成了严重的威胁，因为它控制了芬兰湾入口一侧的海岸。但是，苏联陆续丢掉了波罗的海的一些岛屿，很多水面舰艇也被击沉、击伤。在这之后，苏联决定在芬兰湾冰冻之前撤离这个基地。尽管面临巨大的困难，但他们锲而不舍地进行尝试：首先是对基地进行补给，然后撤离人员。撤离时，苏联在汉科的守军数量约 2 万人，这些人中的绝大部分都是通过海路到达列宁格勒。撤离过程中要经过雷区，芬兰湾从 12 月到次年 4 月还会出现冰冻，这些困难迫使苏联选择在 10 月底到 12 月初分 4 个大型船团和若干个小型船团来撤离汉科的守军。他们还决定撤离芬兰湾内奥登肖尔姆岛、苏亚满里（Suursaari）岛和几个更小的小岛上的守军。撤离过程中，苏联舰艇和人员的损失巨大。②

1941 年 10 月 1 日至 16 日，苏联海军舰船在黑海从敖德萨撤离了约86 000 名士兵和 15 万平民。虽然在这之前，苏联已经将最好的陆军师都派到了塞瓦斯托波尔，但是仍然需要派遣足够多的苏联军队来防御这座城市。最后的撤离行动在 1941 年 10 月 15—16 日晚进行，苏联从敖德萨总共撤离了35 000 名全副武装的官兵。但在罗马尼亚发现苏联的运输船并进行空中攻击时，他们已经快到塞瓦斯托波尔港了。行动过程中，只有 6 000 名苏联官兵被捕。③

1943—1944 年，德国在黑海和地中海都开展了几次大规模的撤离部队和平民的行动。1943 年 9 月初，德国在亚速海北部面临的形势非常糟糕，于是在 9 月 4 日他们决定撤出 A 集团军。3 天之后德国开始撤离第 17 军和罗马尼亚的几个师。到了 10 月 9 日，总共有 20 万人（还有 16 000 名伤病员和 27 000名平民）以及他们的武器装备，从库班桥头成功撤离。这是在面临苏

---

① 约有 28 000 名士兵在 5 月 27 日前撤离；约 80 000 名盟军士兵被俘。Hans Umbreit, "Der Kampf um die Vormachtstellung in Westeuropa", *Das Deutsche Reich und der Zweite Weltkrieg*, Vol. II: *Die Errichtung der Hegemonie* aufdem europaeischen Kontinent（Stuttgart：Deutsche VerlagsAnstalt, 1979）, p.296.

② Ruge, *The Soviets as Naval Opponents 1941 – 1945*, p.23；Meister, *Der Seekrieg in den osteuropaeischen Gewaessern 1941 – 1945*, pp.34, 36.

③ Ruge, *The Soviets as Naval Opponents 1941 – 1945*, p.66.

联的猛烈进攻和水雷威胁的情况下完成的。① 在德国的第 17 军撤离到克里米亚之后，苏联在刻赤海峡部署了岸炮。这迫使德国停止了通过该海峡运送物资的行动，并组织舰艇的撤离（"维京"行动）。1943 年 10 月 8—10 日，共有约 240 艘舰艇，分 3 个大型船团被护送到塞瓦斯托波尔。最后几艘离开该海域的舰船还在刻赤海峡的南口布设了水雷。②

1943 年 8 月在墨西拿海峡发生了一次成功撤离军队的行动。通过精心组织，德国安全地撤离了 39 660 名官兵，还有数千辆车辆和大量的弹药。另外，约有 62 000 名意大利官兵和一些火炮、车辆，逃离了该海峡。轴心国只有 15 艘小艇被击沉，另有 6 艘受损。8 月 17 日，两支盟军的部队进入墨西拿市，但在这之前，轴心国的最后一艘船已经驶离了该港。③

轴心国从西西里岛的撤离也取得了成功，这与海军的精心组织密切相关。撤离时航程比较短，这也增加了盟军拦截的难度。盟军拦截失败的另外一个因素是，轴心国在海峡两侧部署了强大的岸防力量。德国部署在海峡附近密集的火炮，阻止了盟军发动低空轰击，也拖延了水面舰艇的袭击行动。德国和意大利的防空火力非常猛烈，据说还强于在鲁尔河的火力。盟军的空军在打击陆上目标时使用的方法也不对，只派出了中型和轻型轰炸机，帮助战术空军进行顺时针的攻击。想要使用空中打击来摧毁火炮也是异常困难的，因为目标很小，而盟军的飞机又不能飞得太低，否则将会遭遇强烈的防空火力。④ 盟军的情报也有所延误，不能准确地判断出轴心国从西西里岛撤离部队的时间。但是即便他们早就得到了这个情报，盟军的行动也可能会因为缺乏军种的配合而失败。⑤

德国还成功地实施了另外一次撤离部队的行动——从撒丁岛撤离到科西

① Ruge, *The Soviets as Naval Opponents 1941–1945*, p.112. 包括 74 辆坦克、21 000 辆汽车、28 000 辆马车、1 200—1 800 门火炮、75 000 匹马、6 500 头牛和 115 000 吨军事装备。Dietrich von Conrady, "Die Kriegsmarine und der letzte Kampf um Sewastopol im Mai 1944", *Wehrwissenschaftliche Rundschau*, 6 (June 1961), p.314.

② Meister, *Der Seekrieg in den osteuropaeischen Gewaessern 1941–1945*, p.265.

③ 共运送了 9 600 辆车、47 辆坦克、94 门大炮和 17 000 吨弹药。Gilbert A. Sheppard, *The Italian Campaign 1943–1945* (New York, F. A. Praeger, 1968), p.69.

④ Roskill, *The War At Sea 1939–1945*, Vol. III, pt. 1, pp.145–146.

⑤ Roskill, *The War At Sea 1939–1945*, Vol. III, pt. 1, pp.149–150.

嘉岛。1943 年 8 月底，约有 25 000 名官兵、2 300 辆车辆和 5 000 吨供应物资，通过博尼法乔海峡被运到科西嘉岛，整个过程中几乎没有受到盟军海军或飞机的任何干扰。希特勒命令在 9 月 12 日至 10 月 3 日撤离科西嘉岛，当法国军队逼近巴斯蒂亚（Bastia）时，德国从科西嘉岛的撤离行动已经结束。这次，共有 6 250 名官兵、1 200 名战俘、3 000 多辆车和将近 5 000 吨物资通过海路被撤离。在高峰时期，德国使用了 15 艘轮船和 120 艘驳船、登陆艇和各种小艇。整个过程中，德国损失了总计 17 000 吨的 18 艘各型舰艇。①

总的来说，1943 年夏天和秋天，轴心国从西西里岛、撒丁岛和科西嘉岛撤离部队的行动，组织和实施都可圈可点。人们不得不赞美德国组织行动的严密和灵活，能够让他们的海军和空军部队迅速地从一个任务转到另外一个任务，一切都是在非常短的时间内和盟军拥有完全的海上和空中优势的情况下完成的。

1943—1944 年，德国还在黑海实施了几次大规模的撤离部队和平民的行动。尽管苏联拥有地面、海上和空中优势，德国还是成功地撤出了部队和大量的武器装备。和在地中海一样，德国军队很快从一个港口转移到另外一个港口，并使用了所有能用的舰船，包括驳船和拖船。如果不是希特勒下达撤离命令过晚的话，德国应该还能撤离更多部队。在苏联陆军继续朝敖德萨进军之后，德国在 1944 年 3 月中下旬将部队撤离该市。出人意料的是，在陆军切断了所有通向敖德萨的陆地交通之后，苏联海军并没有抓住这个机会。这个失误让德国海军部队能够将大部分的守军和物资运送到罗马尼亚港口。海上撤离于 4 月 1 日开始，10 天之后结束。所有可用的航运空间和作战部队都被使用，所有通向克里米亚的补给通道都被停止。天公也作美。最后，德国共撤离了 24 300 名官兵（包括 9 300 名伤病员）和平民，以及 54 000 吨物资。②

---

① 同时，德国从科西嘉空中撤离了 21 000 名人员和 350 吨物资。德国损失了 55 架飞机，大多数是在盟军袭击意大利机场时损失的。I. S. O. Playfair et al., *The Mediterranean and Middle East*, Vol. Ⅱ, p. 105; J. R. M. Butler, *Grand Strategy*, Vol. 2（September 1939 – June 1941）, p. 457.

② 虽然这次撤离比较仓促，但共有 81 000 吨位的舰船被撤离（除了一艘 80 吨的驳船）。18 艘轮船跑了 26 趟，24 艘拖船跑了 60 趟，25 艘海军摆渡船跑了 76 趟。*The Soviets as Naval Opponents 1941 – 1945*, p. 127.

1944 年春天，苏联军队准备攻占克里米亚，德国在黑海实施了另外一次大规模撤离部队的行动。撤离克里米亚行动的准备工作开始于 1943 年 10 月 27 日。[①] 苏联夺回克里米亚的攻势战役开始于 1944 年 4 月 8 日。那时，共有 13 万德国官兵和 7 万人的罗马尼亚部队驻扎在这个半岛，另外还有 1 万人被孤立在雅尔塔山区，后来被海军用驳船撤离。苏联对克里米亚的进攻开始于 1944 年 5 月 7 日，两天后希特勒最终下令撤离该半岛。到了 5 月 11 日，只有约 2 万德国官兵还留在克里米亚。两天之后，最后一艘德国船只离开了该半岛。[②] 在一个月内，共有约 13 万罗马尼亚和德国士兵通过海路撤离。整个过程中，德国有 78 000 名人员伤亡或被俘。共有 190 艘德国的军舰和商船参加了撤离行动。单程的航运量足以撤离 123 000 名人员，但航程相对较长——从塞瓦斯托波尔到主要的卸载港康斯坦萨，距离约 200 海里。轴心国的损失出奇地低。[③] 德国海军在撤离行动中的表现相当出色。他们的成功是在苏联控制了半岛附近的制海权和制空权情况下取得的。尽管苏联占据了地面、空中和海上的绝对优势，他们也没能阻止轴心国在塞瓦斯托波尔装载部队。[④]

历史上最大、最成功的一次撤离行动，是由德国在二战快结束的几个月内在波罗的海实施的。由于希特勒的顽固，德国等待从波罗的海撤离部队的命令用了太长的时间。德国海军参谋部于 1944 年夏季末开始准备大规模从波罗的海沿岸撤离德国部队和平民的行动。[⑤] 到了 1945 年 2 月底，德国在波美拉尼亚的前线已经崩溃了。但是德国还能在但泽和格腾海芬（Gotenhafen）滩

---

① 德国海军指挥官邓尼茨说，第 17 军每月需要 50 000 吨给养、30 000 吨的舰船和 60 艘摆渡船。要撤离 200 000 人，至少需要 40 天。如果天气不好，天数至少增加一倍。Conrady, "Die Kriegsmarine und der letzte Kampf um Sewastopol im Mai 1944", p. 315.

② 4 月 14—26 日，约有 80 000 名士兵和 2 500 吨物资从克里米亚运送到康斯坦萨；到了 5 月 12 日，共有 26 000 名士兵和 6 100 名伤员被撤离，但丢失了 8 100 名人员；另外，约 16 000 名人员，包括 1 000 名伤员，被空运到罗马尼亚。Ruge, *The Soviets as Naval Opponents 1941 – 1945*, p. 130.

③ 共有 12 艘德国军舰和辅助船、1 艘罗马尼亚小艇、7 艘汽轮、7 艘拖船和 21 艘小型船只被击沉——绝大多数是被苏联飞机击沉的；但是人员损失惨重，多达 6 000—9 000 人。Meister, *Der Seekrieg in den osteuropaeischen Gewaessern 1941 – 1945*, pp. 280 – 282；Ruge, *The Soviets as Naval Opponents 1941 – 1945*, p. 132；Salewski, *Die deutsche Seekriegsleitung 1935 – 1945*, Vol. 2：*1942 – 1945*, pp. 398 – 399.

④ Conrady, "Die Kriegsmarine und der letzte Kampf um Sewastopol im Mai 1944", p. 320, 330.

⑤ 到了 1944 年 9 月初，德国海军参谋部认为，如果使用所有可用的港口，将进口量减半，放弃所有的装备，可以在 5 周内撤离 520 000 名人员；撤离人员和物资则需要 5 个月。但是，前提是里加、雷瓦尔和里堡等重要港口不能被苏联夺占，德国船队在海上也不会受到攻击，但这是不现实的。Salewski, *Die deutsche Seekriegsleitung 1935 – 1945*, Vol. 2：*1942 – 1945*, p. 491.

头坚持 4 个多星期。他们在波美拉尼亚的科尔贝格（Kolberg）镇附近建立了一个更小的滩头，这个滩头帮助德国开展了也许是历史上最大规模的撤离行动。包括邮轮在内的所有可用的舰船，共运输了约 220 万人往西撤离。库尔兰（Courland）滩头供应从始至终都非常充足，潜艇和飞机的目标也非常多。但是，苏联在阻止德国撤离方面，效率竟然出奇地低下。①

在二战中，日本也开展过几次较大的撤离行动。日本从瓜岛最后一次撤离行动开始于 1943 年 2 月 1 日晚，当时数艘驱逐舰负责运送日本驻该岛守军的首批分队。连续 5 个夜晚，共有 12 000 名日本官兵撤离。② 在所罗门战役的最后阶段，日本决定在 1943 年 8 月中旬撤离除布卡（Buka）、布干维尔岛和肖特兰岛（Shortlands）之外的所罗门群岛。美国攻占了维拉拉维拉岛（Vella Lavella），这让日本人特别担心，因为该岛位于撤离科隆班加拉岛的一万名守军路线的侧翼。事实证明日本的担心是不无道理的，因为美国人立即封锁了科隆班加拉岛。不过，还是约有 9 000 名日本官兵成功地从科隆班加拉岛撤离，其中大多数是在夜晚通过摩托驳船撤离的。③

在朝鲜战争期间，"联合国军"开展了一次最成功的撤离部队和平民的行动。"联合国军"在北方的攻势行动失败之后，面对中国志愿军朝元山的进发，麦克阿瑟将军于 1950 年 12 月 8 日下令从朝鲜东海岸的兴南港撤离第 10 军。④ 12 月 3 日，美军第 3 师特遣部队和海军陆战队岸上作战分队的约 3 800 名官兵、1 146 辆车、约 1 万吨货物和 7 000 名难民从元山港撤离。⑤ 两天之后，韩国的第 3 师和 4 800 名难民也被美国第 90 特警部队的军舰从金策港撤离。从兴南区域的撤离行动开始于 12 月 11 日，并于 12 月 26 日正式结束。美国的第 10 军和韩国的第 1 军，共有 105 000 名官兵、约 91 000 名平民，有序地从釜山和蔚山（Ulsan，在釜山以北约 30 英里）通过海运撤离。另外还有

① Ruge，*The Soviets as Naval Opponents 1941－1945*，p. 51.

② Samuel E. Morison，*The Two－Ocean War: A Short History of the United States Navy in the Second World War*（Boston，MA/Toronto: Little，Brown，1963），p. 214；Roskill，*The War At Sea 1939－1945*，Vol. II: *The Period of Balance*，p. 417.

③ Roskill，*The War At Sea 1939－1945*，Vol. III，The Offensive，pt. 1，p. 233.

④ 有些资料也把撤离称为"重新部署"。Cagle and Mason，*The Sea War in Korea*，p. 164.

⑤ Cagle and Mason，*The Sea War in Korea*，p. 184；Billy C. Mossman，*Ebb and Flow: November 1950－July 1951*，United States Army in the Korean War series（Washington，DC: Center For Military History，1990），p. 165.

17 500 辆车和 35 万吨货物，通过 192 艘舰艇运走。^① 所有可用的装备和油料都被带走。美国利用 7 艘航空母舰提供空中掩护，利用 7 艘舰艇提供火力支援。无论是中国的军队还是朝鲜的军队，都没有对"联合国军"的撤离行动造成严重的干扰。^②

历史上也有很多海军部队没能成功地将部队撤出包围区的例子。1942 年 5 月，苏联黑海舰队没能将塞瓦斯托波尔海军基地的守军成功撤出。1941 年 10 月，德国—罗马尼亚军队成功地占领了彼列科普（Perekop）阵地，在数天内就挫败了苏联守军。他们很快就占领了克里米亚除塞瓦斯托波尔海军基地之外的所有地方。德国发动了对该基地的攻击，旨在消灭驻扎在刻赤半岛上的三支苏联陆军〔第 47 军、44 军和 51 军，"猎鸨"（Trappenjagd）行动〕。苏联被打了个措手不及。几天之后，8 个苏联陆军师被包围。到了 5 月 16 日，德国攻占了刻赤市。两天后，苏联主力部队放弃抵抗。德国对塞瓦斯托波尔的最后进攻开始于 1942 年 6 月 7 日。斯大林在 6 月中旬否决了撤离该基地的建议。剩下的苏联部队于 6 月 1 日撤退到了赫尔松，准备在那里登上苏联军舰，但是苏联黑海舰队的军舰从未到达。^③

四、 攻防兼备行动

不管己方军队是处于攻势还是守势，海军部队都会执行一系列的任务。这些任务的目的是通过提供火力支援和开展守势布雷、运送部队和物资、参与海岸防御和突袭敌人后方等行动，来保护地面部队的侧翼。

---

① 包括 6 艘武装运输船、6 艘武装货船、12 艘运输船、76 艘按时计费的租赁舰船、81 艘坦克登陆舰和 11 艘船坞登陆舰。Cagle and Mason, *The Sea War in Korea*, p. 191.

② 另外，空军和陆战队飞机空运了约 2 600 名人员、200 辆汽车和 1 300 吨货物，还有几百名朝鲜民众从附近的机场一道被运离。Ibid., pp. 186, 188；Mossman, *Ebb and Flow. November 1950 – July 1951*, pp. 172 – 175.

③ Meister, *Der Seekrieg in den osteuropaeischen Gewaessern 1941 – 1945*, p. 251, 253.

来自海军火炮和岸炮的火力支援，被用来防御海军基地、保障两栖登陆、保护前进部队的侧翼以及保卫海岸中的重要部分。海军舰艇的高度机动性和强大、精确的火力，在防御海军基地中起到了非常重要的作用。打击敌方岸上目标被认为是舰载火炮的最艰巨的任务。

1941—1942 年，英国地中海舰队的重型舰艇为盟军在北非沿岸的攻势行动提供了火力支援。盟军的军舰也被广泛用于在登陆之前或登陆过程中攻击敌人的岸上阵地。在盟军进攻西西里岛战役（"哈士奇"行动）中，来自美国巡洋舰和驱逐舰上的 8 英寸和 5 英寸火力发挥了关键的作用，成功阻止了德国装甲师〔"赫尔曼·戈林"师（Hermann Goering）〕于 1943 年 7 月 10 日对刚刚在杰拉（Gela）登陆的美国第 7 军的进攻。①

1943 年 8 月 31 日，在英国第 8 军从西西里岛向意大利本土进军的过程中，2 艘战列舰、1 艘巡洋舰和 9 艘驱逐舰实施了对登陆区域的初步轰击。两天后，2 艘战列舰、2 艘巡洋舰、2 艘驱逐舰、3 艘监视船和 2 艘炮艇又对岸上目标进行了轰击。在实际登陆过程中，3 艘监视船、2 艘巡洋舰、6 艘驱逐舰、2 艘炮艇以及一些陆军火炮，在墨西拿海峡为盟军部队提供了火力支援。②

1944 年夏天和秋天，在撤离北方集团军的过程中，德国派出了"袖珍"战列舰和重型巡洋舰，成功地支援了岸上部队的行动，对苏联前沿的坦克纵队和火炮阵地进行了轰击。1944 年秋天，从海上发起的轰击，也帮助德国阻止了苏联陆军在里加湾南部海岸朝库尔兰的进军，以及在波罗的海沿岸向南朝里堡的进军。"袖珍"战列舰和巡洋舰，还曾经多次与驱逐舰和 S 艇一起对准备进攻的大型苏联部队进行轰击，帮助德国避免了潜在的灾难。③

到了 1945 年 1 月，德国的东线在装备精良的苏联陆军的猛烈进攻下，大部分已经崩溃。苏联人前进到了内陆的奥得（Oder）河，切断了普鲁士东部

---

① Albert N. Garland and Howard McGaw Smyth, *Sicily and the Surrender of Italy*, *United States Army in World War II*: *The Mediterranean Theater of Operations* (Washington, DC: Center of Military History, United States Army, reprint, 1986), p. 154.

② Rohwer and Huemmelchen, *Chronology of The War At Sea 1939 – 1945*, Vol. 2, *1943 – 1945*, p. 347.

③ Ruge, *The Soviets as Naval Opponents 1941 – 1945*, p. 49.

与德国的联系。德国位于波罗的海沿岸的部队在萨姆兰（Samland）—加里宁格勒地区受到了挤压，甚至加里宁格勒和皮劳之间的陆地联系也被干扰了。但是，来自德国 S 艇和炮艇的火力迫使苏联人不得不暂时撤退。①

在朝鲜战争（1950—1953）中，联合国的军舰曾经多次为半岛东海岸和西海岸的部队提供火力支援。1950 年 6—9 月，在战争的早期阶段，美国海军舰艇的火力支援对于联合国守住釜山周围地区的阵地是至关重要的。1950 年 11 月中国军队参战后，联合国位于西海岸的第 8 军和位于东海岸的第 10 军团面临被包围的危险。这时，第 95 特遣部队的水面舰艇被广泛用于为第 8 军从南浦撤离到仁川提供火力和空中支援。②

在兴南撤军过程中，地面部队也得到了兴南火力支援大队的支援。这个大队由 1 艘战列舰、2 艘重型巡洋舰、7 艘驱逐舰和 3 艘中型登陆舰组成。首次申请海军火力支援是在 12 月 15 日。这些舰艇发射了 8 英寸的火力，对机动区域内从预选阵地到内陆 10 英里范围内的目标进行了打击，并扫清了敌人在兴南港南北各 10 英里范围内布设的水雷。③

在 1973 年的第四次中东战争中，埃及跨苏伊士运河的进攻得到了岸炮火力的支援。埃及使用了固定和机动 130 毫米火炮和加装了多管火箭发射器的鱼雷艇，还使用了"黄蜂"级和"蚊子"（Komar）级导弹艇来攻击敌岸上目标。④ 同样，以色列的导弹艇也在埃及作战线的后方阵地攻击埃及岸上的目标。以色列的登陆艇还使用迫击炮攻击了位于穆沙特勒梅（Mersa T'lemet）锚地的埃及军队。⑤

现代对地攻击巡航导弹和火炮能够让海军部队执行更加广泛的任务：从对敌占海岸的火力支援到摧毁敌人内陆的重要战役目标。舰艇部队能够打击敌人防御系统的组成部分，摧毁军队和储存物资，支援陆军夺占海岸设施和

---

① Ruge, *The Soviets as Naval Opponents 1941 – 1945*, p. 51.

② Cagle and Mason, *The Sea War in Korea*, p. 301.

③ Cagle and Mason, *The Sea War in Korea*, p. 187. 12 月 7—24 日，第 90 特遣部队的舰船共发射了 162 发 16 英寸炮弹、2 932 发 8 英寸炮弹、18 637 发 5 英寸炮弹、71 发 3 英寸炮弹、185 发 1.57 英寸炮弹和 1 462 枚火箭弹。同上，p. 188.

④ Walter Jablonski, "Die Seekriegfuehrung im vierten Nahostkrieg aus aegyptischer Sicht", *Marine Rundschau*, 7（July 1978）, p. 663.

⑤ Almog, "Israel's Navy Beat the Odds", p. 107.

港口的行动。另外一个任务是防止被围攻的敌军从海上逃离。

　　无论是在进攻性还是在防御性行动中，海军部队最重要的任务都是保护和保卫沿海运送部队和物资的舰艇。使用海路运送部队和物资不仅是最经济的方法，而且有时也是唯一可行的向前线运送物资的方法。但是，最高的政治军事领导人有时并不能完全理解这一点，正如德军最高司令部在计划进攻苏联过程中所证明的那样。德国并没有完全利用海上运输的潜力来支援地面部队在波罗的海沿岸的进军。相反，他们依靠苏联破败和不发达的公路和铁路来运送物资。如果德国在波罗的海部署了强大的海军力量，且德国空军的下属部队将货物迅速运送到芬兰湾的爱沙尼亚港口，从而为陆军部队进攻列宁格勒提供更大的动力，这个问题就可以避免。德国没有做到这一点，主要原因是陆军的进攻作战概念和海军的防御计划之间存在矛盾。这个矛盾一直都没有得到解决。德国海军更加专注于在芬兰湾布设防御性的水雷障碍，而不是运用其小型水面舰艇护送运送部队和物资的船团。①

　　在黑海，德国也面临着一个艰巨的任务，那就是：如何在苏联拥有海上优势和空中优势（战争后期）的情况下在沿海运送和补给部队。德国和其盟友只有为数不多的大型舰艇可以执行这个任务。1939 年 9 月战争开始之后，他们计划武装 21 艘位于罗马尼亚和保加利亚港口的德国商业蒸汽船，但这个计划只进行了一半。罗马尼亚海军太过弱小，不能为轴心国在黑海的航运提供足够的保护。② 他们只好在岸上组装和建造大量的"西贝尔"（Siebel）型登陆驳船、海军登陆艇和拖船。③ 1942 年 7 月，随着塞瓦斯托波尔陷落和德国朝高加索进军，如何对岸上军队进行补给的问题更加突出。德国的第一条船队路线，位于敖德萨和叶夫帕托里亚到塞瓦斯托波尔之间。1942 年 7 月之后，这条路线向东延伸到了刻赤海峡。一个月后，德国启动了向亚速海的塔甘罗格（Taganrog）的船队运输。到了 1942 年 7 月初，整个克里米亚落入德国人手中。于是，德国就可以通过刻赤海峡运送部队到塔曼半岛，从后方攻

---

① Juerg Meister, *Der Seekrieg in den osteuropaeischen Gewaessern 1941 - 1944*, p. 24.

② 在战争爆发之初，罗马尼亚海军只有 4 艘驱逐舰、1 艘布雷舰、3 艘鱼雷艇、3 艘炮舰、1 艘 S 艇和 1 艘潜艇在役。Meister, *Der Seekrieg in den osteuropaeischen Gewaessern 1941 - 1945*, pp. 236 - 237.

③ 1941 年初，德国从安特卫普运送约 50 艘登陆艇到康斯坦萨。同上，p. 239.

击苏联位于库班地区的军队，将其消灭或迫使其撤退。而且，由于通过克里米亚半岛的补给路线大大缩短，德国朝高加索进军时，就无须使用绕道亚速海北岸的更远的补给路线。[①]

1942 年 9 月，苏联开始从塔曼半岛撤退。他们将大型舰艇击沉，将小型舰艇换防至库班和多瑙河。苏联海军部队也撤出了亚速海。苏联的这些举动让德国能够将大部分的军队和物资通过海军登陆舰艇、"西贝尔"型登陆驳船和其他驳船运送过刻赤海峡。后来，德国还使用了一条日运输量达 800 吨的公路，并计划在格尼齐斯克（Genichevs'k）建造一座大桥。但这个桥一直没能建造完工。在从北高加索撤退的过程中，德国运输了约 45 万人到克里米亚半岛。他们还组织了约 150 个船队到塔甘罗格和 190 个船队到阿纳帕（Anapa）。奇怪的是，苏联根本就没有尝试对这个行动进行干扰。到了 1943 年 9 月，这条船队路线向南延伸，通过刻赤海峡到新罗西斯克，后来还延伸至阿纳帕。这条海上航线的总长度约为 1 000 海里。[②]

在地中海，德国海军参谋部认为其最重要的任务是确保德国在巴尔干的部队补给的安全。由于该地区公路和铁路交通不发达，再加上南斯拉夫和阿尔巴尼亚共产党领导抵抗运动的破坏，补给主要通过海路进行。但是由于德国控制的达尔马提亚海岸跨亚得里亚海的距离平均在 60—80 海里，盟军有机会从他们在南意大利的基地对补给线发动袭击。这迫使德国不得不紧急加强他们在亚得里亚海东部的海上和海岸防御。相反，德国对驻意大利部队的补给则相对容易，因为该半岛西海岸的公路交通条件比较好。[③]

1943—1944 年，德国对驻意大利部队的补给行动，虽然准备仓促，但是取得了巨大的成功。对撤退中的德国部队的补给，通过沿半岛东海岸的补给路线进行。因为缺乏合适的港口设施，整个补给行动随机性很高。1943 年秋天，德国每个月都要沿意大利西海岸运送 8 000—12 000 吨的军事货物到前线

[①] 同上，p. 264；"The Soviet Navy in World War II pt. IV: Soviet Submarine Operations 1941 – 1945", *ONI Review*, 1（January 1953），p. 16；Conrady, p. 116；Ruge, *The Soviets as Naval Opponents 1941 – 1945*, pp. 99 – 100.

[②] Meister, *Der Seekrieg in den osteuropaeischen Gewaessern 1941 – 1945*, pp. 257, 261.

[③] Salewski, *Die deutsche Seekriegsleitung 1935 – 1945*, Vol. 2, p. 381.

附近的港口。另外，每个月有 4 000—6 000 吨的物资通过亚得里亚海运送，大多数是从威尼斯到安科纳。[①] 德国部署在达尔马提亚海岸的部队的处境比意大利的还要糟糕，因为陆地交通非常薄弱。另外，共产党领导的抵抗运动在内陆此起彼伏。德国最终在南斯拉夫和希腊部署了 18 个师，这些部队大部分只能通过海路进行补给。当时，德国面临的困难非常大。起初，他们在亚得里亚海几乎没有任何海军力量，可用的商船也不适合立即执行这个任务。德国的大型舰船都被派往了威尼斯，他们更适合在爱琴海而不是亚得里亚海执行任务。在亚得里亚海，德国更需要小型的商业船只、摩托化驳船和登陆艇。德国行动非常坚决，将所需的船只分批运送到了亚得里亚海。用这种方式集结相当数量的小型舰艇，确实是一个值得称道的壮举。[②]

陆军沿海岸的撤退会导致交通线缩短。如果这个撤退是全面性的，那么这种方法将极大地减少对海运的需求。1944 年 6 月，德军在意大利的西线退却到了从特拉西梅诺（Trasimeno）湖到皮翁比诺（Piombino）的这条线上，从而缩短了航运路线，减少了德国对海上补给线的需求。但是，这造成了一个不利后果，盟军将空中攻击的重心从沿岸交通转移到德国控制的意大利西海岸港口。[③]

一次为人称道的对岸上部队的补给行动，是由德国海军在 1944 年秋天和 1945 年冬天在波罗的海进行的。到了 1944 年 10 月，撤退的德军在里堡和温达尔港形成了一个大型的滩头阵地，共包括 26 个师、60 万人。这些部队将这个滩头阵地保持到了战争结束，抵御了苏联的各种进攻。更不可思议的是，德国军队自始至终都得到了补给，最后还有 4 个被围困师被跨海运送回了德国。[④]

当海上航程变得危险时，部队和物资的运送可以通过空中进行。在 1943 年 3 月底最后的突尼斯战役中，随着海路输送难度的增加，轴心国运输飞机

① Roskill, *The War At Sea 1939 – 1945*, Vol. III, pt. 1, p. 316.

② Roskill, *The War At Sea 1939 – 1945*, Vol. III, pt. 1, p. 205.

③ C. J. C. Molony, *The Mediterranean and Middle East*, Vol. VI: *Victory in the Mediterranean* pt. 1: *1st April to 4th June 1944* (London: Her Majesty's Stationery Office, 1984), p. 362.

④ Ruge, *The Soviets as Naval Opponents 1941 – 1945*, p. 49.

作为将人员和补给运送到非洲的一种手段，其重要性日益提高。据估计，到达突尼斯的轴心国运输的飞机，包括 Ju－52s，Ju－290s 和 Me－323s，日平均量达 200 架。大多数飞机都使用那不勒斯和西西里岛西部的某个空军基地作为中转站，但也有一些飞机直接飞往突尼斯，在特拉帕尼上空集合，由战斗机进行护航。[①]

在新几内亚战役中，盟军面临的主要问题是如何提供足够和合适的海上运输支援和补给地面部队。道格拉斯·麦克阿瑟将军的海军部队比较少，缺乏濒海联合作战必需的轻型舰艇。即便能够使用运输船，并派出巡洋舰和驱逐舰进行护航，这个行动也太过危险——因为那时盟军还没有完全掌握制空权。后来找到的解决方法是使用荷兰和澳大利亚的沿岸贸易船和当地的小船，这些船上的船员对新几内亚的沿海区域非常熟悉。这些船在盟军部队在新几内亚沿海的摆渡中发挥了重要的作用。他们还得到了澳大利亚皇家海军轻型军舰的支援，这些舰艇很好地取代了需要特别设计和特殊装备的登陆艇。[②]

海上补给线的价值（即便对于能够通过陆路补给的陆军来说），在朝鲜战争中得到了很好的证明。尽管联合国封锁了朝鲜半岛的东西两岸，朝鲜仍然能够使用小船运送军事物资给前线陆军。但是，韩国的海军舰艇，主要是美国赠送的小型木质扫雷艇，最终还是摧毁了大部分朝鲜的运输船。[③]

对于海军和空军部队来说，支援岸上作战的地面部队不仅是重要的任务之一，而且也是复杂的战役和战术任务之一。海军部队还需完成其他任务，这更是增加了难度。因此，确定任务的优先和合理顺序是取得成功的关键因素。随着近年来海军能力的大幅增长，传统的任务范围也有所扩大，支援陆军侧翼的范围不仅包括沿海地区，还包括相连的海区。今天，航母舰载机和巡航导弹能够攻击离海岸几百英里的目标。在地中海这样的大型窄海，海军部队能够支援陆军的海上一侧，并提供诸如运送部队到大陆或从大陆撤离部队等帮助。相反，在阿拉伯湾和黑海这样的典型窄海作战的海军部队，能够

---

① Playfair, *et al.*, Vol. Ⅳ, *The Destruction of the Axis Forces in Africa*, p. 415.

② Roskill, *The War At Sea 1939－1945*, Vol. Ⅱ, p. 235.

③ A. Field Jr, *History of United States Naval Operations in Korea*（Washington, DC, 1962）, pp. 58－59, 127, 332.

执行一系列更广泛的支援岸上作战的战役和战术任务。

支援陆军侧翼行动，还需要精心筹划、密切准备和有力实施；还必须进行统一指挥，以确保在各个指挥层级上的军种之间的密切合作；平时就要确定使用海军部队和航空兵支援陆军侧翼的相关战役战术概念；还需要发展适合执行这个任务的、足够数量的平台和武器系统。

结论

　　许多蓝水海军显然没有充分考虑过在窄海作战的问题。濒临一个或数个窄海的大陆国家也经常忽视使用海军力量达成陆上前线目标的可能。这样的大陆国家，经常依靠陆军和空军来达成必要的海军目标。

　　在典型窄海与在开阔大洋实施海军战略的条件有很大的区别，因为典型窄海更靠近大陆，面积狭小。这些因素对指挥控制和海军力量的运用既有有利的影响，也有不利的影响。一个正确的海军战略应该将所有自然环境对在窄海中作战的海军部队和飞机的运用和保障的限制都考虑在内。在和平时期，一个沿海国应该竭尽所能地加强其在特定窄海内或窄海附近的海军地位，以便有利于战时甚至和平时期己方海军部队和飞机的行动。这个目标主要应该通过外交手段和与周边国家建立同盟的方法来达成。

　　虽然在开阔大洋和在窄海作战的要素基本上是相同的，但要素的内涵有很大的不同。与蓝水海军作战的沿岸型海军必然处于中心的战略位置。如果沿岸型海军不能或者不愿意控制这个通向更大窄海或开阔大洋的唯一出口，这样一个位置的优点将减弱很多。蓝水海军不一定非要在典型的窄海附近拥有海军基地或机场才能进行作战。但是，对于沿岸型海军来说，拥有足够数量的大型和小型海军基地和机场显得非常重要。而且，一支军队在开阔大洋和在窄海所使用的作战线有根本的不同。在窄海的作战线通常距离更短，数量更少，位置也相对固定。与在开阔大洋的作战线不同，它们还可以沿己方或友方的海岸线展开。如果海岸前端有许多岛屿，作战线也可能相当曲折。而且，对于大型的沿岸型海军来说，作战线还可能超出窄海的出口，延伸到更大的窄海或开阔大洋。因此，这些作战线也可能被控制这个出口的舰队所切断。

　　开阔大洋中和窄海中的航线，其主要区别在于航线的数量和长度。开阔大洋中的航线数量更多，长度更长，并相互交叉。它们比窄海中的航线更加脆弱，因此需要更多的力量来保护。封闭海区中的航线则距离更短，数量更少，并且通常是并列的，特别是航线沿前方有许多岛屿的海岸分布时。这些航线类似于陆地交通线，因为它们的位置相对固定，并很少有迂回路线。航经多个岛屿的航线通常可以得到很好的保护，不容易遭受敌人的攻击。

　　在典型窄海作战时，蓝水海军和沿岸型海军所要达成的战略目标也有很大的不同。攻势作战还是守势作战，对于交战双方的初始地面和空中力量以及陆上战争的进程都有很大的影响。在窄海，优势海军在战争初期也可能处于守势，因为其陆军被迫匆忙撤离，而对手又拥有空中优势。除了海军部队，岸基飞机也在夺取海面、水下和空中控制权方面发挥着特别重要的作用。有时，岸基空中力量在达成特定海上战区的主要目标方面发挥主导作用，而海军的贡献则相对较小。与发生在开阔大洋的战争相比，在窄海，不仅地面部队，岸防部队也会被用于夺取绝对的、局部的（虽然是暂时的）对海峡和河口的控制权。

在窄海使用作战力量达成战术目标的主要方法是：海军战斗、交战、打击、进攻和袭击。但是，射程、精度和杀伤力日益提高的导弹、鱼雷、火炮和水雷，使得小型的作战单元也能够打击水面、水下和敌占区内陆纵深的多个目标。打击已经取代海军战斗成为沿岸型海军的主要运用方式。典型窄海战争的主要特点是高强度和可用力量的连续运用。这些行动如果长期在一个特定海区展开，就可以达成战役目标，从而改变战区的作战态势。

战区的战役或战略目标可以通过重大海军行动和战役来达成。重大海军行动的类型，与其主要目的、实施的海区或洋区、时间和其他军种的参与度直接相关。虽然海军部队在达成典型窄海中的特定目标上总是发挥着最重要的作用，但是其他军种及其作战兵种的参与度也越来越高，因为窄海作战区与海岸的距离很近，不仅岸基飞机，地面部队也可以参加重大海军行动。因此，不仅两栖登陆可能是联合行动，而且旨在打击敌方海上贸易或保护己方海上贸易的重大海军行动也越来越可能成为联合甚至是多国行动。军事理论关注的焦点应该是那些在目前或不久的将来更可能开展的重大海军行动样式。但是，也不能忽视或忘记其他类型的重大海军行动。由于目前缺少大型的海军作战对手，旨在消灭敌方海上舰队的重大海军行动，在最近的将来不大可能发生。同样，蓝水海军重视在窄海开展重大海军行动的同时，不能忽视在开阔大洋与舰队交战的可能性。

作战指挥官和他们的参谋人员应该知道并理解各种作战力量运用方法的目的和基本特点。海军战术行动和重大海军行动的主要区别在于：所要达成的目标、力量的规模和组成、作战行动的范围和时长等。重大海军行动和战役的区别则不是那么明显，特别是关于行动的计划准备和实施方面。

在地中海这样的大型窄海，现代条件下通常难以取得永久和绝对的制海权。相反，在典型窄海，完全的制水面权和一定程度的制水下权，可以相对容易地获取。控制一个典型窄海，需要国家武装力量的所有军种展开密切合作，制海权也将对陆地前线和空中态势产生最直接的影响。

公海上的制海权主要通过消灭或至少打败敌方海上部队的主力来获得。相反，在窄海，制海权的获得主要通过夺取敌人的一大片甚至整个海岸，以及海军基地港口、咽喉要道和重要的沿海岛屿。这个目标的达成不仅需要海军部队单独开展行动，而且需要地面部队在海岸或沿海岛屿开展行动。

封锁地中海这样的大型窄海的出海口是远程封锁的一种重要形式。封锁红海或亚得里亚海这样的小型封闭海区则是近距离封锁的一种形式。封锁海峡、狭窄水道或海湾等样式，在两次世界大战中都有广泛的应用。成功封锁海峡或狭窄水道的一个重要前提条件是夺占（特别是从陆地一侧）敌方所有或者大部分位于附近的海军基地。空中力量应该集中、连续地运用，不让对手从打击中恢复。与在开阔大洋的战争不同，投送力量上岸在窄海有时会产生比舰队决战更具决定性的结果。产生这个现象的原因是：针对敌岸的行动是海上战争的最终目的；而摧毁敌方舰队或至少摧毁敌方舰队的主力，只是为解决战争的最终目标创造前提条件。

对于蓝水海军而言，在窄海投送力量上岸不仅是一个主要任务，而且是其整体力量投送行动的一个重要组成部分。投送力量上岸行动必然包括对敌岸上一系列目标的打击或夺占行动。这个能力是海上力量能够拥有的最大资产。如果没有这种能力，海上力量的有用性将极大地降低。

在窄海，优势海军有时也会发现自己不得不与弱势海军争夺制海权，因为对手拥有更加有利的地缘战略位置。弱势海军有时也能封锁大海的唯一出口或者兵力驻屯区的出口。在开阔大洋和在典型窄海，争夺制海权的方式有极大的不同，这主要是因为两者在自然环境的大小和特点上有所不同。在开阔大洋，甚至在地中海或加勒比海这样的大型窄海，弱势舰队都有可能成功地从优势舰队手中夺得制海权。但在窄海，这个可能性要小得多。优势舰队可以相对容易地封锁这个海的唯一出海口，并对特定的封闭海区实施战略控制。在半封闭海区，例如北海或黄海，夺取制海权的任务更加艰巨，因为这里有更多通向大洋的通道。蓝水海军要实施战役或战术控制，就必须在窄海的范围内进行作战，而这将为弱小的沿岸型海军提供挑战蓝水海军的机会。岸基飞机、小型水面舰艇和水雷是与优势对手在海上争夺控制权的理想手段。一个能够盯守具有重要战略地位的水道的一侧或者两侧的国家，能够使用武装力量的所有军种，使蓝水海军夺取特定窄海实际控制权的行动变得更加困难。

与优势海军争夺制海权的方法包括存在舰队、突破海军封锁、商业袭击或防御性布雷等。此外，保护海岸和相邻海域、保护海峡或狭窄水道以及两栖防御也是争夺制海权的重要组成部分。这也是开阔大洋战略和窄海战略的重要区别之一。在典型窄海，无论是弱势海军还是优势海军，不管其在特定海上战区的战略位置如何，都能对自己的海岸加以保护。

现在岸基飞机也许是攻击敌人海上贸易的最有效的手段。高度的战备性和机动性使得飞机能够集中力量打击运输船、军舰或者掩护海上船队的飞机。封闭海区面积狭小、航线固定，且离海岸距离比较近，这些因素都影响了部队的机动能力，以及避免敌人飞机或潜艇打击的能力。

陆上的战略形势将会极大地影响窄海上己方和友方航运的保护。己方部队的撤退也可能导致机场的陷落，从而不能提供空中掩护。反过来也是成立的：陆上的胜利可以加强己方航运的保护。

与在开阔大洋的战争不同，在窄海作战的海军还要奉命执行多种多样的任务，比如支援在海岸区域作战的地面部队。无论是在攻势还是在守势作战中，海军部队和岸基或航母舰载飞机都能够为岸上部队提供支援。在己方舰队、岸基飞机或地面部队通过单独或联合行动夺取至少局部的制海权后，才可能开展攻势行动。当对手拥有制海权时，海军部队可能会对开展守势行动的地面部队提供支援。

支援陆军海上翼侧的行动也许是海军部队面临的艰巨任务之一。这个任务的成功完成需要对各个军种、各个层级的能力有彻底地了解，还要根据任务、地点、时间和作战力量运用方式协同各参战力量的行动。这看上去很简单，但实际上不断地被证明是很难完成的。

适合在窄海完成各项任务的舰队不一定适合在开阔大洋作战。典型窄海的小型沿岸国应该拥有足够的海军力量，和平时期用来保护自己的经济利益和合法政权，战时用来保护自己的海岸。但是，在大多数情况下，小型的沿岸型海军必须依赖更加强大的域外舰队来保护海上利益。

历史上，由于缺乏一支均衡的海军，海上战争的战略目标无法达成的例子数不胜数。最适合窄海作战的海军应该由沿岸型柴电潜艇、轻型水面舰艇、两栖舰船、水雷战舰艇和岸基固定翼及旋转翼飞机组成。除此之外，还要有大量多功能和专业化舰艇。这些舰艇应该全面应用非传统艇体和隐身技术。大型水面舰艇，特别是航母、巡洋舰、驱逐舰、两栖舰船和核动力潜艇，不应用于本可以由小型舰艇、低成本水面舰艇和潜艇执行的任务。换句话说，蓝水海军应该避免使用大型、高性能和高成本的舰艇执行日常任务。这些任务如果由吨位较小、能力较弱但成本较低的舰艇执行，会更加高效、更加经济。

500—1000 吨的常规动力攻击潜艇非常适合在波罗的海或阿拉伯湾这样的窄海使用。它们能够用来执行一系列的任务：从对敌岸的侦察监视到使用巡航导弹和鱼雷攻击敌人的军舰和商船，再到布设水雷和运送特战队员，等等。装备先进的传感器和武器的现代常规动力潜艇在某些情况下比核动力潜艇更为适用，因为它们更安静、尺寸更小。不依赖空气推进之类的新型非传统推进技术能够让潜艇在水下连续作战 3—4 个星期。

水面舰艇对于控制典型窄海是不可或缺的力量。它们比飞机坚持的时间更长，比岸基武器系统灵活性更好。在典型窄海作战的蓝水海军不应该使用吨位超过 2 000 吨的水面舰艇。最适合窄海作战的力量编组是由轻型护卫舰、多功能小型护卫舰和作战艇组成的。装备柴油和燃气混合推进发动机的 1 200—1 500 吨的新型护卫舰，航程可达 5 000 海里，航速可达 30 节。它们还可以装备多型武器和传感器，比如反舰导弹、防空导弹、反潜鱼雷、轻型多功能火炮等。500—1 000 吨的混合动力小型护卫舰，续航力不及轻型护卫舰，但最大航速可以超过 30 节。它们能够携带数量更大、类型更多的武器和传感器，可以装备数个反舰导弹、多功能火炮和反潜武器发射架，还能装备电子战套组。轻型护卫舰与作战小艇相比，有更好的适航性和续航力。护卫舰和轻型护卫舰都可以装备直升机甲板。它可以设计成多功能的反水面、反潜或防空平台，可以用来巡逻、保护商船、打击敌水面舰艇和商船，并为岸上部队提供火力支援。

100—400 吨的作战舰艇也许是在窄海执行进攻性和防御性任务的最佳平台。它们可用于打击战、反潜战或支援特种部队的任务。它们体积小，速度快，机动性好，战斗力强。这些特点使得它们最适合在沿海，特别是群岛型的海岸附近进行作战。它们的航程通常不大，但足以满足在典型窄海的行动。作战艇的续航力在 1—5 天，作战艇执行典型作战任务时长为 5—8 个小时。它们特别适合用来在沿海区域攻击敌人商船，并保护己方和友方的商船。

典型的封闭海区是使用固定翼飞机和直升机的理想场所。在窄海上，飞机的飞行距离不长，这可以使它们有更多时间来攻击海上目标，或者通过低空飞行接近目标区域的方法来取得战术"突然性"。现代反舰导弹的射程很远，可以使飞机在对方水面舰艇不能发现的情况下进行防区外攻击。空中力量较弱的一方不得不在夜晚使用水面舰艇。航空兵是唯一能够挑战敌方海峡控制权的作战兵种。在典型窄海上的岸基空中打击力量应该主要由战斗轰炸机组成，它们装备的反舰导弹射程要超过敌方水面舰艇携带的防空导弹。海上侦察飞机应该能够在各个时段、各种气候条件下探测位于海上、基地、港口或海峡内的小型水面目标。无人机是用来提供监视、侦察、目标获取、战损评估和电子战的理想平台。它们可以在岸上发射和回收，甚至可以由轻型护卫舰这样的小型舰艇携带。

狭窄海域和其他限制性海域是使用多功能作战艇的理想场合。它们可以用来执行多种任务，包括护渔、反走私、专属经济区巡逻、海上拒止和海上拦截等。它们能够对抗吨位更大、装备更好的水面舰艇。执行防御性作战任务的部队应该由反潜护卫舰和护卫艇、反水雷舰艇、沿岸巡逻船和巡逻艇等兵力组成。沿岸巡逻船的吨位通常在 500—1 500 吨，最高航速 20—25 节。这些船的优点在于其适航性和自主性，而不在于其航速。这些船通常装备武器不多，但是必要时可以加装更多的武器和电子设备。对沿岸巡逻船的一个主要要求是，要具备操控直升机的设施，最好具有专用机库。

反水雷舰艇造价不菲，因此预算有限的小型海军一般没有能力购买。这些海军就不得不通过在一些舰艇上加装集装箱式的反水雷系统的办法来弥补。在装备轻武器的情况下，反水雷舰艇还能用于在专属经济区等低风险区域执行巡逻任务。它们也适用于开展海洋调查或海洋研究等任务。

辅助力量应该由中小型两栖舰艇、登陆船、滚装船、小型补给舰、港口油船、救援舰艇、修理船和其他辅助性和服务性船只组成。后勤/两栖舰船通常受到许多小型海军的青睐，因为这些舰船是他们唯一能够在敌岸登陆部队的手段。许多小国的陆地交通都不发达，后勤舰船成了岸上设施较差的偏远地区便利的交通方式。

蓝水海军更需要关注窄海中海军战略和海上行动的实施问题。显然，在开阔大洋作战与在靠近大陆的水域作战有明显的不同。封闭和半封闭海区为大型水面舰艇和核动力潜艇的运用提供了许多困难的环境，但是这些海域对蓝水海军来说也是重要的机遇。包括两次世界大战和自1945年以来的多场局部战争的海战史表明，能够执行完整作战任务的海军一定是一支平衡的海军。由于预算限制或国内政治原因，蓝水海军可能无法在平时就建立一支适合大型局部战争或全球性大战爆发时在窄海作战的水面舰艇和潜艇部队。但是，至少要拥有一小部分这样的舰艇，用来开发和测试相关的战术和战役概念，并为人员提供必要的训练。如果没有建立一支适合在窄海作战的海军部队，蓝水海军也许会在确定与窄海作战相关的理论和学说时遇到困难，而如果没有这方面的理论和学说，有需要时就会不知所措。蓝水海军也不能寄希望于小型的友方海军在危机或战时提供这样的能力。十有八九，蓝水海军将被迫独自行动——至少在战争的初期阶段或者在盟友不愿意提供必要的帮助时。也许最严重的问题是，如果和平时期没有建立一支小型水面舰艇部队，蓝水海军可能无法在窄海作战，也可能没有完整的战役和战术概念。